U0610862

“十三五”国家重点出版物出版规划项目
中国工程院重大咨询项目　国家食物安全可持续发展战略研究丛书

第　七　卷

食物生产方式向专业化、规模化和组织化转变战略研究

中国工程院“粮食与食物生产方式转变战略研究”课题组Ⅱ
李　周　主编

科　学　出　版　社
北　京

内 容 简 介

转变农业生产方式是农业现代化的必然要求。本书从农业专业化、规模化和组织化三个方面对我国农业生产方式转变战略进行研究。本书上篇是农业专业化战略研究。该部分利用分县数据，分别从区域专业化、服务专业化和农户专业化三个角度对种植业与养殖业的专业化状况、特点及变化趋势展开研究，并分析了农业专业化与人口、资源的偏离状况。中篇是农业规模化战略研究。该部分利用农普等宏观统计数据对我国规模化发展现状进行了详细分析，并利用相关方法对规模化发展的战略目标进行了预测。下篇是农业组织化战略研究。该部分在讨论提升我国农业组织化水平的背景、意义、国际经验基础之上，利用农业部、国家工商行政管理总局宏观数据，分别从龙头企业、农民合作社及产业特点等视角对我国农业组织化发展现状、主要模式、绩效、政府扶持措施进行了分析，并提出未来发展目标、面临的问题及政策建议。

本书适合研究农业经济的教师、学生阅读，也可作为从事农业管理工作的政府企事业人员的参考读物。

图书在版编目(CIP)数据

食物生产方式向专业化、规模化和组织化转变战略研究/李周主编. —北京：科学出版社，2017.10

（国家食物安全可持续发展战略研究丛书：第七卷）

“十三五”国家重点出版物出版规划项目　中国工程院重大咨询项目

ISBN 978-7-03-054381-3

Ⅰ.①食…　Ⅱ.①李…　Ⅲ.①食品加工–食品工业–生产方式–研究–中国　Ⅳ.①F426.82

中国版本图书馆 CIP 数据核字(2017)第 216792 号

责任编辑：马　俊　李　迪／责任校对：郑金红

责任印制：肖　兴／封面设计：刘新新

科学出版社 出版

北京东黄城根北街 16 号

邮政编码：100717

http://www.sciencep.com

中国科学院印刷厂 印刷

科学出版社发行　各地新华书店经销

*

2017 年 10 月第 一 版　开本：787×1092 1/16

2017 年 10 月第一次印刷　印张：19 3/4

字数：445 000

定价：138.00 元

（如有印装质量问题，我社负责调换）

“国家食物安全可持续发展战略研究”项目组

顾　问

宋　健　周　济　沈国舫

组　长

旭日干

副组长

李家洋　刘　旭　盖钧镒　尹伟伦

成　员

邓秀新　傅廷栋　李　宁　孙宝国　李文华　罗锡文

范云六　戴景瑞　汪懋华　石玉林　王　浩　孟　伟

方智远　孙九林　唐启升　刘秀梵　陈君石　赵双联

张晓山　李　周　白玉良　贾敬敦　高中琪　王东阳

项目办公室

高中琪　王东阳　程广燕　郭燕枝　潘　刚　张文韬

王　波　刘晓龙　王　庆　郑召霞　鞠光伟　宝明涛

“食物生产方式向专业化、规模化和组织化转变战略研究”课题组

组　长：李　周　　中国社会科学院农村发展研究所，研究员

成　员：张元红　　中国社会科学院农村发展研究所，研究员

刘长全　　中国社会科学院农村发展研究所，副研究员

曹　斌　　中国社会科学院农村发展研究所，副研究员

郜亮亮　　中国社会科学院农村发展研究所，副研究员

王　军　　北京商业管理干部学院，副研究员

刘子飞　　中国水产科学研究院，助理研究员

赵海兰　　国家林业局经济发展研究中心，助理研究员

王　真　　北京商业管理干部学院，助理研究员

袁惊柱　　中国社会科学院工业经济研究所，助理研究员

张　哲　　国网能源研究院，博士

郭芸芸　　农民日报社，博士

赵学娇　　中国社会科学院研究生院，博士研究生

Foreword

丛书序

“手中有粮，心中不慌”。粮食作为特殊商品，其安全事关国运民生，维系经济发展和社会稳定，是国家安全的重要基础。对于我们这样一个人口大国，解决好十几亿人口的吃饭问题，始终是治国理政的头等大事。习近平总书记反复强调：“保障粮食安全对中国来说是永恒的课题，任何时候都不能放松。历史经验告诉我们，一旦发生大饥荒，有钱也没用。解决 13 亿人吃饭问题，要坚持立足国内。”一国的粮食安全离不开正确的国家粮食安全战略，而正确的粮食安全战略源于对国情的深刻把握和世界发展大势的深刻洞悉。面对经济发展新常态，保障国家粮食安全面临着新挑战。

2013 年 4 月，中国工程院启动了“国家食物安全可持续发展战略研究”重大咨询项目。项目由第九届全国政协副主席、中国工程院原院长宋健院士，中国工程院院长周济院士，中国工程院原副院长沈国舫院士担任顾问，由时任中国工程院副院长旭日干院士担任组长，李家洋、刘旭、盖钧镒、尹伟伦院士担任副组长。项目设置了粮食作物、园艺作物、经济作物、养殖业、农产品加工与食品安全、农业资源与环境、科技支撑、粮食与食物生产方式转变 8 个课题。

项目在各课题研究成果基础上，系统分析了我国食物生产发展的成就及其基础支撑，深入研究了我国食物安全可持续发展面临的国内外情势，形成了我国食物安全可持续发展的五大基本判断：一是必须全程贯穿大食物观、全产业链和新绿色化三大发展要求，依托粮食主区和种粮大县，充分发挥自然禀赋优势和市场决定性作用，进一步促进资源、环境和现代生产要素的优化配置，加快推进形成人口分布、

食物生产布局与资源环境承载能力相适应的耕地空间开发格局；二是必须依靠科技进步，扩大生产经营规模，强化社会化服务，延长产业链条，让种粮者获得更多增值收益；三是必须推进高标准农田建设，以重大工程为抓手，确保食物综合生产能力稳步提升所需的投入要素和资源供给；四是必须采取进村入户的技术扩散应用方式，节水节肥节地、降本增效，控制生产及各环节的不当损耗，持续提高资源利用率和土地产出率，强化农业环境治理；五是必须坚定不移地实施“以我为主、立足国内、确保产能、适度进口、科技支撑”的国家粮食安全新战略，集中科技投入，打造高产稳产粮食生产区，确保口粮绝对安全、粮食基本自给；丘陵山地以收益为导向，调整粮经比例、种养结构，实现农村一、二、三产业融合发展。通过实行分类贸易调节手段，有效利用国外资源和国际市场调剂国内优质食物的供给。

基于以上基本判断，项目组提出了我国食物安全可持续发展战略的构想，即通过充分发挥光、温、水、土资源匹配的禀赋优势，科技置换要素投入的替代优势，农机、农艺专业协作的规模优势，食物后续加工升值的产业优势，资源综合利用和保育的循环优势，国内外两种资源、两个市场的调节优势等路径，推进食物安全可持续发展及农业生产方式转变。提出了八大发展思路，即实施粮食园艺产业布局区域再平衡、经济作物优势区稳健发展、农牧结合科技示范推广、农产品加工业技术提升、农业科技创新分层推进、机械化农业推进发展、农田生态系统恢复与重建、依据消费用途实施差别化贸易等。提出了十大工程建议，即高标准农田建设、中低产田改造、水利设施建设、旱作节水与水肥一体化科技、玉米优先增产、现代农产品加工提质、现代农资建设、农村水域污染治理、农业机械化拓展、农业信息化提升等。提出了 7 项措施建议：一是严守耕地和农业用水红线，编制粮食生产中长期规划；二是完善支持政策，强化对食物生产的支持和保护；三是创新经营方式，培育新型农业经营主体；四是加快农业科技创新，加大适用技术推广力度；五是加大对农业的财政投入和金融支持，提高资金使用效率；六是转变政府职能，明确公共服务的绩效和职责；七是完善法律法规标准，推进现代农业发展进程。

《国家食物安全可持续发展战略研究》是众多院士和多部门多学科专家教授、企业工程技术人员及政府管理者辛勤劳动和共同努力的结

果，在此向他们表示衷心的感谢，特别感谢项目顾问组的指导。

希望本丛书的出版，对深刻认识新常态下我国食物安全形势的新特征，加强粮食生产能力建设，夯实永续保障粮食安全基础，保障农产品质量和食品安全，促进我国食物安全可持续发展战略转型，在农业发展方式转变等方面起到战略性的、积极的推动作用。

“国家食物安全可持续发展战略研究”项目组

2016 年 6 月 12 日

前 言

转变农业生产方式是农业现代化的必然要求，因此对转变农业生产方式进行研究具有重要的理论和现实意义。本书从农业专业化、规模化和组织化 3 个方面透视中国农业生产方式的现状、变迁和战略发展目标。

上篇是农业专业化战略研究。农业专业化是地域分异规律和分工理论发挥作用的必要条件。本篇利用分县数据，分别从区域专业化、服务专业化和农户专业化 3 个角度对种植业与养殖业的专业化状况、特点及变化趋势展开研究，并分析了农业专业化与人口、资源的偏离状况。

研究表明我国农业专业化取得了较快发展。例如，区域专业化方面：①粮食产出的分布非常集中，并且有进一步集中的趋势。2000~2009 年，完成前 50%粮食产量的县从 419 个减少到 349 个，完成前 75%产量的县从 834 个减少到 756 个。②主要粮食作物分品种的集中程度高于粮食总体，集中程度最高的是小麦，玉米其次。③粮食产出的重点地区经历了明显的北移。④主产区在粮食生产中占有越来越重要的地位。完成 75%粮食产出的县中，来自主产区的县所占比例趋于增加，后者的产出在总产出中所占的比例也趋于上升。⑤主要粮食作物变动不均衡，主产品（最大产出）更替明显，主产品是玉米的县有明显增长。从效果来看，区域专业化过程中，主产区在粮食生产中的作用得到增长，2003~2012 年全国粮食总产增量中的 88.3%来自粮食主产区；粮食主产区粮食产量的增长速度是非主产区的 3.08 倍。重点地区的单产优势更加明显，核心产区的进入和退出体现了单产优势。再如，农户专业化方面，研究表明规模经营专业大户的比例在提高，一般农户混合经营的比例在下降。在服务专业化方面，用工与机械服务日益专业化，农机合作社与农机跨区作业快速发展。从成本角度看，2000~2012 年，农业生产租赁作业费中的机械作业费用在直接费用中的比例持续上升，从 14.9%上升到 29.57%；同时，劳动总投入中雇工所占比例缓慢上升，从 4.1%上升到 4.98%。农业专业化的发展面临两个主要问题：粮食生产布局与需求（人口）的分布趋于偏离；粮食生产与水资源的承载

力趋于偏离。

中篇是农业规模化战略研究。本篇利用两次全国农业普查资料和《中国统计年鉴》数据对我国的农业规模化发展情况进行了详细研究。本篇首先对农业规模化的背景和意义进行了研究。然后利用农普资料对我国粮食作物规模化的现状进行了定量分析。研究表明规模化经营主体呈多元化态势；经营规模也逐渐扩大。例如，目前经营规模在 50 亩以上的大户全国有 270 多万户，其中超过 100 亩的有七八十万户。同时对规模化的特征进行了分析，包括谁在规模化、规模化与机械化和专业化的联系。随后，利用宏观统计数据对我国畜牧业的规模化现状进行了分析。本篇以家庭农场这种规模经营主体为例，对规模化发展战略目标进行了相关预测。在介绍农业规模化的国际经验基础上，给出了相关政策建议。

下篇是农业组织化战略研究。本篇探讨了我国农业组织化水平的背景、意义、国际经验，利用农业部、国家工商行政管理总局宏观数据，对我国农业组织化发展现状、主要模式、绩效、政府扶持措施进行了分析，并提出未来发展目标、面临的问题及政策建议。研究表明：①农业组织化是在国际经济一体化速度加快、农业从业人数减少的背景下，改变市场竞争结构，优化农业资源配置，降低农业生产风险，解决小农资金匮乏、加快农技成果推广，提升国际市场竞争力，促进农民增收的必要手段；②我国农业组织化程度快速提升，龙头企业数量增加到 9.9 万家，带动农户 4668.4 万户，组织化率提升到 17.9%，带动能力不断增强，盈利水平快速增长，科技投入不断增加；③农民合作社数量增加到 98.2 万家，带动农户 2951.0 万人，组织化率提升到 11.1%，成员数量、出资额均有显著增加，业务范围不断扩大，产品质量显著提升；④农业组织化模式受到组织形态及产业特点的交织影响，出现多样化发展趋势；⑤各类农业经营组织带动农民，使农民的效率提高，增收效果显著。然而，提升农业组织化程度仍然面临新型农业经营体系制度供给不足、农业经营组织合作意识比较淡薄、难以维护农民利益、农民合作社的带动能力有限、运营管理不规范、农村金融资金的供给不充分、涉农扶持政策体系还不完善等问题有待解决。

“粮食与食物生产方式转变战略研究”课题组 II

2017 年 4 月

目　录

中篇　农业规模化战略研究

下篇　农业组织化战略研究

上　篇

农业专业化战略研究

一、农业专业化的背景、内涵和意义

（一）农业专业化的背景

改革开放后，我国就提出了农业专业化发展的思路。随着我国由计划经济向市场经济的过渡和市场经济体制的逐步确立，农业的地区专业化获得了一定的发展，但总的来说进展不大。20世纪90年代以来，随着经济环境的变化，中央多次提出要加快农业的结构调整，特别是我国加入世界贸易组织（WTO）后，进一步提出了加快农产品生产向优势地区集中的农业发展思路，各级政府也积极推动农业的地区专业化发展。

进入21世纪以来，我国政府陆续出台了一系列促进农业专业化发展的政策，积极鼓励发展农业服务业，其中在2008~2010年的3个中央一号文件中连续提出“加快发展农业机械化，促进农业服务业发展”的基本政策。其中，2008年中央一号文件提出要促进“粮食生产的全程机械化”，要求各地区“因地制宜地拓展农业机械化的作业和服务领域，在重点农时季节组织开展跨区域的机耕、机播、机收作业服务”“鼓励农业生产经营者共同使用、合作经营农业机械，积极培育并扶持发展农机大户和农机专业服务组织，推进农机服务市场化、产业化”。2009年中央一号文件进一步提出“建设覆盖全程、综合配套、便捷高效的社会化服务体系”“加快构建以公共服务机构为依托、合作经济组织为基础、龙头企业为骨干、其他社会力量为补充，公益性服务和经营性服务相结合、专项服务和综合服务相协调的新型农业社会化服务体系”，并提出“支持供销合作社、农民专业合作社、专业服务公司、专业技术协会、农民经纪人、龙头企业等提供多种形式的生产经营服务”。2010年中央一号文件将专业化服务放在更加突出的位置，提出“推动家庭经营向采用先进科技和生产手段的方向转变，推动统一经营向发展农户联合与合作，形成多元化、多层次、多形式经营服务体系，壮大农村集体经济组织实力，为农民提供多种有效服务，积极发展农业农村各种社会化服务组织，为农民提供便捷高效、质优价廉的各种专业服务。”

（二）农业专业化的内涵

专业化是现代农业的基本特征之一。2012年，十八大提出“构建集约化、专业化、组织化、社会化相结合的新型农业经营体系”。虽然在经济学中“专业化”是一个非常通用的词语，但是在经济学权威字典《新帕尔格雷夫经济学大辞典》中没有“专业化”这一词条，反映了专业化本质内涵的词条应该是劳动分工（labor specialization）。“分工是与专业化和协作及作为其结果的劳动生产力和它的社会形式相联系的（《新帕尔格雷夫经济学大辞典》，第977页）”，可以说专业化是分工的表现和结果。按照该词条，劳动分工是不同的人完成工作的不同部分，包括社会大范围内的工作或职业的分类，即社

会分工，以及发生在工厂内部的分工或在某一单个行业之内的分工。除了行业间与行业内，分工同样适用于其他范围，在家庭领域产生了性别分工，在区域层面则产生了地区分工、国际分工，后者导致区域的专业化和贸易。

当前，中国农业的专业化也表现在多个方面：区域专业化、服务（生产环节）专业化和农户专业化。区域专业化是在空间层面表现出的专业化，具体体现在两个方面：一是各地区生产的农产品种类减少，主产品的比例上升；二是各类农产品在主产区的产量占总产量的比例上升，通常后者也被称为“地理集中”或“地理集聚”。前者用结构的集中度指数衡量，后者用分布的集中度指数衡量。服务专业化是指农业生产的产前、产中、产后作业服务、技术服务、销售服务、加工储藏、流通运输等过去由单一主体完成分解为由不同的专业化的主体完成。农户专业化既包括农业生产品种减少的专业化，也包括农户减少在整个生产环节中所从事的活动内容的专业化。如果将分工、专业化向农户内部延伸，就出现了通常说的农业劳动力的“老龄化”“妇女化”，虽然分工、专业化通常被看作资源配置优化的表现，但是农户内部的分工则被看作不利的变化，至少对农业生产本身来说。本研究关注的通常是前三类专业化，即区域专业化、服务专业化和农户专业化。

（三）推进农业专业化的意义

农业专业化是资源优化配置的表现，可以发挥地区与农户的比较优势，通过分工深化与专业化配套可以进一步提升效率。实施农业专业化能充分合理地利用各地区和各单位的自然资源和经济资源，提高农业生产的效率；有利于充分发挥农业技术装备的效能，节约劳动力，降低生产成本；有利于提高生产者的技能熟悉程度、科技水平和管理能力；有利于提高农业的规模效益；有利于促进农工商综合经营和农工商一体化。

当前加强对农业专业化的研究也有重要意义。我国正处于农业专业化的推进阶段，无论是地区专业化还是服务专业化、农户专业化都远没有达到稳定状态，在此过程中，既面临路径选择问题，也面临很多需要破解的制度障碍与现实困难，这些都需要通过深入研究去解决。本研究将围绕农业的地区专业化、服务专业化和农户专业化分别展开研究，具体包括：理论层面分析专业化的机制和动力；通过区位商、集中度指数及其他综合指标体系分析专业化的水平和变化趋势；计量分析专业化的影响因素和经济影响。实证研究数据来源：地区专业化水平测度主要使用分省（自治区、直辖市）、分品种的农产品产出的面板数据；社会化服务与农户专业化主要使用历年农产品成本收益数据，通过作业费用构成与劳动投工来源构成的变化来反映。

（四）文献回顾

1. 专业化理论

亚当·斯密的农业专业化思想：亚当·斯密在其《国富论》中第一次明确提出分工

是经济增长的源泉。专业化是人类社会、经济发展过程中表现出来的一个最具本质性的特征，但是亚当·斯密对于农业专业化并不像制造业专业化那么乐观，“农业由于它的性质，不能有像制造业那样细密的分工，各种工作，不能像制造业那样判然分立。木匠的职业和铁匠的职业，通常是截然分开的，但畜牧者的业务与种稻者的业务，不能像前者那样完全分开。纺工和织工，几乎都是各别的两个人，但锄耕、耙掘、播种和收割，却常由一人兼任。农业上种种劳动，随季节推移而巡回，要指定一个人只从事一种劳动，事实上绝不可能，所以，农业上劳动生产力的增进，总跟不上制造业上劳动生产力的增进的主要原因，也许就是农业不能采用完全的分工制度”。在斯密之后，穆勒和马歇尔等都赞同斯密的观点，认为农业生产中的劳动分工和机器使用不及制造业方便，因而农业劳动生产效率要低于制造业。

舒尔茨的农业专业化思想：美国经济学家舒尔茨认为经济发展的本质是报酬递增，在农业中同样也存在报酬递增，这种报酬递增来自于劳动分工与专业化，以及由其形成的专业化人力资本。对于农业发展来说，虽然没有可比于制针厂相提并论的专业化，但是这并不表示农业生产中就没有分工和专业化，专业化在现代农业中非常普遍。美国农业现代化的一个本质特征就是农业生产分工和专业程度的不断提高。

冯·杜能的生产布局理论：德国经济学家冯·杜能在《孤立国同农业和国民经济的关系》中详细分析了农业的生产布局问题，本质上就是农业生产区域专业化问题。

从分工与专业化角度对农业发展问题的研究较少，细究起来，可能有以下两个原因：一是在许多经济学家看来，在农业生产中实行分工与专业化的生产方式几乎是不可能的。从斯密、穆勒等古典经济学家到现代的许多经济学家都持有这种观点。但舒尔茨是个例外。他说：“我们对专业化只有很浅薄的概念。我们没有去考虑随时间推移专业化程度的巨大提高……专业化在现代农业中很普遍。”二是专业化是一个涉及很多因素的复杂问题，而用分工与专业化理论研究农业问题就更复杂了。这种复杂性具体表现在农业生产不仅是一个经济再生产问题，而且也是一个自然再生产问题，更涉及区位问题。因此，从分工与专业化角度研究农业、农村问题看来是一个挑战。但哈佛大学教授霍撒克（Houthakker）曾指出：“大多数经济学家将分工视为一个外在的公共场所，但没有任一经济学分支不会因对专业化的深入研究而得益。”（杨小凯，1997）。

2. 专业化的效应与影响因素

（1）专业化的效应

现有的学者对农业专业化效应的研究主要集中在农业专业化对城乡经济发展、农民增收等方面的影响。薛向岭（2006）通过系统研究农业专业化与城乡经济的均衡发展的关系，认为农业专业化通过其内在机制拉动农村经济的增长，与城市和工业的外部拉力相结合，能有效促进城乡经济的均衡发展。罗富民（2013）以四川南部山区为例，应用动态面板数据分析方法，探讨了山区农业专业化发展对促进农民增收的效应。通过系统的研究发现，近年来四川南部山区农业区域专业程度得到了稳步提升，对农民增收产生了积极的促进作用，但这种促进作用相对于其他变量而言并不十分显著。因此，应通过

稳定专业化发展方向、培育新型农业经营主体、优化外部环境、健全社会化服务体系等措施，进一步增强四川南部山区农业专业化发展的增收效应。杨丹和刘自敏通过对中国2445个村庄的微观调查数据建立联立方程模型，对农民经济组织、农业专业化和农村经济增长之间的关系进行实证分析。研究发现，农业专业化水平的提高能够显著促进农村经济增长。

（2）专业化的影响因素

杨丹和刘自敏（2011）认为农民经济组织的发展是促进农业专业化水平提高的有效途径，而影响农民是否参与农民经济组织的主要因素包括农民自身特征、农民经济组织状况、促进农民经济组织发展的相关政策等。刘祥东（2008）认为土地流转制度和政府职能对农产品专业生产具有显著的影响，他通过对山东省安丘市大樱桃专业化生产的研究，指出现有的土地流转制度下，只有强化政府的职能才能有效发挥农业生产的比较优势，实现农业生产专业化。

3. 有关农户专业化的研究

根据西方国家农业发展经验和中国实际发展需要，中国学者很早对农业专业化做了讨论。徐樵利等于 1979 年就论述了推进农业区域专业化的必要性。方辉振（1985）指出，实行联产承包责任制后全国出现大批专业户，到 1984 年年底关于专业户的调查报告和理论文章就达百篇左右。之后，随着农村劳动力大量外出务工，同时从事农业、非农业活动，农户专业化问题开始得到更加广泛的关注。

首先，就是有关农户专业化和兼业化的道路选择之争。陆一香（1988）、熊建勇和王新前（1989）、陈言新和彭展（1989）认为，兼业化有违于经济发展规律，不利于农业生产专业化，兼业农户必将被专业农户取代。冯海发（1988）认为，无论是从发达国家还是从发展中国家经验看，农户兼业是一种发展趋势，中国也必然走农户兼业化道路。对农户兼业化、专业化认可或否定的背后是生产方式的路径选择，兼业化除了农业生产的季节性的客观因素外，更多是被看作现实国情的需要，而专业化则被认为是提高农业效率的需要，是现代农业的基本特征。因而兼顾国情与发展目标的“过渡论”也为学者普遍接受。韩俊（1988）认为，农户兼业只是过渡模式，而非目标模式，小规模农户兼业将最终被规模较大的农户兼业取代。李百汉（1990）认为，中国要走从兼业化向专业化的农业现代化道路。廖洪乐（2012）将农户兼业分为前期成长、中期平稳发展和后期分化 3 个阶段，推断我国农业生产的兼业化与专业化并存会成为一种常态。

有关农户专业化的实证研究众多。在农户分化情况方面：王利平等（2012）以代表不同生计资产的多个指标综合分析了样本村的农户分化，统计结果显示农业专业化发展型仅占 8%、兼业化发展型占 23%、农业多样化发展型占 16%、非农多样化发展型占 31%、非农专业化发展型占 22%；姚勇（1997）使用专门化率和集中系数衡量了 1982~1992 年全国专业化区域农产品部门专业化水平；杨丹和刘自敏（2011）基于 2445 个村庄的数据，使用联立方程模型分析了农民经济组织发展对农户专业化水平的影响。在农户专业

化的影响方面，往往是研究专业化的对立面兼业化对农业、农村发展的影响：杨涛和蔡昉（1991）分析了农户兼业对农业劳动力转移的影响；叶兴庆（1993）、胡浩和王图展（2003）分析了农户兼业对农业生产与农业发展的影响；周民德（1994）分析了兼业农户在农村发展中的作用；梅建明（2003）比较了兼业农户与纯农户农业物质投入差异；罗必良等（2008）分析了专业化农户因资产专用性而面临的风险；高明等（2012）分析了贫困地区兼业对农户资源配置和农业效率的影响。

4. 农业区域专业化的研究

随着农产品流通成本下降与设施农业兴起，农业的大范围流通与区域化布局现象日趋明显，农业地区专业化问题开始得到更多关注。农业部发展计划司农业区域专业化研究课题组（2003）指出，农业区域专业化是一个国家农业生产社会化和现代农业发展的一个重要标志，有利于促进资源、经济技术条件的合理利用，提高农产品数量与质量，提高劳动生产率和农产品商品率。郑风田和程郁（2005）认为，专业化与规模化共同成为世界农业发展的一种趋势，并强调了农业产业区在经济主体间专业化分工协作关系、区域合理分工和布局形成中的作用。何学松和陆迁（2005）分析了区域专业化提升农产品竞争力的机制。

关于农业地区专业化水平，根据农业区域专业化研究课题组（2003），我国农业正在由综合经营向专业化生产转变，农业区域专业化的发展还处在一个初级阶段，具体表现在 3 个方面：农业生产区域格局基本建立，但农产品生产区域分散和相对集中并存，专业化分工尚未形成；主要农产品地区专业化初步形成，但生产单位专业化程度低；农业区域生产过程专业化发展不平衡且程度不高。一系列研究对专业化水平进行了实际测度。曹暕等（2005）统计分析了 1980~2001 年农业部门和分品种的区域专业化程度；温晓霞和杨改河（2006）根据联合国工业发展组织国际研究中心设计的国际相似系数法构造区域相似系数来衡量区域农业结构相似程度；杜志雄和肖卫东（2011）使用区位商指数、绝对集中率和相对集中率指标实证分析了 1980~2008 年中国农业的地区专业化与地理集中情况；封永刚和钟华（2012）用区位商对 1978~2008 年全国及 29 个省（自治区、直辖市）的农业专业化水平进行了测算。

农业地区专业化是分工深化的结果。农业部发展计划司农业区域专业化研究课题组（2003）指出了农业专业化两个重要条件：发达的交通运输等基础设施和农业科学技术。交通运输网络的形成把农业和其他部门紧密地联系在一起，加速了农产品的流通，把农业的商品化程度大大提高；农业科学技术在很大程度上降低了农业生产对象受自然条件制约的程度，进而推动农业区域专业化生产的发展。李永实（2007）讨论了比较优势在农业区域专业化形成中的作用。肖卫东（2012）认为，影响种植业地理集聚的因素主要包括自然资源禀赋、技术外部性、金融外部性、农产品运输成本和农业对外开放等。封永刚和钟华（2012）用 1999~2008 年全国 29 个省（自治区、直辖市）的面板数据实证分析了影响农业地理集中的因素。

5. 农业服务专业化的研究

中共中央很早就将农业社会化服务作为深化农村改革的重点进行部署。1993 的中央农村工作会议强调建立健全农业社会化服务体系，形成社区集体经济组织、国家经济技术部门和农户各种民办专业技术协会等组织相结合的服务网络，为亿万农户提供产前、产中、产后各种有效及时的服务（杨世义，1995）。近年，随着农业劳动力持续转移，传统农业生产方式趋于瓦解，机械作业与技术服务等生产环节的社会化得到快速发展，这被看作与以家庭承包经营为基础的小规模农业相联系的一种农业现代化方式，在一定程度上解决了农业的效率和技术进步问题，农业生产服务社会化问题随之得到越来越多的关注。

在农业社会化服务的发展水平方面，孔祥智等（2009）认为，中国农业基本形成了多元化、社会化的农业社会化服务供给体系。韩苗苗等（2013）构建农业社会化服务水平测评指标体系，使用全国面板数据对我国农业社会化服务水平进行了测算。测算结果表明，在农业社会化服务总体水平上升过程中，农业机械化和农业信息服务水平增长最快，农业科技、产业化经营流通和农业基础设施建设服务水平增长缓慢，农业生产资料、农业金融和农业保险服务水平增长不明显。

农户是服务社会化的接受者也是实际驱动者。孙剑和黄宗煌（2009）通过对东部、中部、西部 3 个地区 3 个县市农户的典型调查，从农户户主背景特征角度分析了农户在农业服务购买渠道选择方面的影响因素。

就农业社会化服务的发展方向，孔祥智等（2009）提出，要建立覆盖全程、综合配套、便捷高效的服务体系，形成多层次、多形式、多主体、多样化的农业社会化服务格局。宋洪远（2010）指出，要重构公益性农业社会化服务机构，加快发展赢利性农业社会化服务机构和大力扶持非营利性农业社会化服务机构，健全乡镇或区域性农业技术推广、动植物疫病防控、农产品质量监管等公共服务机构和村级站点，支持供销合作社、农民专业合作社、专业服务公司、专业技术协会、农民经纪人、龙头企业等多种形式的服务。

6. 农业专业化的测度方法

一些研究文献描述了中国农业地理集聚程度及其演变趋势（表 1.1）。这些研究一般采用生产集中度、区位商、区位基尼系数和莫兰指数等指标来测度农业地理集聚程度。伍山林基于 1982~1998 年中国各省粮食产量占全国粮食总产量比例的统计分析表明，市场化改革以来，中国粮食生产具有稳定的区域变化特征，粮食生产趋向集中于河北、内蒙古、黑龙江等省（自治区）。高帆采用生产指数分析了 1978~2003 年中国粮食生产地理区位的变化，研究发现，改革开放以来，中国粮食生产表现出了从“中心”地区向“边缘”地区转移的倾向。陆文聪等计算出来的莫兰指数值显示，1978 年以来，中国粮食生产存在明显的省际相关性，一个省粮食生产规模的扩大会诱发相邻省粮食生产的缩减，

粮食产出具有较高的空间溢出效应。朱启荣考察了中国棉花主产区空间布局的变化，其基于各省棉花种植面积占全国棉花总种植面积比例的统计分析表明，1980年以来，中国棉花主产区经历了由南方的湖北、湖南、安徽等省向北方的山东、河北、河南等省，再向西北的新疆迁移的过程。吕超、周应恒采用中国17个蔬菜主产区1995~2008年的产值数据计算出来的区位商值显示，中国蔬菜产地布局呈现出了由城郊向农区转移、由分散趋向集聚的趋势。

表 1.1 中国农业专业化测度的代表性研究

作者	数据	时间范围	地理尺度	研究对象	指标
伍山林	产量	1982~1998	29个省（自治区、直辖市）	粮食	生产集中度
薛宇峰	产量、播种面积	1990、2002	31个省（自治区、直辖市）	粮食	区位商
高帆	产量	1978~2003	29个省（自治区、直辖市）	粮食	粮食生产指数
罗万纯、陈永福	产量	1978~2003	29个省（自治区、直辖市）	粮食	生产集中度
梁书民	播种面积	1984、2003	31个省（自治区、直辖市）	粮食	区位商
陆文聪等	产量	1978~2006	29个省（自治区、直辖市）	粮食	生产集中度、莫兰指数
钟甫宁、胡雪梅	种植面积	1978~2005	29个省（自治区、直辖市）	粮食	生产集中度
朱启荣	种植面积	1980~2003	29个省（自治区、直辖市）	粮食	生产集中度
陈伟莲	产量、种植面积	2005、2007	广东省	稻谷、蔬菜等	区位基尼系数

资料来源：肖卫东（2012）

二、农业专业化现状、目标与政策：综合分析

（一）区域专业化现状与变化趋势

1. 从种养结构角度看农业的区域专业化

种养结构是农业结构中的基本结构。图 1.1 是 2008 年 3146 个县（区）级单位中 2671 个的牧业总产值［占农业（种植业）、牧业总产值］比例的柱状分布图和累积分布图，从中可以看出，超过 70%的县（区）牧业比例小于 50%。

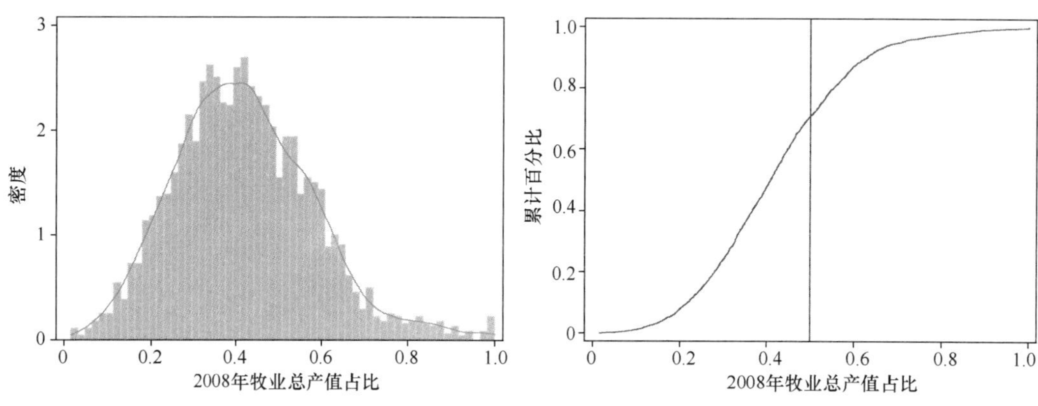

图 1.1　2008 年牧业总产值比例的分布

从变动趋势来看，牧业比例上升的地区多于比例下降的地区，更多地区体现出在牧业上的专业化特征。2001~2008 年，牧业产值比例上升的有 1704 个县（区），下降的有 1442 个。将畜牧产值比例划分为 0~0.25、0.25~0.5、0.5~0.75、0.75~1 4 个组，0.5~0.75 组的县（区）占县总数的比例有明显上升，从 16.64%增长到 25.46%，0.75~1 组的比例也有上升（表 1.2）。

表 1.2　2001 年、2008 年畜牧业产值比的分布与变动

畜牧产值比	2001 年	2008 年
0~0.25	21.18	14.83
0.25~0.5	59.33	55.80
0.5~0.75	16.64	25.46
0.75~1	2.86	3.91

2. 种植业区域专业化

（1）粮食生产的空间集中

从图 1.2 来看，粮食产出的分布非常集中，并且有进一步集中的趋势。2010 年，规模最大的 115 个县完成 25%的粮食产量，234 个县完成另外 25%（即 25%~50%）的产量，407 个县完成第三个 25%（50%~75%）的产量，1293 个县完成最后 25%的产量。与 2000 年相比，完成前 50%粮食产量的县从 419 个减少到 349 个（表 1.3），减少了 70 个，完成前 75%产量的县从 834 个减少到 756 个，减少了 78 个。

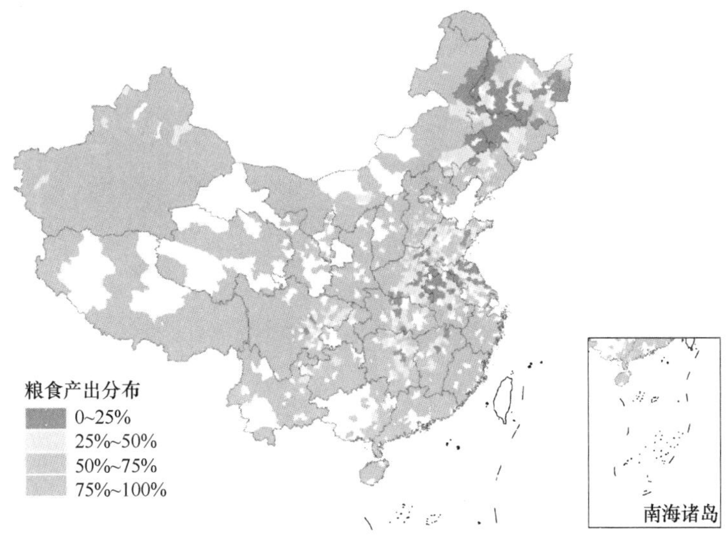

图 1.2　2010 年粮食累积产出的空间分布（彩图见末页二维码）

表 1.3　完成 50%产出的县的变动

变动	完成 50%产出的县	
	2000~2005	2005~2010
保持	329	307
进入	54	42
退出	90	76
净减少	36	34

（2）3 种作物的区域专业化

从表 1.4 看出，稻谷、小麦、玉米 3 种粮食作物的集中程度高于粮食总体。2009 年，规模最大、完成稻谷总产出 25%产量的县在生产稻谷的县总数中占 5.47%，略低于粮食的 6.05%，小麦和玉米则分别只有 3.36%和 2.43%，集中程度明显更高。3 种作物中，玉米生产覆盖的空间最广，小麦其次，集中程度最高的是小麦，玉米其次。

表 1.4 粮食与 3 个主要品种的空间集中程度

分布	粮食		稻谷		小麦		玉米	
	县数	比例/%	县数	比例/%	县数	比例/%	县数	比例/%
0~25%	124	6.05	76	5.47	54	3.36	47	2.43
25%~50%	235	11.47	134	9.64	95	5.92	138	7.14
50%~75%	404	19.72	235	16.91	172	10.71	282	14.59
75%~100%	1286	62.76	945	67.99	1285	80.01	1466	75.84
总计	2049	100.00	1390	100.01	1606	100.00	1933	100.00

3 种粮食作物集中程度高于粮食总体在 3 种作物重点产区空间上的错位分布，这一特征在图 1.3 中得到体现。3 种作物重点产区也有一定的重叠，其中，玉米和小麦重点产区的重叠最明显。完成小麦 50%产出的县集中分布在冀鲁豫地区，这些县中也有很多在完成 50%玉米或稻谷产出的县中，即同时是两种甚至 3 种作物的重点产区。仅是稻谷重点产区的县（在完成稻谷 50%产出的县之列，而不在另两种作物完成 50%产出的县中）主要分布在山东以南的安徽、湖南、江西、广西等省（自治区），仅是玉米重点产区的县则主要分布在黄河以北，主要是东北地区。

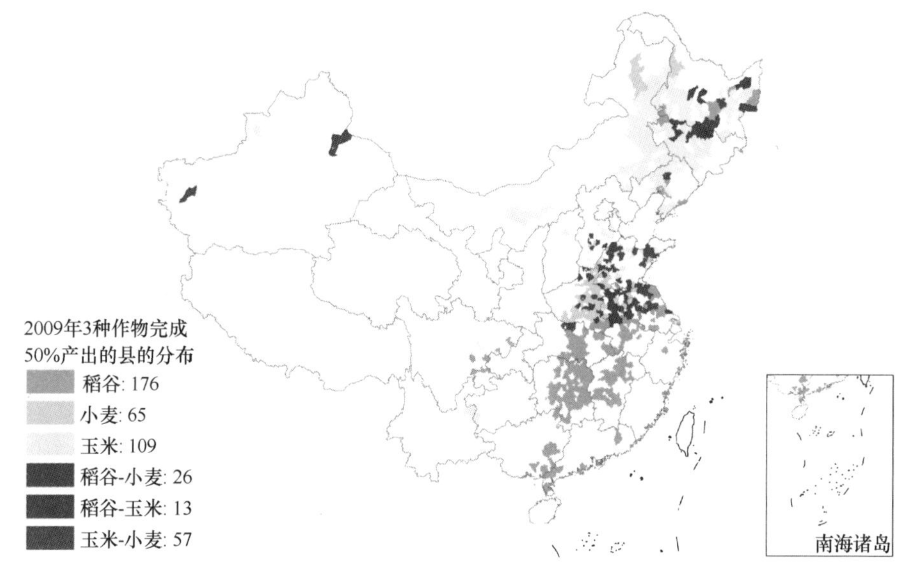

图 1.3 2009 年 3 种粮食作物重点产区的空间分布（彩图见末页二维码）

从 2001~2009 年的变化看，3 种作物的生产在进一步集中。与 2001 年相比，2009 年保持在完成 80%产出的县之列的有 459 个县，退出的有 177 个，进入的有 57 个，净减少了 120 个；小麦和玉米也分别净减少了 99 个和 82 个（表 1.5）。可见，3 种作物的产出都在进一步向重点产区集中。

表 1.5 3 个粮食作物空间分布的变动

2001~2009 年变动	稻谷	小麦	玉米
保持	459	301	441
新进入	57	73	115
退出	177	172	197
净减少	120	99	82

（3）粮食生产在向哪里集中

第一，2000~2010 年粮食重点产区经历了明显的北移。

从图 1.4 来看，2010 年与 2000 年相比，完成 75%产量的县在分布上发生了明显的北移。新进入的县主要分布在黄河以北，特别是东北地区和西北地区，退出的则主要分布在长江以南，特别是东南沿海地区。

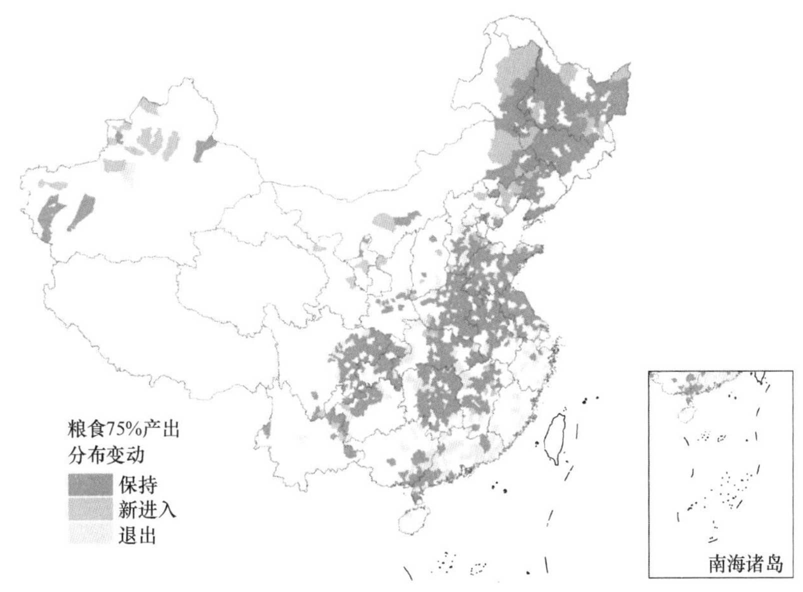

图 1.4 2000~2010 年粮食重点产区分布的变化（彩图见末页二维码）

第二，一些地区主产品（最大产出）发生更替。

统计各县 3 种粮食作物中产出最大的品种（称为主产品）。2009 年，主产品是稻谷的县占县总数的比例为 43.98%，主产品是小麦的占 19.8%，主产品是玉米的占 36.22%。与 2001 年相比，主产品是稻谷和小麦的县所占比例都有下降，尤其是小麦，主产品是玉米的县所占比例有明显上升（图 1.5）。

与 2001 年相比，2009 年主产品由稻谷转为小麦的有 8 个县，由小麦转为稻谷的有 33 个县，稻谷、小麦之间主要是小麦转为稻谷。另外，稻谷、玉米之间主要是稻谷转为玉米，小麦、玉米之间主要是小麦转为玉米，尤其是后者，主产品由小麦转为玉米的县高达 133 个（表 1.6）。小麦转为玉米的地区主要分布在山东、河北、陕西一线，稻谷转为玉米的地区主要在西南、东北地区（图 1.6）。

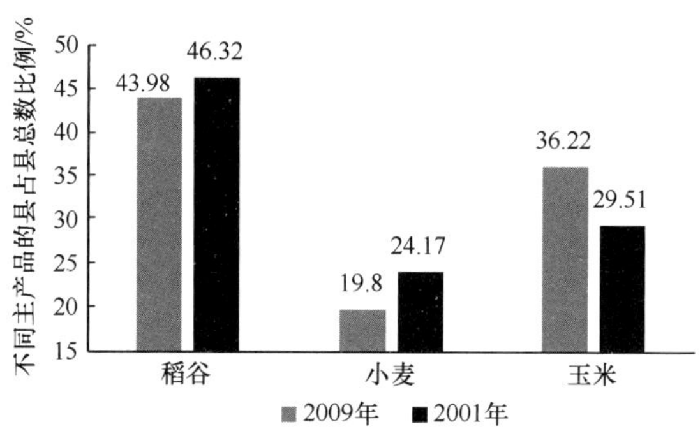

图 1.5　2001 年和 2009 年不同主产品的县占县总数比例

表 1.6　3 种粮食作物作为主产品的更替情况

产出最大品种		变动县数
2001 年	2009 年	
稻谷	小麦	8
小麦	稻谷	33
稻谷	玉米	60
玉米	稻谷	23
小麦	玉米	133
玉米	小麦	44

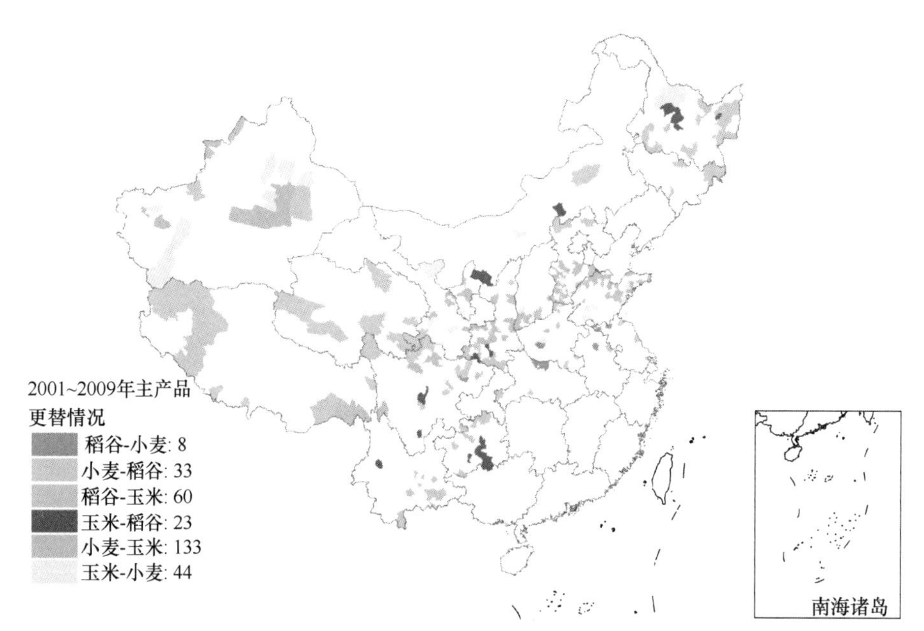

图 1.6　粮食主产品更替的地区（彩图见末页二维码）

第三，主产区的地位更加突出。

在完成 50%和 80%产出的县中，属于主产区省（自治区、直辖市）的县所占比例不

断上升。2010 年，完成 50%产出的县中，主产区省（自治区、直辖市）的县占到 96.0%，比 2000 年高出 8.9 个百分点；完成 80%的产出的县中，主产区省（自治区、直辖市）的县占到 79.1%，比 2000 年高 5.9 个百分点（图 1.7）。也就是说，重点产区在向主产区集中。

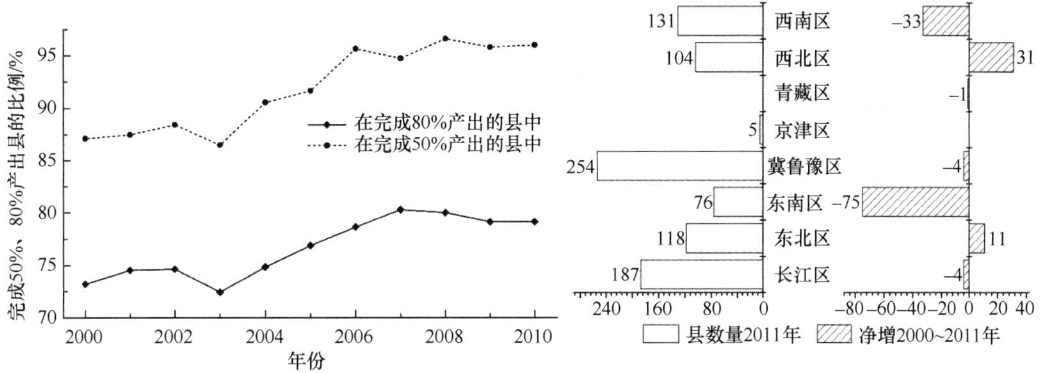

图 1.7 完成 50%、80%产出的县的分布

将 31 个省（自治区、直辖市）划分成 8 个区域，2010 年与 2000 年比较，在完成 80%产量的县中县数有明显增长的是西北区和东北区，大幅减少的是东南区、西南区，冀鲁豫区、长江区也有下降。

3. 养殖业区域专业化

（1）养殖业的空间集中

畜牧业的空间集中程度低于种植业。2008 年，规模最大的 141 个县完成了 30%大型牲畜的存栏量，208 个县完成 20%（即 30%~50%）的存栏量，585 个县完成 30%（50%~80%）的存栏量，1774 个县完成 20%的存栏量。完成 80%存栏量的县在全部有养殖的县中占了 34.5%。从 2001~2009 年的变动趋势看，大型牲畜养殖的集中程度呈先分散后集中的变化特征，牛和猪这两个主要品种的集中程度则一直呈上升趋势。完成 30%存栏的县占养殖县的比例分别减少了 2.8 和 3.2 个百分点（图 1.8）。

（2）养殖业在向哪里集中

2001~2005 年，累积完成 80%大型牲畜存栏量的县从 817 个增长到 967 个（表 1.7）。分区域来看，除了长江区的县数有明显下降，其他 7 个区都有增加。在完成 80%存栏的县中长江区的县所占比例从 15.3%降至 10.7%，东北区、冀鲁豫区、青藏区、西北区的比例也有小幅下降，西南区比例有较大增长。2005~2008 年，长江区、冀鲁豫区的比例继续下降，青藏区、西北区则有所上升。总体上，养殖业在西南、西北、青藏等地区集中（表 1.7）。

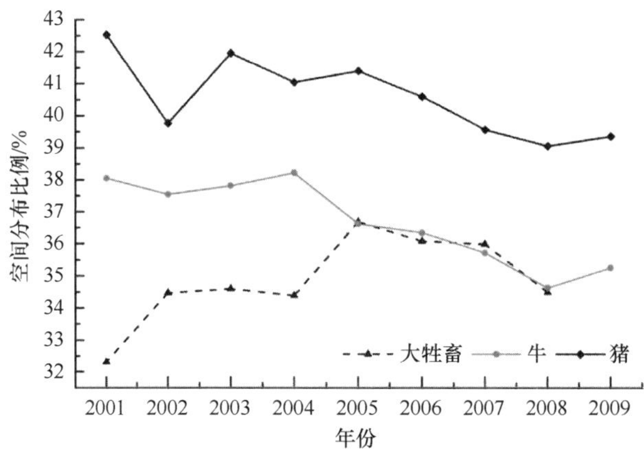

图 1.8　大型牲畜存栏的空间分布（彩图见末页二维码）

表 1.7　大型牲畜主要产出县的分布

地区	2008 年		2005 年		2001 年	
	县数量	比例/%	县数量	比例/%	县数量	比例/%
长江区	94	10.1	103	10.7	125	15.3
东北区	108	11.6	112	11.6	105	12.9
东南区	25	2.7	34	3.5	17	2.1
冀鲁豫区	169	18.1	197	20.4	173	21.2
京津区	2	0.2	2	0.2	1	0.1
青藏区	76	8.1	67	6.9	62	7.6
西北区	175	18.7	155	16.0	134	16.4
西南区	285	30.5	297	30.7	200	24.5
总计	934	100	967	100	817	100.1

4. 区域专业化的效果

（1）主产区在粮食生产中的作用得到增长

2012 年，全国 13 个粮食主产区粮食产量占全国粮食总产量的 75.7%，与 2003 年相比提高了 5.7 个百分点。2003~2012 年，全国粮食总产增量中的 88.3%来自粮食主产区；期间，粮食主产区粮食产量的增长速度是非主产区的 3.08 倍。

（2）核心产区的单产优势更加明显

将过去 3 年在总产出中的比例都稳定在 0.8‰以上的县（2009 年累积总产接近粮食总产量的 50%）划为粮食核心产区。核心产区包含的县数与核心产区粮食产量占全国总产的比例都在上升，与粮食生产的空间集中趋势一致。从单产来看，2003 年，核心产区的县平均粮食单产为 5.59t/hm^2，比非核心产区的县平均单产高 21.8%，2009 年差距达到 29.8%（表 1.8）。因此，核心产区相对于非核心产区有单产优势，并且优势在进一步扩大。

表 1.8 核心产区与非核心产区粮食平均单产 （单位：t/hm^2）

年份	均值		中位数	
	核心产区	非核心产区	核心产区	非核心产区
2003	5.59	4.59	5.68	4.71
2004	6.14	4.95	6.13	5.03
2005	6.08	4.70	6.01	4.78
2006	6.11	4.74	6.17	4.82
2007	6.11	4.73	6.17	4.85
2008	6.49	4.87	6.45	4.98
2009	6.28	4.84	6.36	4.97

（3）核心产区的进入、退出体现了单产优势

根据 2003 年与 2009 年是否为核心产区的划分，将各县划分为 4 组，分别是保持在核心产区（2003 年与 2009 年都在核心产区）、新进入核心产区（2009 年在核心产区，而 2003 年不在）、退出核心产区（2003 年在核心产区，而 2009 年不在）、都不在核心区（2003 年与 2009 年都不在核心产区）。图 1.9 显示了 4 组地区粮食平均单产水平及变化情况，从中可以看出：①4 组地区粮食平均单产都有增长；②保持在核心产区的县与新进入核心产区的县相比平均单产增长更快；③保持在核心区的县单产水平一直最高；④新进入的县与退出的县相比，2003 年单产较低，2009 年则较高。

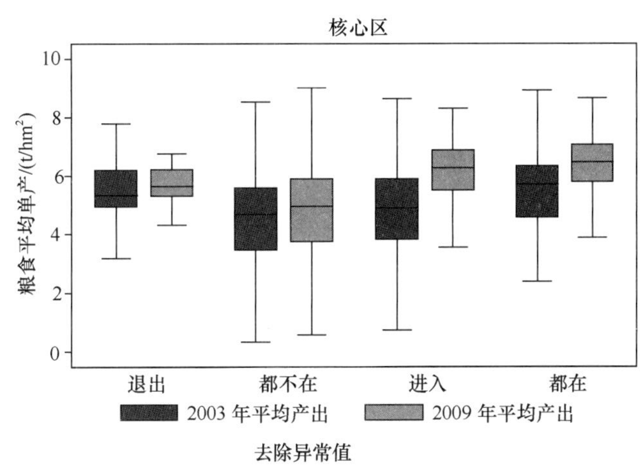

图 1.9 4 组地区粮食平均单产及变化

（4）核心产区进入、退出反映了劳动成本差异

基于以上 4 组地区的划分，统计各组职工工资的平均水平，从结果（图 1.10）来看：①4 组地区的平均工资都有明显上升，与劳动成本快速上升的现实一致；②一直不在核心区的县平均工资最高，在粮食生产的用工成本方面具有劣势；③一直都在与新进入的地区平均工资最低，粮食生产用工成本相对更低。

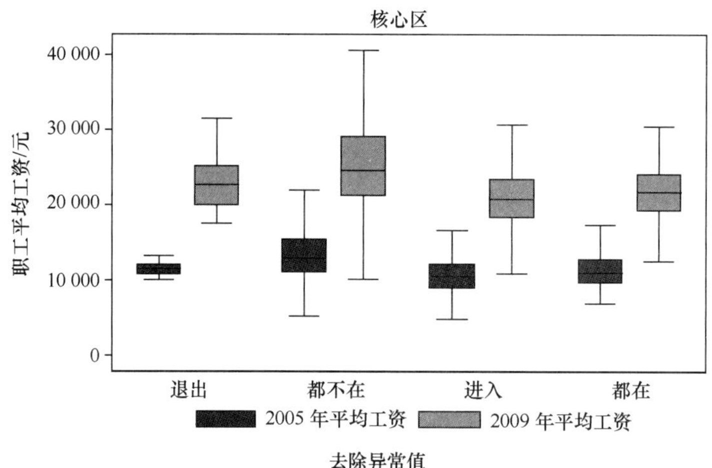

图 1.10　4 组地区职工平均工资与变化

（二）农户专业化的现状

1. 规模经营专业大户的比例在提高

截至 2011 年年底，全国经营耕地面积在 50 亩[①]以上的种植大户达到 276 万户，其中 100 亩以上的近 80 万户。目前，全国共有种粮大户 68.2 万户，占全国农户总数的 0.28%；经营耕地面积 1.34 亿亩，占全国耕地面积的 7.3%。这些种粮大户的粮食产量达 1492 亿斤[②]，占全国粮食总产量的 12.7%。在单产方面，种粮大户粮食平均亩产 486kg，高出全国平均水平 133kg。

2. 一般农户混合经营的比例在下降

根据中国社会科学院农村发展研究所多年村庄调查数据，既种又养的混合型农户占样本农户的比例有下降趋势，2008 年该比例为 67.89%，2011 年降至 48.12%，2012 年进一步降至 40.58%。同时，只种不养的专业型农户的比例有上升趋势，从 2008 年的 29.43%增长到 2012 年的 56.04%（表 1.9）。

表 1.9　调查数据农户种养结构（%）

年份	农户			农民	
	既种又养	只种不养	只养不种	兼业	只从事农业
2008	67.89	29.43	2.68	41.41	58.59
2009	59.82	37.5	2.68	45.17	54.83
2010	65.19	34.81	0	49.59	50.41
2011	48.12	42.86	9.02	23.99	76.01
2012	40.58	56.04	3.38	35.92	64.08

① 1 亩≈666.7m^2。
② 1 亩≈666.7m^2。

3. 农民身份的职业化

职业农民的培育是现代农业建设的关键。2005 年 11 月，农业部《关于实施农村实用人才培养“百万中专生计划”的意见》，在国家层面首次提出“职业农民”。2006 年，中央一号文件《中共中央 国务院关于推进社会主义新农村建设的若干意见》，中央文件首先出现“新型农民”。2012 年，中央一号文件《关于加快推进农业科技创新持续增强农产品供给保障能力的若干意见》，提出“大力培育新型职业农民”，中央文件首次出现“新型职业农民”。

（三）服务专业化现状与变化趋势

1. 从用工与成本结构角度看服务专业化

根据国家统计局的农业成本收益数据，在机械化的作用下，粮食生产（3 种粮食作物平均）亩均劳动投入持续减少，从 2000 年的 12.2 日下降到 2012 年的 6.43 日。农户的机械作业主要通过社会服务获得，具体体现是租赁作业费中的机械作业费在直接费用中的比例持续上升，从 2000 年的 14.9%上升到 2012 年的 29.57%。逐渐减少的劳动投入也有社会化的趋势，劳动总投入中雇工所占比例缓慢上升，从 2000 年的 4.1%上升到 2012 年的 4.98%（图 1.11）。

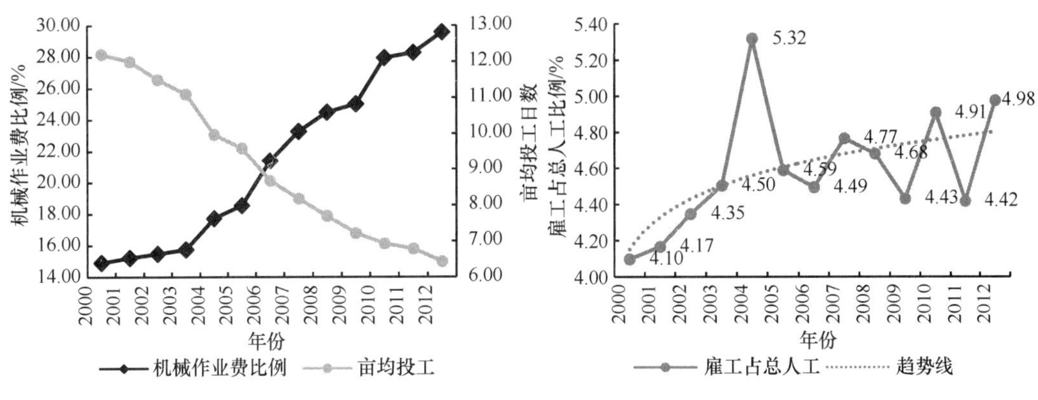

图 1.11 粮食生产的用工和成本结构

2. 农机合作社与农机跨区作业快速发展

农机合作社及农机跨区作业是农业服务专业化的重要途径，近年得到快速发展。2011 年，全国农机合作社数量已经达到 2.8 万个，服务农户 2422 万户，占全国农户数的 9%；农机合作社年作业服务面积 6.5 亿亩，占全国农机作业总面积的 12.1%。在农机跨区作业方面，以小麦为例，实行小麦跨区作业的联合收割机数量从 1997 年的 5 万台

增长到2012年32.5万台，小麦主产区县域内的收割时间由半个月缩短为一周左右。由于机收和机耕作业代替了人力作业，在“三夏”农忙季节，我们再也看不到农民工为了抢收、抢种而出现的“返乡潮”了。

（四）农业专业化面临的问题

农业专业化的问题体现在几个方面：①农户专业化与服务专业化水平还有待进一步深化；②区域专业化仍在进一步发展，但农业与资源禀赋、人口（需求）分布偏离日益突出，资源与农产品的双向流动导致浪费。当前来看，后者是关系未来粮食安全的重要因素。

1. 粮食生产布局与需求（人口）偏离

各省（自治区、直辖市）粮食产出占全国总产出的比例与其人口占全国总人口的比例之比，衡量了各地区在粮食安全方面的供求关系，反映了粮食生产与人口分布的协调性。从结果来看：①北京、上海、广东、浙江等发达地区粮食产出比例与人口比例明显失衡；②2001~2009年，大多数地区粮食产出比例与人口比例之比趋于下降，包括主产区与平衡区的多数省（自治区、直辖市），粮食总体供求平衡越来越依赖比值上升的少数省份（表1.10，图1.12）。

表1.10　2011年粮食产出比例与人口比例之比

产出比例/人口比例	地区
>1.2（7个）	黑龙江（3.41）、吉林（2.71）、内蒙古（2.26）、河南（1.39）、安徽（1.23）、宁夏（1.32）、新疆（1.3）
[0.8~1.2]（11个）	辽宁（1.09）、山东（1.08）、江西（1.07）、湖南（1.05）、河北（1.03）、江苏（0.98）、湖北（0.97）、四川（0.96）、甘肃（0.93）、重庆（0.91）、云南（0.85）
<0.8（13个）	山西（0.78）、陕西（0.75）、广西（0.72）、西藏（0.72）、贵州（0.59）、青海（0.43）、海南（0.5）、福建（0.42）、浙江（0.34）、广东（0.3）、天津（0.28）、北京（0.14）、上海（0.12）

2. 粮食生产与水资源偏离

粮食播种面积比例与水资源比例之比可以衡量粮食生产与水资源禀赋的协调性。用2003~2011年水资源比例的均值来衡量各省（自治区、直辖市）的水资源比例，根据2011年播种面积比例与水资源比例之比将各省（自治区、直辖市）划分为6个组，从结果来看：①宁夏、山西、河北、山东等地比值较高，粮食产生与水资源存在明显偏离；②2000年和2011年粮食播种面积比例的变化看，比例增加的主要是比值较高的省（自治区、直辖市），这些地区粮食生产与水资源供给的矛盾在加剧（表1.11，图1.13）。

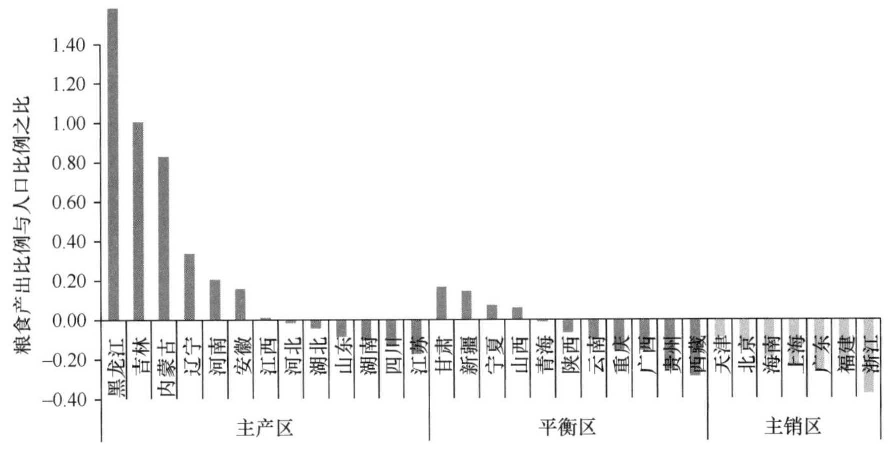

图 1.12 粮食产出比例与人口比例之比的变动

表 1.11 2000~2011 年粮食播种面积比例与水资源比例之比的分布和变动

比值	增长	下降
<0.5	新疆	广东、福建、海南、青海、西藏
[0.5~0.8]	江西	浙江、广西、四川、湖南、云南
[0.8~1]		贵州
[1~2]		重庆、湖北
[2~5]	辽宁、安徽、吉林、河南、内蒙古、黑龙江	陕西、北京、江苏、上海、甘肃
>5	宁夏、山西	河北、山东、天津

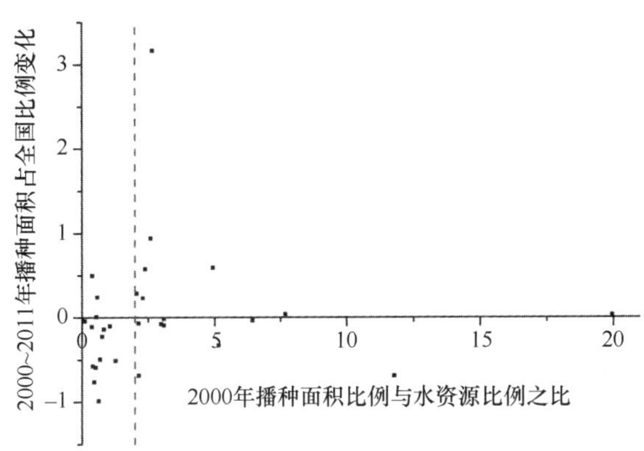

图 1.13 水资源分布与粮食生产分布之间关系的变动

3. 耕地变动与耕地单产水平背离

按耕地单产水平对各地区进行分类。以 2008 年全国粮食单位播种面积的平均产出 4642kg/hm^2 为基准，比平均产出高 20%（合 5570kg/hm^2）的地区为高产出地区，比平均产出低 20%（合 3713kg/hm^2）的地区为低产出地区，其他地区为中等产出地区。各地区耕地面积变化与其耕地单产之间表现出的系统关系对粮食安全可能是不利的。2005~2008 年，高单产、中等单产地区的耕地数量分别减少了 1.7 万 hm^2 与 41.5 万 hm^2，降幅分别为 0.06%和 0.64%，中等单产地区耕地减少的速度是全国平均速度的 2 倍。同期，低单产地区的耕地数量增长了 6.5 万 hm^2，增长了 0.21%（表 1.12）。可见，全国耕地总量的保持靠的是低单产地区耕地数量的增加，在此过程中，粮食生产进一步向中低单产地区集中，这种变化显然会影响到粮食生产潜力，如果持续下去则必然会威胁到粮食安全。

表 1.12　按土地价格与耕地单产分耕地面积变化情况

分组		2008 年		2005 年		面积变化/×10^3hm^2	变化幅度/%
		耕地面积/×10^3hm^2	比例/%	耕地面积/×10^3hm^2	比例/%		
单产	高	26 268	21.58	26 284	21.53	–16	–0.06
	中	64 054	52.63	64 468	52.81	–414	–0.64
	低	31 395	25.79	31 330	25.66	65	0.21
总计		12 1716	100.00	122 083	100.00	–365	–0.30

资料来源：2006 年与 2009 年的《中国国土统计年鉴》

（五）预测

综上，农业专业化的现状与特征可以概括为：农业区域专业化明显，但粮食生产与资源、需求的背离也很突出；农户专业化与服务专业化水平仍处在起步阶段。根据建设现代农业与农业可持续发展的要求，未来农业专业化的发展目标如下。

1. 稳定区域专业化水平

稳定粮食生产布局，避免粮食生产进一步向局部地区集中。同时，通过节水、节地技术等的发展与应用，着力解决粮食生产与资源之间存在的背离与矛盾；完善区际转移支付制度，确保粮食安全战略具有合理的区际利益关系基础。

2. 加快推进农户专业化与服务专业化

到 2020 年，培育约 3000 万户规模经营的专业化农户，届时占农户比例的 30%；另外，培育 1000 万从事专业化的农业社会化服务人员。

（六）政策建议

第一，地区间不平衡的利益关系是导致地方政府普遍缺乏粮食生产积极性的深层次原因，当前，迫切需要加快建立粮食调出、调入地区之间的利益补偿机制，使各地区在

保障和实现粮食安全过程中面临的外部性得以内部化，建立均衡的权责利益关系。具体来说，补偿内容包括生态补偿与粮食调销补偿两个方面。在生态补偿方面，后发地区农业、林业建设的节碳、固碳效应通过碳交易获得相应的利益补偿。在粮食调销补偿方面，粮食调入地区根据调入量，按一定比例从地方财政收入中征缴专项补偿基金，用于粮食调出地区的农资补贴、粮食收购价格补贴、粮食保险补贴、粮食收储运输补贴、农业基础设施建设与粮食风险基金建设等。

第二，农业区域专业化过程中的一个突出问题是东南区等具有丰富、优质农业资源的地区出现粮食生产的萎缩，这一方面因为这些地区的高地价与高劳动力成本削弱了农业生产比较优势，另一方面，这些地区耕地出现的快速非粮化、非农化与耕地流转过程中土地用途违规转变是相联系的。为此，要加强对土地流转前后土地用途的管制与监督，确保有意愿从事农业生产（规模经营）的大户或投资者能够获得土地，而那些掌握一定行政资源、有能力获得土地的资本即使获得土地也不能将其转为他用。

第三，要加快资源节约型农业生产技术的开发与应用，特别是节约水资源利用与更加环境友好的农业生产技术，克服农业区域专业化过程中的资源约束与生态环境问题。

第四，粮食生产在空间上的集中增加了总体食物安全的脆弱性，需要加强风险预警与应对风险的缓冲机制建设。

三、种植业专业化研究

（一）区域专业化现状与变化趋势

按照《中国农村统计年鉴》的统计习惯，我国将农作物分为粮食作物、油料作物、棉花、麻类、糖料、烟叶、药材、蔬菜及其他农作物9类，通过计算各类农作物在1990~2011年的播种面积的移动平均值，消除播种面积的短期波动，再根据移动平均值计算各类作物在农作物总播种面积中的比例来计算我国农作物种植结构。从粮食、糖料、棉花等9类农作物的比例及变动情况看（图1.14）：在农作物总播种面积中，粮食作物的播种面积占绝对多数（1990~2011年粮食播种面积占农作物总播种面积的比值平均为69.0%），但该比值总体上呈下降趋势，即从1990年的76.5%经过13年的持续下降，到2003年达到最低点65.2%，从2004年开始出现反弹，但从2010年开始又出现缓慢的下降；而1990~2011年蔬菜、果类等作物的播种面积与农作物总播种面积的比值不断上升，即从1990年的4.8%上升到2011年的13.6%；其他7类农作物的比值未出现明显变动。本研究关注的首先是粮食作物的专业化。

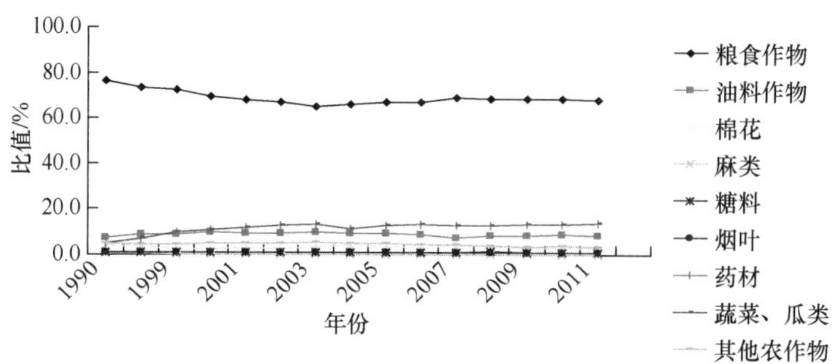

图1.14　1990~2011年中国农业种植结构与变动趋势

1. 从区域来看粮食生产区域专业化现状[①]

首先，从整体上对我国粮食生产区域专业化现状进行分析。改革开放以来，我国粮食生产不断地向东北地区、冀鲁豫区、西北地区集中，粮食产量占全国粮食总产量的比例不断上升；东南区、西南区、长江区的比例则出现不同程度的减少，其中东南区下降速度最快。北方在全国粮食生产中的地位不断上升，“北粮南运”的格局逐步在强化。

① 在此遵循刘江和杜鹰（2010年）中的区域划分方法，将全国分为八大农业区，其中，东北区包括黑龙江、吉林和辽宁，东南区包括福建、广东、海南、江苏、上海、浙江，冀鲁豫区包括河北、河南、山东，京津区包括北京、天津，青藏区包括青海、西藏，西北区包括甘肃、内蒙古、宁夏、山西、陕西、新疆，西南区包括广西、贵州、四川、云南、重庆，长江区包括安徽、湖北、湖南、江西。

从 2011 年全国粮食产量的区域分布来看，比例最高的是冀鲁豫区，达到 23.0%，其次是东北区和长江区，粮食产量分别占到全国的 18.9%和 18.4%。从变化趋势看，2000~2011 年全国粮食总产量增长了 23.59%，远高于 1990~2000 年 3.57%的增幅。2000~2011 年，粮食产量增长最快的是东北区，增幅达到 102.44%，其次是西北区和冀鲁豫区，分别增长了 49.43%和 25.27%，长江区也有 15.91%的增长。同期，东南区粮食产量下降了 12.03%，西南区也有小幅的下降。在 1990~2000 年、2000~2011 年两个时期，粮食总产量都有增长的包括冀鲁豫区、西北区和青藏区，两个时期都在减少的只有东南区。在比例方面，1990~2011 年，东南区粮食产出的比例有明显下降，长江区、西南区也有一定的下降，冀鲁豫区、东北区、西北区的比例都有所上升，其他地区变化不大（表 1.13）。

表 1.13 各地区粮食产量及变化情况

指标/区域	全国	东北区	东南区	冀鲁豫区	京津区	青藏区	西北区	西南区	长江区
产量/万 t	57 120.8	10 777.1	6 433.2	13 141.4	283.6	197.1	7 373.5	8 398.9	10 516.2
比例/%		18.9	11.3	23.0	0.5	0.3	12.9	14.7	18.4
产量变动/万 t	全国	东北区	东南区	冀鲁豫区	京津区	青藏区	西北区	西南区	长江区
1990~2000 年	3.57	–9.06	–8.62	17.40	–40.84	5.55	8.22	16.58	–1.83
2000~2011 年	23.59	102.44	–12.03	25.27	5.70	10.17	49.43	–2.75	15.91
比例变动/%	全国	东北区	东南区	冀鲁豫区	京津区	青藏区	西北区	西南区	长江区
1990~2000 年		–1.6	–2.1	2.7	–0.4	0.0	0.5	2.1	–1.1
2000~2011 年		7.3	–4.6	0.3	–0.1	0.0	2.2	–4.0	–1.2

资料来源：包括《新中国五十年农业统计资料》与历年《中国农村统计年鉴》
注：产量与比例是 2011 年数据

2. 分省（自治区、直辖市）看粮食作物生产的区域专业化

（1）粮食总体

无论从各地区粮食播种面积所占比例还是集中度比例来看，粮食生产在进一步向主产地区集中。

从各地区粮食播种面积占全国粮食总播种面积的比例情况看，2011 年比例最高的是黑龙江、河南、山东、安徽等主产区。2000~2011 年，占全国播种面积比例下降的有 21 个省（自治区、直辖市），上升的 10 个都是在全国占有较高比例的地区（图 1.15）。2011 年，比例最高的前 5 位合计占全国粮食总播种面积的 34.47%，比 2000 年前五位合计所占比例高出 1.26 个百分点。这表明粮食生产在进一步向主产地区集中。

从集中度比例计算结果来看（图 1.16），我国粮食生产集中度比例呈现波动变化的趋势，且变化幅度较为平缓，在 1999~2011 年，粮食播种面积最大的 3 个省份占全国粮食播种面积比重之和（CR_3）、粮食播种面积最大的 5 个省份占全国粮食播种面积比重之和（CR_5）、粮食播种面积最大的 10 个省份占全国粮食播种面积比重之和（CR_{10}）分别增加了 1.5、1.3 和 1.1 个百分点。从 2001 年开始，在全国粮食播种面积中保持前 3 位的省分别是河南、黑龙江、山东，CR_3 的平均值为 22.64%，即河南、黑龙江、山东 3 个省

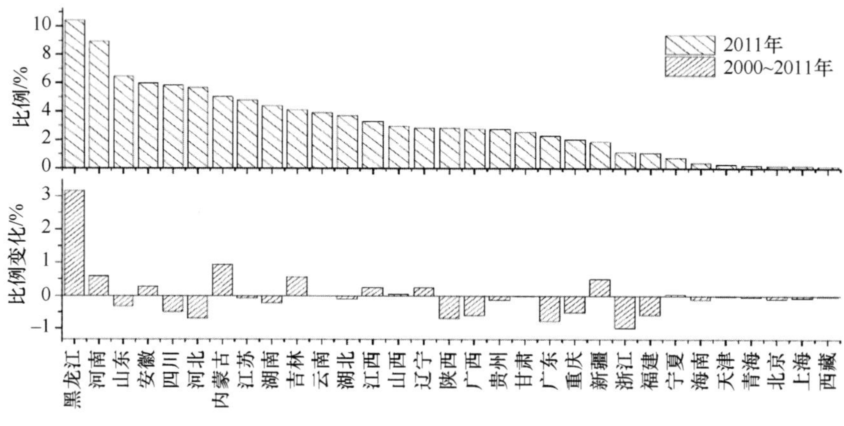

图 1.15　按省（自治区、直辖市）粮食播种面积的分布

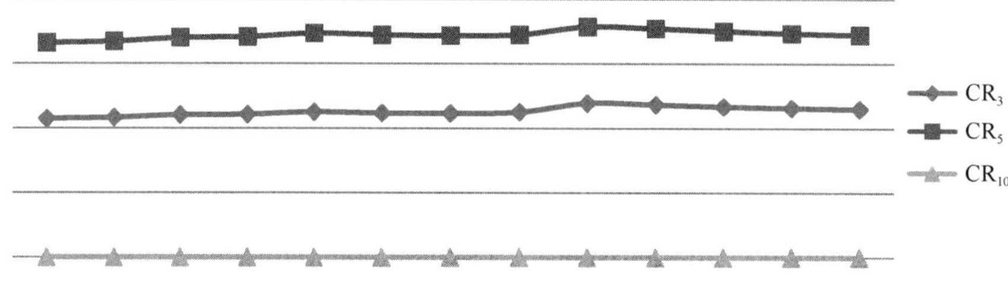

图 1.16　1999~2011 年我国粮食生产集中度

的粮食播种面积占全国粮食播种面积的超过 1/5。虽然从 2008 年开始，CR_3 开始出现缓慢下降，但从总体上来看，CR_3 仍呈现上升趋势，这表明粮食生产向这 3 个省集中。CR_5、CR_{10} 和 CR_3 保持着相同的变化趋势。

（2）稻谷

从总体来看，1999 年以来，我国稻谷生产的集中程度持续上升。1999~2011 年，我国稻谷生产（播种面积）的 CR_3、CR_5、CR_{10} 从 1999 年的 30.66%、45.96%、78.45%，经过 10 多年的发展，分别上升为 34.37%、49.27%、79.67%，增长幅度明显（图 1.17）。2001~2006 年保持前 3 位的是广西、江西和湖南，2007~2011 年保持前 3 位的是湖南、江西和黑龙江。这表明 1999 年以来，我国各类农业生产要素不断地向经济效率高的地区和生产部门转移，稻谷生产的区域专业化水平相应地不断提高。

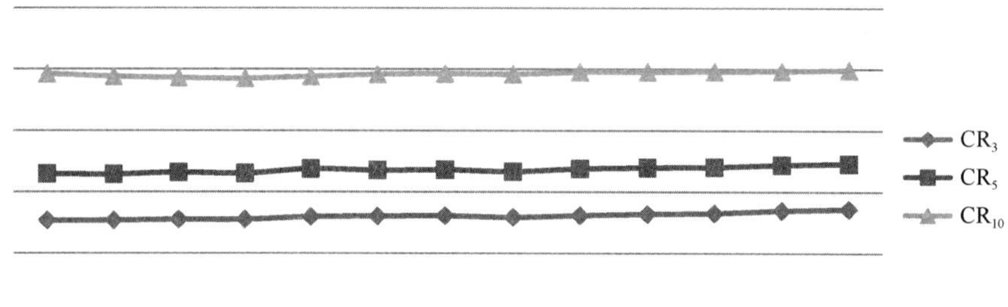

图 1.17　1999~2011 年我国稻谷生产集中度

（3）玉米

从 1999 年开始，我国玉米生产的 CR_3 未出现大幅度的变动（1999~2011 年 CR_3 增加了 0.86 个百分点），但总体上保持着缓慢上升的趋势。1999~2011 年，CR_3 平均为 31.45%，最大值为 2007 年的 32.57%，最小值为 2006 年的 30.47%（图 1.18）。从 CR_3 的数值可知，保持前 3 位的省的玉米播种面积约占全国总面积的 1/3，说明我国玉米生产重点集中这些区域。吉林、黑龙江、山东和河北基本上占据着各省（自治区、直辖市）玉米播种面积前 3 的位置，从 2009 年开始黑龙江、吉林和河北保持着前 3 的位置，说明这 3 个省的玉米种植保持着绝对优势。CR_5 和 CR_{10} 保持着相同的变化趋势。值得注意的是，从 2009 年开始，在 CR_5 和 CR_{10} 均出现不同程度的下降的情况下，CR_3 却保持着稳定增长的态势，说明黑龙江、吉林和河北玉米播种面积增长幅度明显大于其他省（自治区、直辖市），玉米生产正在向这 3 个省集中。

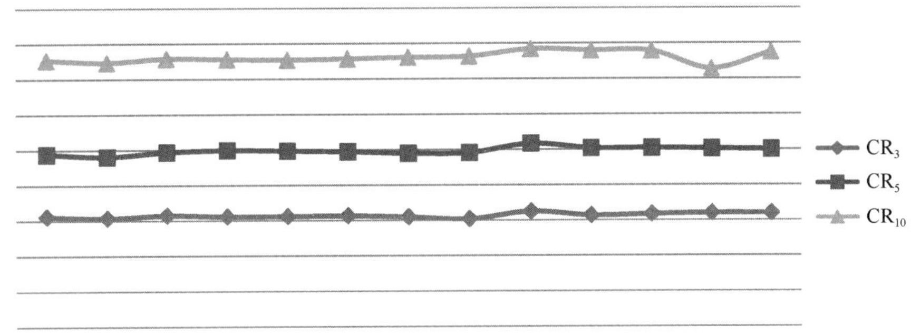

图 1.18　1999~2011 年我国玉米生产集中度

3. 分县看主要粮食作物区域专业化[①]

（1）稻谷

从整体上来看，稻谷生产重点县正在向长江中下游地区和东北区的黑龙江集中。从表 1.14 可知，完成全国稻谷总产量 50%的县的个数正在不断地减少，2001 年、2005 年、2009 年全国稻谷总产量的 50%分别由 265、224 和 211 个县完成，稻谷生产正在逐渐向稻谷生产重点县集中。稻谷生产重点县主要分布在湖南、江苏、湖北、江西和安徽，即长江区和东南区的江苏。虽然以上 5 省稻谷生产重点县的数量在减少，但从总体上来看其占全国稻谷生产重点县的比例在上升；西南区的重庆、广西和四川的稻谷生产重点县的比例在持续下降；东北区的黑龙江和吉林的稻谷生产重点县的比例从 2005 年开始出现大幅度上升。

① 在此，完成当年 50%全国粮食总产量的县都被称为粮食生产重点县；完成当年 50%全国稻谷总产量的县都被称为稻谷生产重点县；完成当年 50%全国小麦总产量的县都被称为小麦生产重点县；完成当年 50%全国玉米总产量的县都被称为玉米生产重点县。

表 1.14　完成 50%稻谷总产量的县的分布情况

序号	省（自治区、直辖市）	个数			比例/%		
		2001 年	2005 年	2009 年	2001 年	2005 年	2009 年
1	湖南	50	47	44	18.9	20.9	20.9
2	江苏	39	32	34	14.8	14.2	16.1
3	湖北	29	27	25	11.0	12.0	11.8
4	广东	24	15	7	9.1	6.7	3.3
5	江西	24	25	24	9.1	11.1	11.4
6	安徽	24	25	25	9.1	11.1	11.8
7	广西	20	16	9	7.6	7.1	4.3
8	四川	16	10	8	6.1	4.4	3.8
9	黑龙江	9	5	14	3.4	2.2	6.6
10	重庆	7	5	3	2.7	2.2	1.4
11	浙江	7	2	1	2.7	0.9	0.5
12	吉林	5	4	5	1.9	1.8	2.4
13	陕西	3	0	0	1.1	0.0	0.0
14	山西	3	6	6	1.1	2.7	2.8
15	河南	1	5	6	0.4	2.2	2.8
16	山东	1	0	0	0.4	0.0	0.0
17	福建	1	0	0	0.4	0.0	0.0
18	上海	1	0	0	0.4	0.0	0.0
19	贵州	1	0	0	0.4	0.0	0.0
	总计	265	224	211			

（2）小麦

2001 年小麦生产重点县 164 个，分布在 11 个省；2009 年 150 个县，分布于 9 个省，这表明小麦生产更为集中（表 1.15）。小麦生产正在向河南、山东、安徽、江苏集中，西北地区的陕西、甘肃、宁夏和青藏地区青海逐渐退出了小麦生产重点区域的行列。需要注意的是，虽然新疆和黑龙江的小麦生产重点县的数量很少，但 2001~2009 年呈稳步增多趋势，这些地区可能是未来小麦生产开发潜力较大的地区。

从表 1.15 可知，2009 年 150 个小麦生产重点县中有 58 个属于河南，占 38.7%，具有绝对优势；58 个县共同完成了当年小麦产量 20.4%。2001~2009 年，河南小麦生产重点县的数量在不断减少，但重点县的小麦总产量占全国的比例不断上升，从 2001 年的 18.3%上升至 2009 年的 20.4%。这表明河南小麦生产专业化地区更加专业化，小麦生产向更小的范围集中。

表 1.15 小麦生产重点县分布情况

省（自治区）	个数			比例/%			占全国总产量比例/%		
	2001 年	2005 年	2009 年	2001 年	2005 年	2009 年	2001 年	2005 年	2009 年
河南	64	56	58	39.0	35.2	38.7	18.3	19.9	20.4
山东	27	45	39	16.5	28.3	26.0	6.3	13.0	11.9
河北	17	14	9	10.4	8.8	6.0	3.7	3.5	2.2
安徽	16	18	20	9.8	11.3	13.3	5.4	7.1	8.6
江苏	15	16	18	9.1	10.1	12.0	3.3	4.3	5.1
陕西	10	3		6.1	1.9		8.5	0.6	
甘肃	9	1		5.5	0.6		2.5	0.2	
青海	2			1.2	0.0		0.9		
湖北	2	2	2	1.2	1.3	1.3	0.6	0.7	0.9
宁夏	1			0.6			0.5		
内蒙古	1	2	1	0.6	1.3	0.7	0.2	0.4	0.2
新疆		1	2		0.6	1.3		0.2	0.5
四川		1			0.6			0.2	
黑龙江			1			0.7			0.3
总计	164	159	150	100	100	100	50.2	50.1	50.1

（3）玉米

2001 年玉米生产重点县 206 个，分布在 17 个省；2009 年 186 个县，分布于 15 个省（表 1.16），这表明玉米生产范围逐渐缩小，生产更为集中。小麦生产正在向山东、黑龙江和内蒙古集中，这 3 个省（自治区）无论从玉米生产重点县的数量还是从玉米生产重点县的玉米总产量占全国的比例都呈稳步上升趋势，且比例上升的幅度小于产量比例上升的幅度；陕西、甘肃、贵州的玉米生产重点县的数量在不断下降。需要注意的是 2009 年山东、黑龙江、吉林和内蒙古玉米生产重点县的数量比例都超过了 10%，其中山东省占 22%，超过总数的 1/5。这说明玉米生产正在向玉米生产重点区域集中，重点区域的玉米生产专业化程度进一步提高。

4. 分县看粮食生产重点县种植结构变化

一般情况下，同一个省的粮食生产重点县粮食种植结构变化趋势相同，即同一个省不同粮食生产重点县有向同一种粮食作物集中的趋势，即呈现出区域专业化趋势。2009 年 360 个县完成了 50%的粮食总产量，其中 39 个县的粮食种植结构发生了变化（表 1.17）。例如，2001 年、2005 年河北省藁城市、隆尧县、定州市和永年县的小麦产量占粮食总产量的比例最高，到 2009 年这 4 个地区玉米产量所占比例超过了小麦。同时对照河北省 2001 年、2005 年和 2009 年粮食产量。

表 1.16　玉米生产重点县分布情况

省（自治区、直辖市）	个数			比例/%			占全国总产量比例/%		
	2001 年	2005 年	2009 年	2001 年	2005 年	2009 年	2001 年	2005 年	2009 年
山东	37	38	41	18.0	19.7	22	5.7	6.9	7.9
河北	25	22	14	12.1	11.4	7.5	4.2	3.3	2.2
吉林	24	24	24	11.7	12.4	12.9	10.5	13	10
黑龙江	23	32	36	11.2	16.6	19.4	7.7	9.6	14.5
辽宁	21	28	17	10.2	14.5	9.1	4.4	7.5	4.1
河南	20	11	15	9.7	5.7	8.1	3.1	1.9	2.6
内蒙古	18	20	21	8.7	10.4	11.3	3.5	5.3	5.8
陕西	12	1		5.8	0.5		6.6	0.1	
甘肃	7	2	2	3.4	1	1.1	1.4	0.4	0.3
贵州	4	2	1	1.9	1	0.5	0.5	0.3	0.1
安徽	4	3	6	1.9	1.6	3.2	0.7	0.4	1
天津	3	3	3	1.5	1.6	1.6	0.5	0.5	0.5
新疆	2	1	3	1	0.5	1.6	0.3	0.2	0.5
云南	2	1	1	1	0.5	0.5	0.3	0.2	0.2
江苏	2			1			0.3		
四川	1	3	1	0.5	1.6	0.5	0.1	0.4	0.1
山西	1	2	1	0.5	1	0.5	0.1	0.3	0.1
总计	206	193	186	100	100	100	49.9	50.3	49.9

表 1.17　2001~2009 年完成 50%的粮食总产量的县的粮食种植结构发生变化情况

省（自治区）	县（市、区）	2001 年			2005 年			2009 年			2001 年	2005 年	2009 年
		稻谷	小麦	玉米	稻谷	小麦	玉米	稻谷	小麦	玉米	主导粮食作物		
河北	藁城市	0	48.6	47.8	0	49.3	47.3	0	48.3	49	小麦	小麦	玉米
	隆尧县				0	48.1	46.5	0	45.9	50.6		小麦	玉米
	定州市	0	46.9	44.7	0	48.3	43.3	0	48.1	48.2	小麦	小麦	玉米
	永年县	0.5	50.4	43.5	0.5	48	46.8	0.6	44.4	51.5	小麦	小麦	玉米
	河北	1.4	38.9	38.4	1.4	38.1	42.9	1.4	38.5	47.5	小麦	玉米	玉米
内蒙古	临河区	0.0	50.5	47.0	0.0	44.6	53.8	0.0	37.1	25.7	小麦	玉米	小麦
	内蒙古	2.0	11.8	34.7	1.9	10.5	41.3	1.9	9.7	45.2	玉米	玉米	玉米
吉林	镇赉县	49.6	1.3	41.5	37.4	0.1	47.6	58.1	0.1	37.3	稻谷	玉米	稻谷
	舒兰市	49.2	0.0	36.9	49.8	0.0	35.4	36.1	0.0	49.6	小麦	稻谷	玉米
	吉林	16.3	1.3	62.1	15.2	0.2	64.6	14.9	0.1	66.8	玉米	玉米	玉米

续表

省(自治区)	县(市、区)	2001年			2005年			2009年			2001年	2005年	2009年
		稻谷	小麦	玉米	稻谷	小麦	玉米	稻谷	小麦	玉米	主导粮食作物		
黑龙江	泰来县	57.7	0.2	29.0	38.1	0.0	50.4	60.2	0.0	36.9	稻谷	玉米	稻谷
	尚志市	52.4	0.0	32.3	41.4	0.0	41.0	39.5	0.0	40.1	稻谷	稻谷	玉米
	鸡东县	52.9	0.0	26.2	51.7	0.0	34.3	35.9	0.0	51.2	稻谷	稻谷	玉米
	密山市	45.8	0.0	31.9	38.8	0.0	36.9	35.3	0.0	44.5	稻谷	玉米	稻谷
	宝清县	29.8	0.8	26.0	17.8	0.1	38.5	18.1	0.0	59.6	稻谷	稻谷	玉米
	桦南县	28.1	0.8	52.7	30.0	0.0	22.2	23.9	0.0	52.9	玉米	稻谷	玉米
	汤原县	45.3	0.4	37.2	42.8	0.0	40.7	41.4	0.0	47.7	稻谷	稻谷	玉米
	富锦市	36.8	5.4	21.8	22.3	9.2	23.2	32.6	1.2	36.2	稻谷	玉米	玉米
	望奎县	57.9	0.0	20.4	11.2	0.0	64.6	11.8	0.0	73.9	稻谷	玉米	玉米
	庆安县	1.0	0.5	83.8	67.6	0.0	13.3	58.8	0.0	34.3	玉米	稻谷	稻谷
	黑龙江	18.4	5.0	25.0	19.1	2.9	25.7	21.6	2.6	35.2	玉米	玉米	玉米
江苏	铜山县	39.3	37.0	16.3	47.8	42.5	5.7	40.8	41.6	14.6	稻谷	稻谷	小麦
	新沂市	47.7	30.1	14.2	42.4	43.4	7.4	32.3	46.7	17.6	稻谷	小麦	小麦
	灌云县	38.8	39.6	16.0	54.8	39.0	3.7	52.1	35.0	8.8	小麦	稻谷	稻谷
	大丰市	27.3	28.5	19.7	38.2	25.7	11.7	35.4	31.6	14.1	小麦	稻谷	稻谷
	江苏	41.1	35.1	8.8	45.0	34.3	7.5	42.4	39.4	7.6	稻谷	稻谷	稻谷
安徽	怀远县	42.7	39.9	9.0	37.4	49.2	8.3	33.1	53.4	9.2	稻谷	小麦	小麦
	明光市	34.2	37.8	13.7	50.3	36.4	6.5	43.7	40.9	7.0	小麦	稻谷	稻谷
	安徽	33.4	33.6	10.1	33.5	32.9	10.5	34.0	35.7	11.1	小麦	稻谷	小麦
山东	即墨市	0.0	36.2	34.2	0.0	47.7	44.5	0.0	46.2	49.0	小麦	小麦	玉米
	诸城市	0.0	47.6	44.9	0.0	50.1	46.0	0.0	46.1	51.5	小麦	小麦	玉米
	临邑县	0.0	48.6	48.3	0.0	53.1	45.5	0.0	48.1	50.0	小麦	小麦	玉米
	章丘市	0.6	44.6	44.9	0.3	48.7	44.4	0.1	45.8	48.6	玉米	小麦	玉米
	山东	2.4	49.6	35.0	1.8	48.8	40.7	1.9	50.4	41.5	小麦	小麦	小麦
河南	安阳县	0.0	54.8	38.2	0.0	56.2	41.3	0.0	44.7	53.9	小麦	小麦	玉米
	罗山县	30.1	60.8	0.4	83.6	12.2	0.6	83.6	15.2	0.0	小麦	稻谷	稻谷
	淮滨县	42.3	51.8	2.2	45.4	40.8	6.1	47.3	45.7	3.1	小麦	稻谷	稻谷
	河南	4.7	54.4	24.9	5.6	54.2	27.4	6.3	54.4	29.9	小麦	小麦	小麦
湖北	襄阳区	53.6	33.2	3.5	40.7	42.3	13.6	39.6	47.7	7.1	稻谷	小麦	小麦
	枣阳市	54.4	30.9	1.2	45.5	37.7	10.3	38.9	44.1	13.4	稻谷	稻谷	小麦
	湖北	49.5	18.3	10.0	52.9	18.2	9.9	51.0	24.8	12.6	稻谷	稻谷	稻谷
四川	中江县	31.9	29.8	19.3	28.1	26.2	28.4	26.3	27.3	27.8	稻谷	玉米	玉米
	南部县	32.8	25.7	20.3	26.7	26.3	24.4	21.7	29.1	24.8	稻谷	稻谷	小麦
	简阳市	30.1	21.4	27.5	26.3	22.1	31.4	26.4	22.1	32.3	稻谷	玉米	玉米
	四川	31.2	22.3	17.9	31.8	19.2	18.2	31.6	19.9	20.8	稻谷	稻谷	稻谷
新疆	莎车县	5.7	46.0	47.9	9.5	48.2	42.0	4.4	45.7	49.5	玉米	小麦	玉米
	新疆	5.2	52.6	29.0	4.6	49.4	35.2	3.7	58.1	30.1	小麦	小麦	小麦

（二）服务专业化现状与变化趋势

1. 服务专业化的内涵

由于研究角度的差异，不同的学者对农业社会化服务及其体系有不同的理解。宣杏云和徐更生（1993）等认为随着农业生产力和商品经济的发展及经营规模的不断扩大，直接从事农业生产的劳动者却越来越少，于是有越来越多的人专门从事为农业生产提供生产必需的生产资料（产前），农产品收购、储存、加工和销售（产后），以及生产过程中各种生产性（产中）服务，并且利用合同或协议的形式把各个社会化服务的企业或个人彼此联结成为一个体系。孔祥智等（2009）则从农业社会化服务体系是在家庭承包经营的基础上，为农业产前、产中、产后各个环节提供服务的各类机构和个人所形成的网络。农业社会化服务的内容十分宽泛，包括物资供应、生产服务、技术服务、信息服务、金融服务、保险服务，以及农产品的运输、加工、储藏、销售等各个方面。农业社会化服务体系有两个基本含义：一是服务的社会化，即农业作为社会经济再生产的一个基本环节，其再生产过程不是由个别农业生产经营者完成的，而要依赖其他产业部门的服务活动；二是组织的系统性，各产业部门依据其服务内容和服务方式，构建相应的组织载体，围绕农业再生产的各个环节，形成有机结合、相互补充的组织体系，为农业提供综合配套的服务，实现农业生产经营活动的科学和高效。由此可见，社会化服务体系是农业生产力水平发展到一定阶段的必然产物，其为农业生产各个环节提供必要的、有效的服务，以促进涉农各部门及个人效益实现最大化（王洋，2010）。

2. 农业服务社会化的特征

2009 年的《中共中央关于推进农村改革发展若干重大问题的决定》提出，要加快构建以公共服务机构为依托、合作经济组织为基础，龙头企业为骨干、其他社会力量为补充，公益性服务和经营性服务相结合、专项服务和综合服务相协调的新型农业社会化服务体系。农业社会化体系在发展的过程中形成了一个明显的特征（王洋，2010）。

（1）服务主体多元化

农业服务社会化是指农业生产所需的生产资料、农产品收购、储存、加工和销售、生产过程中的各种生产性服务由社会上的服务机构和个人提供，所以农业服务社会化的服务主体具有多元化的特点。其包括国家的服务组织（如各级农业技术推广站、农机站、水利电力排灌站、供销合作社、农村信用社等）、集体的服务组织、龙头企业、各类协会等。其中，国家和集体的服务组织不以营利为目的，提供的服务是无偿的或低偿的，具有公益性质。

（2）服务内容多样化

农业分工的演进使农业生产过程不断地被细化，农业生产过程被划分成为许多细小的运行单元，不仅农业社会化服务主体呈现多元化的特点，而且服务内容也具有多样化的特点。通过各农业社会化服务主体在农业产前、产中及产后的服务上与农户经营有机结合，促进了农业生产效率的提高。由于农业生产环节众多，因此农业服务社会化包含的服务内容也十分的丰富，覆盖了农业生产经营的全过程。其包括物资供应（种子、化肥、农药、农机等）、生产服务（农业气象、道路、水利等基础设施建设、食品质量安全检验检测等）、技术服务（良种推广等）、信息服务（农产品价格、政策等）、金融服务、保险服务，以及农产品的加工、储藏、运输、销售等各个方面。

（3）服务水平高效化

便捷高效是社会化服务体系的一大优势。我国幅员辽阔、耕地分布不均匀，因此农业生产也呈现出分散的特点。农业社会化服务体系通过运用现代科学方法（如发达的信息传播工具、互联网等先进科学技术）将分散的农业生产经营联系起来，为农业生产提供优质高效的全方位服务，将先进的农业信息和农业技术传递给农户。农业社会化鼓励多种形式的参与主体参与到农业生产经营过程中，通过定期培训、送科技入户、定期进行回访等紧密联系农户，及时反馈信息，从而实现服务水平的不断提高。农业社会化服务体系的建立，将千家万户的分散生产经营变为相互联结、共同行动的合作生产、联合经营，实现小规模经营与大市场的有效对接，将有利于强化双层经营中“统”的功能，提高我国农业的整体素质和市场竞争力。

（4）公益性服务与经营性服务相结合，专项服务与综合服务相协调

由于经济发展水平所限，农业社会化服务仅依靠公益性服务的发展模式，农业社会化服务是无法实现可持续发展。因此国家在《中共中央关于推进农村改革发展若干重大问题的决定》中提出，农业服务专业化应注重“公益性服务与经营性服务相结合，专项服务与综合服务相协调”，即在国家最大能力范围内无偿或低偿为农户提供尽可能多的农业社会化服务，同时，积极鼓励社会各界参与到农业社会化服务的提供过程中，在农民经济条件允许的范围内，有选择性地提供更多的经营性服务来满足农户需求；既要大力发展农业科技、信息和金融服务，同时也要加强对各种专项服务如农业生产资料供应服务、农业产后服务等的扶持。充分发挥不同主体的功能和作用，推动新型农业社会化服务体系的建设。

（5）运行机制市场化

社会分工是市场产生和发展的基本前提，市场能够让整个产业过程紧密地联系起来。农业服务专业化就决定了其运行机制是市场化的。就农业社会化服务体系而言，其运行机制是指不同的农业社会化服务组织为适应外部环境，求得生存与发展而具有的内在功能和运行方式及其与服务对象和其他构成要素之间的相互关系。新型农业社会化服务体系的服务动力，来自于社会利益的驱动。这主要包括由农业生产经营的需求决定其

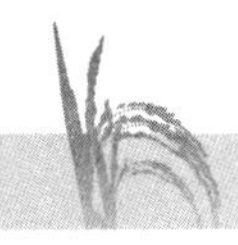

服务方向，由提供服务的质量、信誉、全面程度、及时程度决定其服务的业绩，由供需平衡决定经营性服务价格的高低等。因此，新型农业社会化服务体系的运行机制是市场化的。也唯有如此，新型农业社会化服务体系才能够拥有不竭动力，高效运转，才能为农户生产经营及农业生产发展提供最有效的服务。

3. 服务专业化的发展现状

种植业服务专业化主要体现在农机服务社会化方面。改革开放后，国家允许农民个人购买农业机械，农业社会化服务逐渐兴起，各个地方积极探索与家庭承包经营制相适应的农机社会化发展模式，努力践行“农机服务市场化，服务组织实体化，服务实体企业化，企业群体产业化”，农机社会化服务进入了快速发展阶段。1986 年我国出现了农机跨区作业，但该时期的农机跨区作业只是在县区范围内开展的，并且只涉及小麦跨区机收作业。随着农机跨区作业规模不断扩大，跨区机收发挥了越来越重要的作用，在社会上产生了积极的影响。1996 年经过国家农业部门的组织和协调出现了全国性农机跨区作业，跨区麦收在全国 11 个省（自治区、直辖市）开展起来，为了进一步协调跨区麦收工作，国家还专门成立了“全国跨区麦收工作领导小组”。

经过多年的发展，跨区作业的区域已经覆盖到全国 20 多个省（自治区、直辖市），并且服务领域不再局限于小麦机收上，还涵盖了水稻、玉米等多种农作物的收割、耕种和机械干燥等。进入 21 世纪后，每年粮食收割季节，十几个粮食主产省组织 30 余万台联合收割机转战大江南北，联合收割机年作业时间由 10~15 天增加到 1~2 个月，联合收割机的保有量由 1997 年的 14.1 万台增加到 2006 年的 56.7 万台，小麦机收水平由 1997 年 54%增加到 2006 年的近 80%，我国基本实现了小麦生产机械化。2012 年全国 1 万多个跨区作业队、150 多万农机手用 21 天就完成全国冬小麦主产区的抢收工作。跨区作业使各种农业机械得到了充分利用，有效地提高了农机利用率，充分地展现了农机服务社会化对农业发展的重要作用。

（三）农业专业化的影响因素与经济效应

1. 区域专业化的影响因素和经济效应

（1）水资源与粮食生产空间变化

i. 水资源与粮食耕种面积

2012 年粮食播种面积最大的 5 个省——黑龙江、河南、山东、安徽和四川的供水总量占全国的比例分别为 5.84%、3.89%、3.61%、4.76%和 4.00%，均大于全国平均值 3.23%，这 5 个地区供水总量占到全国的 22.1%，而粮食播种面积占到全国的 37.53%（表 1.18）。

表 1.18 2003~2012 年各省（自治区、直辖市）供水总量、农作物播种面积和粮食播种面积变动（%）

省（自治区、直辖市）	2012 年比例			2003~2012 年变动		
	供水总量	农作物播种面积	粮食播种面积	供水总量	农作物播种面积	粮食播种面积
北京	0.58	0.17	0.17	2.51	–8.46	37.17
天津	0.38	0.29	0.29	12.69	–4.48	25.11
河北	3.18	5.37	5.67	–2.26	1.66	6.03
山西	1.19	2.33	2.96	30.49	2.70	16.16
内蒙古	3.00	4.38	5.03	10.46	24.36	37.96
辽宁	2.32	2.58	2.89	10.84	13.21	17.28
吉林	2.11	3.25	4.15	24.83	12.69	14.86
黑龙江	5.84	7.49	10.3	46.01	24.83	41.96
上海	1.89	0.24	0.17	6.41	–7.46	26.48
江苏	8.99	4.68	4.80	27.40	–0.39	14.53
浙江	3.23	1.42	1.13	–3.82	–18.00	–12.34
安徽	4.76	5.49	5.95	63.89	–1.70	7.55
福建	3.26	1.38	1.08	9.46	–10.16	–18.35
江西	3.95	3.38	3.31	40.60	10.56	20.48
山东	3.61	6.65	6.48	1.11	–0.17	12.27
河南	3.89	8.73	8.98	27.18	4.22	11.90
湖北	4.87	4.94	3.76	22.13	13.18	17.49
湖南	5.35	5.21	4.41	3.12	10.10	8.35
广东	7.34	2.83	2.28	–1.42	–5.20	–8.36
广西	4.93	3.72	2.76	8.85	–3.13	–11.55
海南	0.74	0.52	0.39	–2.12	–5.75	–19.04
重庆	1.35	2.13	2.03	31.29	3.32	–8.48
四川	4.00	5.91	5.82	17.18	2.90	1.27
贵州	1.64	3.17	2.75	7.60	11.84	1.09
云南	2.47	4.23	3.96	3.93	20.23	8.14
西藏	0.49	0.15	0.15	18.02	4.41	–8.10
陕西	1.43	2.59	2.81	17.26	4.50	0.15
甘肃	2.00	2.51	2.55	1.22	13.23	13.60
青海	0.45	0.34	0.25	–5.55	18.73	12.98
宁夏	1.13	0.76	0.74	8.33	9.89	2.85
新疆	9.61	3.14	1.92	17.87	44.95	54.75
全国平均变化				15.44	7.22	11.86

一般来说，供水总量增加，粮食播种面积和农作物播种面积随之上升；反之，则下降。从供水总量和粮食播种面积变动情况来看，除福建、广西、河北、重庆、西藏、青

海 6 个省（自治区、直辖市）的供水总量与粮食播种面积的变动方向相反外，其他的 25 个省（自治区、直辖市）的供水总量与粮食播种面积的变动方向保持一致，2012 年这 6 个省（自治区、直辖市）的粮食播种面积总和占全国的 11.94%，除河北粮食播种面积占全国的比例（5.67%）较高外，其他 5 个地区的比例普遍偏低。而 2012 年粮食播种面积保持前三位的黑龙江、河南和山东的在 2003~2012 年供水总量出现不同幅度的增长，黑龙江、河南和山东的供水总量分别增加了 46.01%、27.18%和 1.11%，而粮食播种面积增长幅度为 41.96%、11.90%和 12.27%。总的来说，在粮食主产区，粮食播种面积和供水总量之间保持着正相关关系。

ii. 农业用水量与粮食耕种面积

从表 1.19 可知，各省农业用水量与粮食播种面积之间是直接相关的，一般来说，粮食播种面积越大的省份其农业用水量越多。2012 年全国农业用水量最多的 5 个省（自治区）依次是新疆、江苏、黑龙江、广东和广西，其农业用水量分别占全国农业用水总量的 14.48%、7.87%、7.60%、5.87%和 5.46%，而这 5 个省（自治区）的粮食播种面积则分别占全国的 1.92%、4.80%、10.36%、2.28%、2.76%。2012 年新疆地区粮食作物播种面积 213 万 hm^2，棉花播种面积 172 万 hm^2，分别占该地区农作物总播种面积的 41.59% 和 33.58%，但棉花种植的用水量远远高于粮食种植用水量，所以新疆地区才会出现粮食播种面积远远低于全国平均水平的情况下而农业用水量却远远高于全国平均水平。当年，农业用水量占该地区社会总用水量比例最大的 5 个省（自治区）是新疆（95.19%）、西藏（90.82%）、宁夏（88.55%）、黑龙江（82.17%）和青海（82.03%），这 5 个省（自治区）平均比例为 87.75%，比全国平均水平 61.62%高 26.13%。2012 年农业用水量占全国的比例超过粮食播种面积占全国的比例的地区有 16 个，分别为新疆、广东、江苏、广西、福建、浙江、宁夏、江西、西藏、海南、湖南、青海、上海、北京、湖北和天津，而农业用水量占全国的比例小于粮食播种面积占全国的比例的地区有 15 个，分别为甘肃、辽宁、云南、陕西、重庆、贵州、内蒙古、山西、安徽、吉林、河北、四川、山东、黑龙江和河南。

表 1.19　2000~2012 年我国农业用水情况

地区	农业用水量/亿 m^3	社会用水总量/亿 m^3	农业用水占社会用水总量/%	粮食播种面积/$\times 10^3 hm^2$
北京	9.3	35.9	25.95	193.9
天津	11.7	23.1	50.58	322.9
河北	142.9	195.3	73.18	6 302.4
山西	42.7	73.4	58.24	3 291.5
内蒙古	135.4	184.4	73.43	5 589.4
辽宁	91.5	142.2	64.33	3 217.3
吉林	84.7	129.8	65.27	4 610.3
黑龙江	294.9	358.9	82.17	11 519.5
上海	17.5	116.0	15.05	187.6
江苏	305.4	552.2	55.29	5 336.6
浙江	91.3	198.1	46.08	1 251.6
安徽	157.9	292.6	53.96	6 622.0

续表

地区	农业用水量/亿 m^3	社会用水总量/亿 m^3	农业用水占社会用水总量/%	粮食播种面积/×10^3hm^2
福建	92.8	200.1	46.37	1 201.1
江西	155.7	242.5	64.18	3 675.9
山东	154.2	221.8	69.54	7 202.3
河南	135.5	238.6	56.77	9 985.2
湖北	146.4	299.3	48.93	4 180.1
湖南	188.0	328.8	57.16	4 908.0
广东	227.6	451.0	50.46	2 540.2
广西	211.9	303.0	69.92	3 069.1
海南	34.7	45.3	76.52	438.6
重庆	25.2	82.9	30.37	2 259.6
四川	145.8	245.9	59.29	6 468.2
贵州	47.7	100.8	47.35	3 054.3
云南	103.8	151.8	68.34	4 399.6
西藏	27.1	29.8	90.82	170.9
陕西	58.2	88.0	66.10	3 127.5
甘肃	95.1	123.1	77.27	2 839.4
青海	22.5	27.4	82.03	280.2
宁夏	61.4	69.4	88.55	828.3
新疆	561.7	590.1	95.19	2 131.2
全国	3 880.5	6 141.5	63.18	111 204.7

（2）耕地资源与粮食生产空间变化

i. 粮食布局与耕地数量

从表 1.20 来看，各地区粮食产量、粮食播种面积与其耕地面积之间是直接相关的，产量越高、播种面积越大的地区耕地面积一般也越大。2008 年耕地面积最大的是西北区、西南区、冀鲁豫区与东北区，4 个地区耕地面积占到全国的 75.1%，粮食产量与粮食播种面积则分别占到全国的 68.5%和 71.4%。当年，粮食产量与粮食播种面积占全国的比例超过耕地面积所占比例的地区包括东南区、冀鲁豫区和长江区，3 个地区粮食播种面积与总产量合计占全国的 48.9%和 54.2%，比耕地面积合计所占比例分别高出 7.3 和 12.6 个百分点。

从变动情况看，1996~2008 年，全国耕地面积减少 6.4%，各地区耕地面积都有所减少，出现不同程度的流失。其中，京津区、青藏区与西北区的耕地数量降幅都超过 10%。同期，大部分地区粮食播种面积也出现了一定程度的减少，其中，京津区减少了 40.83%，东南区和青藏区分别减少了 28.84%和 24.56%。总体而言，耕地数量减少导致粮食播种面积减少、粮食产量下降在东南区、京津区表现最为突出。

表 1.20　1996~2008 年耕地面积、粮食产量与播种面积的分布与变动（%）

地区	2008 年比例			1996~2008 年变动		
	耕地面积	粮食产量	播种面积	耕地面积	粮食产量	播种面积
全国				–6.40	4.79	–5.11
东北区	17.6	16.9	17.2	–0.35	26.90	27.21
东南区	9.7	11.6	10.2	–8.90	–25.13	–28.84
冀鲁豫区	17.9	23.7	21.3	–4.07	14.32	–6.68
京津区	0.6	0.5	0.5	–18.89	–38.25	–40.83
青藏区	0.7	0.4	0.4	–13.93	–2.33	–24.56
西北区	20.7	12.1	15.5	–10.87	12.34	–2.94
西南区	18.9	15.8	17.4	–7.81	1.22	–8.31
长江区	14.0	18.9	17.4	–4.80	4.02	–4.99

ii. 粮食布局与土地单产和价格

土地价格因用途不同差异很大，农业生产用地的租金很低，每亩地每年至多 1000 余元，工业用地出让金可以达到几十万元，商业用地与居住用地则更高。非农业用地的价格可以看作农业生产中土地投入的机会成本，农业用地与非农业用地在收益上的巨大差距驱动着耕地用途的转变，以实现更高的经济回报。在非农业用地价值高的地区粮食生产缺乏比较优势，想在这些地区保持或者提高粮食产出是困难的，也不符合整体经济利益。但是，这些地区往往也是农业资源丰富、粮食单产水平高的地区，完全按照市场价值配置土地，会对粮食生产带来巨大的冲击。

按土地出让价格与耕地单产水平对各地区进行分类。以 2008 年全国国有土地出让的均价 618.6 万元/hm^2 为基准，比均价高出 30%（合 804.2 万元/hm^2）的地区（省、自治区、直辖市）为高地价地区，比均价低 30%（合 433.0 万元/hm^2）的地区为低地价地区，其他地区为中等地价地区。再以当年全国粮食单位播种面积的平均产出 4642kg/hm^2 为基准，比平均产出高 20%（合 5570kg/hm^2）的地区为高产出地区，比平均产出低 20%（合 3713kg/hm^2）的地区为低产出地区，其他地区为中等产出地区①。

从表 1.21 中可以看出，有 6 个省（直辖市）属于高地价地区，除了重庆外，都分布在东部地区，粮食总播种面积和粮食总产量分别占全国的 6.26%和 6.74%；中等地价的有 13 个省，粮食总播种面积与总产量分别占到全国的 53.50%和 56.72%；低地价地区有 12 个省（自治区），粮食总播种面积与总产量分别占到全国的 40.24%和 36.54%。从单位播种面积产出角度来看，高单产地区有 7 个省（直辖市），总播种面积和粮食总产量分别占到全国的 24.1%和 29.9%，中等单产地区有 18 个省（自治区、直辖市），两项分别占到全国的 53.2%和 53.3%，低单产地区总播种面积与总产量分别占全国的 22.7%和 16.8%。粮食生产最集中的是：高单产、中等地价的辽宁、江苏、山东、湖南；中等单产、中等地价的安徽、福建、河南、湖北、海南、四川、贵州；中等单产、低地价的河

① 各地区土地出让价格的波动范围较大，而单位产出的波动范围则较小，以变异系数来衡量，前者为 95.1%，后者仅 19.9%，因此这里使用了不同的范围标准。

北、内蒙古、江西、广西、西藏、宁夏、新疆。以上三类地区的粮食总播种面积和总产量分别占到全国的 66.9%和 71.1%。当前中国的粮食生产主要集中在中等单产水平、中低地价的地区，这可以认为是市场机制下土地效益最大化与宏观调控中保证粮食安全之间相互平衡的结果，平衡的纽带就是耕地数量的结构性变动。

表 1.21 按土地价格与耕地单产分各区域粮食播种面积与总产量

土地价格	土地单产	范围	播种面积/×10³hm²	总产量/万 t
高	高	上海、浙江	1 446.1	891.3
	中	北京、天津、广东、重庆	5 235.1	2 671
	低			
中	高	辽宁、江苏、山东、湖南	19 847.4	12 101.3
	中	安徽、福建、河南、湖北、海南、四川、贵州	31 049.9	15 749.8
	低	山西、陕西	6 237.3	2 139
低	高	吉林	4 391.2	2 840
	中	河北、内蒙古、江西、广西、西藏、宁夏、新疆	20 545.8	9 744.6
	低	黑龙江、云南、甘肃、青海	18 039.8	6 733.9

表 1.22 按土地价格与耕地单产划分的耕地面积变化情况

指标		2008 年		2005 年		面积变化/×10³hm²	变化幅度/%
		耕地面积/×10³hm²	比例/%	耕地面积/×10³hm²	比例/%		
单产	高	26 268	21.58	26 284	21.53	–17	–0.06
	中	64 054	52.63	64 468	52.81	–415	–0.64
	低	31 395	25.79	31 330	25.66	65	0.21
地价	高	2 397	1.97	2 454	2.01	–58	–2.34
	中	79 957	65.69	80 506	65.94	–549	–0.68
	低	39 363	32.34	39 123	32.05	240	0.61
全国		121 716		122 083		–367	–0.30

资料来源：2006 年与 2009 年《中国国土统计年鉴》

近年，各地区耕地面积变化与其耕地单产、土地价格之间表现出系统关系，这种关系对粮食安全可能是不利的。根据 2005 年单位播种面积产出和土地转让均价及以上标准对各省（自治区、直辖市）进行分类，统计耕地面积及变动情况（表 1.22）。2005~2008 年，高单产、中等单产地区的耕地数量分别减少了 1.7 万 hm^2 与 41.5 万 hm^2，降幅分别为 0.06%和 0.64%，中等单产地区耕地减少的速度是全国平均速度的 2 倍。同期，低单产地区的耕地数量增长了 6.5 万 hm^2，增长了 0.21%。按地价分类同样如此，高地价地区与中等地价地区的耕地分别减少了 5.8 万 hm^2 和 54.9 万 hm^2，低地价地区增加了 24 万 hm^2。高地价地区的耕地流失速度是全国平均水平的 8 倍，中等地价地区的耕地流失速度也达到全国平均水平的 2 倍。可见，全国耕地总量的保持靠的是低单产、低地价地区耕地数量的增加，在此过程中，粮食生产进一步向低单产、低地价地区集中，这种变化显然会影响粮食生产潜力，如果持续下去则必然会威胁到粮食安全。

以东南区为例，该区域 6 个省（直辖市）全部属于中、高地价和中、高单产地区，从自然资源角度看，有着良好的农业生产比较优势。但是，前文的分析表明，东南区经历了粮食播种面积与粮食产量的快速下降，这与该区域耕地快速流失是直接相关的。2005~2008 年，东南区耕地减少了 1.98%，是同期全国耕地流失速度的 6 倍多。

（3）劳动力资源与粮食生产变化

随着农村劳动力持续流出和劳动力价格快速上升，劳动供给也逐渐开始成为影响各地区粮食生产比较优势的重要因素。

i. 农业劳动供给的变化

中国农业一直是劳动密集型的产业，但劳动力供给过剩，而不是不足，才是农业发展的制约因素，促进劳动力从农业向非农业部门转移因而成为长期的政策主导方向，中国自改革开放以来的工业化、城镇化过程实际就是农村劳动力流出的过程。在此过程中，中国的城镇人口数量从 1978 年的 1.72 亿增长到 2009 年的 6.22 亿，城市人口占到总人口的比例升至 46.6%，另外还有 1 亿多未能在城市定居、处于流动状态的农村人口。农村人口与劳动力的持续外流带来了一些重要的结构性变化。根据中国社会科学院农村发展研究所 2008 年在东、中、西部 3 个省（自治区）对 1000 多个农户开展的调查，当前中国农村劳动力供给与就业具有以下几个突出特点。

第一，农业副业化、农民兼业化现象突出。在样本农户的全部适龄劳动力中，完全从事农业的劳动力占 41%，完全从事非农业的占 23%，而兼业的占 25%。在兼业者中，劳动总天数中干农活所占比例在 20%以内的占到 35%，而干农活占在业天数比例在 80%以上的仅占了 10.9%。相反，从事非农业活动占在业天数比例在 80%以上的人口占 36%，比例在 20%以下的人口仅占 8.0%。也就是说，即使不考虑有效工作日问题，单从劳动天数上看，兼业者主要从事的也是非农业。

第二，农业从业人口的老龄化问题突出。纯农业从业人口的平均年龄是 45.6 岁，其中 60 岁及以上人口占了 17%，这些人并不是通常统计意义上的劳动力。50~60 岁占了 27.6%，那么纯农业就业人口中 50 岁以上人口占了近一半，而 30 岁以下人口所占比例不足 20%，40 岁以下合计也仅占 1/3。农业兼业人口的平均年龄也达到了 38.6 岁，其中 40 岁以上人口所占比例也在 45%以上。

第三，农业与非农业就业的收入趋于收敛。在绝对过剩阶段，由于缺乏非农就业机会，农业劳动需求基本都在家庭内部得到满足，季节性的临时需求也可以通过换工等形式解决，农业劳动投入的机会成本与回报（边际产出）都很低。但是，随着劳动力供求结构发生变化，在利益的比较与权衡中，农业劳动投入的机会成本显著上升，并要求获得市场化的回报，即相当于从事非农业就业的预期收入。在调查地区，在农业与非农业领域务工的日均收入的均值分别为 34.5 元和 41.2 元，中位数分别为 33.3 元和 32.4 元，可以认为两个市场是融合的。

这些结构性变化使劳动力因素在农业生产比较优势中的作用逐渐显现，如果农业生产方式不加调整，传统劳动密集的粮食生产必然面临劳动力供给与成本问题。特别是在

像东南区这样的沿海发达地区，非农就业机会多，劳动工资水平高且增长快，传统家庭农业必然受到冲击。

ii. 粮食布局与工资水平的状况

按2008年城镇单位就业人员平均工资将各省（自治区、直辖市）划分为高工资、中等工资与低工资三类。由于各地区工资变化幅度较小，在此以平均工资水平的上下15%为划分标准。其中，工资水平比全国平均工资水平高出15%的为高工资地区，共有6个省（自治区、直辖市），比全国平均工资水平低15%的为低工资地区，共有11个省（自治区、直辖市），其他14个省（自治区、直辖市）为中等工资地区。分组统计结果显示，高工资地区粮食总播种面积与总产量占全国的比例都不足5%，中等工资地区所占比例略低于46%，低工资地区的比例近50%，粮食生产主要集中在中、低工资地区（表1.23）。

表1.23 按工资水平分粮食生产情况

指标	总计	高工资		中等工资		低工资	
		规模	比例	规模	比例	规模	比例
粮食总产量/万 t①	52 871	2 504	4.74	24 292	45.95	26 075	49.32
播种面积/×10^3hm^{2}②	106 793	4 636	4.34	48 825	45.72	53 332	49.94
耕地面积变动③							
2008年/×10^3hm^2	121 716	6 030	4.95	48 927	40.20	66 759	54.85
2005年/×10^3hm^2	122 083	6 213	5.09	49 006	40.14	66 863	54.77
变化幅度/%	–0.30	–2.95		–0.16		–0.16	
粮食总产量变动④							
2008年/万 t	52 871	2 504	4.74	20 281	38.36	30 086	56.90
2005年/万 t	48 402	2 641	5.46	19 017	39.29	26 744	55.25
变化幅度/%	9.23	–5.18		6.65		12.49	

①、②是按2008年工资水平分组的统计结果；③、④是按2005年工资水平分组的统计结果

以2005年工资水平为准对地区重新分组后，从各组2005~2008年耕地面积的变动情况来看，高工资地区的耕地流失速度最快，是全国平均水平的近10倍，中、低工资地区耕地流失速度与全国平均水平比较接近。一方面，工资高低与前面的土地价格之间会存在一定程度的联系，经济发展水平越高，作为要素投入的劳动力与土地的价格都会更高，因而高工资地区耕地流失速度更快是可以预期的；另一方面，如前所述，高工资对传统农业意味着更低的比较优势，农民从事农业生产的意愿会更低，客观上会加快耕地流失，比如地方政府征地会更加容易。

从粮食总产量的变动情况看，2005~2008年，在全国粮食总产量实现9.23%的增长的情况下，高工资地区减少了5.18%；中等工资地区增长了6.65%，低于全国平均水平；低工资地区增产了12.49%，比全国平均水平高出3.26个百分点。因此，低工资地区是全国粮食增产的主要地区。这清晰地反映了劳动力工资对粮食生产比较优势，进而对粮食布局的影响。

（4）粮食消费需求与粮食生产空间变化

一方面耕地面积、水等自然资源、劳动成本及物质生产资料成本的变动会影响到粮食空间的变化；另一方面粮食消费需求的变化也会影响粮食空间变化。一个地区的粮食消费需求与该地区的经济发展水平息息相关，一般来说，地区经济发展水平越高，居民的可支配收入就会越多，而居民可支配收入又是决定消费水平的最主要因素，收入变化将导致居民消费水平和食品消费结构产生变动，从而影响居民粮食消费。同时，经济发展水平本身也决定了工业用粮食消费状况。因此，在分析粮食空间变化与粮食消费需求之间的关系时将我国 31 个省（自治区、直辖市）划分为 3 个区域：东部、中部和西部。东部地区包括北京、天津、河北、辽宁、山东、上海、江苏、浙江、福建、广东和海南 11 省（直辖市）；中部地区包括黑龙江、吉林、山西、河南、安徽、湖北、湖南和江西 8 个省；西部地区包括内蒙古、新疆、广西、宁夏、青海、四川、重庆、贵州、云南、西藏、陕西、甘肃 12 个省（自治区、直辖市）。由于所获数据的局限性，在分析粮食消费需求时借鉴董国新（2007）的研究数据，由于其粮食消费需求的研究数据为 1996~2005 年，因此在分析小麦、玉米和稻谷的生产情况时也采用 1996~2005 年的数据。

i. 3 种粮食生产分析

首先，从全国来看，1996~2005 年我国稻谷、小麦和玉米的播种面积呈现出先减少后增加的波动轨迹，其波动周期大约为 7 年。1992~1994 年粮食播种面积呈现出递减的趋势，即从 1992 年的 8362.95 万 hm^2 下降到 1994 年的 8030.44 万 hm^2，下降幅度为 4%。1995 年开始出现逐渐的上升，到 1998 年达到了历史最大值 8622.70 万 hm^2；从 1999~2005 年为第二个波动周期，即从 8604.28 万 hm^2 下降到 2003 年的 7257.29hm^2 后开始出现反弹。1996~2005 年我国稻谷、小麦和玉米 3 种粮食总产量呈现出先增加后减少再增加的变动轨迹。1992~1998 年粮食总产量在总体上表现出递增趋势（1994 年出现下降），1998 年达到了历史最高水平。从 1999 年开始粮食总产量开始逐渐减少，这主要是受到粮食播种面积急剧下降的影响，2003 年下降到最低点，粮食产量仅为 3.63 亿 t；可能是由于气候条件改善、国家采取耕地保护和实施粮食改革政策、直接补贴政策等措施促进了粮食生产，2004 年、2005 年我国 3 种粮食的总产量分别为 4.01 亿 t 和 4.17 亿 t。

从不同地区粮食总产量看，东部 3 种粮食总产量呈现出先减少再增加后减少最后增加的波浪形变化轨迹，这主要是由于东部粮食种植面积波动造成的。1992 年其粮食种植面积为 2746.22 万 hm^2，2003 年减少到 2145.13 万 hm^2，减少比例达到 21.89%，原因是东部工业化和城镇化速度较快，大量的耕地转变为建设用地，从而在耕地缺乏有效保护的情况下使得粮食种植面积不断减少；从单产水平看，1992 年其单产为 5027.13kg/hm^2，2003 年增加到 5369.37kg/hm^2，增产比例仅为 6.81%，由此 2003 年总产量仅为 1.15 亿 t，比 1992 年总产量减少 16.57%。2004~2005 年东部粮食种植面积逐渐增加，导致粮食总产量也逐渐增加，2005 年达到 1.3 亿 t。除 2000 年和 2003 年粮食总产量减少幅度较大外，中部粮食总产量基本上呈增加的趋势，与东部相比较，主要原因是其种植面积波动的幅度很小。1992 年其种植面积为 3265.47 万 hm^2，2003 年为 2996.87 万 hm^2，减少比例仅为 8.23%，2005 年其种植面积又上升到 3285.76 万 hm^2。总体上中部单产水平得到很大

程度提高，因此 1992 年其总产量为 1.5 亿 t，2005 年上升到 1.8 亿 t。与东中部比较，西部粮食总产量波动幅度较小，1994 年总产量最低，为 8908.5 万 t，1998 年总产量最高，为 1.13 亿 t，2005 年为 1.07 亿 t，与 1992 年比较，西部粮食总产量得到较小幅度提高。总体上西部粮食单产提高的幅度也较大，2005 年单产为 4895.09kg/hm^2，比 1992 年增长了 21.45%；种植面积出现一定程度的减少，2005 年为 2189.69 万 hm^2，比 1992 年减少了 161.57 万 hm^2。粮食总产量表现出中部最大、东部其次、西部最小，由此也可以看出中部是我国最主要的粮食产区，且其与西部增产的空间较大。

ii. 3 种粮食消费分析

我国 3 种粮食消费总量表现出 1992~1996 年消费增长速度较快，1992 年消费总量为 3.2 亿 t，1996 年增加到 3.64 亿 t；1997 年开始出现较小幅度下降并逐渐缓慢上升，2005 年消费总量为 3.66 亿 t，2005 年比 1996 年仅增加 128.42 万 t。从不同地区看，东部 3 种粮食消费总量不断递增，且总量最大，2005 年消费总量为 1.41 亿 t；中西部 3 种粮食消费总量均有一定程度提高，但提高幅度较小，2005 年消费总量分别是 1.27 亿 t 和 9837.7 万 t。

A. 食用消费

我国食用粮食消费总量较大，1992 年为 2.22 亿 t，占消费总量的 69.52%，随后开始递增，1995 年达到最大量 231 亿 t；但随着居民生活水平不断提高，1996 年食用粮食消费总量开始不断减少，到 2005 年减少到 1.99 亿 t，占消费总量的 54.36%。其中，农村居民消费总量主要呈递减状态，城镇居民消费总量主要呈递增状态，这与我国快速城镇化进程中大量农村居民不断转变为城镇居民密切相关。各地区食用粮食消费总量变化趋势类似于全国水平，以东中部消费总量较大、西部较小，2005 年 3 个地区 3 种粮食消费量分别为 6935.19 万 t、6810.15 万 t 和 6130.59 万 t。2001 年前我国农村居民人均粮食消费量有一定的波动，2000 年为 220.32kg/人，比 1992 年增加了 4.18kg/人，但 2001 年开始出现较大幅度减少，2005 年人均消费量为 186.72kg/人。城镇居民人均粮食消费量波动较小，主要呈递减趋势，2005 年人均消费量为 107.21kg/人，比 1992 年减少了 28.44kg/人，总体上我国居民人均粮食消费量以递减为主。各地区人均粮食消费量变化趋势与全国水平比较相似，但存在一定的差异，表现在：东部人均粮食消费绝对量较小，2005 年为 135.41kg/人，中西部人均粮食消费绝对量较大，2005 年分别为 160.79kg/人和 167.52kg/人；从人均消费量减少幅度看，东中部较大，减少比例分别为 22.3%和 22.84%，西部较小，减少比例仅为 9.23%，反映出西部居民食品消费结构中粮食消费比例较大，生活水平有待于进一步提高。

B. 饲料消费

我国饲料用粮食消费量一直保持较快的增长速度。1992 年总的消费量为 6494.63 万 t，2005 年增加到 1.19 亿 t，平均年增长率达到 5.94%，这主要是由于我国居民生活水准不断提高，居民人均食品消费总支出不断增加，其对奶类等高蛋白动物性食品需求不断上升，从而使得畜牧业和渔业生产所需的饲料粮食量急剧增加。其中以东中部消费量和增长速率较大、西部均较小，2005 年 3 个地区消费量分别 4836.41 万 t、4275.43 万 t 和 2812.37 万 t，增长率分别为 7.2%、7.44%和 4.17%。

C. 工业消费

1992 年我国工业用粮食总量仅为 973.5 万 t，随后一直呈递增趋势，2005 年上升到 2594.3 万 t，平均年增长比率达到 11.89%，增长速率较大。从地区工业消费看，由于东部经济发展水平最高，工业化程度也最高，因而其工业用粮食总量也最大；中部工业发展水平明显落后于东部，其工业用粮食总量也明显小于东部；西部工业化程度最低，其工业用粮食总量也最小。2005 年 3 个地区绝对消费量分别为 1597.92 万 t、707.26 万 t 和 289.12 万 t，从平均年增长率看，中部>东部>西部，增长率分别为 14.39%、13.55%和 7.28%。

D. 用种和损耗

粮食用种量由粮食种植面积（播种面积）和单位面积用种量决定，由于粮食单位面积用种量年变动幅度较小，因而粮食用种总量主要取决于粮食种植面积，因此其变化趋势与粮食种植面积变化趋势比较一致。2005 年粮食用种量为 717.5 万 t，其中，以中部用种量最大、东部最小。根据粮食损耗计算方法，粮食损耗量主要由粮食总产量决定，因而其变化趋势与粮食总产量变化轨迹完全一致。2005 年全国粮食损耗量为 1452.89 万 t，其中地区损耗总量呈现出中部，东部>西部。

从以上分析可知，东部地区工业化和城镇化速度明显快于中部和西部地区，因此其耕地面积减少的幅度也大于中部和西部地区，而东部粮食需求和中部粮食需求明显地大于西部地区，所以粮食生产有向中部集中的趋势。

2. 农业专业化的经济效益

（1）对效率的影响

对农业专业化和效率之间关系的研究有很多，例如，亚当·斯密在《国富论》中写道："农业由于它的性质，不能有像制造业那样细密的分工，各种工作，不能像制造业那样判然分立。木匠的职业和铁匠的职业，通常是截然分开的，但畜牧者的业务与种稻者的业务，不能像前者那样完全分开。纺工和织工，几乎都是个别的两个人，但锄耕、耙掘、播种和收割，却常由一人兼任。农业上种种劳动，随季节推移而巡回，要指定一个人只从事一种劳动，事实上绝不可能，所以，农业上劳动生产力的增进，总跟不上制造业上劳动生产力的增进的主要原因，也许就是农业不能采用完全的分工制度"。由于受当时经济发展水平和农业技术水平的限制，斯密的观点存在着一定的局限性，并且他的结论"在农业方面，富国的劳动生产力未必总比穷国的劳动生产力高很多，或者至少从来不像制造业的一般情况那样高很多。"也被证明是错误的，速水佑次郎等学者对部分发达国家和发展中国家的农业和制造业劳动生产率进行分析后发现，德国、法国等发达国家的农业劳动生产率不仅比发展中国家高得多，而且也高于工业劳动生产率（表 1.24）。穆勒、马歇尔等经济学家也认为在农业方面，劳动分工的发展和机器的运用不及制造业方便，因而农业劳动生产率低于制造业。

亚当·斯密所处的时代，工业发展仍然处于工厂手工业阶段，经济发展水平有限，农业生产还是处于传统农业模式，即"完全以农民世代使用的各种生产要素为基础"（舒尔茨，1987），农业生产效率低下。在传统农业阶段，农业采用的是非专业化的生产方

表 1.24 部分国家 1960~1990 年农业和制造业劳动生产率年平均增长幅度（%）

不同国家		劳动生产率年平均增长幅度		比较生产率的变化率
		农业（1）	制造业（2）	（1）－（2）
发达国家	美国	3.6	3.3	0.3
	英国	3.9	3.2	0.7
	法国	5.7	3.6	2.1
	德国	5.9	3.4	2.5
	日本	5.1	5.5	–0.4
发展中国家	韩国	3.4	7.1	–3.7
	菲律宾	1.7	6.4	–4.7
	印度	1.6	3.2	–1.6

资料来源：速水佑次郎（2003）

式，因而“高级者的业务与种稻者的业务”是不可能完全分开的。但随着科技的不断进步，农业分工与专业化也已获得了相应的发展并逐步深化，从而促进农业生产率的不断提高（姚守福，2011）。

（2）对区域经济增长的影响

1776 年英国著名的经济学家亚当•斯密在《国富论》中就提到分工、专业是经济增长的源泉。20 世纪 20 年代杨格提出劳动分工和专业化可以提高劳动生产率，即所谓的杨格定理。按照他的理论，劳动分工可以通过“迂回生产方法”实现规模效益，提高生产率；反过来，规模收益递增又降低了产品生产的单位成本，既定的家庭收入购买力上升，家庭消费增加，进一步扩大了市场规模，市场规模的扩大导致分工的进一步深化，分工深化进一步导致市场规模扩大，在这个互动的过程中实现经济增长和进步。而人类的经济实践也充分地说明了专业化是经济增长的重要推动力，也是产业发展的一般形式。无论是工业部门还是农业部门，专业化对于经济增长的作用都得到了充分的体现。美国、欧盟等发达国家和地区的现代化农业发展历程表明：在农业中实行专业化生产方式可推动农业生产效率提高。

农业专业化对区域经济增长的贡献首先表现为产出贡献，即粮食的生产与供给对地区生产总值的贡献。在此分别计算 2011 年水稻、小麦、玉米种植面积保持前五位的省的粮食生产对该地区经济的贡献情况（表 1.25）。从稻谷产值情况来看，2011 年湖南、江西、黑龙江、江苏和安徽的稻谷总产值分别为 692.94 亿元、524.69 亿元、554.82 亿元、501.57 亿元和 373.21 亿元，其分别占该地区第一产业产值的比例为 25.03%、37.72%、32.61%、16.37%和 18.52%，由此可见，稻谷生产对以上 5 个省的经济发展尤其是第一产业的发展做出了巨大的贡献，江西稻谷产值甚至占到该地区第一产业产值的 37.72%，超过 1/3；从小麦产值情况来看，河南、山东、河北、安徽、江苏的小麦产值分别占该地区第一产业产值的 18.49%、11.01%、9.13%、12.54%和 6.94%；从玉米产值情况来看，玉米生产主要集中在东北地区和冀鲁豫地区，黑龙江、吉林、河北、河南和山东的玉米产值分别占该地区第一产业产值的 33.36%、38.84%、11.97%、10.25%和 10.56%，其中吉林的比例接近 2/5。值得注意的是黑龙江稻谷和玉米的总产值占第一产业产值的比例为 65.97%，占地区生产总值的 8.92%，对地区经济发展贡献较大。

表 1.25　2011 年部分省稻谷、小麦和玉米产值及比例

地区	产量/万 t	产值/亿元	地区生产总值		第一产业产值	
			数量/亿元	比例/%	数量/亿元	比例/%
稻谷						
湖南	2 575.40	692.94	19 669.56	3.52	2 768.03	25.03
江西	1 950.10	524.69	11 702.82	4.48	1 391.07	37.72
黑龙江	2 062.08	554.82	12 582.00	4.41	1 701.50	32.61
江苏	1 864.16	501.57	49 110.27	1.02	3 064.77	16.37
安徽	1 387.084	373.21	15 300.65	2.44	2 015.31	18.52
小麦						
河南	3 123.00	649.27	26 931.03	2.41	3 512.24	18.49
山东	2 103.92	437.40	45 361.85	0.96	3 973.85	11.01
河北	1 276.12	265.31	24 515.76	1.08	2 905.73	9.13
安徽	1 215.70	252.74	15 300.65	1.65	2 015.31	12.54
江苏	1 023.15	212.71	49 110.27	0.43	3 064.77	6.94
玉米						
黑龙江	2 675.78	567.64	12 582.00	4.51	1 701.50	33.36
吉林	2 339.00	496.20	10 568.83	4.69	1 277.44	38.84
河北	1 639.64	347.83	24 515.76	1.42	2 905.73	11.97
河南	1 696.50	359.90	26 931.03	1.34	3 512.24	10.25
山东	1 978.67	419.76	45 361.85	0.93	3 973.85	10.56

资料来源：《中国统计年鉴 2012》《年全国农产品成本收益资料汇编 2012》

四、养殖业专业化研究

（一）区域专业化现状与变化趋势

1. 从种养结构看区域专业化

（1）区域专业化的背景：改革开放以来，中国养殖业较快发展

改革开放以来，中国牧业产值增长率高于农林牧副渔业总产值、农业总产值的增长率，在第一产业的比例呈增加态势（图 1.19）。

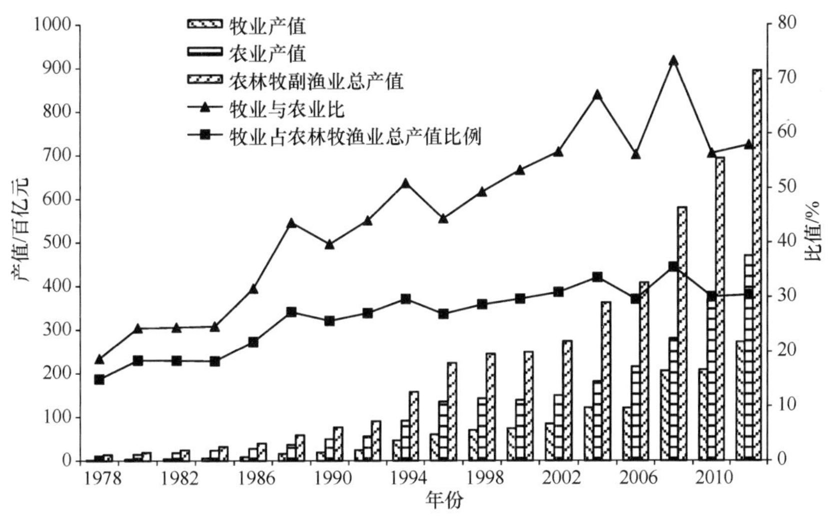

图 1.19 1978~2012 年中国养殖业产值情况

数据来源于国家统计局网站：http://data.stats.gov.cn/workspace/index?m=hgnd；下同

牧业产值增长快于农林牧副渔业和农业。1978~2012 年，中国牧业产值从初期的 209.27 亿元增加至 27 189.39 亿元，增加了 128.92 倍，而种植业产值和农林牧渔业产值分别仅增加了 41 倍、63 倍。从平均年增长率来看，牧业产值为 16.24%，比农业生产总值平均年增长率（11.92%）高 4.32 个百分点，比农林牧渔业高近 3 个百分点。

牧业快速增长使其在大农业中的占比趋于增加。1978 年以来，中国牧业产值增长速度比农林牧渔业产值和农业产值增长都高，这带来了两个趋势：第一，牧业产值在农林牧渔业产值的比例上升较快，1978 年畜牧业产值占农林牧渔业产值的 14.98%，1988 年、1998 年、2008 年这一比例分别增加到 27.29%、28.63%和 35.49%，最近几年稳定保持在 30%以上；第二，牧业产值与农业产值的比快速上升，1978 年，牧业产值与农业产值比仅为 18.72∶100，而至 1988 年就达到了 43∶100，1998 年已接近 50∶100，2004 年更是达到 67.12∶100，近几年一直保持在 60∶100 的水平上。

由上可知，自改革开放以来，与农业结构内部的产业相比，我国牧业发展较快，这既是中国经济社会综合发展的一部分，也是中国社会经济发展的结果。一方面，在当代世界经济发展体制内，虽然第一产业比例不高并有下降趋势，但其作为国民经济基础部门的事实不会改变，且是经济发展的一部分，而牧业是整个国民经济发展基础（第一产业）的组成部分，因此，牧业是区域经济综合发展的一部分。另一方面，中国社会经济综合发展本质上要求产业结构的调整，不仅表现在三大产业之间的协调发展，也表现在产业内的结构调整，我国人均收入和居民生活水平不断提高，食物消费结构也发生了变化，对大米、小麦等粮食需求量相对减少，而对畜禽肉类消费大幅增加，这种消费需求结构变化导致了第一产业部门内部生产结构调整，即相对于第一产业内的其他行业，牧业的较快发展。

（2）分区域的种养结构变化与比较

以各省（自治区、直辖市）牧业产值（y_{it}）占全国（Y_t）比例作为养殖业区域专业化的指数 I_{it}^2（以%表示），又可以称为集中度系数，则 $I_{it}^2=y_{it}/Y_t\times100\%$。

将 1978~2012 年各省（自治区、直辖市）的牧业区域专业化指数（I_{it}^2）作以时间项 t 为解释变量的趋势回归，即回归方程如式（1.1）所示。

$$I_{it}^2=c+b_it \tag{1.1}$$

则所得时间项（t）的系数 b_i 的意义就为：省份 i 的养殖区域专业化指数的年均变化速度，大于 0 时，说明该省（自治区、直辖市）牧业产值占全国的比例将每年上升 b 个百分点，反之说明下降相应百分点。

按照以上类似方法，以粮食产量替代牧业产值，可以得到 1978~2012 年中国各省（自治区、直辖市）粮食区域集中度指数（记为 I_{it}^1），该指数可以考察中国粮食产量区域分布变化情况，进行趋势回归将结果列入表 1.26。各省（自治区、直辖市）粮食生产和牧业区域专业化指数的趋势回归方程具体见表 1.26。

表 1.26　1978~2012 年各省（自治区、直辖市）粮食、牧业变化趋势

省（自治区、直辖市）	粮食占比 I_{it}^2 指数变化趋势			牧业占比 I_{it}^2 指数变化趋势		
	回归方程	相关系数	显著性	回归方程	相关系数	显著性
北京	$I_{it}^1=0.676-0.0147t$	–0.843	***	$I_{it}^2=2.682-0.0687t$	–0.840	***
天津	$I_{it}^1=0.421-0.0038t$	–0.597	***	$I_{it}^2=0.567-0.0001t$	–0.010	
河北	$I_{it}^1=4.942+0.0205t$	0.644	***	$I_{it}^2=3.433+0.1408t$	0.802	***
山西	$I_{it}^1=2.123-0.0056t$	–0.284	*	$I_{it}^2=1.555-0.0148t$	–0.816	***
内蒙古	$I_{it}^1=0.960+0.0926t$	0.974	***	$I_{it}^2=2.494+0.0235t$	0.460	***
辽宁	$I_{it}^1=3.370-0.0021t$	–0.056		$I_{it}^2=3.397+0.0590t$	0.821	***
吉林	$I_{it}^1=3.054+0.0726t$	0.863	***	$I_{it}^2=1.669+0.0686t$	0.871	***
黑龙江	$I_{it}^1=3.295+0.1463t$	0.896	***	$I_{it}^2=2.351+0.0382t$	0.498	***
上海	$I_{it}^1=0.720-0.0165t$	–0.951	***	$I_{it}^2=1.956-0.0458t$	–0.936	***
江苏	$I_{it}^1=8.272-0.0749t$	–0.905	***	$I_{it}^2=9.221-0.1423t$	–0.874	***
浙江	$I_{it}^1=4.947-0.1129t$	–0.987	***	$I_{it}^2=5.134-0.1029t$	–0.926	***

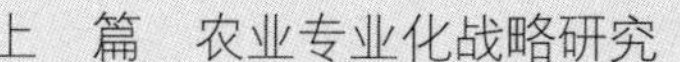

续表

省（自治区、直辖市）	粮食占比 I_{it}^1 指数变化趋势			牧业占比 I_{it}^2 指数变化趋势		
	回归方程	相关系数	显著性	回归方程	相关系数	显著性
安徽	I_{it}^1 =5.234+0.0132t	0.328	*	I_{it}^2 =4.499–0.0058t	–0.139	
福建	I_{it}^1 =2.479–0.0370t	–0.955	***	I_{it}^2 =2.542–0.0074t	–0.231	
江西	I_{it}^1 =3.804–0.0091t	–0.433	***	I_{it}^2 =3.236–0.0087t	–0.235	
山东	I_{it}^1 =7.645+0.0175t	0.320	*	I_{it}^2 =7.511+0.0513t	0.394	**
河南	I_{it}^1 =6.130+0.1153t	0.919	***	I_{it}^2 =3.904+0.1618t	0.904	***
湖北	I_{it}^1 =5.848–0.0485t	–0.856	***	I_{it}^2 =4.726–0.0056t	–0.128	
湖南	I_{it}^1 =6.739–0.0486t	–0.902	***	I_{it}^2 =4.680+0.0272t	0.237	
广东	I_{it}^1 =5.414–0.0933t	–0.971	***	I_{it}^2 =6.901–0.0553t	–0.498	***
广西	I_{it}^1 =3.398–0.0190t	–0.603	***	I_{it}^2 =3.721+0.0113t	0.266	
海南	I_{it}^1 =0.376+0.00001t	0.023		I_{it}^2 =0.533+0.0074t	0.537	***
重庆	I_{it}^1 =2.712–0.0193t	–0.815	***	I_{it}^2 =3.195–0.0493t	–0.971	***
四川	I_{it}^1 =7.429–0.0369t	–0.483	***	I_{it}^2 =8.274+0.0052t	0.057	
贵州	I_{it}^1 = 1.798+0.0123t	0.457	***	I_{it}^2 =2.311–0.0279t	–0.802	***
云南	I_{it}^1 = 2.397+0.0188t	0.616	***	I_{it}^2 =2.717–0.0015t	–0.058	
西藏	I_{it}^1 = 0.124+0.0021t	0.661	***	I_{it}^2 =0.781–0.0196t	–0.903	***
陕西	I_{it}^1 = 2.582–0.0153t	–0.754	***	I_{it}^2 =1.656+0.0036t	0.177	
甘肃	I_{it}^1 =1.372+0.0119t	0.795	***	I_{it}^2 =1.513–0.0210t	–0.854	***
青海	I_{it}^1 =0.285–0.0029t	–0.846	***	I_{it}^2 =0.822–0.0152t	–0.786	***
宁夏	I_{it}^1 =0.319+0.0106t	0.951	***	I_{it}^2 =0.264+0.0028t	0.575	***
新疆	I_{it}^1 =1.137+0.0266t	0.944	***	I_{it}^2 =1.753–0.0087t	–0.343	**

注：***、**、*分别表示在 1%、5%和 10%水平上显著

由表 1.26 可知，粮食生产显著变化的省（自治区、直辖市）有 29 个，牧业生产显著变化的省（自治区、直辖市）有 21 个，结合两者变化情况具体分析如表 1.27 和图 1.20 所示。

表 1.27　中国粮食与牧业区域分布变化类型

变化类型	粮食	牧业	省（自治区、直辖市）
均无显著变化	无变化	无变化	无
仅有粮食或牧业显著变化	上升	无变化	安徽、云南
	下降	无变化	天津、福建、江西、湖北、湖南、广西、四川、陕西
	无变化	上升	海南、辽宁
	无变化	下降	无
均有显著变化	上升	下降	A 区：贵州、西藏、甘肃、新疆
	上升	上升	B 区：河北、内蒙古、吉林、黑龙江、山东、河南、宁夏
	下降	下降	C 区：北京、山西、上海、江苏、浙江、广东、重庆、青海
	下降	上升	无

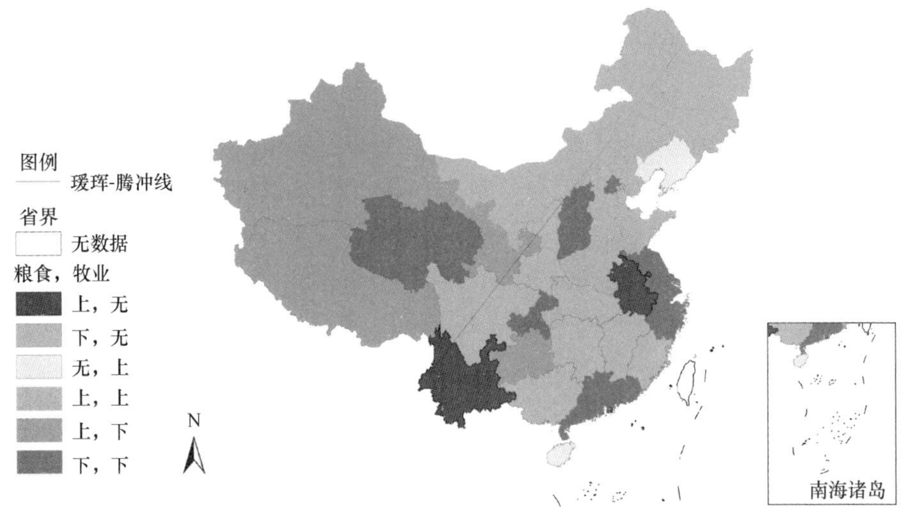

图 1.20　中国粮食与牧业区域分布变化类型（彩图见末页二维码）

i. 仅有粮食或牧业有显著变化的省（自治区、直辖市）

没有出现粮食和牧业均不显著变化的省（自治区、直辖市），也未出现粮食无显著变化且牧业下降的省（自治区、直辖市），所有省都至少有一指数显著变化，又分为以下 3 种情况。

第一，粮食上升、牧业无变化区。安徽、云南 2 省是粮食上升而牧业没有显著变化的省，两省粮食产量占全国比例每年分别约增加 0.0132、0.0188 个百分点，分别占各自期间平均 I_{it}^{1} 指数的 0.242%、0.692%，牧业占全国比例年均变化为负，但不显著。

第二，粮食下降、牧业无变化区。粮食下降而牧业无显著变化的省（自治区、直辖市）包括天津、福建、江西、湖北、湖南、广西、四川、陕西等 8 省（自治区、直辖市），粮食占全国比例每年分别下降 0.0038、0.0370、0.0091、0.0485、0.0486、0.0190、0.0369、0.0153 个百分点，8 省（自治区、直辖市）粮食产量占全国比例从 1978 年的 29.41%下降至 2012 年的 24.42%，下降了 16.97%，而该类区域牧业对全国的贡献没有显著变化。

第三，粮食无变化、牧业上升区。海南、辽宁是粮食没有显著变化而牧业有显著上升的 2 个省，粮食占全国比例分别由 1978 年的 3.92%、0.38%下降至 2012 年的 3.51%、0.33%，但两者的趋势项系数均不显著，特别是海南省的系数几乎为 0，说明其粮食占全国的比例大致不变。然而，海南、辽宁牧业占全国的比例均呈显著增加，年均约增加 0.0590、0.0074 个百分点，占各牧业比例期间平均值的 1.68%、1.96%。

ii. 粮食与牧业均有显著变化省（自治区、直辖市）

两者具有显著变化的省（自治区、直辖市）有 19 个，其中变化趋势一致的省（自治区、直辖市）15 个，包括 8 个一致下降和 7 个一致上升省（自治区、直辖市），其余 4 个均为粮食占比上升而牧业比例下降的省（自治区），不存在粮食下降且牧业上升的区域。

第一，粮食上升，牧业下降区。贵州、西藏、甘肃、新疆是粮食占全国比例上升而牧业占比下降的 4 个省（自治区）。

粮食生产显著上升，该类区粮食产量占全国每年增加 0.0529 个百分点，占比由 1978 年的 5.20%增加至 2012 年的 6.03%。粮食占比每年增加 0.0123、0.0021、0.0119、0.0266 个百分点，分别占 1978~2012 年相应省（自治区）I_{it}^1 平均值的 0.6%、1.3%、0.7%、1.7%，将 4 省（自治区）粮食产量加总记为 I_A^1，可知该区粮食产量占比由 1978 年的 5.20%增加至 2012 年的 6.03%，增加了 15.96%，其趋势回归方程为 $I_t^1=4.431+0.0529t$（adj. R^2=0.764），这表示该区粮食产量占全国比例每年增加 0.0529 个百分点。

牧业显著下降，该类区牧业产值占全国每年下降 0.0773 个百分点，占比由 1978 年的 6.79%下降至 2012 年的 4.36%。与粮食占比相反，贵州等 4 省（自治区）的牧业占比呈显著下降，每年下降 0.0279、0.0196、0.0210、0.0087 个百分点，占各自 I_{it}^2 期间平均值的 1.54%、4.58%、1.85%、0.55%。将 4 省（自治区）牧业产值加总记为 I_A^2（表 1.28），可以发现，该区牧业占比由 1978 年的 6.79%下降至 2012 年的 4.36%，下降幅度达 35.79%，其趋势回归方程为 $I_A^2=6.281-0.0773t$（adj. R^2=0.722），这意味着该区牧业产值占全国比例每年下降 0.0773 个百分点。

表 1.28　各类区粮食及牧业占全国比例变化

年份	I_A^1	I_A^2	I_B^1	I_B^2	I_C^1	I_C^2	年份	I_A^1	I_A^2	I_B^1	I_B^2	I_C^1	I_C^2
1978	5.205	6.787	28.756	23.691	24.500	30.251	1996	5.384	4.194	35.931	34.430	19.164	20.623
1979	4.662	6.022	28.719	23.612	24.679	29.826	1997	5.466	3.910	34.570	34.255	19.445	20.867
1980	4.910	5.341	27.644	24.895	23.812	28.044	1998	5.648	4.158	36.262	35.285	18.704	20.088
1981	4.421	5.902	27.645	26.354	23.445	26.049	1999	5.570	4.350	36.135	34.650	18.421	19.361
1982	4.428	5.841	25.698	24.479	24.744	27.322	2000	5.960	4.336	34.983	34.674	18.273	19.246
1983	4.460	6.149	28.914	22.770	22.901	28.375	2001	6.035	4.387	36.345	34.777	16.989	19.235
1984	4.512	5.805	29.444	24.208	23.352	27.814	2002	6.018	4.606	36.762	34.256	16.716	19.101
1985	4.410	5.584	29.484	25.453	23.128	27.827	2003	6.422	4.452	36.675	35.388	16.218	18.094
1986	4.623	5.944	29.570	24.075	22.784	27.879	2004	6.066	4.200	37.412	35.982	16.030	17.027
1987	4.591	6.651	30.282	23.101	21.841	28.185	2005	6.113	4.127	38.703	36.859	15.462	16.512
1988	4.783	6.573	30.347	24.701	22.286	27.823	2006	5.692	3.688	41.531	35.664	14.579	16.331
1989	4.976	6.449	29.743	25.087	22.417	27.562	2007	5.753	3.882	40.443	34.942	15.068	15.628
1990	4.781	5.357	32.398	24.536	21.039	27.193	2008	5.810	3.879	41.719	35.211	14.599	15.365
1991	5.219	5.141	33.117	26.697	20.708	26.542	2009	6.249	4.073	40.976	36.867	14.623	15.874
1992	5.023	4.966	32.361	27.320	20.697	26.144	2010	6.098	4.357	42.305	37.087	14.455	15.346
1993	5.231	5.101	34.150	27.983	19.464	25.452	2011	5.620	4.101	43.118	36.474	14.211	15.374
1994	5.264	4.658	34.862	28.978	19.409	25.034	2012	6.033	4.361	43.089	36.758	14.059	14.798
1995	5.104	4.543	34.836	32.199	19.518	23.720							

注：上标 1 和 2 分别是指粮食和牧业，下标 A、B、C 分别表示粮食产量占比上升而牧业产值占比下降区、两者一致上升区、两者一致下降区

第二，粮食牧业一致上升区。粮食和牧业生产均呈显著上升的有 7 个省（自治区），分别为河北、内蒙古、吉林、黑龙江、山东、河南、宁夏。

该类区粮食产量占全国的比例每年增加 0.4754 个百分点，占全国的比例由 1978 年的 28.76%上升至 2012 年的 43.09%。以上各省（自治区）粮食产量占比（I_{it}^1 指数）每年分别增加 0.0205、0.0926、0.0726、0.1463、0.0175、0.1153、0.0106 个百分点，占 1978~2012 年相应省（自治区）I_{it}^1 指数平均值的 0.39%、3.65%、1.69%、0.25%、0.22%、1.43%、2.21%。将 7 省（自治区）I_{it}^1 指数加总并记为 I_{B}^1，该类区粮食产量占全国的比例由 1978 年的 28.76%上升至 2012 年的 43.09%，35 年间增加近 50%。仍然作趋势回归：I_{B}^1=26.344+0.4754t（adj. R^2=0.950），这表示该区粮食产量占比每年增加 0.4754 个百分点。

该类区牧业产值占全国比例每年增加 0.487 个百分点，牧业产值占比由 1878 年的 23.69%上升至 2012 年的 36.76%。河北、内蒙古等 7 省（自治区）牧业产值占比（I_{it}^1 指数）每年分别增加 0.1408、0.0235、0.0686、0.0382、0.0513、0.1618、0.0028，占 1978~2012 年相应省（自治区）I_{it}^2 指数平均值的 2.36%、0.81%、2.36%、1.26%、0.61%、2.37%、0.89%。将这些省（自治区）I_{it}^2 指数加总记为 I_{it}^2，可以发现，该类区的牧业产值占比由 1878 年的 23.69%上升至 2012 年的 36.76%，增加了 55%以上，且 I_{B}^2=22.113+0.4870t（adj. R^2=0.864），该类区牧业产值占全国比例每年增加 0.487 个百分点。

第三，粮食牧业一致下降区。粮食生产和牧业在全国占比均有显著下降的有 8 个省（直辖市），分别是北京、山西、上海、江苏、浙江、广东、重庆、青海。

该类区粮食产量占全国比例每年下降 0.3402 个百分点，粮食占全国比例由 1978 年的 24.5%下降至 2012 年的 14.07%，下降了 42.57%。以上对应省（直辖市）粮食产量占比每年分别下降 0.0147、0.0056、0.0165、0.0749、0.1129、0.0933、0.0193、0.0029 个百分点，分别占 1978~2012 年相应省（直辖市）I_{it}^1 指数均值的 3.45%、0.28%、3.75%、1.07%、3.73%、2.44%、1.24%、0.81%，将粮食产量占比（I_{it}^1 指数）加总并记为 I_{C}^1，可以发现：该类区粮食占全国比例由 1978 年的 24.5%下降至 2012 年的 14.07%，下降了 42.57%，且 I_{C}^1=25.147–0.3402t（adj. R^2=0.980），按照此方法，该类区粮食产量占全国比例每年下降 0.3402 个百分点。

该类区牧业占全国比例每年下降 0.4942 个百分点，该区牧业占全国比例由 1978 年的 30.251%下降至 2012 年的 14.8%。北京、山西等省（直辖市）牧业对全国的贡献每年下降 0.0687、0.0148、0.0458、0.1423、0.1029、0.0553、0.0493、0.0152 个百分点，分别占其间对应省（直辖市）牧业产值占比（I_{it}^2 指数）均值的 4.75%、1.15%、4.05%、2.14%、3.14%、0.94%、2.14%、2.77%，将 8 省（直辖市）I_{it}^2 指数加总并记为 I_{C}^2，可知：该区牧业对全国的贡献已由 1978 年的 30.251%下降至 2012 年的 14.8%，35 年的时间里下降了 51.11%，作趋势回归得 I_{C}^2=30.970–0.4942t（adj. R^2=0.930），这表明该类区牧业占全国比例每年下降 0.4942 个百分点。

2. 养殖业区域专业化

（1）全国整体情况

i. 八大农业区牧业生产变化

借鉴刘江和杜鹰（2010）的区域划分方法，将全国分为八大农业区，其中，东北区包括黑龙江、吉林和辽宁，东南区包括福建、广东、海南、江苏、上海、浙江，冀鲁豫区包括河北、河南、山东，京津区包括北京、天津，青藏区包括青海、西藏，西北区包括甘肃、内蒙古、宁夏、山西、陕西、新疆，西南区包括广西、贵州、四川、云南、重庆，长江区包括安徽、湖北、湖南、江西。1980~2012 年八大农业区牧业产值及占全国比例变动如表 1.29 所示。

表 1.29　1980~2012 年八大农业区牧业产值、比例及其变动

指标	全国	京津区	东北区	东南区	冀鲁豫区	青藏区	西北区	西南区	长江区
产值/万元	27 189.4	259.17	4 102.27	3 677.37	6 289.19	196.1	2 839.22	5 131.05	4 695.03
比例/%	100	0.95	15.09	13.53	23.13	0.72	10.44	18.87	17.27
产值变动/万元	全国	京津区	东北区	东南区	冀鲁豫区	青藏区	西北区	西南区	长江区
1980~1990 年	455.71	247.45	377.51	505.84	522.34	273.35	451.86	405.46	495.02
1990~2000 年	276.88	254.62	350.35	182.04	444.65	165.98	259.89	234.61	271.26
2000~2012 年	267.77	82.12	448.01	173.74	239.15	263.01	362.79	303.70	243.74
比例变动/%	全国	京津区	东北区	东南区	冀鲁豫区	青藏区	西北区	西南区	长江区
1980~1990 年		−37.48	−14.07	9.02	11.99	−32.82	−0.69	−9.04	7.07
1990~2000 年		−5.90	19.49	−25.16	44.52	−29.43	−4.51	−11.21	−1.49
2000~2012 年		−50.48	49.01	−25.57	−7.78	−1.29	25.84	9.77	−6.53

注：产值和比例均为 2012 年数据；原始数据来源于国家统计局网站（http://data.stats.gov.cn/workspace/index?m=fsnd）

1980~1990 年，中国牧业向东南区、长江区集中，冀鲁豫增速较快。1980 年，中国牧业主要集中在东南区、西南区、长江区，三大农业区牧业产值分别占全国的 22.3%、21.3%、17.5%。1990 年，东南区、长江区牧业产值增速高于全国水平，使全国牧业生产向该区域集中，两区域牧业产值占全国比例分别增加至 24.3%、18.5%，另外，冀鲁豫区增速高于全国水平，其牧业产值占全国比例由 1980 年的 15.5%提高至 17.4%。其他 5 个农业区牧业地位均不同程度的下降。

1990~2000 年，中国牧业生产向冀鲁豫区集中，东北区增长较快。此阶段，冀鲁豫区牧业产值增速最快，增加了 4 倍多，远快于全国水平（2.8 倍），因此，冀鲁豫牧业产值占比也增加了 44.5%。另外，东北区牧业增长较快，产值增加了 3.5 倍，占比由 1990 年的 8.5%上升至 2000 年的 10.1%。

1990~2012 年，中国牧业向东北区集中，西北区、西南区牧业增速高于全国水平。东北区牧业产值增加速度最快，产值和比例分别提高了 448%、49%。西北区和西南区的牧业产值分别增加了 363%、304%，也高于全国水平（268%）。其他 5 个农业区牧业产值也均有不同程度的增加，但增加幅度都小于全国水平，因此，比例都相对减少，其中，京津区和东南区所占比例减少幅度最大。

从总体上来看，中国牧业生产在向冀鲁豫区、东北区集中，而东南区、京津区、西南区、青藏区牧业地位相对下降，而西北区、长江区变化较小（图 1.21）。

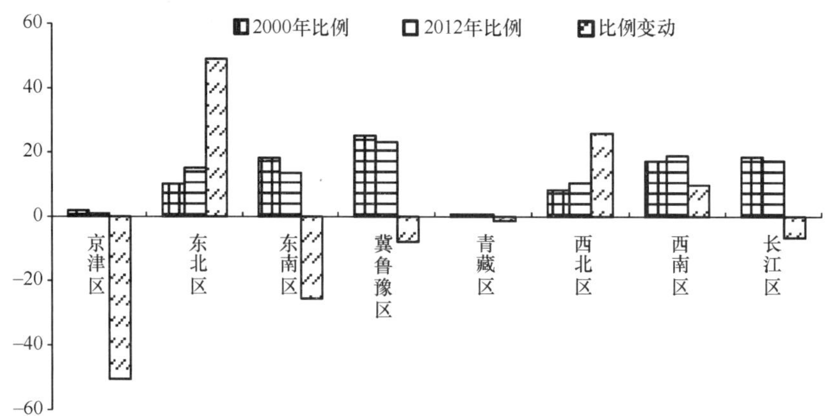

图 1.21　2000 年、2012 年八大农业区牧业产值占全国比例及变化

ii. 中国养殖业的赫芬达尔指数

以上研究发现，按照八大区域经济划分，并未出现“强者愈强，弱者愈弱”牧业区域结构的变化，我国牧业区位分布仅具有一定程度的集中趋势，但其间和组别划分主观性较大，且缺乏连续性，所以以上结论具有一定勉强性。以下将利用赫芬达尔指数（Herfindahl-Hirschman index，简称 HHI）进一步考察中国牧业产业集中情况。

赫芬达尔指数是一种测量产业集中度的综合指数，用来反映产业生产主体规模的离散度，HHI 指数取值在 0~1，值越大表明产业集聚程度越高，行业专业化水平也越高。将我国牧业作为考察对象，按省域划分牧业生产主体，则中国养殖业的赫芬达尔指数①计算公式如下：

$$\mathrm{HHI}_t=\sum_{i=1}^{n}\left(\frac{y_{it}}{Y_t}\right)^2 \tag{1.2}$$

其中，HHI_t为第 t 年的中国牧业赫芬达尔指数，i（i=1，2，…，31）代表第 i 个省，y_{it}是指第 i 省份 t 时期（年）的牧业产值，Y_t是指全国第 t 时期（年）的牧业总产值。因此，式（1.2）的含义就是，t 时期的（以产值核算的）全国牧业赫芬达尔指数等于 t 时期各省牧业产值占全国牧业产值比例平方的加总，计算得到的结果见表 1.30。

短期内，中国牧业没有明显的区域专业化趋势，而长期来看有一定区域专业化趋势。由表 1.30、图 1.22 可知，1996~2012 年，按照年度的赫芬达尔指数来看，中国牧业的集中度并未有明显提高趋势，而是呈阶段性的升降，大致为“W”形。从年度赫芬达尔指数来看，我国牧业产业可以分为 3 个阶段：1996~2000 年的下降阶段，产业集中度指数从 1996 年的高点 537.051，大幅下降至 2000 年的 511.147；第二阶段为 2001~2007 年的

① 以牧业产值为准核算。

表 1.30 1996~2012 年中国养殖业赫芬达尔指数

年份	1996	1997	1998	1999	2000	2001	2002	2003	2004
HHI	537.051	530.541	534.603	512.824	511.147	514.483	517.837	528.288	538.030
年份	2005	2006	2007	2008	2009	2010	2011	2012	
HHI	544.000	538.587	552.215	540.883	518.355	516.786	513.786	512.203	

注：①计算所用数据均来源于国家统计局网站（http://data.stats.gov.cn/workspace/index?m=fsnd）；②由于个别年份全国牧业产值与各省合计数据不一致，此处以各省合计为准；③为了便于观察，将求得的原始赫芬达尔指数扩大了 10 000 倍

连年上升阶段（2006 年稍有下降），指数从 514.483 上升至 552.215；第三阶段为自 2008 年以来的牧业产业集中度指数快速下降时期，特别是 2008 年和 2009 年，下降幅度较大，最近两年下降速度有放缓趋势。但是，从“五年规划”期间来看，中国牧业产业具有一定集中趋势。相对于“九五”期间年平均值（525.233），“十五”“十一五”期间赫芬达尔指数均值有逐期提高趋势，分别为 528.528 和 533.365。

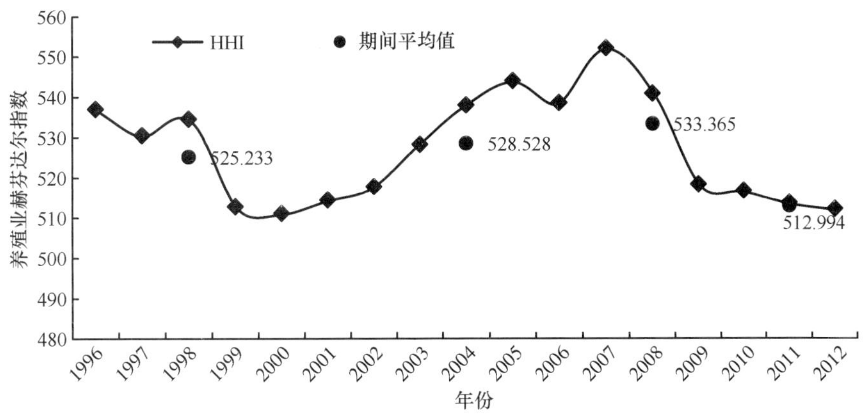

图 1.22 1996~2012 年中国养殖业赫芬达尔指数

虚线用于阶段划分，分界点分别为 2000 年和 2007 年

可以说，①短期内中国牧业不存在产业集中现象，而从长期来看，中国牧业产业具有一定的集中趋势，但不明显。②无论是从年度还是从规划期间看，中国牧业产业的区域离散度都呈现 5 年左右的周期波动，这有可能与经济周期和经济政策特别是针对畜牧业发展的规划政策相关，这要求在进行战略规划与政策制定时需考虑和充分发挥其逆周期的调节作用。通过对全国整体牧业情况进行阐述后，对整体情况有了初步了解，但我们仍然要问作为整体的部分，每一个省在牧业专业方面有没有变化呢，即是否有些省牧业在全国更重要了，或者说哪些省份牧业优势更突出了，以下将从省域层面考察牧业专业化情况。

（2）分省看养殖区域专业化

i. 基于省级数据的中国养殖业的 CR_3 与 CR_5

1996~2012 年中国牧业区域集中度系数 CR_3、CR_5 见表 1.31。

表 1.31　1996~2012 年中国牧业区域集中度系数 CR_3、CR_5

年份	CR_3	MC_3	CR_5	MC_5
1996	26.19		39.42	
1997	25.68		39.16	
1998	26.38	25.70	40.11	39.16
1999	25.17		38.55	
2000	25.08		38.57	
2001	25.55		39.18	
2002	25.50		39.72	
2003	26.20	26.21	40.84	40.65
2004	26.72		41.67	
2005	27.10		41.81	
2006	27.58		39.91	
2007	27.70		41.10	
2008	26.73	26.55	40.70	39.68
2009	25.35		38.30	
2010	25.38		38.41	
2011	25.21	25.13	37.61	37.53
2012	25.05		37.44	

注：原始数据来源于国家统计局网站；MC_3、MC_5 分别表示区域集中度系数 CR_3 与 CR_5 的相应期间平均值（mean）

由牧业产值的省级数据计算的区域集中度系数 CR_n（n 取 3 和 5）均表明：中国牧业生产未出现明显的省域层面的集聚过程，但“五年”规划期间的集聚程度趋于提高（图 1.23，图 1.24）。

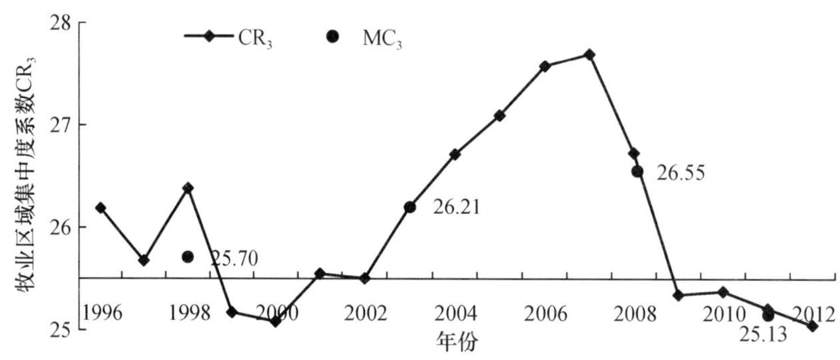

图 1.23　1996~2012 年中国牧业区域集中度系数 CR_3

1996~2012 年中国牧业生产区域集中程度整体呈先增后降的倒“U”形，该期间，中国牧业未发生牧业生产省（自治区）的集中。省级牧业生产的区域集中度系数 CR_n（n 取 3 和 5）均在 2005~2007 年时达到最大，而在 1999~2000 年、2011~2012 年两个阶段最小，这表明，中国牧业生产在 2000~2007 年时趋于向某些牧业大省集聚，而在 1996~2000 年及 2007 年以来，趋于分散。

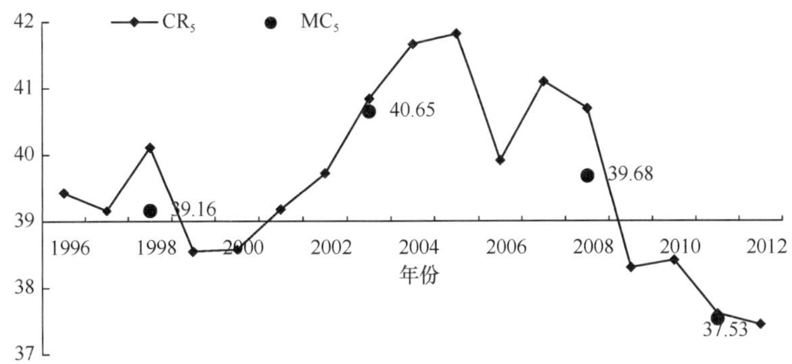

图 1.24 1996~2012 年中国牧业区域集中度系数 CR_5

但是，以“五年”规划期的牧业区域集中度系数 CR_3 的平均值来看，牧业生产具有区域集中趋势。1996~2000 年，CR_3 的平均值为 25.7%，2001~2005 年增加至 26.21%，之后 5 年又增加至 26.55%，这意味着，以“五年”规划期为考察阶段，中国牧业最大的 3 个省（自治区）对全国的贡献有所提高。2011~2012 年，牧业区域集中度系数 CR_3 趋于下降，但根据近几年中国牧业发展战略政策导向，如《全国优势农产品区域布局规划》《特色农产品区域布局规划》，以及针对主要畜禽品种的相应布局等规划的制定，我们认为，中国牧业省（自治区）域专业化不会持续下降，即使下降也是短期的，“十二五”规划的后 3 年，中国牧业生产的区域集中度系数 CR_3 应该会有所提升，当然，这有待进一步验证。

ii. 基于省级数据的主要畜禽品种的 CR_3 与 CR_5

第一，区域集中度系数 CR_n 的概念、原始数据。集中度系数 CR_n 是指最大的 n 个生产主体占整体比例，由于其计算简单方便，以及易于理解而被广泛用以测度行业或区域的生产集聚程度。此处选取大陆 31 个省（自治区、直辖市）的 10%、15%，即最大养殖（生产）省（自治区、直辖市）的 3 个、5 个，分别计算个主要畜禽品种——生猪、肉牛、禽蛋、奶牛的区域集中度系数，其中生猪、肉牛、奶牛分别以生猪年底存栏、牛年底存栏、乳牛年底存栏作为计算的原始指标，以禽蛋产量作为禽蛋生产的区域集中度系数的原始指标。得到各品种相应年份的区域集中度系数，如表 1.32 和图 1.25~图 1.27 所示。

表 1.32 1996~2012 年主要畜禽品种区域集中度指数 CR_3、CR_5

年份	生猪		肉牛		禽蛋		奶牛	
	CR_3	CR_5	CR_3	CR_5	CR_3	CR_5	CR_3	CR_5
1996	27.01	38.86	22.60	34.41	32.00	51.98	57.22	73.13
1997	27.81	39.48	25.05	37.38	31.36	49.22	55.03	72.88
1998	27.75	39.57	25.46	37.74	43.06	57.34	55.93	73.68
1999	27.22	38.89	25.91	38.43	44.01	58.18	55.93	73.69
2000	27.75	39.80	26.05	38.72	44.28	58.62	53.29	70.12
2001	27.43	40.38	26.26	38.42	44.28	58.34	49.82	68.19
2002	28.27	41.04	26.11	37.71	44.29	58.39	48.93	68.17

续表

年份	生猪		肉牛		禽蛋		奶牛	
	CR_3	CR_5	CR_3	CR_5	CR_3	CR_5	CR_3	CR_5
2003	29.16	41.47	26.09	37.40	44.73	58.45	50.07	69.43
2004	29.47	41.93	25.60	37.09	44.54	58.05	52.50	71.36
2005	29.04	41.57	25.41	37.01	44.32	58.42	55.92	70.77
2006	29.87	41.52	26.23	38.13	43.96	58.31	53.02	71.21
2007	30.13	41.75	25.88	37.54	43.22	57.86	49.85	67.51
2008	29.60	41.26	25.95	38.55	42.47	58.25	48.14	66.08
2009	29.12	40.80	25.88	38.09	40.59	56.94	47.18	67.11
2010	29.59	41.46	25.61	37.72	40.25	57.13	47.79	65.16
2011	29.51	41.30	25.76	37.82	40.25	57.05	—	—
2012	29.34	41.13	25.09	36.94	40.15	56.82	—	—

注：生猪年底存栏及禽蛋产量数据来源于国家统计局网站；牛年末存栏及乳牛年末存栏数据来源于《中国奶业统计年鉴》相应年份

"—"为原始数据缺失

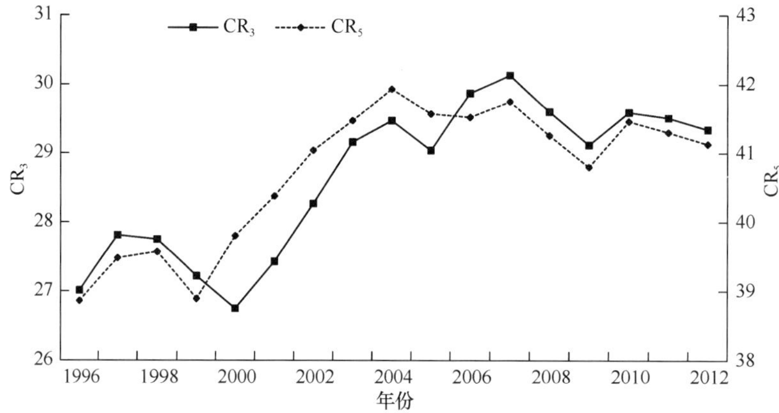

图 1.25　1996~2012 年生猪区域集中度指数 CR_3、CR_5

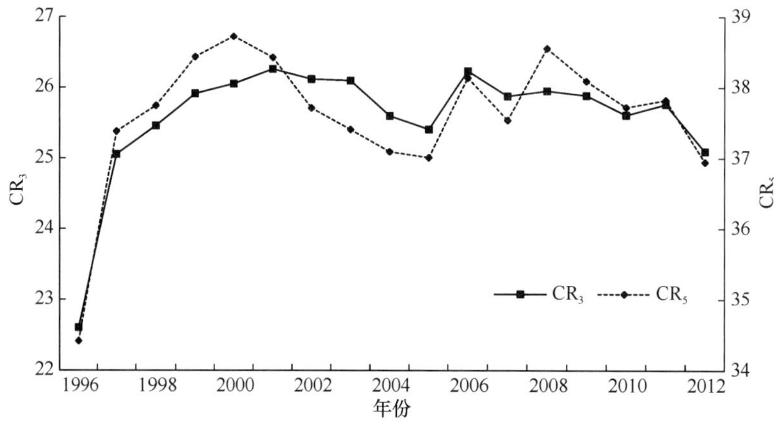

图 1.26　1996~2012 年肉牛区域集中度指数 CR_3、CR_5

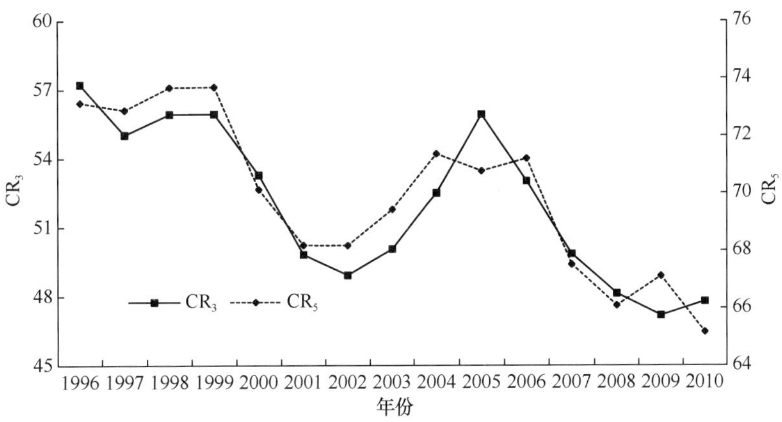

图 1.27 1996~2010 年奶牛区域集中度指数 CR_3、CR_5

第二，生猪存在区域专业化趋势。1996~2012 年，生猪养殖方面，无论是 CR_3 还是 CR_5，都呈现整体上增大趋势（图 1.26）。1996 年，生猪区域集中度系数 CR_3 和 CR_5 分别为 27.01%和 38.86%，至 2000 年，生猪区域集中度 CR_3、CR_5、分别增加至 27.75%、39.80%，2005 年时又分别增加至 29.04%、41.57%，2006 年以来基本维持在这一水平。生猪区域集中度系数表明：生猪养殖具有向大的生产省（自治区）集中的趋势，主要趋于四川、河南、湖南、山东、云南、东北三省等省（自治区）集中。

第三，禽蛋生产整体上存在区域专业化，但最近几年呈逆专业化，这有可能是中国禽蛋生产区域布局仍在进一步调整的结果。1996 年，禽蛋生产区域集中度系数分别为 CR_3 和 CR_5 为 32.00%、51.98%，分别上升至 2003 年 44.73%、58.45%，之后一直均维持在高于初期近 8 个、5 个百分点的水平，这表明，1996 年以来，我国禽蛋生产整体上存在向大的生产省集中的趋势。然而，2003 年以来，我国禽蛋生产区域集中度系数不断下降，可能是我国禽蛋生产省间布局调整的结果。2003 年，山东、河北、河南、江苏、辽宁是我国最大的禽蛋生产省，至 2006 年，河北、江苏在我国禽蛋生产中的贡献相对下降，河南、山东和辽宁比例相对增加，2009 年河南禽蛋生产进一步增加，跃居我国禽蛋生产第一大省，而河北进一步退居第 3 位，2009 年以来基本维持了这一格局，所以我国禽蛋生产集中度系数也相应稳定在 37.5%、40.25%左右。同时，禽蛋生产格局的变化也在一定程度上受其他省（直辖市）的影响，如最近几年湖南、湖北、黑龙江、吉林等省的禽蛋产量不断增加，以及四川、福建、上海、天津等省（直辖市）贡献下降等共同作用的结果。

第四，奶牛养殖整体上呈分散，而非区域专业化或集中。奶牛养殖方面，无论是 CR_3 还是 CR_5 区域集中度系数均呈明显下降的趋势，1996 年分别为 57.22%、73.13%，2000 年下降至 53.29%、70.12%，2003~2005 年虽稍有上升，但之后又整体上下降至 2012 年的 47.79%、65.16%，较 1996 年下降了 9.43 和 7.97 个百分点。这说明，奶牛养殖最大的 3 个省（自治区）或 5 个省（自治区）占全国的比例整体上在相对下降，奶牛养殖没有向奶牛养殖大省集中。1996~2010 年，内蒙古、新疆、黑龙江、河北等一直是我国最大的 4 个奶牛养殖省（自治区），但其奶牛养殖增长速度低于全国平均水平，1996~2010 年，4 省（自治区）奶牛存栏增长了 2.71 倍，而全国增长了 3.17 倍，同时甘肃、山西作

为 1996 年的第五、第六大奶牛养殖省其贡献逐渐下降，而河南、西藏等由较小奶牛养殖区不断增长为主产省（自治区），河南奶牛养殖占全国比例由 1996 年的 0.58%增加至 2010 年的 6.93%，西藏奶牛养殖几乎是从“无”到大[①]，另外，奶牛养殖也向山东、辽宁等省分散，以上奶牛养殖省（自治区）变动的综合结果就是奶牛养殖在省（自治区）上的分散而非集中趋势，全国奶牛养殖主要向河南、西藏、辽宁等省（自治区）分散。

综上，利用 1996~2012 年的省级数据，通过计算各主要畜禽品种的区域集中度系数 CR_n 分析发现：生猪养殖具有向大的生产省集中的趋势，主要趋于四川、河南、湖南、山东、云南、东北三省等省集中。禽蛋生产整体上存在区域专业化，但最近几年呈逆专业化，这有可能是与中国禽蛋生产区域布局仍处于进一步调整阶段有关。奶牛养殖整体上呈分散，而非区域专业化或集中，其主要向河南、西藏、辽宁等省（自治区）分散。

iii. 区位商

由哈盖特（P. Haggett）首先提出的区位商（location quotation，LQ）概念，是评价区域优势产业的基本分析指标，又称专门化率，可以较好地衡量某一区域要素的空间分布情况和反映某一产业部门的优劣势，以及某一区域在高层次区域的地位和作用，通过计算某一区域产业的区位商，可以找出该区域在全国具有一定地位的优势产业，并根据区位商 LQ 值的大小来衡量其专门化率，LQ 的值越大，则专门化率也越大。

在不同文献中，区位商的计算公式不尽相同，根据本研究目的，各省的牧业产业区位商是指区域牧业产值占区域生产总值的比例与全国牧业产值占全国生产总值比例的商，用公式表示如下：

$$\mathrm{LQ}_{it}=\frac{\dfrac{y_{it}}{\mathrm{gdp}_{it}}}{\dfrac{Y_t}{\mathrm{GDP}_t}} \tag{1.3}$$

式中，$i=1,2,\cdots,31$，表示第 i 个省（自治区、直辖市），t 表示年份，LQ_{it} 表示第 i 省第 t 年的牧业区位商，y_{it} 为第 i 省第 t 年的牧业产值，gdp_{it} 为第 i 省第 t 年的地区生产总值；Y_t 和 GDP_t 分别表示第 t 年的全国牧业产值和国内生产总值。按照式（1.3）计算的 1996~2012 年全国各省（自治区、直辖市）牧业区位商见表 1.33。

牧业区位商大于 1 的省（自治区、直辖市）主要集中于西部省（自治区、直辖市）及东北的黑龙江和吉林，而小于 1 的主要分布在东部省（自治区、直辖市）。由表 1.33 知，2012 年，所考察的我国 31 个省（自治区、直辖市）中，有 18 个省（自治区）的牧业区位商大于 1，13 个省（自治区、直辖市）小于 1，其中，牧业区位商最高的 10 个省（自治区）是黑龙江、四川、吉林、云南、西藏、广西、河南、海南、青海、内蒙古，区位商分别为 2.0919、2.0162、2.0076、1.8778、1.7853、1.7451、1.6159、1.5902、1.5351、1.4940，区位商最低的 10 个省（直辖市）分别是甘肃、重庆、山西、福建、江苏、广东、浙江、北京、天津、上海，对应的区位商为 0.8696、0.8436、0.5231、0.5180、0.4810、0.4214、0.3359、0.1828、0.1727 和 0.0763。

① 西藏 1996 年奶牛存栏数据为 0，我们认为即使不为零，应该也很小，西藏 2001 年奶牛存栏也仅为 19 万头，占当年全国奶牛存栏的 0.33%，2010 年，存栏增加至 368.47 万头，占全国的 2.6%。

表 1.33 个别年份各省（自治区、直辖市）牧业区位商

地区	1996 年	2000 年	2005 年	2010 年	2011 年	2012 年
黑龙江省	0.687 2	0.744 1	1.252 2	1.954 7	1.913 6	2.091 9
四川省	1.727 4	1.840 3	2.494 0	2.082 2	2.047 0	2.016 2
吉林省	1.612 7	1.838 1	1.933 8	2.013 2	2.057 1	2.007 6
云南省	1.034 6	1.337 4	1.468 7	1.710 4	1.838 8	1.877 8
西藏自治区	3.046 4	2.666 5	1.808 3	2.022 2	1.807 2	1.785 3
广西壮族自治区	1.670 6	1.767 0	1.922 5	1.909 3	1.893 0	1.745 1
河南省	1.365 0	1.694 9	1.770 0	1.641 1	1.651 7	1.615 9
海南省	1.178 5	1.273 8	1.551 5	1.612 2	1.661 5	1.590 2
青海省	1.467 8	1.543 6	1.424 7	1.577 3	1.445 6	1.535 1
内蒙古自治区	1.560 9	1.782 0	1.704 5	1.478 6	1.406 7	1.494 0
湖南省	0.950 8	1.713 7	1.894 2	1.463 1	1.466 5	1.424 8
河北省	1.362 7	1.624 2	1.681 5	1.485 6	1.381 7	1.394 5
辽宁省	1.006 2	0.869 7	1.184 1	1.444 6	1.384 7	1.383 6
安徽省	1.554 5	1.607 1	1.549 1	1.468 7	1.432 9	1.379 5
新疆维吾尔自治区	1.045 0	1.121 1	1.055 1	1.450 4	1.270 3	1.371 3
贵州省	1.554 8	1.434 5	1.449 9	1.387 1	1.3554	1.304 5
湖北省	1.449 7	1.275 6	1.239 1	1.215 7	1.242 8	1.271 4
江西省	1.763 3	1.478 2	1.347 4	1.296 9	1.269 7	1.232 6
山东省	1.335 4	0.959 3	0.917 1	0.950 7	0.968 8	0.969 2
宁夏回族自治区	0.952 9	1.165 2	1.124 2	1.019 7	0.939 4	0.957 5
陕西省	0.916 5	0.787 3	0.757 4	0.901 7	0.894 9	0.878 4
甘肃省	0.962 1	0.909 3	0.999 5	0.925 8	0.848 8	0.869 6
重庆市	1.109 4	1.058 3	1.077 2	0.864 8	0.859 6	0.843 6
山西省	0.642 7	0.648 5	0.525 9	0.572 0	0.532 4	0.523 1
福建省	0.716 3	0.738 2	0.631 5	0.541 5	0.552 2	0.518 0
江苏省	0.660 0	0.671 9	0.482 3	0.467 7	0.490 5	0.481 0
广东省	0.626 3	0.484 3	0.423 9	0.432 0	0.435 9	0.421 4
浙江省	0.400 2	0.385 5	0.319 1	0.339 4	0.342 0	0.335 9
北京市	0.233 1	0.382 4	0.291 6	0.207 6	0.202 6	0.182 8
天津市	0.290 1	0.405 9	0.393 7	0.199 1	0.176 3	0.172 7
上海市	0.310 7	0.244 4	0.088 0	0.076 9	0.081 6	0.076 3

注：①计算所用原始数据来源于国家统计局网站：http://data.stats.gov.cn/workspace/index?a=q&type=adv&m=fsnd&x=region&y=time&z=index&index=A020101，A0D0503®ion=110000，120000，130000，140000，150000，210000，220000，230000，310000，320000，330000，340000，350000，360000，370000，410000，420000，430000，440000，450000，460000，500000，510000，520000，530000，540000，610000，620000，630000，640000，650000&time=2003，–1&selectId=A020101；②2000~2006 年全国牧业产值数据与分省牧业产值合计基本一致，但其他所涉及年份的全国牧业产值数据与分省合计数据不一致，本研究采取以分省合计为准，本研究类似相关部分均采取分省合计为准；③按照 2012 年各省（自治区、直辖市）区位商大小排列

牧业区位优势的 4 个类型。按照 1996 年以来，各省份牧业区位商变动情况，将各省（自治区、直辖市）划分为 4 类：①优势保持省（自治区），该类型指 1996 年以来，所有年份牧业区位商均大于 1 的省份，依据区位商增减趋势，该类型又进一步划分为增强、基本持平和降低 3 种情况；②优势丧失省（自治区），指在 2005 年以前绝大多数年份的区位商大于 1，而 2006 年以来，绝对年份区位商均小于 1 的省份；③新进入优势省（自治区、直辖市），指 2002 年以前，绝大多数年份区位商小于 1，2003 年以来，绝对年份区位商大于 1 的省份；④非优势省（直辖市）指所有年份的区位商都小于 1 的省份。各类型具体如表 1.34 所示。

表 1.34　1996~2012 年各省（自治区、直辖市）牧业区位商类型

类别		省（自治区、直辖市）
优势保持省（自治区）	增强	吉林、云南、海南、青海、新疆、
	基本持平	广西、湖北、
	降低	四川、西藏、河南、内蒙古、河北、安徽、贵州、江西
新进入优势省（自治区）		黑龙江、湖南、辽宁
优势丧失省（自治区、直辖市）		山东、宁夏、重庆
非优势省（直辖市）		上海、天津、北京、浙江、广东、江苏、福建、山西、陕西、甘肃

由表 1.34 可知，1996~2012 年以来，各省（自治区、直辖市）牧业区位商或专业化水平变化各异，具体如下。

第一，牧业优势保持省（自治区）。具有发展牧业专业化优势的省包括吉林、云南、海南等 15 个省（自治区），其中吉林、云南、海南、青海、新疆等属于区位商提高的省（自治区），这 5 省（自治区）的牧业产值在全国中的优势越来越明显，表明实施了发挥牧业比较优势的发展路径；广西、湖北两个省（自治区）区位没有显著变化，分别基本维持在 1.89（±0.2）和 1.27（±0.15）的水平上；而四川、西藏、河南、内蒙古、河北、安徽、贵州、江西等 8 个省（自治区）的区位商呈显著下降的变化，表明这些省（自治区）没有继续和充分发挥牧业发展的区位优势，导致本区域内牧业在全国的区位优势逐渐下降，但由于牧业发展的基础较好，这些区域没有衰退为非优势区，而是仍具有较高的牧业发展优势。

第二，牧业优势丧失省（自治区、直辖市）。主要包括山东、宁夏、重庆 3 个省（自治区、直辖市），1996 年、1997 年山东的区位商为 1.33 和 1.23，2004 年下降至 0.94，2005 年以来一直小于 1 的水平，这可能是山东经济快速发展和经济结构调整的结果。宁夏 2000 年时区位商达 1.17，而最近几年其区位商大多小于 1。2006 年以前，重庆牧业区位商在 1.05 左右，理论上具有微弱的牧业发展优势，而 2007 年以来均小于 1，并且持续不断下降，至 2012 年仅有 0.84 的水平。宁夏、重庆的牧业优势本来就很微弱，受资源和地理条件约束较大，又没有充分发展牧业经济的相应政策，因此，未能保持前期的微弱优势而成为非优势区。

第三，牧业优势进入省（自治区）。1996~2012 年，黑龙江、湖南、辽宁等 3 个省的牧业区位商都从小于 1 转为大于 1 的水平，表示 3 个省发展牧业的优势明显提升，特别是

黑龙江，1996 年时，其区位商仅有 0.69，即牧业发展水平仅有全国平均水平的 70%不到，而之后逐年提高，并且提高幅度较大，2003 年超过 1 达到 1.06，2010 年、2012 已分别达到 1.95、2.09，成为牧业发展最具有优势的省之一。虽然辽宁在 1996 年、1997 年区位商大于 1，但 1998~2002 年时的值均小于 1，2003 年超过 1，2012 年为 1.38，黑龙江和辽宁省这一转变也许是因为：进入“九五”以来，国家逐渐实施了“振兴东北老工业基地”等政策，以及黑龙江、辽宁作为我国重要粮食生产大省地位逐渐突出的带动效应。

第四，非优势省（直辖市）。包括鲜明的两“极”，一是上海、天津、北京、浙江、广东、江苏、福建等 7 个我国经济发展水平最高的省（直辖市），二是山西、陕西、甘肃 3 个经济相对落后的省份。1996 年以来，这 10 个省（直辖市）在发展牧业方面没有区位优势，一直是我国牧业输入省（直辖市），但是两个“极”成为我国牧业非优势区的主要原因可能不同，上海等省（直辖市）是经济高度发达的结果，即这些省（直辖市）的第二、三产业占区域生产总值的比例较高，包括牧业在内的农林牧副渔业产值占总产值的比例（类似于区位商的分子）相对较小，所以区位商也较小；而山西等主要是因为环境、资源约束和非牧业发展战略选择而造成，这些地区既不是我国重要的粮食生产区域，也没有发展畜牧的草场资源，另外，受我国实施的各大环境政策（如禁牧、黄土高原小流域治理、水土流失治理、治黄工程等）影响也较大。

（3）分县看养殖区域专业化

i. 牧业生产县区分布

2008 年牧业生产县分布如图 1.28 所示。

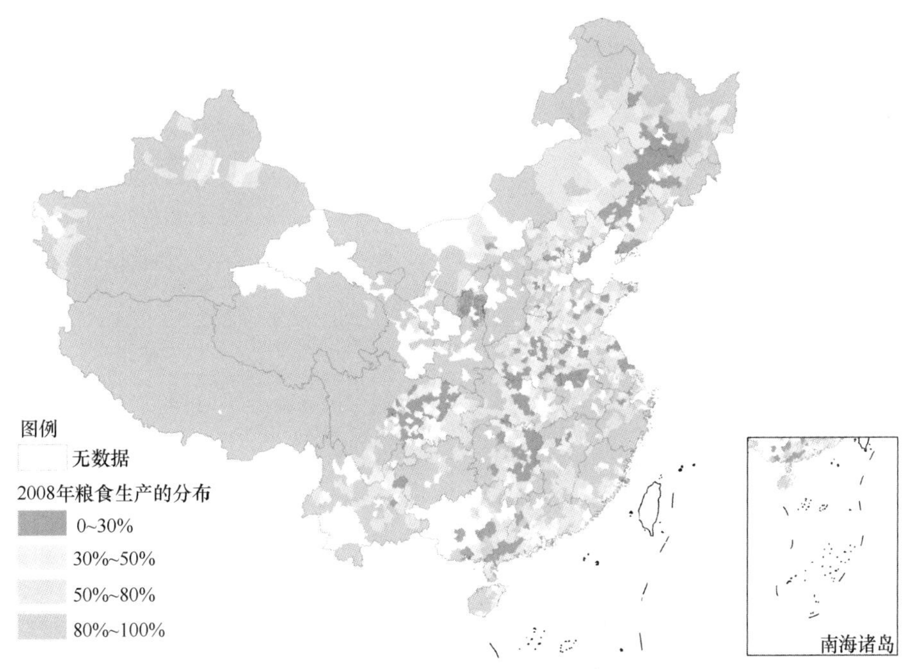

图 1.28　2008 年牧业生产县区分布（彩图见末页二维码）

牧业生产分布集中，重点产区完成大部分牧业产值。2008 年，全国牧业产值的累积 30%、50%、80%分别由最大的 205 个、437 个、1076 个县区完成（表 1.35），占当年全国牧业生产县区数（2008 年完成牧业产值的累积 100%县区数为 2679 个）的 7.7%、16.3%、40.2%。完成累积 80%牧业产值的县区主要集中于东北区、冀鲁豫区、长江区和西南区。

表 1.35　2001~2008 年全国牧业产值累积 30%、50%、80%、100%的县区数

年份	30%	50%	80%	100%
2001	172	397	1007	2496
2002	188	419	1046	2620
2003	204	441	1074	3077
2004	211	461	1114	2631
2005	204	435	1055	2562
2006	210	452	1098	2668
2007	203	439	1081	2651
2008	205	437	1076	2679

2004 年以来，牧业生产进一步集中。2004 年，461 个县完成累积 50%的牧业产值，1114 个县完成累积 80%的牧业产值。2008 年，437 个县完成累积 50%的产值，1076 个县完成 80%的牧业产值，较 2004 年分别净减少 24 个县、38 个县（表 1.36）。同时，自 2004 年以来，无论是 50%的牧业生产县区数，还是 80%的牧业产值县区数占总县区数的比例是连年下降态势（图 1.29）。

表 1.36　2001~2008 年完成全国牧业产值 50%、80%的县区数变动

	完成 50%产出的县		完成 80%产出的县	
	2000~2004 年	2004~2008 年	2000~2004 年	2004~2008 年
保持	294	322	867	933
进入	167	115	247	143
退出	103	130	140	181
变化*	64	–15	107	–38

*正号代表净增加，负号表示净减少

ii. 牧业生产的县域变动趋势

牧业生产 80%的县区没有像粮食生产那样有明显的变动，即各区域没有明显的以退出或新进入县区为绝对主导，但仍有一定规律。新进入的县区集中分布于东北三省、山东、江西、云南、广东、新疆和内蒙古 9 省（自治区），退出的县区主要分布于黑龙江、河北、江苏、江西、贵州和广西 6 省（自治区）（图 1.30）。

从 2008 年各省份所占完成全国累积 50%牧业产值的县区数来看，四川、河南、湖南、山东、河北是所占县区数最多的 5 省，分别是 65 个、54 个、35 个、34 个、30 个（表 1.37）。

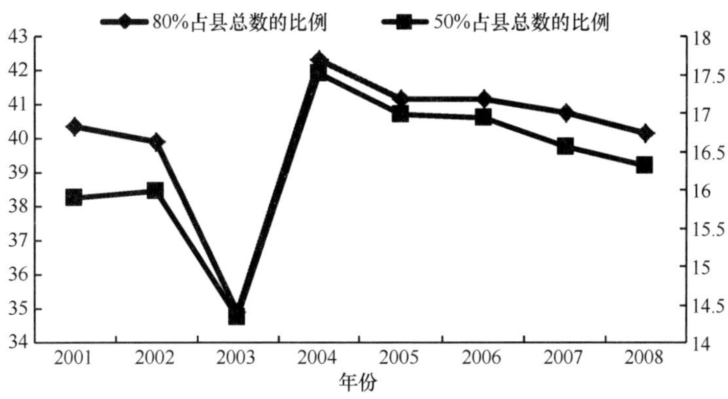

图 1.29 2001~2008 年累积完成 50%、80%全国牧业产值县区数比例

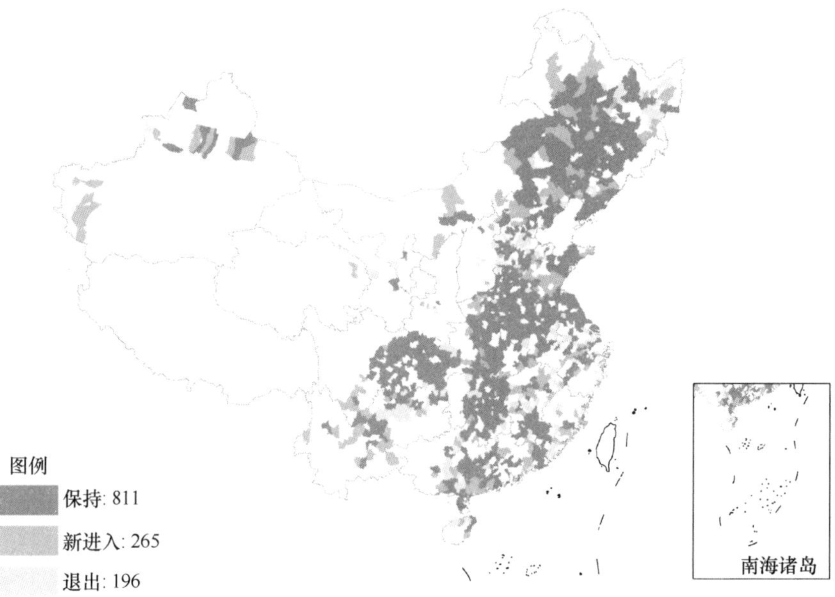

图 1.30 2001~2008 年完成牧业 80%县区分布变动（彩图见末页二维码）

表 1.37 2001~2008 年完成牧业产值 50%县区的省域分布变化

省（自治区、直辖市）	50%的牧业产值	变化
	2008 年主产县数	2001~2008 年净变化
安徽	19	–1
北京	5	2
福建	6	–7
广东	15	3
广西	10	8
海南	2	1
河北	30	–5

续表

省（自治区、直辖市）	50%的牧业产值	变化
	2008 年主产县数	2001~2008 年净变化
河南	54	0
黑龙江	18	–1
湖北	26	12
湖南	35	6
吉林	17	–3
江苏	21	–11
江西	7	2
辽宁	29	9
内蒙古	16	15
山东	34	–5
陕西	0	–1
上海	1	–5
四川	65	19
天津	4	–2
新疆	2	2
云南	5	3
浙江	6	3
重庆	10	–4

相对于 2001 年，2008 年新进入（完成全国累积 50%牧业产值的县区）最多 5 省（自治区）的是四川（19 个）、内蒙古（15 个）、湖北（12 个）、辽宁（9 个）、广西（8 个），退出最多的 5 省（直辖市）分别是江苏（11 个）、福建（7 个）、上海（5 个）、河北（5 个）、山东（5 个）。

从 2008 年各省（自治区、直辖市）所占完成全国累积 80%牧业产值的县区数来看，四川、河南、山东、河北、湖南是所占最多的 5 个省，分别为 111 个、106 个、90 个、80 个、59 个。从 2008 年在 2001 年基础上新进入的县区数来看，内蒙古（21 个）、山东（19 个）、四川（17 个）、云南（15 个）、湖北（13 个）是新进入县区数最多的 5 个省（自治区），值得一提的是北京，其 2001 年时没有完成全国累积 80%牧业产值的县区，而 2008 年时增加至了 9 个，而河北、贵州、上海、黑龙江、江苏是退出县区最多的 5 省（直辖市），退出县区数分别为 16 个、9 个、6 个、5 个、5 个（表 1.38）。

iii. 主要畜禽品种养殖（生产）县区分布

生猪、禽蛋、奶牛养殖或生产均比牧业整体更加集中，3 品种中，奶牛集中程度最高，禽蛋次之，生猪较分散。2009 年，生猪、禽蛋、奶牛的累积 80%分别由 1031 个、529 个和 324 个县区完成（表 1.39）。

表 1.38 2001~2008 年完成牧业产值 80%县区分布的省域变化表

省（自治区、直辖市）	2008 年主产县数	2001~2008 年净变化
安徽	49	–1
北京	9	9
福建	25	6
甘肃	3	–1
广东	55	6
广西	41	3
贵州	12	–9
海南	4	–1
河北	80	–16
河南	106	6
黑龙江	39	–5
湖北	55	13
湖南	59	–1
吉林	31	–2
江苏	54	–5
江西	36	1
辽宁	47	4
内蒙古	47	21
宁夏	2	–2
青海	2	2
山东	90	19
山西	3	–2
陕西	6	–3
上海	4	–6
四川	111	17
天津	6	–2
新疆	14	8
云南	30	15
浙江	29	–2
重庆	27	–3

表 1.39 2009 年生猪、禽蛋、奶牛累积 50%、80%的县区数

畜禽品种	累积 80%	累积 50%
生猪	1031	421
禽蛋	529	202
奶牛	324	104

生猪、禽蛋、奶牛三品种呈现区域化分布，略有交叉（表 1.40）。生猪专业化养殖集中于西南区、长江区，以及河南、黑龙江、吉林等省。禽蛋专业化生产县区主要集中于冀鲁豫区及辽宁、江苏等省。奶牛专业化养殖县区主要分布于黑龙江、内蒙古、新疆、青海、西藏 5 省（自治区）（图 1.31~图 1.33）。

表 1.40　2009 年肉蛋奶生产交叉分布

品种	累积 80%县区个数	累积 50%县区个数
生猪	590	321
禽蛋	108	105
奶牛	185	90
生猪、禽蛋	322	89
生猪、奶牛	40	6
禽蛋、奶牛	20	3
三品种	79	5

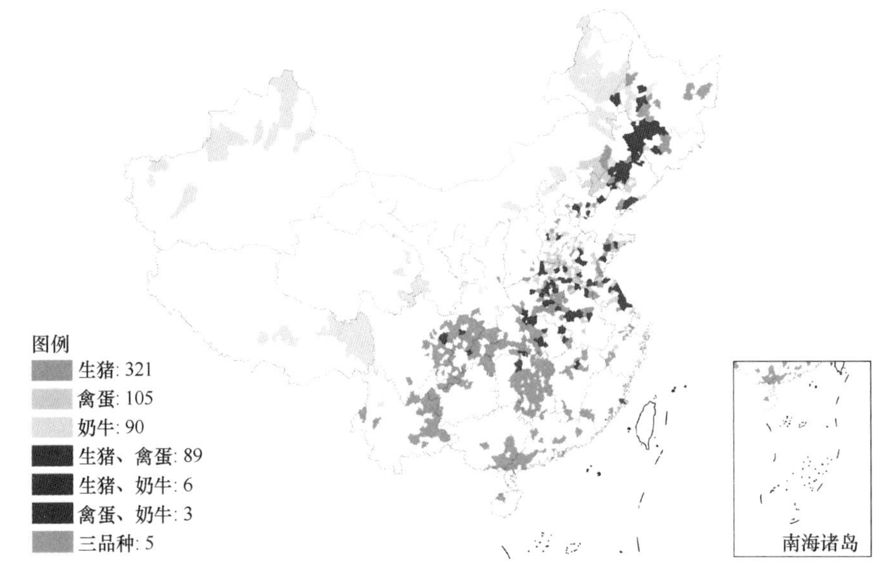

图 1.31　2009 年三畜禽品种完成 50%的县区分布（彩图见末页二维码）

三品种生产县区略有交叉。交叉县区集中分布于东北区、冀鲁豫区，以及江苏、安徽、湖南、湖北的个别县区。

iv. 主要畜禽品种县域层面变动趋势

生猪养殖区域专业化程度略有上升，禽蛋生产区域专业化绝对数提高，但相对程度上下降，奶牛养殖区域专业化不存在提高趋势，且具有逆专业化态势。2001 年，1031 个县区完成生猪存栏的 80%，2009 年减少了 25 个，完成 80%的县区数占县区总数也下降。2009 年，禽蛋 80%的产量由 529 个县完成，比 2001 年减少了 83 个县区（减少了

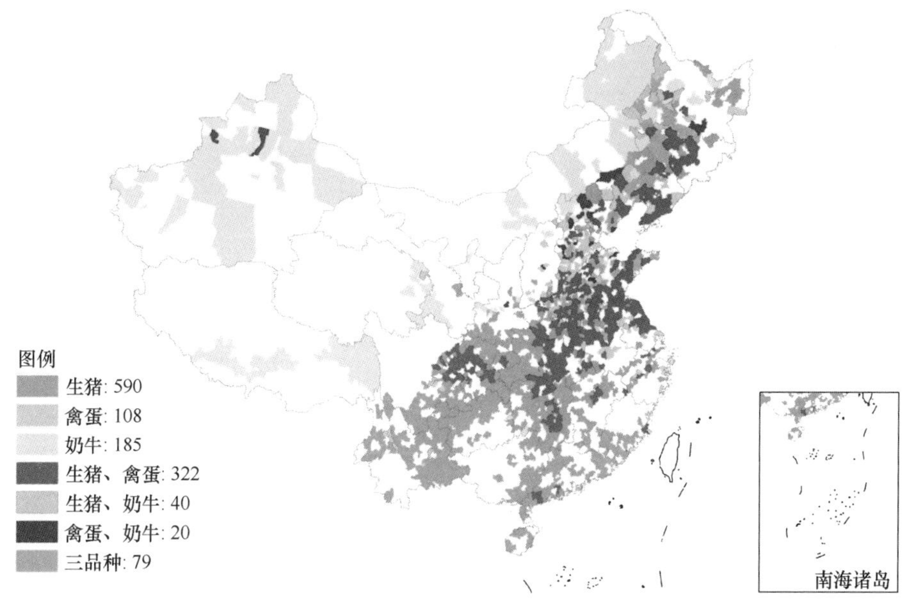

图 1.32 2009 年三畜禽品种完成 80%的县区分布（彩图见末页二维码）

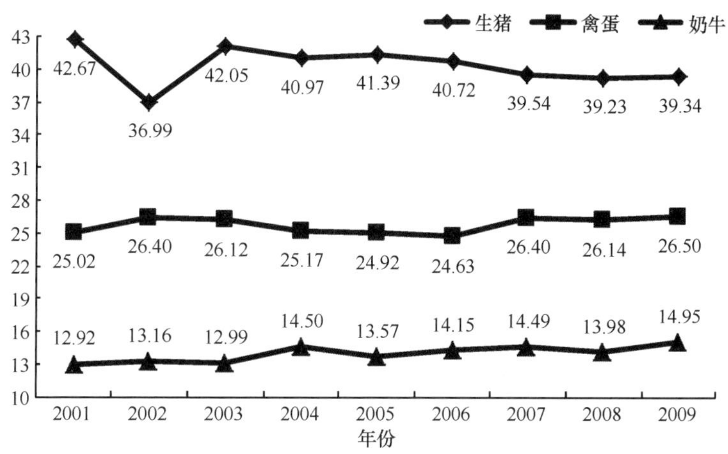

图 1.33 2001~2009 年三畜禽品种累积 80%的县区占总县区数变化

13.6%），但禽蛋生产的县区总数减少的幅度更大（为 18.4%），所以完成 80%的禽蛋县区数占县区总数的比例仍趋于上升。2009 年，奶牛存栏的 80%由 324 个县区完成，比 2001 年增加了 73 个（表 1.41），完成累积 80%的县区数占县区总数也呈上升态势，说明奶牛养殖趋于分散。

生猪 80%存栏的新进入县区主要集中于黑龙江、吉林、山东、湖北、四川、云南、江西、福建，退出的 221 个县区主要分布于黑龙江、河北、河南、江苏、湖北、安徽、江西、四川、贵州、广西等省（自治区）（图 1.34）。

表 1.41　2001~2009 年完成三品种 80%的县区变动

2001~2009 年变动	生猪	禽蛋	奶牛
保持	835	442	125
新进入	196	87	199
退出	221	170	126
净变化*	–25	–83	73

*正号代表净增加，负号表示净减少

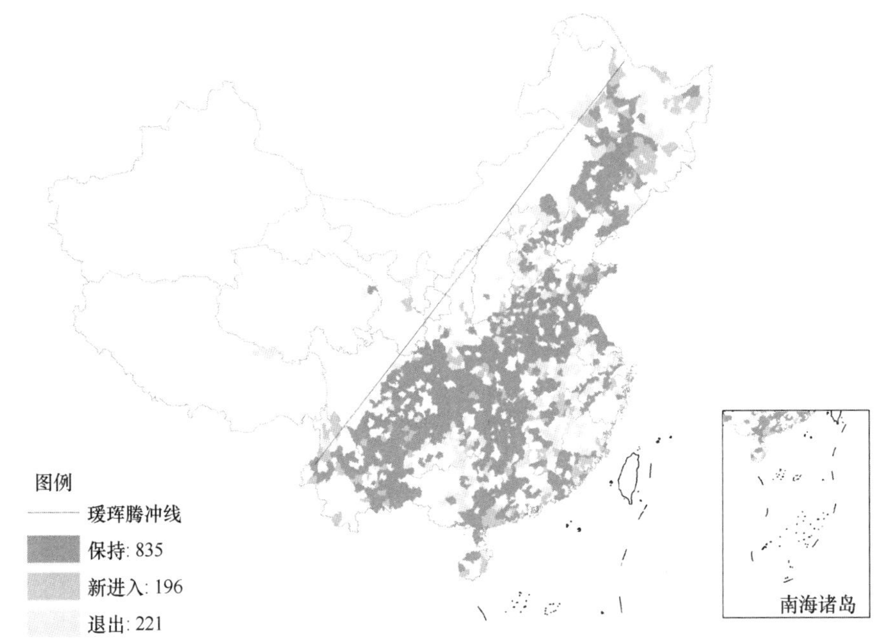

图 1.34　2001~2009 年生猪 80%存栏的县区分布变动（彩图见末页二维码）

禽蛋生产向东北的吉林、辽宁集中，另外，山西、河北、河南、湖南、四川等省也均有新进入县区，黑龙江、天津、山东、江苏、河南、四川等是退出县区的主要省（直辖市）（图 1.35）。

奶牛养殖由西北、西南、东北和冀鲁豫区转移。奶牛 80%存栏的新进入县区集中分布于东北区、冀鲁豫区，以及内蒙古、新疆、青海省（自治区），退出县区主要分布于西藏、河北，另外，新疆、青海、内蒙古、贵州、天津等省（自治区、直辖市）（图 1.36）。

（4）养殖业区域专业化小结

对全国牧业整体情况、省域层面及分 4 个主要品种考察我国牧业区域专业化方面现状、变化及趋势，可以总结如下。

第一，“九五”以来，八大经济区牧业产值在全国的比例在不同期间增减不一，没有形成明显的区域专业化或向某区域集中的趋势，但有一定程度的集中趋势。

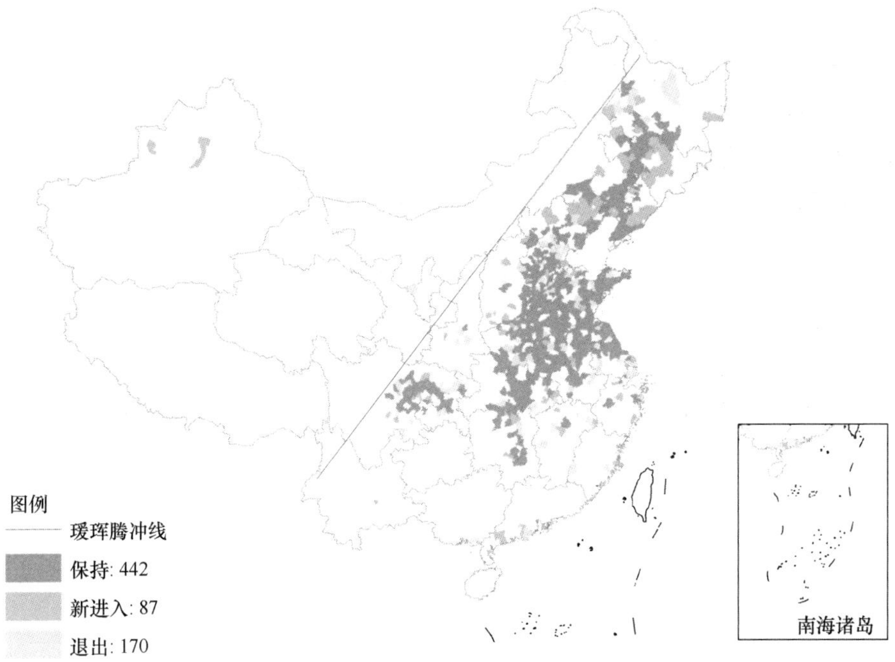

图 1.35　2001~2009 年禽蛋 80%产量的县区分布变动（彩图见末页二维码）

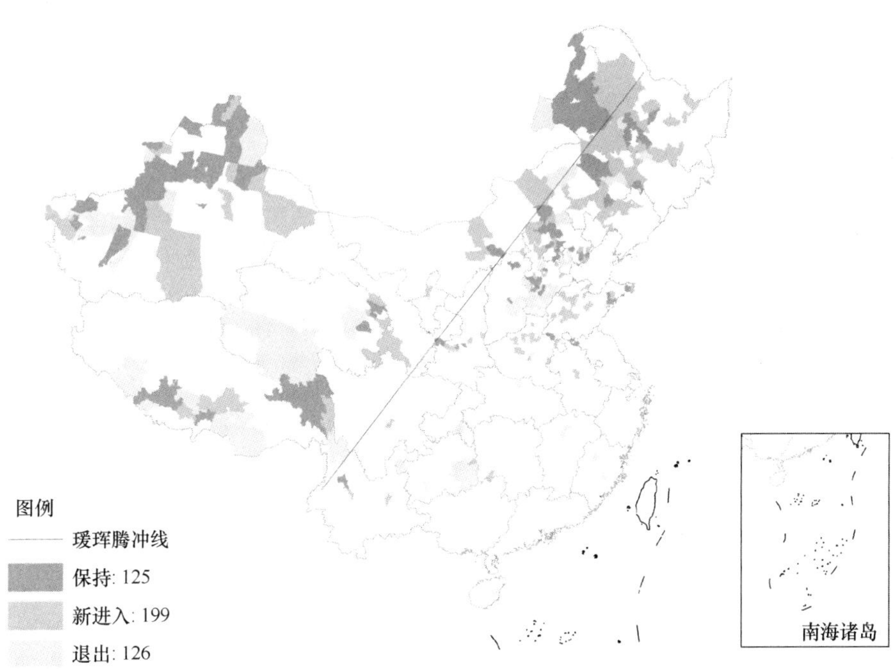

图 1.36　2001~2009 年奶牛 80%存栏的县区分布变动（彩图见末页二维码）

第二，将每一个省看作一个生产主体，通过计算1996年以来中国牧业产业集中度系数［赫芬达尔指数（HHI）］验证了上面的结论，即从年度HHI来看，中国牧业不存在明显的区域集中趋势，但从长期（5年一阶段）来看，“九五”“十五”“十一五”期间的平均HHI指数分别为525.233、528.528、533.365，表明存在着一定的集中趋势，但产业集中度系数仍然很小，说明我国牧业区域分布仍较分散，没有形成较高的牧业区域化和专业化。

第三，省级数据进一步验证了牧业没有明显的集中趋势，长期来看，具有一定集聚过程；分品种看，生猪养殖具有向四川、河南、湖南、山东、云南、东北三省集中的趋势；禽蛋生产整体上存在区域专业化，但最近几年呈逆专业化；奶牛养殖整体上不仅未形成区域专业化趋势，而且是向河南、西藏、辽宁等省（自治区）分散。牧业优势区主要集中于中西部地区，东部地区多为牧业非优势区。其中，以黑龙江、四川、吉林、云南、西藏、广西、河南、青海等发展牧业的优势最为显著，而京津沪等区位优势最弱。

第四，县域层面数据表明，牧业生产的主要县区具有向西南的四川、云南，东北的辽宁、黑龙江，以及黄河中游地区的内蒙古等省（自治区）转移的趋势。生猪区域专业化较为明显，禽蛋整体上具有区域集中态势，而奶牛养殖在县域层面趋于分散而非集中，但三品种均有退出县区及新进入县区。以新进入县区为依据的三品种区域集中趋势是：生猪养殖具有逐渐向长江中游的湖南、湖北、江西，西南区的四川、云南及东北三省集中的趋势；蛋奶主要向河北、河南、辽宁、山西等省集中，西部禽蛋生产大省——四川的禽蛋生产向川中地区集中；奶牛养殖主产县区在向内蒙古、山东、新疆、黑龙江等省（自治区）集中。

（二）养殖业农户专业化

农户专业化不仅体现在牛、猪、羊、鸡等品种专业化和规模化农场养殖所占比例增加，而且在各个品种里面又分成更具体的专业养殖农场。例如，生猪养殖内部就有宰杀用生猪养殖、母猪专业养殖场，同样养牛业主要分为仔牛繁殖场、肉牛养殖场、奶牛养殖场等，而在奶牛养殖中，又可分为专为奶品加工厂提供鲜奶的农场，以及从生产鲜奶到奶品加工、销售的综合性奶业农场等，从养殖形式，又可以分为放牧式养牛场、圈养催肥养牛场等。在猪、羊等品种的饲养上也大体如此，划分的非常细致，形成了很具体的专业化生产。因此，农户专业化大致可以包括两个方面：一是养殖主体方面，即生产是在向大的还是小的生产主体集中，将从（按规模大小）生产主体数和生产所占份额变化进行考察；二是专业品种养殖场方面，专业养殖场数量的变化可以在一定程度上表明养殖品种上是否具有专业化趋势，如大牲畜品种的种畜养殖场变化等。受数据可得性限制，在此仅针对前者进行阐述。

生猪、禽蛋、奶牛养殖的农户专业化方面阐述如下，主要基于这样的一个逻辑：若相对而言，产品趋向集中于少数个体，那么就可以说专业化程度有所提升，即小规模的生产主体的作用是否在减小，而产品是否在向某些生产主体集中，若是，则存在着生产

主体方面的农户专业化，否则就认为没有该趋势。

1. 生猪

由3个年份的不同规模的生猪养殖主体变化可知，1999年，年出栏50~90头生猪的场（户）数有637 434个，2011年时为1 724 703个，增长1.7倍，而其他较大规模的养殖场增加了4.1~12.5倍，增幅较大。从出栏数增长来看，1999年，年出栏数50~90头规模的养殖场出栏数约为4336.6万头，2005年时增加至约9490.7万头，增加了1.2倍，而较大规模的养殖场出栏数增长速度普遍高于1.2倍（除1万~5万头规模的养殖场为1倍外）。此外，从不同规模养殖场个数增加速度（2005年以来）来看，50~90头规模的养殖场个数在2011年为1 724 703个，比2005年增加了24.7%，而其他较大规模的养殖场增加速度较快，年出栏100~499头的养殖场个数翻了一番，出栏数500~2999的增加了近3倍，而出栏数5万头以上规模养殖场个数增加了3倍以上（表1.42）。

表1.42 3个年份生猪规模养殖场变化

年份	50~90头		100~499头		500~2 999头		3 000~9 999头		1万~5万头		5万头以上	
	场（户）数	年出栏数/万头	场（户）数	年出栏数/万头	场（户）数	年出栏数/万头	场（户）数	年出栏数/万头	场（户）数	年出栏数/万头	场（户）数	年出栏数/万头
1999	637 434	4 336.59	154 650	2 975.29	16 814.80	1 746.33	2 368	1 085.90	629	898.81	12	78.92
2005	1 382 874	9 490.67	391 434	8 810.05	54 780	5 344.90	5 094	2 500.89	1 221	1 814.41	39	296.58
2011	1 724 703	—	782 338	—	215 216	—	18 488	—	3 937	—	162	—
R1/%	116.9	118.9	153.1	196.1	225.8	206.1	115.1	130.3	94.1	101.9	225.0	275.8
R2/%	170.6	—	405.9	—	1 179.9	—	680.7	—	525.9	—	1 250.0	—
R3/%	24.7	—	99.9	—	292.9	—	262.9	—	222.4	—	315.4	—

注：数据来源于《中国畜牧业统计年鉴》相应年份，R1、R2、R3分别表示2005年相对于1999年、2011年相对于1999年、2011年相对于2005的增长百分比

"—"为原始数据缺失

因此，无论从不同规模养殖场的个数增长，还是从其出栏数增长来看，较大规模养殖场的增长速度都快于较小规模养殖场的增长速度，所以，我国生猪养殖出现了大规模养殖主体数量增长明显快于小规模养殖主体增长速度的特征，表明较大规模的养殖主体所产生猪比例会增加，因此生产主体的专业化程度有提高趋势。

2. 奶牛

目前，农户散养依然是我国奶牛养殖的重要模式之一，但奶牛养殖向较大生产主体集中。2002年，存栏数1~4头的养殖场存栏数占44.8%，牛奶产量为37.3%，2009年存栏数下降至32.4%，表明最小规模的奶牛养殖户的作用相对下降，奶牛养殖向较大规模

养殖主体集中，但我国奶牛养殖中较小规模仍占据着生产中的重要地位。从各地区奶牛各种养殖规模看，2009 年全国 91.19%的养殖户为散养农户，总存栏占全国奶牛总存栏量的 44.9%。因此，虽然奶牛养殖规模化的趋势日益明朗，但散养依然在我国占据主体地位。散养和小规模饲养二者总计共占全国总养殖（场）户的 92.38%，总存栏占全国奶牛总存栏量的 67.38%（于海龙和李秉龙，2012）。尽管如此，不可否认的是我国奶牛养殖业已经从原来的以散户为主要的单一主体转变为多元主体，且奶牛养殖越来越向专业化养殖场集中。

2006 年相对于 2002 年，规模较大的奶牛养殖场（户）数增加速度普遍高于小规模的，另外，从存栏数变化来看，5~19 头的奶牛养殖场存栏数增加了不到 1 倍，而 20 头以上规模的养殖场的存栏数增长都超过 1，特别是 200~499 头的养殖场存栏数增长最大，约为 1.7 倍。2002 年，存栏数 4 头以下（包括 4 头）的养殖场（户）数约为 114 万个，2011 年时增加至约 165.2 万个，增加了 44.9%，存栏数 5~19 头的奶牛养殖场（户）数增加了约 1.3 倍，而存栏数为 200~499 头、500~999 头的奶牛养殖场（户）数则分别约增加了 5.1 倍和 7 倍。相对于 2006 年，2012 年仍然保持着类似的变化特征（表 1.43）。

表 1.43　3 个年份奶牛生产主体（按规模大小分）变化

年份	年存栏数1~4 头	年存栏数5~19 头		年存栏数20~99 头		年存栏数100~199 头		年存栏数200~499 头		年存栏数500~999 头	
	场（户）数	场（户）数	存栏数头	场（户）数	存栏数头	场（户）数	存栏数头	场（户）数	存栏数头	场（户）数	存栏数头
2002	1 140 022	200 083	1 991 830	25 698	950 090	1 789	243 137	650	193 814	262	172 991
2006	—	333 944	3 978 623	52 491	2 200 496	3 656	532 880	1 616	521 415	520	359 699
2011	1 651 816	458 007	—	76 695	—	5 264	—	3 946	—	2 083	—
R1/%	—	66.9	99.7	104.3	131.6	104.4	119.2	148.6	169.0	98.5	107.9
R2/%	44.9	128.9	—	198.4	—	194.2	—	507.1	—	695.0	—
R3/%	—	37.2	—	46.1	—	44.0	—	144.2	—	300.6	—

注：数据来源于《中国畜牧业统计年鉴》相应年份，R1、R2、R3 分别表示 2006 年相对于 2002 年、2011 年相对于 2002 年、2011 年相对于 2006 的增长百分比

由上可知，2002 年以来，我国奶牛养殖逐渐向大规模养殖场（户）数集中，因此，奶牛养殖在农户方面的专业化水平呈现了上升趋势。

3. 小结

从不同规模养殖场的个数及出栏数变化的考察来看，生猪、奶牛的农户专业化变化有一定差异。其中，生猪与奶牛的农户专业化水平都呈现向大生产主体集中趋势，相对于小规模与散户养殖，较大规模的养殖场场（户）数与个数增加速度都较高，农户专业化水平有提高。

（三）养殖业服务专业化

服务专业化又可以指生产环节的专业化，也就是在畜禽养殖过程中出现专门从事为畜禽养殖提供服务的主体，这些提供畜禽服务的主体以获取利润最大化为目标，提供各类服务，如专门从事饲料加工的企业、畜禽防疫站、畜禽销售服务，以及为赚取工资的养殖业工人等，服务专业化是社会劳动分工的一种表现形式，与养殖区域专业化、农户专业化相同，服务专业化是养殖专业化的重要方面。最近几年，我国养殖业服务专业化主要表现为雇工、医疗防疫、相关技术服务、养殖场设备修理维护、销售服务、饲料加工等方面，受数据限制，以下对生猪、肉牛、奶牛、禽蛋养殖或生产服务专业化进行阐述。

主要从两个角度进行阐述：一是各品种相关服务费占其相应费用的比例变化，该角度基于这样一个逻辑，若相关服务费用占相应费用的比例增加（降低），则表明该品种生产对该项服务有（没有）专业化的趋势；二是通过考察提供畜禽养殖服务主体——畜禽服务站（所）变化情况，若这些服务站（所）呈相对的增加（减少），则认为存在着（不存在）服务专业化趋势。

1. 相关服务费占其相应费用的比例变化角度

（1）生猪

从全国来看，生猪养殖未出现服务专业化趋势。雇工费用占人工成本比例、医疗防疫费占直接费用比例、技术服务费占直接费用比例、维修费占直接费用比例都呈不同程度的下降（图 1.37），表明：相对于家庭自我雇工，对专门从事生猪养殖人员的需求相对下降，同时，对医疗防疫、技术和维修服务等的需求强度下降。

从 14 个省（自治区、直辖市）的 4 个比例来看，个别省在某些服务方面有一定专业化趋势，但没有一个省在 4 个方面都具有向服务专业化的变化，且绝大多数省服务专业化水平都有不同程度下降趋势，这与全国得到的结论一致。

生猪养殖服务专业化的不明显原因可能是：国家相关畜禽养殖政策，以及基层技术推广站无偿或较低费用提供服务。一方面，医疗防疫费占直接支出费用比例的下降也有可能是由于国家逐渐加大了实施畜牧医疗防疫补贴的政策，另外，基层的技术推广站提供的免费（或较低价格）服务也有可能是技术服务费占直接费用比例下降的主要原因，因此，降低了我国生猪养殖在这方面的服务专业化没有提升（或称下降）趋势的结论，但不可否认的是结论具有一定的可靠性，而且从雇工费占人工成本及维修费占直接费用的比例得到的结果也验证了这一结论。

（2）肉牛

从雇工费用占人工成本比例和销售费用占间接费用比例来看，我国散养肉牛养殖具

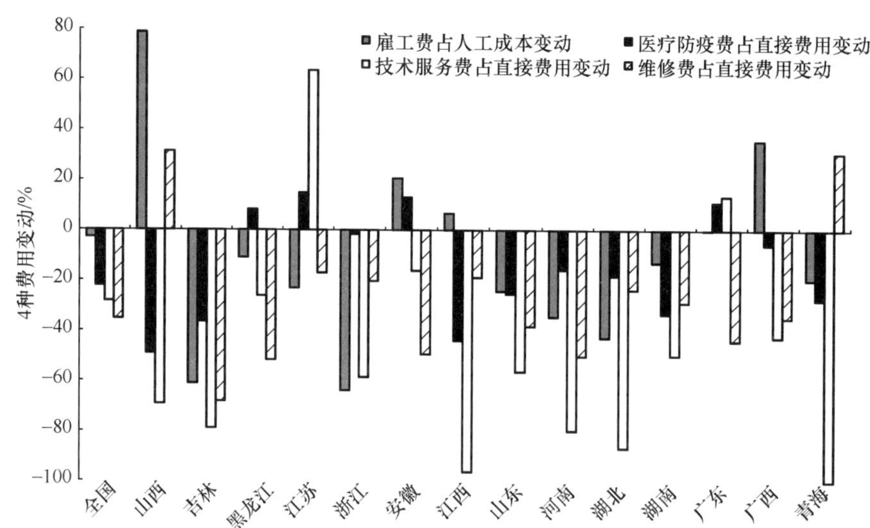

图 1.37 2006~2012 年我国生猪雇工费用、医疗防疫费、技术服务费及维修费变动情况

①2006 年、2012 年成本数据分别来源于 2007 年、2013 年《全国农产品成本收益资料汇编》；②数据为中等规模生猪养殖费用；③根据数据可获得性选取的以上 14 省，无论从东、中、西区域分布来看，还是从生猪生产的重要性来看，所列省（自治区、直辖市）都有随机性

有服务专业化趋势[①]。由图 1.38 知，全国散养肉牛雇工费用占人工成本比例，呈上升趋势，由 2004 年的 2%上升至 2012 年的近 14%，这表明，散养肉牛有减少自我雇工而加大使用雇工的趋势，对提供的雇工服务的依赖性提高，或者从供给方面可以说，专门为散养肉牛养殖提供的雇工服务不断增加。与雇工费用占人工成本比例相似，销售费用占间接费用比例也呈增加趋势（增加的速度逐渐降低，2012 年已为负，但绝对值较小，为 0.015%）。销售费用占间接费用比例的增加表明，我国散养肉牛在销售服务方面具有专业化趋势。

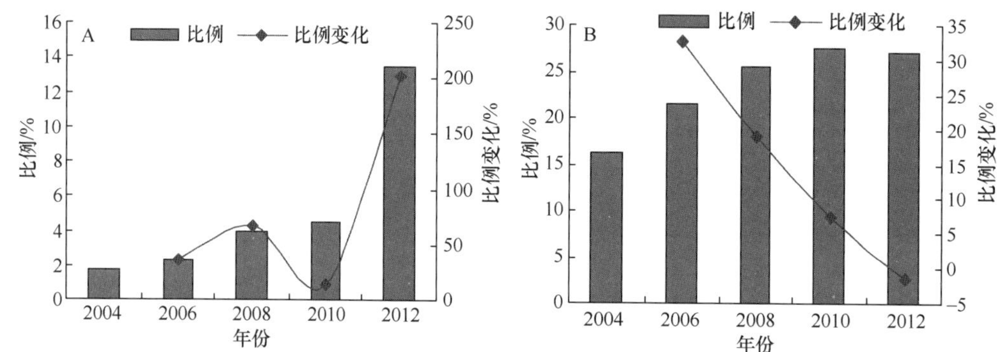

图 1.38 2004~2012 年我国肉牛雇工费用和销售费用比重及其变化

数据来源：《全国农产品成本收益资料汇编》相应年份

A. 2004~2012 年全国散养肉牛雇工费用占人工成本比例及其变化 B. 2004~2012 年全国散养肉牛销售费用占间接费用比例及其变化

① 《全国农产品成本收益资料汇编》仅有散养肉牛成本收益数据，因此，没有与生猪、奶牛一致的选取中等规模的成本费用。

（3）奶牛

全国范围内，奶牛在使用雇工服务方面没有提高趋势，而是稍有下降（图 1.40）。由以 2006 年、2012 年两个年份都有统计数据为依据选取的 11 个省（自治区、直辖市）的雇工费用占人工成本比例变化情况可知，相对于 2006 年，2012 年，天津、北京、湖南、内蒙古、吉林等 5 个省（自治区、直辖市）雇工费用占人工成本的比例发生了下降，而黑龙江、安徽、河南、宁夏、山西等 6 个的比例有不同程度的上升。这表明，在全国范围内，奶牛养殖对雇工服务的需求强度变化方向不是很明显，也许在某些省趋于雇工服务的专业化，而在其他省却相反（图 1.39）。因此，下面将通过 2005~2012 年相关费用比例变化来进一步考察我国奶牛养殖服务专业化的变化（图 1.40）。

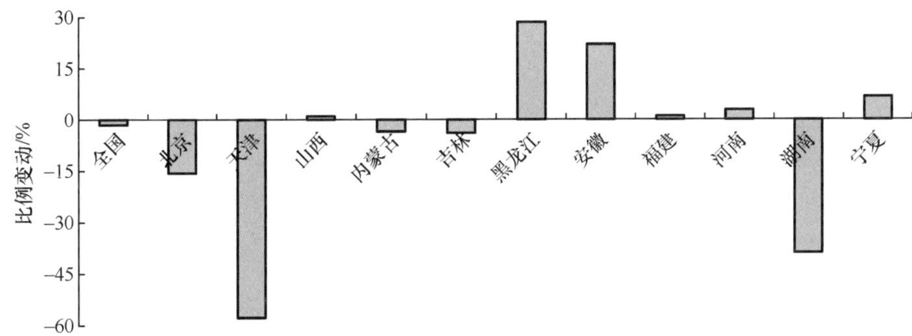

图 1.39　2006~2012 年我国奶牛雇工费用占人工成本比例变动情况

数据来源：《全国农产品成本收益资料汇编》相应年份；各成本为中等规模奶牛的相关费用和成本

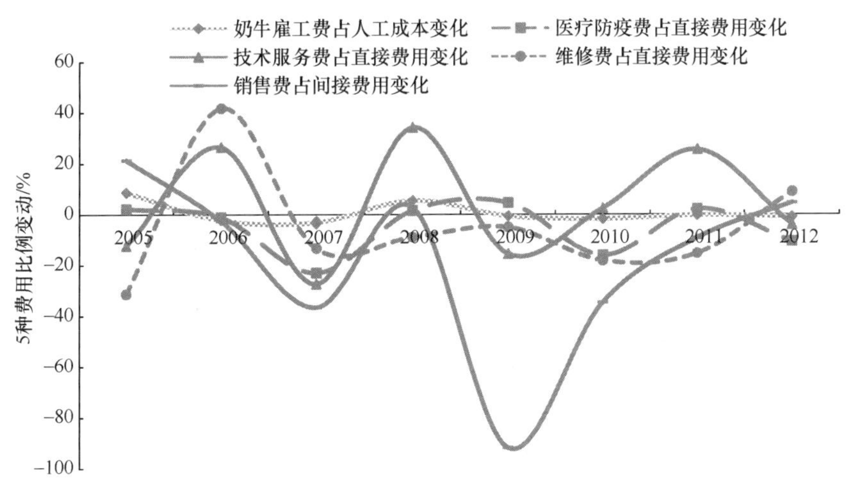

图 1.40　2005~2012 年全国奶牛雇工费、医疗防疫费、技术服务费、维修费及销售费相关比例变动情况

奶牛养殖在医疗防疫、技术服务、维修、销售等服务方面没有提高趋势。由 2005~2012 年全国奶牛雇工费占人工成本、医疗防疫费占直接费用、技术服务费占直接费用、维修

费用占直接费用及销售费占间接费用比例的变化图（图 1.40）可知，各比例在大多数年份都呈负增长态势，特别是维修费占直接费用比例、销售费占直接费用比例及雇工费用占人工成本比例负增长明显，表明全国奶牛养殖在这三方面的需求强度有下降趋势，或为在此方面的服务专业化水平相对下降，而医疗防疫费和技术服务费占直接费用的比例表现为增减交替，在现实中指奶牛养殖在医疗服务和修理维护方面的专业化水平没有明确提高或降低趋势。

（4）养殖服务专业化小结

综上，我国在生猪、肉牛和奶牛 3 个畜牧品种的服务专业化趋势上表现不同。第一，生猪养殖服务专业化水平不增反降，这有可能受我国相关政策的影响所致，但该结论仍有一定可靠性。第二，奶牛养殖在雇工、维修和销售方面服务专业化有明确下降趋势，而在医疗防疫、技术服务的专业化没有明确提高或降低趋势。

2. 基层服务站（所）角度

畜牧兽医站、家畜繁育改良站、饲料监察所、草原检查站、兽医检查所、兽药监察所、动物防疫检疫站等是我国畜牧业科技推广，以及提供各类服务的重要机构和组成部分，其数量的增减可以在一定程度上反映畜牧业在服务方面的专业化情况。受统计数据限制，以下将从畜牧兽医站、家畜繁育改良站、饲料监察所、草原检查站 4 个方面的变化进行阐述。

（1）县级、乡镇畜牧兽医站增减不一

2000~2011 年，全国乡镇畜牧兽医站及其职工人数均不增反减。与我国畜牧业产值增加相反，乡镇畜牧兽医站个数逐渐减少，由 2000 年的 43 536 个减少到了 2011 年的 33 027 个，减少了 24.14%，且其职工人数更是减少了 31%（表 1.44，图 1.41）。然而，值得欣慰的是，同期的乡镇畜牧兽医站的中高级职称比例逐渐提高。

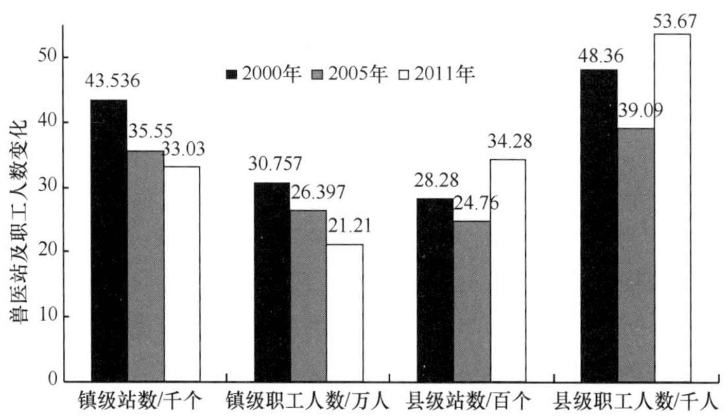

图 1.41　2000~2011 年（乡）镇级、县级畜牧兽医站及职工人数变化

表 1.44 全国乡镇、县级畜牧兽医站变化情况

基层站级	2000 年			2005 年			2011 年		
	站数	职工人数	中高级职称占比[a]/%	站数	职工人数	中高级职称占比/%	站数	职工人数	中高级职称占比/%
乡镇级	43 536	307 566	16.28	35 547	263 966	18.24	33 027	212 118	27.76
县级	2 828	48 358	44.53	2 476	39 091	46.77	3 428	53 671	55.06

a. 中高级以上职称占比=（高级技术职称人数+中级职称技术人数）/（高级职称技术人数+中级职称技术人数+初级职称技术人数+技术员）

与乡镇畜牧兽医站的减少不同，县级畜牧兽医站个数和职工人数整体上均有所增加。相对于 2000 年，2011 年县级畜牧兽医站及其职工人数分别增加了 21.22%、11%。当然，同期的我国牧业产值增长了近 2.5 倍，这使得县级畜牧兽医站个数和职工人数相对下降。但是，考虑到我国县级行政单位的数量基本固定、县级畜牧兽医站服务能力（可能）的提高，以及畜牧业产值增长是多种因素共同作用的结果，可以认为，县级畜牧兽医站在一定程度上取得了进步。

（2）家畜繁育改良站增加

由表 1.45 知，我国相关部门在家畜繁育改良方面的服务在减弱，而在畜禽养殖饲料、草等投入方面有所增强。相对于 2005 年，2011 年我国家畜繁育改良站及其职工人数均不同程度的减少，尽管其中高级职称人数占比有所提高，但是仍不能认为其在这方面的服务有提高。相反，草原监察所和饲料监察所的个数和职工人数，以及中高级职称占比均呈增加或提高态势（表 1.45，图 1.42），虽然增加幅度低于全国牧业产值的增长，但不能否认我国相关部门在畜牧饲料、草原建设等方面服务能力的提高。

表 1.45 2005 年、2011 年全国县级三种畜牧机构

县级畜牧机构	2005 年			2011 年		
	个数	职工人数	中高级职称占比/%	个数	职工人数	中高级职称占比/%
家畜繁育改良站	1 346	10 761	45.13	1 010	8 464	55.81
草原监察所	798	8 717	43.72	1 055	8 769	57.54
饲料监察所	315	1 359	49.94	761	6 127	53.29

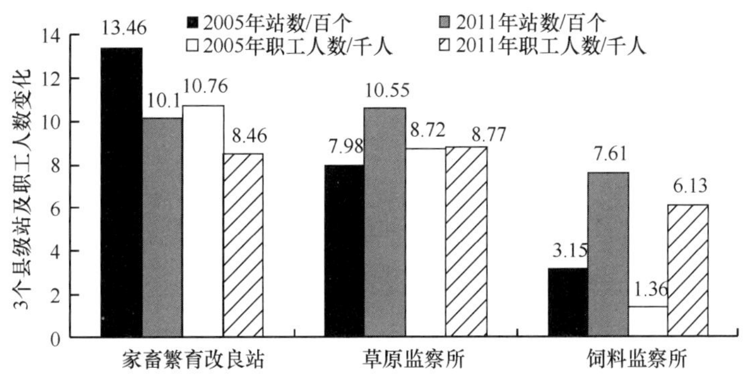

图 1.42 2005~2011 年 3 个县级站及职工人数变化

综上，相关部门在畜牧兽医及家畜繁育改良方面的服务能力没有增强，而在饲料、草原建设方面具有提高趋势。这也许来自两方面的原因：一是数据方面。以上 4 个方面均偏重于或针对的是政府畜牧业相关部门的统计，这可能忽略了市场提供的各种畜牧服务的替代作用，即相对于过去，畜牧的各种服务越来越倾向于交给市场来完成，而以往的如畜牧兽医站、家畜繁育改良站等能提供的功能更多的由市场主体完成，而相关政府部门已经逐渐退出。二是政策导向的作用。近几年，我国政府更加重视畜牧前向如饲料生产、饲草调整等环节，而对于畜牧生产过程中的医疗防疫、良种繁育等重视程度没有明显增加，反而在相关基层技术部门方面有所减弱。

（四）养殖专业化影响因素及经济效应

1. 养殖专业化影响因素

养殖区域专业化始于商品性农业生产的发育，伴随着农业和社会经济分工的加深而不断发展，在这一过程中，自然生态条件是基础，市场经济发展是导向，科学技术进步是手段，社会经济条件起着决定性作用（农业区域专业化研究课题组，2003）。养殖规模、技术水平（如以牲畜日增重量表示）、要素费用（仔畜价格、用工价格等、精饲料价格、青粗饲料价格等）和自然资源禀赋（特别是对于奶牛、羊等草食牲畜而言）4 个方面决定了一个区域的养殖比较优势，这些恰恰是肉羊主产区成本优势的形成因素（夏晓平等，2009）。

自然条件是养殖区域专业化的基础，同时依赖于科学技术进步、劳动力素质、资源状态、政府宏观调控等因素。首先，即使在科技高度发达的情况下，畜牧业（特别是草食畜牧）的经营和发展仍然无法摆脱对自然气候条件的依赖。对于幅员辽阔的国家更是如此，我国区域间自然条件差别很大，是形成养殖业区域化的基础条件，这本质上也是因地制宜的结果。其次，经济与社会发展养殖区域专业化的根本条件。交通运输、物流体系、服务主体等的发展是专业化发展的根本条件，产品最终要进一步加工、销售才能实现交换价值，而当一个养殖专业化的区域内消费所生产的畜禽产品时，需把产品顺利及时地运输至其他市场或大城市，此外，畜禽生产过程中需要的饲料、畜禽检疫、销售服务等也有待从外部市场获得以维持生产的投入保障。再次，市场机制在养殖专业化过程中的引导作用。在自然禀赋的基础上，各区域在市场引导下形成了对畜禽品种的选择，具体是根据市场需求和自身比较优势选取能在市场上获得综合效益最大化的畜禽品种，这需要综合考虑养殖专业化发展所需的各种物质和服务投资的可获得性及成本情况，以及养殖品种在未来市场预期内能获得的收入。在市场机制的引导下，受规模收益的作用和利润最大化的驱使，各生产主体会存在一定的集中趋势，同时也会带来市场服务（如专门生产饲料、购销等）主体的不断发育和完善，从而形成养殖的区域专业化、农户专业化及服务专业化。最后，科技进步（肯定还有其他因素，而并不是不重要的一个因素）。也许科技进步在养殖业中的贡献没有种植业大，但毋庸置疑，科技是养殖业专业化的最

重要的影响因素之一，主要体现在两个方面：一方面是科技进步改进了畜禽品种的习性和养殖周期，使一些之前不适宜养殖个别品种的区域却成为其专业化生产区域或加强了原来适宜区域的养殖专业化程度；另一方面，科学养殖技术的进步在一定程度上扩大了原来生产主体的生产可能性边界，即降低了生产成本，提高了盈利率，促使各主体集聚区域、品种改变，从而导致养殖专业化产生新的变化（刘志扬，2003）。

区域专业化、农户专业化与服务专业化的关系。区域专业化是低层次的专业化，受自然条件、种植业发展、市场需求等条件的影响；农户专业化是较高层次的专业化，较多地依赖于生产主体根据机会成本的选择，更多地牵涉就业形势、从事养殖的机会成本等。服务专业化是高层次的专业化，是专业化的深化，并且可以进一步推进区域和农户专业化。就目前我国养殖业发展的具体情况来看，当务之急是通过服务专业化如市场建设、农产品流通服务体系建设驱动农户等生产主体根据市场选择养殖的畜禽品种，也就是要通过市场的杠杆作用使生产主体选择适应市场和需求的产品，从而实现畜禽产品的供需平衡，同时可以达到充分挖掘和发挥各区域养殖比较优势的效益，实现养殖业的合理布局和区域集中。

2. 养殖专业化经济效应

（1）养殖区域专业化的经济效益

生猪、肉牛、蛋鸡养殖区域集中度系数与成本收益率呈正相关，奶牛呈负相关（表1.46）。由2001~2012年全国主要畜牧品种的区域集中度与各自成本收益率可知以下4个方面。第一，相对于区域集中度高的3个年份，生猪在区域集中度较低的3个年份的成本收益率普遍较低，其平均收益率为9.95%，仅为HHI最高3年时的40.3%（表1.47）。2002~2012年生猪区域集中度系数与成本收益率的相关性系数为0.2934[①]，表明全国生猪养殖专业化可以提高成本收益率，具有一定的正效应。第二，肉牛养殖也体现了与生猪相似的专业化效应，区域集中度最高的3个年份的成本收益率普遍高于最低时的收益率，均值为36.16%，是最低3年时的平均值的1.47倍，专业化系数与成本收益率的相关系数达到0.5866。第三，蛋鸡养殖区域集中度最高的3个年份的平均成本收益率为10.86，是区域集中度最低3个年份平均成本收益率的1.2倍，这表明，蛋鸡区域集中度越高，其成本收益率也较高。第四，与生猪和肉牛养殖相反，我国奶牛的区域专业化程度与成本收益率呈现反方向特点，二者的相关系数为–0.7700，这一“悖论”的原因也许有多种，如可以解释为：在我国，相对于其他畜牧品种（如生猪、肉牛和蛋鸡），奶牛养殖的专业性较高，如对草场的依赖性，对当地空气质量标准的要求等都较高，所以奶牛的养殖专业化程度已经相对较高（上文中已有的结论），奶牛养殖专业化程度的提高已经不具备专业化效应，进一步地在空间上提高专业化水平收到的却是“物极必反”。

① 相关系数虽然较低，但仍说明二者存在一定的正相关系数。

表 1.46　2001~2012 年全国生猪、肉牛、蛋鸡、奶牛区域集中度系数与各自成本收益率的相关系数

生猪	肉牛	蛋鸡	奶牛
0.2934	0.5866**	0.6348**	–0.7700**

**表示在 5%的水平上显著

表 1.47　2001~2012 年全国个别年份生猪、肉牛、奶牛区域集中度与成本收益率（%）

	年份	生猪 r	年份	肉牛 r	年份	蛋鸡	年份	奶牛 r
HHI 最低的 3 个年份	2001	9.35	2012	31.51	2009	7.3	2001	21.73
	2009	11.34	2011	28.57	2011	14.96	2002	36.44
	2012	9.16	2010	20.70	2012	4.89	2003	39.63
均值 r_1	—	9.95	—	24.64	—	9.05	—	32.60
HHI 最高的 3 个年份	2003	15.37	2003	40.07	2002	11.13	2007	13.94
	2007	38.84	2002	35.82	2003	9.16	2008	22.00
	2004	19.88	2001	32.59	2004	12.29	2006	19.59
均值 r_2	—	24.70	—	36.16	—	10.86	—	18.51
r_2/r_1	—	2.48	—	1.47	—	1.2	—	0.57

注：①各产品成本收益率数据均来源于《全国农产品成本收益资料汇编》相应年份；②HHI 计算公式见式（1.2）；③ r 代表成本收益率

（2）养殖比较优势区域的经济效益

以上对全国整体的生猪、肉牛、奶牛专业化产生的经济效益进行了分析。那么，不同水平专业化的省其经济效益是否有差别呢？即较高省的养殖专业化水平是否对经济效益有提升作用。以下将以生猪养殖为例，分析养殖专业化及成本收益率的关系。主要思路是：比较最近若干年内生猪养殖优势（即具有生猪养殖专业化发展优势）省与非优势区的成本收益率，若前者较高，则养殖专业化在省域层面具有提升经济效益的作用。

首先，计算 2006~2012 年各省生猪养殖区位商，以确定生猪养殖优势区和非优势区。计算公式如下：

$$\mathrm{lq}\_p_{it}=\frac{\dfrac{p_{it}}{\sum_{i=1}^{31}p_{it}}}{\dfrac{y_{it}}{\sum_{i=1}^{31}y_{it}}} \tag{1.4}$$

式中，lq_p_{it} 为第 i 省 t 年份的生猪养殖区位商，p_{it} 指 i 省第 t 年年底猪存栏数[①]，y_{it} 为 i 省第 t 年牧业产值，$i=1,2\cdots,31$。计算所得的区位商实质上就是各省的生猪养殖的比较优势指数。

其次，观察 2006~2012 年各省（自治区、直辖市）生猪养殖区位商，选定较大和较小区位商的各 5 个省。根据选定，在所考察年份内，生猪养殖区位商都较大的 5 个省（自

① 各省生猪产值的连续性数据不全，在此选取年底猪存栏数。

治区、直辖市）分别为贵州、云南、重庆、广西、湖南，5 个省（自治区、直辖市）在 2006~2012 年的生猪养殖（中等规模，下同）的成本收益率在 11.37%（2009 年值）~43.53%（2007 年值）。相反，新疆、吉林、北京、内蒙古、青海是区位商最低的 5 个省（自治区、直辖市），其平均成本收益率在 8.82%~37.32%（表 1.48），平均最大和最小收益率的年份与最高收益率的一致，这在一定程度上说明成本收益率不仅受发展优势大小的影响，其他因素对成本收益率的差异影响也较大，这侧重于纵向方面，由于此处关注的是横向对比，因此，不会从本质上影响本研究的以下结论。

表 1.48　2006~2012 年相关省（自治区、直辖市）生猪养殖成本收益率（%）

地区	2006 年	2007 年	2008 年	2009 年	2010 年	2011 年	2012 年
贵州	8.36	44.45	24.32	25.26	29.39	44.53	21.89
云南	28.93	39.28	23.05	6.04	11.32	39.53	10.5
重庆	—	56.25	29.92	14.24	21.44	49.69	15.07
广西	10.37	28.21	13.5	5.15	10.76	29.85	6.83
湖南	11.23	49.47	25.42	6.18	9.5	32.65	7
Hr	14.723	43.53	23.24	11.37	16.48	39.25	12.26
青海	23.85	27.07	18.87	5.01	9.2	19.84	4.9
内蒙古	16.09	40.92	25.66	12.32	22.5	35.3	10.03
北京	–1.75	43.18	41.18	2.08	10.69	24.72	3.42
吉林	20.75	33.17	21.79	12.59	11.36	26.18	4.16
新疆	24.61	42.25	29.42	12.12	7.31	36.28	33.17
Lr	16.71	37.32	26.88	8.82	12.21	28.46	11.14
效益 $r = {(\mathrm{Hr} - \mathrm{Lr})}/{\mathrm{Lr}}$	–11.89	16.65	–13.52	28.90	34.97	37.89	10.08

数据来源：《全国农产品成本收益资料汇编》相应年份

再次，对比最高、最低组的平均成本收益率可知，除 2006 年和 2008 年（平均成本收益率比最高组的分别高 11.89%和 13.52%）外，绝大多数年份最高组的值大于最低组的值，高 10.08%~37.89%（表 1.48，图 1.43）。

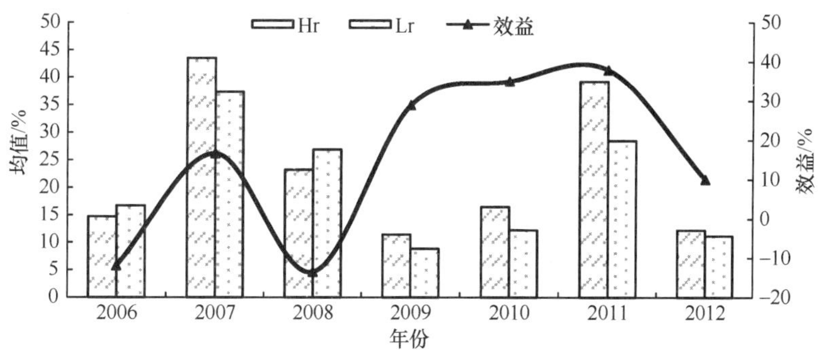

图 1.43　2006~2012 年区位商高、低组平均成本收益率

最后，从各省（自治区、直辖市）生猪养殖区位商与成本收益率分析得出结论是，专业化优势高的省其成本收益率也较高，表明区域间存在着专业化的正效应，即养殖专业化提高了经济效益。

（五）基于资源视角的我国养殖专业化的合理性分析

1. 水资源与养殖业的区域分布不协调

从水资源与养殖业区域分布来看，我国水资源与养殖业生产存在严重的失衡问题。水资源是农业生产的最重要的自然因素之一，而对于养殖业，水尤其重要，养殖活动不仅需要大量的水用于畜禽的饮用，还需要更多的水进行养殖点的卫生处理，如养殖场所的清理、畜禽排放物的冲洗及处理等。并且，无论是食草还是食粮型牲畜，都需要大量的水作为前向产业的保障，以供区域养殖业的发展。因此，水资源对于一个区域的养殖业至关重要，这也是本小节着重分析水资源与养殖业区域分布的主要原因。

水资源匮乏区、紧张区、充沛区的界定。根据人均水资源国际警戒线 1700m^3/人，结合考察省的数量及水资源实际情况，将我国大陆 31 省（自治区、直辖市）划分为水资源匮乏区、紧张区、充沛区，其中，匮乏区有 10 个省（自治区、直辖市），分别是天津、北京、宁夏、上海、河北、山西、山东、河南、江苏、辽宁，该区 2004~2012 年人均水资源平均值小于 800m^3/人，远少于国际警戒线；水资源紧张区也包括 10 个省（自治区、直辖市），分别为甘肃、陕西、安徽、吉林、湖北、内蒙古、重庆、广东、黑龙江、浙江，各省（自治区、直辖市）2004 年以来的人均水资源平均量在 846~1915m^3/人；其余如湖南、贵州、四川等 11 个省（自治区）认定为水资源充沛区，该类省（自治区）年人均水资源量均在 2500m^3/人以上，西藏的年人均水资源量最高，达 152 181m^3/人。

养殖业与水资源区域分布不协调，牧业产值主要由水资源匮乏和紧张区完成。综合表 1.49、图 1.44 可知，2012 年，水资源匮乏区的牧业产值对全国的贡献最大，占 36.31%，而该区［10 省（自治区、直辖市）］人均水资源量 800m^3/人，远少于国际警戒线。而水资源充沛区［11 个省（自治区、直辖市）］对全国牧业产值贡献最小，仅占全国的 30.51%，该类型省（自治区）人均水资源量均在 2500m^3/人以上，2012 年该区水资源总量占全国的 66.63%，而水资源匮乏和紧张区仅占全国水资源的 33.37%，牧业产值却占全国的 69.49%。可见，水资源与养殖业生产存在严重的失衡问题。

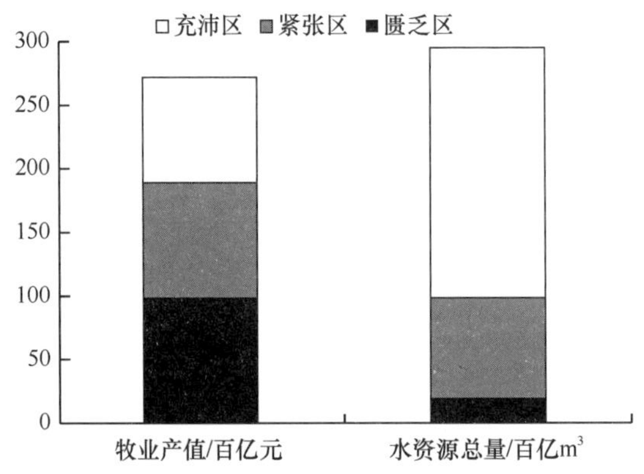

图 1.44　2012 年三水资源类型区牧业产值和水资源总量比例

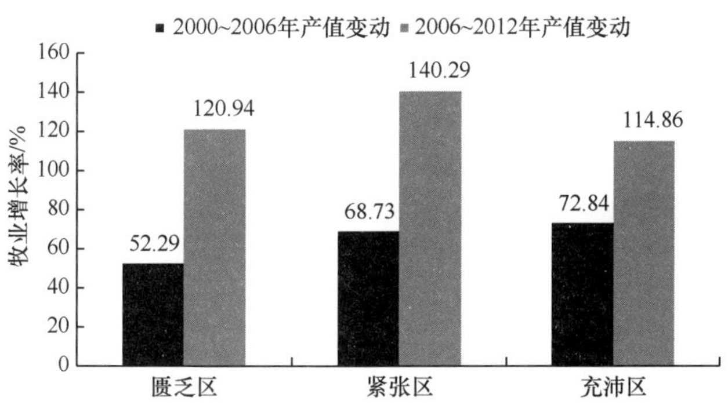

图 1.45 2000~2012 年三水资源类型区牧业增长率

表 1.49 2000~2012 年不同类型水资源区的牧业变化

	全国	匮乏区	紧张区	充沛区
2012 年牧业产值/亿元	27 189.4	9 872.91	9 021.19	8 295.30
2012 年牧业产值比例/%		36.31	33.18	30.51
2012 年水资源总量/亿 m^3	29 499.88	1 919.4	7 932.68	19 647.8
2012 年水资源总量比例/%		6.51	26.86	66.63
产值变动/%	全国	匮乏区	紧张区	充沛区
2000~2006 年	63.45	52.29	68.73	72.84
2006~2012 年	125.01	120.94	140.29	114.86
比例变动/%	全国	匮乏区	紧张区	充沛区
2000~2006 年		–6.82	3.23	5.75
2006~2012 年		–1.81	6.79	–4.51

注：按 2004~2012 年各省（自治区、直辖市）人均水资源量的年平均值划分，匮乏区均小于 800m³/人，紧张区人均水资源均在 846~1915m³/人，充沛区均在 2500m³/人以上

表 1.50 各省（自治区、直辖市）水资源与牧业增长率交叉类型

水资源区域类型	2000~2012 年牧业增长率平均值					省（自治区、直辖市）数
	小于 9	9~11	11~13	13~15	15 以上	
充沛区	福建、西藏	无	广西、贵州、湖南、江西	青海、海南、四川、云南	新疆	11
紧张区	无	安徽、甘肃、广东、浙江	重庆	湖北、吉林	黑龙江、内蒙古、陕西	10
匮乏区	北京、上海、天津	河北、江苏	河南、山西、山东	宁夏	辽宁	10
省（自治区、直辖市）数	5	6	8	7	5	31

注：水资源类型区按 2004~2012 年人均水资源年平均值划分，增长率为 2000~2012 年增长率的平均值

2000~2012 年，我国牧业产值并没有根据水资源分布进行合理的调整。从不同水资源类型区的牧业增长率看（图 1.45，表 1.50），水资源匮乏区、紧张区的牧业增速高于水资源充沛区的，并没有出现明显的牧业生产由水资源匮乏区、紧张区向水资源充沛区优化调整的现象。在新背景下，如何发挥政策作用，引导牧业生产通过农牧结合、生态循环等综合种养模式向资源充沛区域调整值得思考。

2. 水、地、粮食与生猪养殖区域分布不合理

2006 年我国十大生猪主产区的人均国土面积都在 500m^2/人以下，远低于世界人均国土面积 29 700m^2/人的水平。在人口密集的地区发展生猪养殖，一方面，挤占人的生存空间；另一方面，目前很多养猪场没有排污措施，未经处理的畜禽粪便被随意堆放，导致大量的氮、 磷流失，形成水体污染，损害居民健康。据调查，畜禽粪便中化学需氧量（有机污染物指标）的排放量已远远超过工业废水和生活废水的排放量之和。另据研究，1 头肉猪的资源消耗量与排泄量是 4 个人的总和，1 头母猪的资源消耗量是 6 个人消耗量的总和。按 1 头肉猪生长期为 4 个月，1 头母猪年产仔量为 16 头计算，以河南肉猪出栏数 5958 万头为例，相当于 1 年多增加了 10 178.3 万人口的资源消耗与排泄污染。这个数字是惊人的，如果生猪养殖规模和养猪区域规划不好，人畜争水、争地、争粮的问题将会凸显，这无疑是任何一个国家都必须严肃对待的问题。在生猪养殖合理规划方面，应该综合考虑土地资源、水资源、粮食安全和居民健康等因素（刘秀丽，2009）。

至 2012 年，我国生猪养殖的区域分布并未摆脱不合理的局面，就最近几年表现出的农业生产水资源紧张、人畜争粮及争地问题，从水、粮、耕地三方面进行阐述。如表 1.51 所示，2012 年我国生猪年底头数最大的 10 个省（自治区）分别为四川、河南、湖南、山东、云南、湖北、广西、广东、河北和江苏，10 省（自治区）人均水资源量与 2012 年我国人均水资源量（2186.05m^3）相比，仅有 4 个省（自治区）在全国水平以上，其余 6 个省（自治区）的在全国水平以下，特别是山东、河南、河北仅为全国水平的 13%~15%。从人均水资源国际警戒线的 1700m^3 来看，我国生猪主产省（自治区）的区域布局更是严重不平衡，河南作为全国第二大生猪主产省，其人均水资源比国际警戒线低了 83.38%，山东、河北也均低 80%以上，江苏比人均水资源国际警戒线也低 72%以上，另外，湖北的人均水资源也低于国际警戒线，十大生猪主产省（自治区）中，仅有广西、四川、云南、湖南的人均水资源较充足，在生猪养殖方面具有水资源方面的优势。虽然十大生猪主产的绝大多数省（自治区）的人均粮食产量都高于 2012 年世界人均粮食产量 326.7kg 水平，但考虑到我国粮食产量统计中，并没有把人畜用量分开，否则我国人均粮食产量水平将显著下降，而且与全国平均水平比，四川、云南、广东、广西、湖北、江苏等 6 省（自治区）人均粮食产量均低于全国水平的 436.5kg，如果不处理好养殖业发展与粮食生产的关系将会带来严重的人畜争粮问题。从我国农村家庭居民经营耕地面积的角度来看生猪主产省（自治区），则我国生猪养殖区域分布更加的不合理。十大生猪养殖省（自治区）的农村居民家庭经营耕地面积均不同程度地低于全国水平（为 2.34 亩/人），四川作为全国最大的生猪主产省，农村居民人均耕地面积仅为全国的一半不到，广东由于经济发展水平较高而农村人均耕地面积更小，而面积最大的是河北，但也仅为全国水平的 80.8%。

发展养殖业需要区域种植业尤其是饲料粮（如玉米，大豆等）的生产作为支撑，另外还需要受土地、水资源等自然禀赋条件的约束，人多、水资源少、耕地少、粮食少的区域不适宜以养殖业为主导产业，否则，一定会引起人畜争粮、争地、争水，以及导致

表 1.51 2012 年中国生猪主产省（自治区）及其主要资源对比

生猪主产省（自治区）	生猪年底头数		人均水资源			人均粮食产量		农村人均耕地	
	绝对量/万头	占全国比例/%	绝对量/（m^3/人）	是全国的倍数	低于国际警戒线*	绝对量/（kg/人）	低于全国	绝对量/（亩/人）	低于全国
四川	5132.41	10.78	3587.16	1.64	111.01%	411.13	是	1.14	是
河南	4587.28	9.64	282.58	0.13	–83.38%	600.04	否	1.64	是
湖南	4245.52	8.92	3005.68	1.37	76.80%	454.34	否	1.22	是
山东	2902.39	6.10	283.93	0.13	–83.30%	466.97	否	1.62	是
云南	2708.65	5.69	3637.91	1.66	113.99%	376.56	是	1.6	是
湖北	2543.18	5.34	1410.97	0.65	–17.00%	423.32	是	1.71	是
广西	2466.6	5.18	4476.04	2.05	163.30%	318.41	是	1.37	是
广东	2256.63	4.74	1921	0.88	13.00%	132.36	是	0.53	是
河北	1847.5	3.88	324.24	0.15	–80.93%	446.94	否	1.89	是
江苏	1775.17	3.73	472.01	0.22	–72.23%	426.39	是	1.25	是

*正号表示高于国际警戒线，负号表示低于国际警戒线

资源来源：国家统计局网站（http://data.stats.gov.cn/workspace/index?m=hgnd）

土壤和大气环境污染，最终造成区域生态环境陷入失衡的发展困境。而我国养殖业，特别是生猪养殖遍及全国每个省（自治区、直辖市），区域集中度较低，且存在绝大多数主产省（自治区）生态环境约束压力大的问题，有待合理规划布局。

五、主要国家农业专业化的历史、现状与主要政策

（一）美国农业专业化（刘志扬，2003）

1. 美国农业专业化发展历史

美国最先实施农业专业化生产，从目前的发展水平来看，这个国家的农业专业化水平相对较高。早在17世纪末，特别是18世纪以后，随着商品性农业的出现，美国就萌发了农业专业化的雏形，但是美国农业专业化真正形成则是在18世纪70年代中期建国以后。19世纪60年代以前，美国农业区域专业化已经发展到一定程度，如中部生产粮食、南部种植棉花、东北地区饲养禽类等。南北战争结束后，美国农业不断地向西扩展，到第二次世界大战前西部农业资源的开发已有很大进展，农业的专业化布局已基本上定型。国家工业化的发展、农业商品化程度的加深、发达交通网络的形成都极大地推动了农业区域专业化的飞速发展，农场的生产专业化水平也有了明显的提高。20世纪40年代中期美国农业在技术上和组织形式上开始进行一系列的创新，这种创新不仅加速了专业化的发展，并且给专业化的演进带来了质的飞越。到了当代，美国农业的市场化程度进一步提高，农业内部的社会分工也有了新的发展，种植业、畜牧业、林业、渔业已经发展成为独立的产业。与此相适应，美国农工业企业的专业化生产也有了新的进展，形成了很多提高生产、加工、销售一条龙服务的农业企业。经过近些年的进一步调整，形成了美国目前的农业专业化布局状况。

2. 美国农业区域专业化现状

（1）种植业区域专业化

最近20年来，在美国的50个州中没有一个州全部种植纳入美国统计的7种主要农作物，其中5个州只种植了一种农作物，4个州种植两种农作物，而夏威夷和缅因州未种植任何农作物，前一个专门搞旅游业，而另一个州全力发展养殖业。美国几乎所有的州都适宜小麦、大豆、玉米的生长，但是这3种作物的种植范围都不超过35个州；而适应性较强的花生和甜菜，分别只有9个和12个州种植。这种农作物布局情况说明，美国对农业专业化生产极为重视。在气候条件、土地和水资源、市场和技术等的共同作用下，美国形成了十大农作物种植区，它们分别是新英格兰区（以种植果菜、烟草和饲草为主）、中部大西洋区（以种植饲料饲草为主）、中部东北区（以种植小麦、玉米和大豆为主）、中部西北区（以种植小麦、玉米、饲草和大豆为主）、南部大西洋区（传统烟草产区）、太平洋区（水果生产为第一位）、西部山区（以生产饲草为主）等。

美国对农业专业化的重视不仅表现在种植区的划分上，同时还表现在作物的面积和

产量的集中程度上。美国玉米的生产分布在35个州，但是从美国农业的统计数据来看，伊利诺伊州、艾奥瓦州、明尼苏达州和内布拉斯加州的玉米播种面积和产量都超过了55%；美国有超过30个州种植小麦，但加利福尼亚州、得克萨斯州、亚利桑那州、密西西比州等10个州的小麦产量占到全国的65%；作为美国第二大农作物，大豆的种植分布在31个州，但是印第安纳州、艾奥瓦州、俄亥俄州、明尼苏达州、密苏里州和伊利诺伊州等6个州的大豆产量超过了60%。这些情况说明美国的农业区域专业化布局非常明显。

（2）养殖业区域专业化

美国农业专业化不仅体现在种植业上，在养殖业上专业化程度也是相对较高的。在饲牛方面，2000年和2001年得克萨斯州的饲牛数量占美国饲牛总数量的14%。实际上根据历史资料显示，最近30多年这个州一直保持着这样的比例，是美国著名的饲牛重点州，该州许多县都成了美国饲牛专业县。另外，堪萨斯州、加利福尼亚州、内布拉斯加州都属于美国饲牛主要布局区域。在生猪饲养方面，艾奥瓦州、伊利诺伊州、明尼苏达州、伊利诺伊州、印第安纳州、北卡罗来纳州和密苏里州7个州的生猪饲养量占美国生猪饲养总量的比值超过了66%，其中仅艾奥瓦州的生猪饲养量就占美国生猪饲养总量的30%左右。在家禽养殖方面，肉鸡饲养主要集中在亚利桑那州、密西西比州、佐治亚州和亚拉巴马州；火鸡生产则主要集中在俄亥俄州、弗吉尼亚州和明尼苏达州3个地区。

3. 美国农户专业化现状

美国建国后，北部地区率先建立了一批专门从事谷物种植的农场，同时还出现了一批进行专业化畜牧的农场。农业生产的专业化积极地推动了农业企业生产的专业化，例如，在奶牛饲养集中的区域建成了大型的黄油厂和奶油厂，反过来又促进了奶牛饲养专业化发展。南北战争后，随着工业化、城市化和交通运输网络的发展，特别是农业科技进步和农业商业化水平的提高，农场生产的专业化程度也逐步提高，逐渐形成了农场专门种植一两种作物或经营饲养一两种牲畜的趋势。

在种植业领域主要形成了3种专业化生产类型：①种植一两种农作物的农场。这种类型最典型的是专门从事粮食作物生产和烟草、棉花等经济作物生产的农场。在玉米、小麦主产区，许多农场只种植玉米或小麦；在棉花主产区，许多农场则专门生产棉花；在烟草主产区，许多农场则专门生产烟草；在大豆、花生等其他农作物主产区这种情况也是普遍存在的。这种专业化生产类型可有效地提高农业生产者的专业知识水平和技能，从而增加了单位产量和劳动生产率。②实行轮作制的专业化农场。长期种植一种农作物会降低土壤的肥力，从而影响单位面积产量和生产效率的提高，但是若实行一定程度上的轮作种植，可有效地改善土壤肥力，增加单位面积产量，提高生产效率。因此部分农场采用适度的轮作制度，即在种植谷物、棉花、烟草的土地上轮作花生、大豆等经济作物，使两者的种植效果均达到最优状态。适度的作物轮作制度，不仅没有降低农场

农作物生产的专业水平，而且使各种资源得到充分利用，从而提高了农业生产效率，实际上也提高了农场农作物专业化生产的科学化水平。③综合型专业化。所谓综合型专业化是指将种植业和畜牧业有效地结合起来，例如，以种植玉米为主的农场同时兼顾经营以玉米为饲料的畜牧业，而禽畜粪便又可作为种植玉米的肥料，形成循环农业。综合型专业化不仅有效地减少了饲料、化肥的购买量，降低了生产成本，还避免了因使用农业化学物质所带来的环境污染，同时还可以充分利用劳动力资源，避免或减少因农作物季节性而带来的人工闲置的损失。当然，那些只生产一种或品种很少的农场，尤其是家庭农场，在农闲季节也会兼营其他业务，但是这并不影响其农业生产专业化的程度。

在畜牧业领域，各个品种的生产过程均有高度发达的专业化社会分工，也就是说不仅有猪、牛、羊、鸡等的专业化生产农场，而且在各个品种里面又分为更具体的专业养殖农场。在养牛方面，养牛业就有仔牛繁殖场、肉牛养殖场、奶牛养殖场等。奶牛养殖场又可分为专为奶品加工厂提供鲜奶的农场和从生产鲜奶到奶品加工、销售的综合性奶业农场等。在养殖形式，又可分为圈养催肥养牛场、放牧式养牛场等；在禽蛋类生产方面，有专业孵化小鸡的农场、专业生产鸡蛋的农场、专业生产肉鸡的农场和专业从事肉鸡加工的工厂，当然也有从母鸡、种蛋到肉鸡加工销售一条龙的生产经营大公司，但数量有限；在猪、羊等品种的饲养上也大体如此，划分得非常细致，形成了很具体的专业化生产。在美国，由于产前和产后社会化服务体系高度发达，畜牧业产中的生产专业化程度要比种植业高得多，是美国农业生产专业化程度最高的产业。

4. 美国服务专业化现状

美国农场的日常生产经营平均只有 1.4 个人，而对于那些规模相对较大，包括七八千亩、上万亩甚至两万亩以上的农场，平均也只有 2~3 个人。美国之所以能够用如此少的劳动力经营这样大规模的农场，关键是美国成立了一系列农业服务专业化公司，涵盖了农业生产和经营过程中的各个环节，包括产前的生产资料供应，产中的耕地、播种、施肥、灭虫、除草、收割等，产后的筛选、包装、运输、加工等，甚至整个生产经营过程中所需要的技术和信息等也有专门的公司提供相应的服务。

为农业经济提供服务的公司，有的由一个或多个公司与农场签订合同，按合同提供全套服务；有的则根据农场的需要，只提供其中的一项或几项服务；还有的根据农场的要求，商定服务的时间及完成作业的时间，还有一些专门为农场提供技术、信息服务的公司，他们向农场提供各种先进的农艺技术及服务；为农作物或禽畜检查、监视病虫灾或旱灾的情况，并采取相应的对策和措施；向农场提供各种技术信息、市场信息或咨询意见；向农场提供技术服务、培训或指导农场采用新技术等。当然也有混合型农业产中服务公司，他们既向农场提供各种技术、信息服务，又为农场及时完成各种产中服务。上述服务均由农场与服务公司签订合同，规定双方的任务和权益，如服务质量、效益、价格等。服务公司按契约收取相应的租金或服务费。这种完全商业化和专业化的农业服务状态，是美国农业社会化高度发展的重要标志，也是美国农业高效率的重要杠杆。

（二）日本农业专业化（严瑞珍，1983）

1. 日本农业专业化发展历史

日本在明治维新之前，农业生产力水平不高，自然经济占主导地位，农业领域分工并不明显，农户生产农产品的目的只是为了满足自家需要，基本上没有或者只有极少的农产品在市场上出售。随着工业化的发展，城市规模不断扩大，城市居民对农产品需求达到前所未有的高度，农产品生产利润空间逐渐扩大，从事商品农产品生产逐渐变得有利。另外，现代工业的发展为农业生产提供了各种各样的生产资料，农户只有通过出售自己生产的农产品才能够换回这些先进的生产资料。所以工业与农业、不同农业地区，以及不同生产单位之间农产品交换日益频繁，交换的规模也随之扩大。工业和交换规模的扩大推动了日本农业生产从自给自足、半自给的状态逐步转向商品性生产。

日本从自给性农业转变成为商品性农业持续了很长时间，1941 年除了小麦的商品率达到 64%以外，大豆、水稻、薯类等各种农产品的商品率都还保持在 50%以下。但经过 30 多年的发展，到 1976 年，小麦的商品率已经达到 88%，稻谷的商品率增长幅度更大，达到 82%，大麦、大豆的商品率分别为 69%和 70%；畜产品和水果的商品率都达到 95%以上；蔬菜的商品率在 80%以上。这一时期也存在着完全没有农产品出售的自给性生产的农户，但这类农户只占 18.5%，并且这些农户都是耕地面积不足 0.5hm^2、不以农业生产为主要生活来源的兼业小农。

专业化生产给日本农业带来了极大的好处：它根据农业生产地域特点，因地制宜地确定了专业化方向，扬长补短，趋利避害，做到了合理利用当地的自然资源；其经营项目单一，有利于农业生产者学习农业科学知识，掌握农业生产规律，提高农艺技术水平，有利于提高农业固定资产的利用率，投资较少，可以加速实现农业机械化和现代化；有利于农产品商品率、劳动生产率的提高和成本的降低。

2. 日本农业区域专业化现状

日本农业区域专业化趋势非常明显，各个县依靠自身资源优势发展成为不同的农作物种植区域，例如，鸟取县的梨、青森县的苹果、爱媛县的柑橘、山梨县的葡萄、横须贺的蔬菜、长野县的粮食、北海道的马铃薯及洋葱和畜牧业都在全国同类产品中占有很大的比例。又如，北海道农户所拥有的耕种面积占全国的 20.7%，但是马铃薯的播种面积占 55%、洋葱占 41%奶牛饲养量占 33.5%。

3. 日本农户专业化现状

日本的农户基本上都是以种植一种农作物为主，搭配甚至根本不搭配其他农作物，例如，很多农户过去基本上是稻麦两茬作，而现在专门生产稻米不再种植小麦。旱地栽

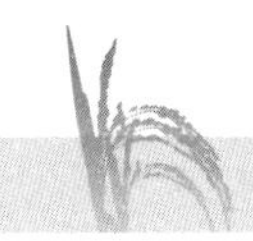

培以前依靠轮作来维持地力，而现在主要是依靠化肥。实行高收益的蔬菜或技术作物的连作，也已走向专业化。至于畜牧业、果林业及设施园艺部门，专业化生产则更为突出。现在，日本的农户基本上都是专门从事水稻，或养蚕，或养畜，或果树，或养禽，或蔬菜和技术作物（烟叶、茶园等）的专业性生产。按日本的农业统计规定，凡一个生产部门的某一产品出售额占总出售额 60%以上者，则确定为专业生产。1977 年日本专业经营农户占总农户数的 77%。

4. 日本农业服务专业化现状

作业专业化是指一个生产单位只完成产品生产全过程中的一个环节，如种植业中，日本有的农户专门从事种子生产，称为制种户；养畜业的作业专业化更加普遍，一些农户只从事雏鸡的孵化；另一些农户则只进行成鸡的肥育等。

六、农业专业化展望和目标

（一）种植业

种植业专业化的现状与特征可以概括为：农业区域专业化明显，但粮食生产与资源、需求的背离也很突出；农户专业化与服务专业化水平仍处在起步阶段。根据建设现代农业与农业可持续发展的要求，未来发展目标如下。

1. 稳定区域专业化水平

稳定粮食生产布局，避免粮食生产进一步向局部地区集中。同时，通过节水、节地技术等的发展与应用，着力解决粮食生产与资源之间存在的背离与矛盾；完善区际转移支付制度，确保粮食安全战略具有合理的区际利益关系基础。

2. 加快推进农户专业化与服务专业化

到 2020 年，培育约 3000 万户规模经营的专业化农户，届时占农户比例的 30%；另外，培育 1000 万从事专业化的农业社会化服务人员。

（二）养殖业

我国养殖业应该在坚持“保供给、保安全、保生态”的基础目标上实行养殖业的专业化，促进我国养殖区域专业化的合理布局、提升养殖农户专业化和服务专业化，通过养殖业的综合专业化，即不仅关注养殖区域专业化，关键还要注重养殖业的农户专业化与服务专业化，达到在维持生态环境良好的前提条件下，提升我国养殖业生产效率和保障畜禽产品供给，实现生态环境与养殖业生产协调发展的目标。基于此，我们可以把养殖专业化分为两个层次，一是低层次专业化——区域专业化，二是高层次专业化——服务专业化。而就我国目前养殖业实际情况来看，我们认为，服务专业化可以提高我国整体及各区域之间的市场信息交流，提高畜禽产品价格的杠杆作用，有利于各生产区域及养殖主体根据自身比较优势选择适宜的畜禽品种，从而形成养殖业的区域专业化。因此，提高服务专业化是现阶段养殖业应该关注的重点。

同时，我们给出养殖专业化 3 个方面的未来发展方向。

1. 进一步实现养殖业在区域的合理布局

畜牧产业的区域化发展是市场经济专业化分工和发展的必然趋势，而我国未来的合

理的畜牧布局应该是“就地生产、就近消费”，针对生猪、肉牛、肉羊、肉鸡尤其如此，而对于奶牛可以根据草场、水资源及市场情况等稍微放松此条件。而对于我国养殖业区域专业化现状部分的结论也基本证实了我国正遵循着这一发展路径。

2. 加强农户专业化

养殖业的农户专业化本质上属于劳动分工的深化，生产主体根据养殖效益及其机会成本的比较，在市场机制的引导下，使各主体负责其“专（即擅长）”的环节，这必定会提高整个社会的生产效率。然而我国养殖业在农户和服务专业化方面需要大大加强。未来一个阶段，我国养殖业农户专业化的目标应该是：培育专业生产主体，包括专门养殖生猪、肉牛、奶牛、肉鸡、羊等畜禽品种养殖主体，还包括各品种的种畜、母畜、幼畜及良种繁育场（站）等专业养殖点。

3. 提升服务专业化是养殖专业化的关键

建立和完善牲畜专业交易市场，信息化服务平台建设，畜禽检疫、病疫监测预警和防治体系；另外，还需要鼓励和支持较大的产、供、销一体化养殖业龙头企业，带动农户养殖的同时，也推动我国养殖产业化与专业化的协调持续发展。养殖业的农户和服务专业化是更高层次的专业化，比养殖的区域专业化更关键。

七、推进和优化农业专业化的战略举措

（一）种植业

1. 推进土地适度集中

农业的专业化和规模化息息相关，只有达到一定规模后农业生产实行专业化才有意义。耕地分散、农业经营规模偏小都不利于现代农业技术的推广和专业化的实施，阻碍农业生产率的提高。从国内外的发展经验来看，土地的适度规模经营对农业专业化起着积极的推动作用。第二次世界大战以后，德国积极地采取土地集中政策，将原来分散凌乱的耕地通过科学规划和合理交换，使各经营主体的耕地达到一定的规模，从而提高了耕地的利用率，更便于机械化耕作和专业化生产。法国为了发展现代农业也采取了促使土地集中的政策。其政策内容是：通过优惠贷款、减免税收和财政补贴等多种形式，促使小农场主放弃耕地，大农场主接受耕地，实现土地相对集中（农业区域专业化研究课题组，2003）。

2. 建立制度保障，减少产品交易成本

在自给自足的小农经济社会，交易活动表现为即时的买卖活动，一般来说产品的交易费用不高。而在现代农业中，随着农业生产环节不断细化，生产和消费在空间上开始出现分离，使得农产品在到达消费者之前需要经过一系列的时间、地点及形式上的转换，因此农产品交易过程包括了生产、加工、储藏、运输、储藏、包装、销售等一系列的经营活动。农产品交易链条延长是现代经济中农产品交易的重要特征。农业产业链条的延伸会带来一个不容忽视的问题，即交易费用问题。一般来说，产业链条越长，交易环节越多，交易的不确定性就会越多，交易费用相应地就越高，从而降低了交易效率，社会福利遭到损失。农业分工与专业化的发展必然伴随着交易网络的扩大，交易风险增加。但若制定出科学合理的制度来保障整个交易过程，交易费用便能降低，交易效率就会提高。高效率的交易能使消费者以最低的价格获得最大效用的同时使生产者以最低的成本获得最高的价格，并且在这一过程中引导资源向有效率的方向流动，从而使整个社会达到帕累托最优。政府的制度创新虽然能够降低交易费用，但对政府制度的可靠性也提出了更多的要求。也就是说，在知识和信息不充分的条件下，市场制度可能是一种更好的交易制度。

3. 促进和鼓励发展交通运输业

交通运输网络的形成改变了传统农业中农产品自给自足的模式，使农产品生产不再

受到空间的限制，加速农产品的流通，从而大大提高农业的商品化程度，让农业和更多的部门紧密地联系起来。发达的交通运输网络是农业专业化形成和发展的基础条件。发展交通运输事业，不仅能够提高农产品流通效率，还能控制农产品的销售价格，对于我国经济社会的长期稳定具有重要意义。

4. 提高农民组织化程度

近年来我国农业专业协会的发展说明了农民组织化程度的提高有利于促进农业专业化的发展。农业专业协会的发展对农业专业化的发展起到了积极的作用，重点表现在两个方面：一是农业专业协会不仅可为农户提供专业的技术服务还为农户提供高效的生产资料，可提高农户的生产效率，降低农户的生产成本，增加农民的收入。同时农业专业协会还可以将分散的农户组织起来共同地应对外界大环境，提高农民的竞争力。最典型的是农户生产资料购买的情形，当无数个小农单独面对处于垄断地位的农资或种子、农药、化肥等提供者时，他们就会处于被动地位，这种局面显然对农户来说是不利的。但是某一个组织将分散的农户组织起来共同面对垄断者时，农民的处境就会得到改善；二是专业协会可以使农户以联合的形式进入市场，有效地改善农户在农产品市场交易中的不利地位，降低市场风险，使农民在发展专业化生产时有一个比较稳定的预期。

5. 促进农业金融体系的发展

我国农业专业化发展水平不高的一个重要原因是农业技术开发不能满足生产需要和农村劳动力没有实现有效转移而导致的农业经营规模小。只有增加投入才能消除这两个因素的限制。另外，改善农业生产条件，增强抵御自然灾害的能力，改善生态环境，实现农业可持续发展，等等，都需要相应的投入支持。首先国家应该以财政补贴的方式鼓励金融机构积极发展小额信贷，为农业专业化发展提供专项贷款，引导农业区域化、专业化、规模化的发展。这种专项贷款范围包括引进名优特新品种、购买生产资料、改良土壤、治理荒山荒坡、农产品加工处理、运销等与专业化发展有关的项目贷款。同时，鼓励和协助金融机构向农民提供配套的技术和生产资料、培训和专家咨询等服务，以提高资金的使用效率，保证贷款的回收，维持金融机构的正常运转。其次，以建立农村合作金融体系为目标，改革农村信用社。从发达国家的经验来看，农村合作金融机构是农村和农业发展的主要资金来源，如日本的农户主要依靠农（渔）协会提供金融信用。目前我国农村信用社经过改革后，虽然业务功能得到了增强，但合作制的性质尚未恢复。今后农村信用社将逐步理顺管理体制，按照合作金融组织的性质，建立在中央银行统一监管下，农村信用社自下而上逐步联合，实行多级法人、系统指导的农村信用合作体系，使其成为一个直接为广大农民提供金融服务的金融机构，其主要任务是解决当地农户和中小企业的资金困难，为发展地方经济服务。建立合作金融体系应先加快组建市地联社进程，在此基础上，组建省联社，实现更高层次上的联合，为基层农村信用社提升业务功能创造必要的条件，从而使农村信用社真正发挥我国农村金融主力军的作用。在改革

过程中，不能像农村合作基金会那样，出了问题就关掉，而应尽快出台合作金融法、合作金融监管条例等法律法规，规范其发展。最后，允许正当合理的民营金融组织存在。众多民营金融组织的存在，将使农村金融市场成为充分竞争、开放式的市场。改变农村信贷资金供给不足的局面，建立充分竞争、开放式的农村金融市场，政府的工作重点是制定和完善相关的法律法规，规范和维护金融市场的秩序。

（二）养殖业

1. 调整主要畜牧品种区域布局

养殖业区域专业化应该综合考虑各区域饲草（粮）料资源禀赋、生产基础、屠宰加工和区位优势等条件，就目前生猪、肉牛、奶牛养殖的区域布局状况，认为应作如下较合理调整。

（1）生猪

广东、江苏、山东、河北等都是我国生猪养殖的十大主产省之一，但目前这些区域的生猪养殖规模过大，给这些省的发展带来了巨大的生态压力，人畜争水、争地问题严重，应该在一定程度上减少该类区域的生猪养殖量，以保护生态环境和实现养殖的可持续发展。而为了保障生猪的市场供应，应提高其他省的生猪养殖量，而广西、湖南、四川等是我国生猪养殖大省（自治区），2012 年三省（自治区）在生猪养殖方面的区位商均大于 1.2，贵州、重庆、云南等省（直辖市）水资源丰富，劳动力条件较好，在发展生猪养殖方面具有较大的比较优势（2012 年三省（直辖市）的生猪养殖区位商均大于 1.6）。另外，辽宁、黑龙江生猪养殖比较优势提高速度较快，具有发展生猪养殖的潜力。因此，广东、江苏、山东、河北等区域应转移一定量的生猪向广西、湖南、四川、重庆、贵州、黑龙江、辽宁等区域。

（2）肉牛

第一，河南、河北、山东（或称“冀鲁豫”区）是我国肉牛养殖最大主产区，该区域农作物秸秆资源丰富，约占全国总量的 1/3，饲料资源基础较好，品种以鲁西牛、南阳牛等地方品种及中国西门塔尔牛、夏南牛等培育品种为代表，养殖模式以舍饲圈养为主，是我国规模化集中育肥的主要区域，具有较有利的区位和自然条件，但存在散户和小规模养殖逐渐退出的趋势，且存在着品种繁育改良问题。第二，陕西、甘肃、四川、青海、内蒙古、新疆、西藏等是我国肉牛的传统优势区，以秦川牛、西藏牛、麦洼牦牛、三河牛、大通牦牛等品种为代表。2007 年以来，该区牛肉产量全国比例一直保持在 30%左右的肉牛养殖模式包括 3 种，牧区主要采取放牧、“放牧+补饲”的养殖方式，半农半牧区主要采取舍饲、半舍饲的养殖方式；农区农作物秸秆资源丰富，但育肥发展滞后，屠宰加工水平不高。因此该区域应该制宜开展人工种草，减少天然草原载畜量，建设饲草料储备和防灾减灾设施，稳定生产能力，否则，为了保护和恢复生态能力，应该减少

该区域的肉牛养殖。第三，东北三省肉牛产量潜力较大，可以作为我国肉牛养殖的新增长极。该区域内饲草料、玉米、农作物秸秆等资源丰富，肉牛品种以延边牛、复州牛等地方品种及中国西门塔尔牛、延黄牛、辽育白牛等培育品种为代表。2007 年以来，东北 3 省牛肉产量占全国的 20%左右，规模养殖程度较高，良种繁育和推广体系比较健全，肉牛改良起步较早，成效显著。

（3）奶牛

相对于生猪和肉牛，奶牛养殖需要的条件和要求较高，因此在 3 个品种中其区域专业化程度最高。就我国奶牛养殖业和牛奶生产情况来看，应该以以下 4 个区域分工为方向：一是大城市郊区带，以北京、天津和上海为中心形成的奶牛优势区，该区域以市场消费为主导和满足市场供应为目标，但必须解决环境保护压力大和饲草饲料资源紧缺问题。二是东北内蒙古奶牛优势带，该区域饲草饲料资源丰富，气候适宜，饲养成本低，传统生产优势明显，然而存在距离终端消费市场远、养殖分散和单产水平不高的问题，因此，通过政策、技术、服务等综合手段，改变分散、粗放饲养比例大的不利局面，积极建立规范化的养殖小区和发展适度规模养殖场是当务之急，该区域奶牛养殖潜力较大。三是华北奶牛养殖带，包括河北、山西、河南和山东，4 个省距离主销区较近，饲（草）料资源丰富，加工基础好，但存在着奶牛品种杂、单产水平低的问题，该区域必须实行良种繁育和推广，以及重点发展专业化养殖场和规模化小区。四是西北奶牛优势区，以新疆、陕西和宁夏三省（自治区）为主，是我国奶牛养殖和牛奶生产的传统优势区，但牛奶商品率偏低，奶牛良种率较低，养殖技术落后和单产水平低，应采取重点发展奶牛养殖小区、适度规模奶牛场，以及改良品种、提高生产技术和单产的措施，另外，由于地理气候条件和环境约束，应扩大优质饲草饲料的种植面积，大力推广舍饲、半舍饲养殖，提高饲养管理水平。

2. 优化养殖专业化发展环境

根据各区域经济、社会、资源环境综合条件，因地制宜，制定合理的发展规划，包括短期规划和中长期规划，从政策条件、资金、物资和用地上给予优惠政策，同时加快建立标准高、影响大的畜禽专业、批发市场，特别是仔猪、生猪肉鸡、肉牛等专业或批发市场。

（1）政策方面

继续实施良种补贴、饲草料生产和养殖机械购置补贴等各项扶持政策。根据肉牛冻精市场价格情况，适时研究并适当提高补贴标准。结合“菜篮子”生产扶持等项目，加大对肉牛肉羊生产大县支持力度，特别是加强对基础母畜饲养的支持。金融机构要根据肉牛肉羊生产特点，创新金融产品和服务方式，合理确定贷款规模、利率和期限，简化贷款流程，提高服务效率，加强对肉牛肉羊产业的信贷支持。试点和推广建立肉牛肉羊保险制度，降低养殖风险。在严格耕地保护制度的同时，切实落实养殖业用地政策，安

排荒山、荒地等用于肉牛肉羊养殖场和饲草基地建设。积极发挥公共财政资金的引导作用，吸引社会资本投资养殖和屠宰加工业，建立多元化投融资机制，为肉牛肉羊业持续健康发展注入活力。

（2）畜禽疫病防治

强化牛羊口蹄疫、布病、结核病、包虫病等重大动物疫病的防控，加大投入力度，加强牧区能繁母畜暖棚、防灾饲草储备设施、南方地区防暑降温畜舍等建设，最大限度地减少疫病和自然灾害对生产造成的损失。

（3）保障饲料供应

发展养殖业，饲料粮草必须先行，而深化和提高养殖专业化水平尤其如此，积极发展牛羊饲草料种植，鼓励主产区扩大人工种草面积，增加青绿饲料生产，加强青贮、黄贮饲料设施建设，提高农作物秸秆的利用效率，扩大牛羊肉生产饲料来源。结合实施退牧还草、游牧民定居、牧草良种补贴、易灾地区草原保护建设、秸秆养畜示范等工程项目，增强饲草料生产供应能力，提高饲草料科学利用水平，重点加强饲料资源开发与高效利用、安全生态环保饲料生产关键技术研究开发。加强牧区能繁母畜暖棚、防灾饲草储备设施等建设，缓解牧区冬季雪灾时牛羊饲草料供应不足、牲畜死亡率增加的问题。另外，加强和提高基层饲料监察站、草原工作站等职责和执行能力。

3. 加强技术支撑作用

科学技术是专业化和社会分工重要的影响因素，不仅可以提高生产效率，而且可以改变生产区域、主体的比较优势，进而对养殖专业化进行更深层次的影响。实现我国养殖专业化，特别是关键的农户专业化和服务专业化必须以技术作为支撑，加强养殖技术在养殖专业化过程的作用，这又需要做到两个基本方面。

一方面是养殖科学技术的进步。养殖业技术进步必须坚持产学研相结合，依托国家生猪、肉牛、奶牛、牦牛、肉羊产业技术体系和国家科技计划，组织相关科研院所和大专院校的科研力量，开展联合集中攻关，开展以分子育种和生物技术为重点的良种选育研究、以地方品种资源为基础的杂交优势利用研究、以提高饲料转化率为核心的动物营养技术研究、以非粮资源为重点的饲草资源利用研究等，加强人畜共患疫病防控技术、安全高效疫苗及诊断试剂研发。组织实施肉牛和肉羊遗传改良计划，建立国家级肉牛肉羊育种核心场，开展品种登记、生产性能测定、遗传评估和疫病监测净化等基础工作。加强国内肉牛、肉羊品种的保护和利用，适当引进国外优良品种，推动产学研结合，培育一批肉牛肉羊新品种，增强自主育种水平。

另一方面是科学技术的应用推广。畜牧部门要积极推广看得见摸得着的科技成果，引导养殖户和农民了解先进的科学技术，产生强烈的科技欲望。同时提供先进种苗，先进的饲养管理技术，先进的设备、设施和必要的科技培训，让养殖户和农民获得先进的科学技术，并尽快应用到畜禽生产的各个环节，提高产品质量和经济效益。加强牛羊原

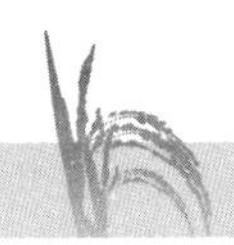

种场、扩繁场和种公牛站建设，增强良种供应能力。充分发挥科研院所和大专院校作用，加强地方资源优良基因挖掘、先进育种技术等技术研发，改善科研条件，提高科技支撑能力。加大实施畜禽良种补贴力度，完善基层改良技术推广体系，加强种畜禽场建设，推广肉牛人工授精技术和肉羊优秀种公羊，有计划地组织杂交改良工作。不断提升各级畜牧兽医技术推广机构的服务能力，恢复和增加乡镇畜牧兽医站、兽医卫生检查站建设，提高其工作力度，同时支持农民合作社、专业服务公司、专业技术协会、涉农企业和科研教学单位开展技术推广服务，鼓励科技示范场和养殖大户开展技术示范，加快推广优质饲草生产、舍饲半舍饲、品种改良、疫病防控等先进适用技术。加强养殖户技术培训，提高养殖者生产技术水平。加强肉牛肉羊疫病防控，落实疫情报告、口蹄疫等重大疫病免疫、检疫、扑杀、无害化处理等防控措施，有效控制布鲁菌病、结核病、包虫病等人畜共患病。

4. 养殖业专业化必须遵循适度原则

以适度专业化为原则，是养殖业可持续发展的要求，因为过度的单一化会形成 3 个主要的问题。一是生态环境问题，区域内的资源承载能力决定于土地、水等环境资源，也就是受自然资源禀赋的影响，过度的养殖业区域集中产生的大量粪便造成的污染问题已经逐渐凸显；二是过渡区域集中或产品单一化造成的畜牧产品的流通压力，过度的集中，必然会造成区域间调配运输费用的增加，水资源可以实施“南水北调”等大型工程实现资源的“合理”分配，但受交通运输能力、物流服务体系完善度等的限制，持续性地、大规模地实施畜牧产品的调配并不那么现实。适度专业化原则也是美国 20 世纪 80 年代以来在畜牧养殖方面实行反单一化政策的逻辑思路和本质。三是养殖专业化的负效应问题，过度专业化就意味着畜禽品种向某些区域、生产主体过度集中，以及生产环节的分工过度细化，在畜禽养殖专业化带来的经济效益的结论是过度扩大的规模必定带来效益的递减，如大规模的生猪养殖虽然比散养的成本收益率高，却比中等规模的要小，这在奶牛专业化养殖方面更加明显，因此，也许在服务专业化方面与适度水平还有进一步提升的距离，但在区域专业化方面应该而且必须考虑其适度的问题了。

中　篇

农业规模化战略研究

本研究的目的在分析、刻画中国农业规模化经营发展现状的基础上，结合国外相关经验，对下一步的农业规模化经营发展提出规划目标，并提出相关政策建议。

第一部分介绍规模化发展背景及意义；第二部分利用相关数据资料分析我国粮食作物规模化发展现状；第三部分利用相关数据资料分析我国畜牧业规模化发展现状；第四部分对我国粮食作物规模化发展指定战略发展目标，特别是根据相关方法对我国家庭农场这种主要的规模化经营主体进行发展预测；第五部分为规模化的国际经验；第六部分是规模化的政策建议。

一、规模化发展背景及意义

（一）规模化背景

改革开放以来，我国农地经营转为家庭联产承包经营责任制以来，农民生产积极性获得了极大的解放，农业生产水平和农产品产量得到了迅速的提高。由于我国人多地少的现实，家庭承包制下的土地均分，但是人多地少的现实，家庭承包制下的土地均分，加上出于公平的诉求，土地分配时还兼顾土地肥力与地块位置的差异，实行好坏搭配、远近搭配，结果块均农地面积狭小，并且互相插花，形成了我国农地经营细碎化的格局。因此，随着我国城镇化步伐的加快，尤其是非农产业的快速发展，农村人口更快速地向城市转移，越来越多的青壮年农民走出田地进城务工，农村“空心化”，人口老龄化等现象的出现，我国农业的经营模式有必要逐步走向规模经营。

农业规模化经营是世界各国农业发展都需要面对的问题，一方面农业规模化经营可以提高粮食安全，粮食安全需要有足够的粮食，稳定的供给并且要确保所有人都可以能获得粮食。另一方面可以加快城市化的进程，高水平产业化的农业发展可以解放更多的劳动力，这些劳动力可以进入城市，为城市的建设做出贡献，加快城市化发展的脚步。因此，发展农业规模化经营对我国经济建设发展有着至关重要的意义。

种植业是农业的重要基础，粮、棉、油、糖是关系国计民生的重要商品，保障粮食有效供给是农业发展的首要任务。随着工业化、城镇化的快速推进，粮食等主要农产品消费需求刚性增长，耕地和水资源约束日益增强，种植业发展的任务十分繁重。因此必须加快种植业发展方式的转变，加强设施装备建设，优化种植结构，依靠科技进步，提高资源利用率和土地产出率，增强综合生产能力，保障国家粮食安全，促进种植业持续稳定发展。《全国种植业发展第十二个五年规划（2011—2015 年）》提出“坚持把转变发展方式作为种植业发展的根本途径。转变农业发展方式是落实科学发展观的根本要求，是实现农业现代化的必然选择。总体上，我国农业生产力水平比较低，基础设施依然薄弱，科技创新能力仍然不强，生产方式比较落后，传统农业发展方式与资源环境约束的矛盾越来越突出。必须切实转变种植业发展方式，紧紧依靠科技进步和技术集成创新，科学配置资源，优化种植结构，不断提高资源利用率和劳动生产率，走内涵提升式发展

之路”。我国经济社会发展正处在转型期，农村改革不断加快，农业生产方式和经营方式也在不断调整和变化之中，特别是近年来，面对我国人均耕地少和工业化、城镇化进程中出现的农村劳动力转移与耕地抛荒现象，农业科技应用的不断提高，传统农业开始向现代农业转型，同时对经营方式也提出了巨大的挑战。原有的家庭联产承包责任制，一家一户的分散经营，已远不能满足种植业对机械化、科技化、产业化、规模化发展的要求，要改变这一局面，根本出路在于实现规模化经营。

2014 年中央一号文件提出“发展多种形式规模经营”，2013 年中央一号文件提出“坚持依法自愿有偿原则，引导农村土地承包经营权有序流转，鼓励和支持承包土地向专业大户、家庭农场、农民合作社流转，发展多种形式的适度规模经营”。2012 年中央一号文件提出“加快修改完善相关法律，落实现有土地承包关系保持稳定并长久不变的政策。按照依法自愿有偿原则，引导土地承包经营权流转，发展多种形式的适度规模经营，促进农业生产经营模式创新”。2012 年 2 月 21 日国务院法制办公布了《粮食法（征求意见稿）》，明确了保障国家粮食安全的法律及长期有效机制的建立。可以说发展农业规模化经营已经正式提上了我国“十二五”发展规划的日程上。由此可见，以各种方式促进农业实现规模化经营已经成为近年来政府的工作重心，也是我国农业的未来发展方向。在最近一些年来一系列的政策法令的推动下，我国发展农业规模化经营的步伐会越来越快。

（二）粮食作物规模化意义

1. 规模化经营可以提高土地利用率

我国的耕地面积为 18.26 亿亩，约占国土面积的 14%。远远低于印度的 55.6%和美国的 19.6%。人均耕地面积约为 1.38 亩，而印度为 25 亩，美国为 10.95 亩。从以上数字可以看出，我国是一个耕地资源极其匮乏的国家。而伴随着我国高速的经济发展，耕地所面临的严重的水土流失、环境污染使人地矛盾越来越突出，土地资源稀缺的现象愈演愈烈。但是近些年来，我国农村许多地方相继不同程度上出现了耕地抛荒的现象。可以说提高土地利用率已经成为了农业发展亟待解决的问题。

造成以上现象的原因是多方面的，第一，种植业生产过程中经济效益下降是导致抛荒的经济原因。第二，天气或者一些突发的因素导致种植业的生产活动中止是造成此现象的自然原因。农地资源配置的无效率，土地流转不畅也是重要的政策或制度原因。在以上各种原因中，造成耕地粗放式经营、被大量抛荒的最重要的原因是农民在其分配的小面积土地上赚不了足够的钱。而如果用耕地的时间去城市从事第二、三产业的劳动却可以获得更多的收入，这就使从事农业生产丧失了吸引力。解决这种现象的方法只能是改革土地经营体制，加强土地轮流转，发展种植业的规模化经营。因为土地的规模化经营可以使想种田有一定专业技能的组织获得足够多的土地，他们可以利用自己的优势发展产供销一体化的经营。而使另外一部分不想种田的人放心地离开农村进入城市从事其

他生产活动。这样就使耕地由没有专业技能的使用者流向了高素质的使用者，实现种植业的规模经营。因此，可以说种植业的规模经营可以提高土地的使用率。

2. 规模化经营可以解决我国城市化进程中劳动力短缺问题

我国正处于经济飞速发展的时期，城市化是当今世界各国发展的趋势，城市化水平也是衡量一个国家经济发展水平的重要指标。在这一关键时期需要大量的劳动力资源。我国是人口大国，有着充足的劳动力，但是现状是大多数的劳动力还停留在农村从事着最低效率的农业生产。因此只有大力发展农业种植业规模化经营才能让一些劳动力从农业生产中解放出来，这一部分劳动力可以进入城市从事第二、三产业的生产活动。

3. 规模化经营可以促进农业生产的机械化水平

在我国，由于人均耕地少而分散，再加上富余劳动力多，因而造成农业机械化没有实质性的发展。此外，由于农业种植业的比较效益低下，造成科技需求不旺，只是农业科技推广不力，严重制约了农业与现代化事业的发展。但是农业的根本出路在于机械化，没有农业的机械化，农业土地规模经营就无从谈起，就无法提高农业生产率，农业就不能从繁重的体力劳动中解脱出，也就不会走上致富的道路。试想随着未来国民收入的提高和人力成本大幅提升，再进行手工间苗和锄地等田间劳动，那么其实产出收入可能还抵不上用工投入。可见，农业实现机械化是十分必要的。

发展种植业规模化经营以后，这种情况会大大的改善。在以家庭为单位的小农生产的条件下，农业工作者不会去考虑购置大型农用机械，但是如果这种实现了规模经营，农户一方面有能力购买机器，另一方面，更多人对同一机械的使用会大大地降低其成本。因此，种植业的规模化经营会提高农民购置大型农用机械的积极性，从而会提高整个农业生产的机械化水平。

（三）畜牧业规模化意义

畜牧业是我国农村经济的支柱产业。20 世纪 90 年代后期以来，我国畜牧业取得了长足的发展，2013 年我国的畜牧业产值已占农业总产值的 1/3，畜牧业已成为农民增收的重要途径，农民家庭人均收入中养殖业占 30%以上，在畜牧业发达地区产值比例达 50%以上，2013 年全年，我国的猪牛羊禽肉产量达 8373 万 t，相比 1998 年的 5723.8 万 t，增长 46.28%，全年禽蛋产量 2876 万 t，相比 1998 年的 2018.5 万 t，增长 42.5%；牛奶产量 3531 万 t，相比 1998 年的 744.5 万 t，增长了 3.74 倍。肉类和禽蛋产量均位居世界第一，肉类的消费达到了中等发达国家的水平，奶的产量位居世界第三，人均奶类的占有量占世界平均水平的 1/4。在粮食产量年均增长 2%左右、人口持续增长的情况下，我国的肉蛋奶产量年递增率分别达到 10%以上，为确保国家食物安全做出了重大贡献。

在我国畜牧业的快速发展中，国家有关畜牧业发展的鼓励政策及法律法规等起到了

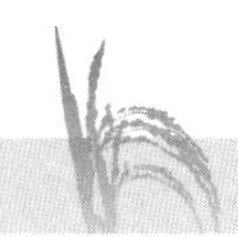

十分关键的作用。进入21世纪以来，我国政府对畜牧业发展的政策支持力度不断加强。2001年，国家提出要利用5~10年的时间把畜牧业做成一个大产业。2002年，国务院办公厅转发农业部《关于加快畜牧业发展的意见》，指出畜牧业的主要目标依然在量的积累上，此后一段时期的畜牧业发展得益于此。2004年，农业部制定出台的《关于推进畜禽现代化养殖方式的指导意见》，以及2007年以来国务院、农业部等部门发布的《关于促进畜牧业持续健康发展的意见》《关于促进生猪生产发展稳定市场供应的意见》《关于促进奶业持续健康发展的意见》等一系列政策，对我国畜牧业的发展提出了相关指导思想，加大了对畜牧业发展的扶持，为将来我国畜牧业的发展指明了方向。在畜牧业发展的资金扶持上，畜牧业用地、用水、用电等方面有一定的优惠政策，如电力部门对畜禽养殖用电执行农业生产电价；财政补贴方面，从2005年开始，国家实施畜牧良种补贴政策；对于动物防疫补助上，有重大动物疫病强制免疫补助、畜禽疫病扑杀补助、基层动物防疫工作补助、养殖环节病死猪无害化处理补助等。在法律法规上，国家先后颁布了《中华人民共和国畜牧法》（简称《畜牧法》）《中华人民共和国动物防疫法》《中华人民共和国农产品质量安全法》，修订了兽药、饲料添加剂安全管理条例，对畜牧业生产做出了明确规范。

政府政策及法律法规的出台为发展我国畜牧业提供了良好的保障，尽管如此，我国的畜牧业养殖发展依然存在诸多问题。其中我国畜牧业以传统的农户小规模散养为主，现代化养殖业的基础薄弱，缺乏规模效应；养殖科技含量低，疫病防治困难；污染严重、养殖户卫生防疫观念不强；科学技术的应用受到限制；各类资源的整体利用率低，尤其表现在粮食资源、土地资源利用率较低等问题的存在，已经不能适应现代社会人们对于畜产品的质量安全、生态环境安全等的要求，严重制约了畜牧业的可持续健康发展。为此，在现实的要求与国家的政策鼓励下，尽管我国的畜牧业依旧以散养为主，但其规模化养殖得到了较大的发展。

我国为推进畜禽散养向规模养殖方向转变出台了相关政策与法律法规。在法律层面，2006年颁布的《畜牧法》中的第三条指出：国家支持畜牧业发展，发挥畜牧业在发展农业、农村经济和增加农民收入中的作用。县级以上人民政府应当采取措施，加强畜牧业基础设施建设，鼓励和扶持发展规模化养殖，推进畜牧产业化经营，提高畜牧业综合生产能力，发展优质、高效、生态、安全的畜牧业。从政策层面来看，2004~2013年中央连续出台的10个一号文件中对畜牧业的标准规模化发展均做出了明确的规定。2007年，国务院出台的《关于促进畜牧业持续健康发展的意见》中提到“要转变养殖观念，调整养殖模式，创新生产、经营管理制度，发展规模养殖和畜禽养殖小区”。同年9月，国土资源部与农业部联合下达了《关于促进规模化畜禽养殖有关用地政策的通知》，其中对畜牧业规模化养殖的用地规划、布局、程序等方面做了详细的说明，一定程度上解决了畜牧业规模化养殖的用地问题，促进了规模化畜禽养殖的发展。2008年十七届三中全会做出的《中共中央关于推进农村改革发展若干重大问题的决定》中提到要“加快发展畜牧业，支持规模化饲养，加强品种改良和疫病防控”。2010年农业部《关于加快推进畜禽标准化规模养殖的意见》中指出要把发展畜禽标准化规模养殖作为当前和今后一个时期建设现代畜牧业的重中之重。

资金扶持上，为发展我国的畜禽标准化规模养殖，从2007年开始，中央财政每年安排25亿元在全国范围内支持生猪标准化规模养殖场（小区）建设；2008年中央财政安排2亿元资金支持奶牛标准化规模养殖小区（场）建设；2009年开始，中央资金增加到5亿元；2012年中央财政新增1亿元支持内蒙古、四川、西藏、甘肃、青海、宁夏、新疆及新疆生产建设兵团肉牛肉羊标准化规模养殖场（小区）开展改扩建。支持资金主要用于养殖场（小区）水电路改造、粪污处理、防疫、挤奶、质量检测等配套设施建设等。金融支持上，2011年，农业部发布的《全国畜牧业发展第十二个五年规划（2011—2015）》中，鼓励和支持规范化、标准化规模养殖场的建设，保障畜产品的有效供给及质量安全，同时首次提出对畜牧业的金融支持，鼓励有条件的地方设立畜牧业贷款担保基金、担保公司，为养殖加工龙头企业融资提供服务。这在一定程度上突破了畜牧养殖企业融资难的瓶颈。

在人们对畜产品的大量需求与国家相关法律政策支持的促进作用下，我国的畜牧业规模化发展在2002~2010年呈加速发展态势，2010年，我国生猪规模化养殖场（户）数达6173.534万个，其中年出栏生猪头数在50头以上的规模化养殖场为264.8417万个，年出栏生猪数量占全国出栏生猪数量的64.49%，其余主要畜禽的规模化程度分别为：肉鸡（年出栏2000只以上）85.72%，蛋鸡（年存栏数500只以上）81.14%，肉牛（年出栏数50头以上）23.19%，奶牛（年存栏数20头以上）46.49%，羊（年出栏数30只以上）48.81%。2002年我国的主要畜禽规模化养殖的程度分别为：生猪（年出栏50头以上）27.2%，肉鸡（年出栏2000只以上）68.72%，蛋鸡（年存栏数500只以上）52.9%，肉牛（年出栏数10头以上）17.67%，奶牛（年存栏数20头以上）25.89%，羊（年出栏数30只以上）26.87%，从2002~2010年8年间主要畜禽的规模化程度分别提高了37.29、17.0、28.24、5.52、20.6、21.94个百分点。规模化畜禽养殖在我国的畜牧业生产发展过程中起到了十分重要的作用。

在畜牧业规模化的发展过程中，能够为畜牧科学技术的应用与推广提供了良好的平台，同时也有利于科学技术的研发，将畜牧业产学研有机地结合起来，可增强畜牧业的抗风险能力，提高畜产品的稳定性，相应地带动诸如饲养、疫病防控防治、产品的加工，畜牧业市场的开拓等发展，具有良好的示范带动作用（孔繁涛，2005；聂凤英，2007；李璐，2012；吴荣富，2003）。在中央关于畜禽标准化规模养殖的各种扶持政策的推动下，在城镇化与工业化信息化与农业现代化不断深入推进的社会中，在人们生活水平的提高之际对畜产品质量要求也水涨船高的今天，畜牧业的标准化规模养殖在未来相当长的一段时间内必然成为一种趋势。

然而，在畜牧业发展充满着机遇的同时，由于受到我国现实情况与资源环境等诸多因素的制约，我国的畜牧业规模化发展也面临着诸多问题与挑战。

首先，在规模化养殖的水平及质量上，我国的畜牧业规模化发展与世界上畜牧业发达的国家存在着较大的差距。我国与日本同属于资源相对紧缺的国家，在畜牧业规模化发展问题上，日本的各品种畜禽规模化程度均高于我国，其生猪以3000头以上的规模为主，占比达54.6%，1~99头规模存栏比例最低，仅为0.7%；蛋鸡以生产1万只以上规模为主，2012年该规模以上的占比为66.8%；肉牛以500头以上规模为主，2012年该规模以上占比为 34.6%；奶牛饲养规模以 100 头以上规模户为主，2012 年存栏比例占 35.7%。在我国，（2010 年？）生猪 3000 头以上的规模占比仅为 15.4%，50 头以下生猪养殖规模的占比为 35.49%；我国蛋鸡生产 1 万只以上的规模占比为 28.62%，1 万只以下的占比达 71.39%；肉牛生产 500 头以上的规模占比为 6.16%，我国肉牛生产仍以 1~9 头为主，占比达 58.36%；奶牛 100 头以上养殖规模的占比为 30.63%，奶牛养殖上与日本规模化水平差距相对较小。

其次，在意识到我国畜牧业规模化水平与发达国家有一定的差距之后，仅从数量上、规模上追求与畜牧业发达国家相当的水平，未曾注意到由于过分单一地追求扩张数量带来的一系列问题。例如，美国的畜牧业以规模化为核心，实行的是规模化、企业化、机械化、专业化、集约化、标准化等发展思路，一直主导着我国畜牧业的发展，规模逐步扩大，由于对“美国的种养结合是其规模化的本质所在”的认识欠缺，因此规模化只重数量而忽视了其质量（张振武，2007），在养殖小区的建设上，对于“标准化规模养殖”同样侧重于规模养殖，没有进行标准化生产，虽然畜禽的存栏量、出栏量有一定的增加，但规划、建设、饲养管理、防疫、粪污处理和规范化要求有一定差距（颛锡良，2010；顾景霞，2010）。

在畜牧业规模化养殖制约因素上，我国的畜牧业规模养殖发展将受到生产要素投入、科学技术应用、资源环境保护、市场需求变化等因素的制约。

在生产要素的投入上，资金仍是个很大的问题，在散养户欲扩大规模或大型养殖专业户改善畜禽养殖基础设施时，尽管国家出台了相关金融信贷等政策，但他们能从正规的金融机构获得贷款只是其中的一小部分，其余资金需要农户自行筹措，这给规模养殖的发展带来了一定的困难；土地问题上，我国人多地少。土地资源相对紧缺，畜牧业规模养殖用地受相关土地利用制度的制约，尽管相关鼓励农户土地自由流转的政策落实较好，但由于有土地流转管制的存在，农户土地流转自由程度降低（黄季焜等，2012），受此影响，规模养殖户在计划扩建养殖场之时，土地集中在一定程度上遭遇困境，原有的分散为主的土地经营形式不可避免地限制了畜牧业的规模化发展；在人力资源方面，我国的畜产品生产是属于劳动密集型的，对于大规模畜禽养殖需要专业型的畜牧兽医技术人员需求较多，在养殖小区（养殖场）的管理上亦如此，目前畜禽养殖业的从业人员平均专业素质较低，管理人才匮乏（夏振亮，2000）；在饲料资源问题上，随着畜牧业规模化的深入发展，对饲料粮的需求将不断提高。目前我国饲料粮短缺的情况将长期存在，畜牧业扩大再生产存在着困难（王济民，2006）。

在科学技术应用上，原有科技推广服务体系已不适应发展的需求，适应现代畜牧业发展要求的新型推广体系尚未建立。“高产、优质、高效”的畜产品培育技术和畜牧业资源的深度利用不足，畜牧业良种繁育体系薄弱，养殖和加工技术落后，科技推广服务同样跟不上畜牧业发展的要求（王济民，2006；陈云贵，2007），畜牧业规模养殖与科学技术的相互促进作用未得到充分发挥。

在资源环境保护问题上，尽管 2012 年的中央一号文件中提到“在发展沼气工程的同时，积极开发农村清洁能源的利用，发展规模化生产经营，便于粪污集中治理，降低污染和疫病传播”，但在畜牧业规模养殖带来畜产品总量增加的同时，种养分离，加之

畜禽的无害化处理、减量化排放及资源利用的技术不到位，养殖企业的生态环境保护观念落后，由此带来的畜禽固体废弃物集中、处理困难，易造成土壤、水资源和空气污染（陈雅秀，2006；张晓辉，2007）。

在我国畜牧业规模化养殖快速发展的今天，畜禽规模养殖取得了一定的成就，为保证我国的畜产品供给及营养需求做出了重要的贡献，在众多影响因素的制约下，如何实现畜禽规模养殖更大的规模效应，使其优越性得到充分发挥，有效解决畜牧规模养殖的疫病防控防治问题，加大对畜禽科学技术的应用与推广，同时在资源紧缺的前提下合理布局，实现资源的优化配置，降低由规模化养殖带来的生态环境问题等，本研究将对此做出探讨。

二、规模化发展现状：粮食作物

本研究的目的是根据相关原则计算全国及各省的家庭农场的适度规模和个数，从而为接下来几年发展提供政策含义。

（一）总体情况

1. 我国规模化发展历史：1996~2006 年

本研究用《中国第一次全国农业普查资料汇编》《中国第二次全国农业普查资料汇编》（农村卷、农民卷、农业卷、综合卷）对规模化经营进行简要分析。1996 年的第一次普查数据没有不种地的情况，为此在对 2006 年第二次普查数据进行分析的时候，将做同样处理，即把种地亩数为 0 的农户算入种地面积小于 3 亩的组。

根据数据我们得到图 2.1 和图 2.2，据此可得如下内容。

第一，经过 1996~2006 年 10 年的发展，我国规模化经营农户的比例有所上升，但仍以 3 亩以下、3~9 亩和 9~15 亩的小规模经营为主，它们合计占整个农户总数的 93%左右。1996 年时，总农户数为 19 308.8 万户，其中经营面积小于 3 亩的农户数量有 5859.7 万户，占 30.35%；到 2006 年时，总农户数为 20 015.9 万户，其中经营面积小于 3 亩的农户数量增加到 6925.6 万户，占比也上升到 34.6%。经营规模在 3 亩以上、9 亩以下的农户数是整个农户中最主要的部分一直都徘徊在一半左右，其由 1996 年的 10 242.3 万户下降到 2006 年的 9634.0 万户，占比则由 1996 年的 53.04%下降到 2006 年的 48.13%。经营规模在 9~15 亩的农户数量由 1996 年的 1887.7 万户上升到 2006 年的 1946 万户，占比由 9.78%下降到 9.72%。总的来说，通过 10 年发展，农户数有轻微的增加，这或许是因为农业税减免及农业补贴增加导致的结果；但 1hm^2 以下的农户仍然是农户的主体，1996 年占比为 93.17%，到 2006 年仍占比高达 92.45%，10 年仅仅下降了 0.72 个百分点。而日本 1995 年时，1hm^2 以下的农户占比仅为 60.4%。

第二，1996~2006 年，1~2hm^2 以下的农户的数量和占比呈现缓慢增长趋势，这可以看成中国规模化经营缓慢发展的证据。经营规模在 15~20 亩的农户数量由 1996 年的 602 万户下降为 2006 年的 557.5 万户，占比则由 3.11%下降到 2.79%。与此相对应，经营规模在 20~30 亩的农户数量则出现缓慢增长趋势，由 1996 年的 347.7 万户增加到 2006 年的 461.1 万户，增加了 113.4 万户，年均增长约 11 万户；占比由 1996 年的 1.8%上升到 2006 年的 2.3%。总体来说，经营规模在 1~2hm^2 的农户数由 1996 年的 949.7 万户增加到 2006 年的 1018.7 万户，年均增长约 7 万户；占比由 1996 年的 4.91%增加到 2006 年的 5.09%，呈现缓慢增长趋势。

第三，1996~2006 年，2hm^2 以上，6.6hm^2（100 亩）以下的农户的数量和占比呈现

快速增加趋势。经营规模在30~50亩的农户呈现缓慢增长趋势，由1996年的284.1万户缓慢增至2006年的302.9万户，占比由1.47%增加到1.51%。而经营规模在50~100亩的农户则呈现较快增长态势，由1996年的75万户快速增加到2006年的145.9万户，几乎翻了一倍；占比由0.39%增加到0.73%，也翻了近一倍。

第四，1996~2006年，6.6hm^2（100亩）以上的农户的数量和占比呈现出很快的增长速度。经营规模在10亩以上的农户数量很少，却是发展速度最快的规模化类别。1996年时，经营规模100亩以上的农户数有10.3万户，到2006年增加到42.9万户，增长了约3倍，年均增长约3万户；而占比则由1996年的0.06%快速增加到0.21%，增加了2.5倍。

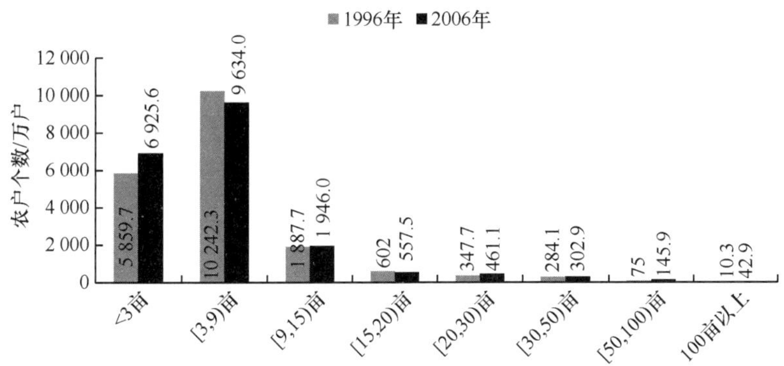

图2.1　1996年、2006年农户个数

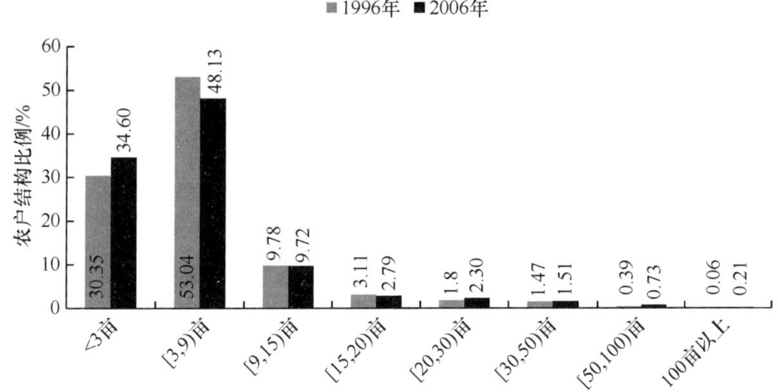

图2.2　1996年、2006年农户结构比例

2. 我国规模化发展现状

出现了多种新型经营主体。目前形式包括：普通农户、经营大户、家庭农场、合作社、农业企业。进化路径：土地流转最先流转给亲朋乡邻，后来流转给专业大户，进一步发展到家庭农场、合作社，以及农业公司和企业。例如，湖北目前土地流转入农户的比例为61.2%，流转到合作社、企业和其他主体分别占15.7%、14.8%、8.4%。

经营规模扩大。一项调查表明，目前经营规模在 50 亩以上的大户全国有 270 多万户，其中超过 100 亩的有七八十万户。农业部调查表明：2012 年年底，我国家庭农场 87.7 万个，经营耕地面积达到 1.76 亿亩，占全国承包耕地面积的 13.4%。家庭农场平均经营规模达到 200.2 亩，是全国承包农户平均经营耕地面积 7.5 亩的近 27 倍。其中，50 亩以下 48.42 万个，占 55.2%；50~100 亩 18.98 万个，占 21.6%；100~500 亩 17.07 万个，占 19.5%；500~1000 亩 1.58 万个，占 1.8%；1000 亩以上 1.65 万个，占 1.9%。

（二）规模化特点

我们利用“全国第二次农业普查”数据考察：谁在规模化、规模化与机械化、规模化与农业技术采用、规模化与专业化等问题。简要情况如下。

第二次全国普查总共有 4 种农业经营者，分别是普通农村家庭户，农业生产经营户①，农业生产经营单位②，主营农业法人单位。我们将对他们的规模化情况进行考察。

1. 谁在规模化

这里主要考察从业劳动者的劳动能力、年龄、性别、受教育水平、户籍、从事农业时间等特征随规模化的变化情况。具体如下。

（1）规模化与从业者的劳动能力

从表 2.1 可知，随着经营规模的扩大，农业从业人员的劳动能力是提高的。

表 2.1　规模化与家庭户从业者的劳动能力（%）

规模	整劳动力
（0，4.9 亩]	79.63
[5，9.9 亩]	84.70
[10，19.9 亩]	85.44
[20，49.9 亩]	89.03
[50，99.9 亩]	92.31
100 亩以上	90.90
平均	85.72

（2）规模化与家庭户从业者年龄

从表 2.2 可以发现，随着经营规模的增大，从业者的年龄更多分布在 21~50 岁，即还是青壮年的劳动力在进行着规模化经营。

① 农业生产经营户：指在农村和城镇地域经营农作物种植业、林业、畜牧业、渔业和农林牧渔服务业的户。

② 农业生产经营单位：第二次全国农业普查中列入普查登记的农业生产经营单位的范围是指住户以外经营农、林、牧、渔业和农林牧渔服务业的法人单位、产业活动单位和基本符合法人单位条件的未注册单位，既包括主营农业的各种企事业单位、农户合作经营单位，也包括工矿企业、机关、团体、学校等附属的农业生产经营单位。

表 2.2 规模化与家庭户从业者年龄（%）

规模	20 岁以下	21~30 岁	31~40 岁	41~50 岁	51~60 岁	60 岁以上
（0，4.9 亩]	4.04	13.00	25.10	21.82	21.25	14.68
[5，9.9 亩]	5.77	15.29	22.70	24.04	22.52	9.98
[10，19.9 亩]	6.80	17.39	23.16	23.46	20.19	7.96
[20，49.9 亩]	8.04	19.68	25.09	23.90	17.50	5.70
[50，99.9 亩]	8.48	21.32	26.88	25.27	16.23	4.39
100 亩以上	7.87	21.11	26.42	25.25	14.87	3.52
总计	6.56	17.14	24.18	23.55	19.76	8.60

（3）规模化与家庭户从业者的教育水平

从表 2.3 可以发现，随着经营规模的增加，家庭户农业从业者的教育水平是增加的，这表明农村人力资本的发展对农业规模化经营至关重要。

表 2.3 规模化与家庭户从业者的教育水平（%）

规模	未上学	小学	初中	高中	大专及以上
（0，4.9 亩]	9.95	42.36	42.66	3.95	0.20
[5，9.9 亩]	9.40	40.50	46.55	4.18	0.20
[10，19.9 亩]	9.23	39.25	46.35	4.11	0.23
[20，49.9 亩]	7.50	39.80	47.91	4.10	0.31
[50，99.9 亩]	5.93	38.09	52.36	4.82	0.42
100 亩以上	4.13	31.73	55.99	6.38	0.79
总计	8.62	39.77	46.82	4.22	0.27

（4）规模化与家庭从业者性别

从表 2.4 可以发现，随着经营规模的增加，男性劳动力的比例是增加的。

表 2.4 规模化与家庭户从业者性别（%）

规模	男	女
（0，4.9 亩]	45.50	54.50
[5，9.9 亩]	46.95	53.10
[10，19.9 亩]	49.57	50.03
[20，49.9 亩]	51.36	48.79
[50，99.9 亩]	52.77	48.78
100 亩以上	52.16	46.87
总计	49.10	50.88

（5）规模化与家庭户从业者的户籍[①]所在地

从表 2.5 可以发现，主要的家庭户都是本村户籍；同时也发现，100 亩以上的大规模经营家庭户中来自本村外的比例上升。可见，规模化经营需要户籍制度改革的支持，只有这样才能提高土地资源和劳动力资源的配置效率。

表 2.5 规模化与家庭户的户籍所在地（%）

规模	本村	村外乡内	乡外县内	县外市内	市外省内	外省	其他
(0，4.9 亩]	97.63	0.54	0.40	0.18	0.16	0.29	0.03
[5，9.9 亩]	100.00	0.29	0.22	0.10	0.11	0.22	0.03
[10，19.9 亩]	97.44	0.39	0.28	0.13	0.15	0.24	0.03
[20，49.9 亩]	97.26	0.67	0.45	0.21	0.26	0.45	0.04
[50，99.9 亩]	100.00	0.98	0.66	0.31	0.46	0.85	0.04
100 亩以上	90.91	1.65	1.40	0.75	1.19	1.63	0.07
总计	97.83	0.54	0.39	0.18	0.23	0.38	0.03

（6）规模化与家庭户中的常住从业人员[②]的从事农业时间

从表 2.6 可以发现，随着规模的增加，这些常住从业人员的从事劳动时间都较高。例如，经营 100 亩以上规模的从业者的从事农业时间达到 4~6 个月的将近有一半。但是，从事农业时间达 10 个月以上的劳动者似乎不善于进行规模化经营，近 1/3 都是进行 5 亩以下的农业生产。这表明，规模化对从业者的从业经验有一定要求，最好是 4~6 个月，但过长也不好。

表 2.6 规模化与家庭户中的常住从业人员的从事农业时间（%）

规模	1 个月	2~3 个月	4~6 个月	7~9 个月	10 个月以上
(0，4.9 亩]	6.37	21.11	24.01	16.38	32.12
[5，9.9 亩]	1.93	14.50	29.10	22.73	31.74
[10，19.9 亩]	1.21	9.63	32.89	26.03	30.24
[20，49.9 亩]	0.91	8.18	42.62	26.56	21.73
[50，99.9 亩]	0.80	7.75	46.95	27.23	17.27
100 亩以上	0.87	8.61	49.84	24.66	16.02
总计	2.12	11.98	34.27	23.94	27.68

① 按住户户籍所在地分的家庭户：农村普查汇总表中按户中登记人口的户籍情况，将农村常住家庭户分为本村户、村外乡内户、乡外县内户、县外（地）市内户、市外省内户、外省户和其他户。其中：本村户：指至少有一个登记人口的户籍地在本村的住户。村外乡内户：是指本村户以外、至少一个登记人口的户籍地在本乡镇的住户；乡外县内户：指上述两类户以外，至少一个登记人口的户籍地在本县的住户；县外（地）市内户：指上述三类户以外，至少一个登记人口的户籍地在本（地）市的住户；市外省内户：指上述四类户以外，至少一个登记人口的户籍地在本省的住户；外省户：指上述四类户以外，至少一个登记人口的户籍地在本省的住户；其他户：指全部登记人口为境外或户籍待定的住户。

② 农村常住从业人员：是指农村常住劳动力资源中，年度从业时间在 1 个月以上的人员，不包括在校学生。

2. 规模化与机械化[①]

从表 2.7 可以发现，随着经营规模的增大，大中型拖拉机拥有比例显著提升，5 亩以下大中型拖拉机占整个机械数的 3.52%，而经营规模 100 亩以上的农业生产经营户拥有的总机械数中大中型拖拉机占 10.59%，增加了 2 倍多。这样，规模化可以通过大功率的拖拉机实现深耕，进而提高农业生产。从这个角度讲，规模化有利于机械化的实现。

表 2.7　规模化与农业生产经营户的机械数量比（%）

规模	大中型拖拉机	小型拖拉机	大中型拖拉机配套农具	小型拖拉机配套农具	联合收割机
(0，4.9 亩]	3.52	53.12	2.26	39.48	1.61
[5，9.9 亩]	1.49	48.03	1.51	47.99	0.99
[10，19.9 亩]	2.04	45.32	2.14	49.77	0.73
[20，49.9 亩]	4.98	45.41	5.29	43.84	0.48
[50，99.9 亩]	7.29	40.97	8.58	42.59	0.57
100 亩以上	10.59	33.39	14.54	40.03	1.44
总计	3.47	46.44	3.58	45.63	0.89

对农业生产经营单位来说也有同样的规律。从表 2.8 可以发现，随着农业生产经营单位的经营规模的扩大，大中型拖拉机占机械总数比是上升的。特别的是，大中型拖拉机配套农具和小型拖拉机配套农具在整个机械总量中的比例也是上升的。

表 2.8　规模化与农业生产经营单位的机械数量比（%）

规模	大中型拖拉机	小型拖拉机	大中型拖拉机配套农具	小型拖拉机配套农具	联合收割机
(0，20 亩]	10.04	50.91	9.43	25.48	4.14
[20.1，50 亩]	8.48	48.91	10.47	30.22	1.92
[50.1，90 亩]	9.82	50.31	8.65	28.12	3.10
[90.1，300 亩]	10.55	40.26	14.55	31.50	3.15
[300.1，1000 亩]	11.86	40.10	13.52	31.30	3.21
1000 亩以上	11.34	37.51	17.68	30.50	2.97
总计	10.04	46.25	11.41	29.25	3.05

① 农业机械按本户年末实际使用数量登记，包括自有自用及长期租入、包入的农业机械，不包括临时借入或租用的农业机械和长期租出、包出的农业机械。几户联合购买的农业机械，如果没有登记在单位中，可登记在其中一个农户中，不能重复登记。几种机械组合在一起的，按主要功能登记一台，不能重复登记。大中型拖拉机，是指发动机额定功率在 14.7kW（含 14.7kW 即 20 马力）以上的拖拉机，有链轨式和轮式两种。小型拖拉机，是指发动机额定功率在 2.2kW（含 2.2kW）以上，小于 14.7kW 的拖拉机，包括小四轮与手扶式。大中型拖拉机配套农具，是指与大中型拖拉机配套使用的牵引和悬挂的田间移动作业机具，如机引犁、机引耙、机引播种机、旋耕机等农具，不包括旧式农具与半机械化农具改为拖拉机牵引和悬挂的农具。小型拖拉机配套农具，是指与小型拖拉机配套使用的牵引和悬挂的田间移动作业机具，不包括旧式农具与半机械化农具改为拖拉机牵引和悬挂的农具。

3. 规模化与农业技术采用

（1）规模化与农业生产用房

从表 2.9 可以看出，随着农业生产经营户的经营规模的扩大，大棚占整个农业生产用房面积由最小的 37.57%上升到 64.9%，几乎翻了一倍。对经营规模更大的农业生产经营单位来说，这种规律更加明显。从表 2.10 可以看出，随着农业生产经营单位的经营规模的扩大，大棚占整个农业生产用房面积由最小的 29.56%上升到 68.76%。所以，规模化或许是大棚这些生产技术的前提条件。

表 2.9　规模化与农业生产经营户的生产用房面积比（%）

规模	温室	大棚	农业生产用房
（0，4.9 亩]	6.63	37.57	55.81
[5，9.9 亩]	7.68	52.29	40.04
[10，19.9 亩]	10.12	46.91	42.97
[20，49.9 亩]	6.74	39.01	54.26
[50，99.9 亩]	6.67	45.99	47.35
100 亩以上	10.41	64.90	24.69
总计	8.17	45.15	46.69

表 2.10　规模化与农业生产经营单位的生产用房面积比（%）

规模	温室	大棚	农业生产用房
（0，20 亩]	24.45	29.56	45.99
[20.1，50 亩]	21.44	57.51	21.05
[50.1，90 亩]	18.87	66.19	14.94
[90.1，300 亩]	21.27	65.99	12.74
[300.1，1000 亩]	21.95	68.46	9.59
1000 亩以上	11.84	68.76	19.40
总计	20.64	58.70	20.66

（2）规模化与农业技术措施应用

从表 2.11 和表 2.12 可以发现，不管是农业生产经营户还是农业生产经营单位，随着他们经营规模的扩大，机耕、机播、机收面积比都逐渐提升。这表明，规模化是这些农业技术推广的前提。

4. 规模化与专业化

（1）规模化与农业经营者的行业分布

从表 2.13 和表 2.14 可以发现，不管是哪种农业生产经营者（农业生产经营单位或者主营农业法人单位），随着经营规模的扩大，这些单位更多地分布在农作物种植业。

表 2.11　规模化与农业生产经营户的农业技术措施应用（面积%）

规模	机耕	机电灌溉	喷灌	滴灌	机播	机收
（0，4.9 亩]	43.02	27.60	1.69	0.55	15.34	18.90
[5，9.9 亩]	57.79	35.50	2.41	0.31	29.09	26.47
[10，19.9 亩]	56.92	25.35	1.50	0.24	30.88	20.63
[20，49.9 亩]	63.17	15.56	0.94	0.90	43.63	15.32
[50，99.9 亩]	72.69	15.82	1.39	2.78	57.64	22.67
100 亩以上	82.24	16.95	1.38	3.14	68.69	42.69
总计	57.93	24.51	1.56	0.72	33.68	21.14

表 2.12　规模化与农业生产经营单位的农业技术措施应用（面积%）

规模	机耕	机电灌溉	喷灌	滴灌	机播	机收
（0，20 亩]	26.84	19.57	2.80	2.95	9.91	7.27
[20.1，50 亩]	31.98	22.46	4.07	3.12	12.13	8.13
[50.1，90 亩]	34.06	24.95	4.50	1.87	12.71	9.88
[90.1，300 亩]	42.05	28.28	4.22	1.90	15.55	13.26
[300.1，1000 亩]	53.23	33.30	4.47	1.96	22.29	16.84
1000 亩以上	76.57	26.56	2.73	1.81	59.34	49.75
总计	39.20	25.36	3.99	2.29	16.76	13.12

表 2.13　规模化与农业生产经营单位不同行业分布数量比（%）

规模	农作物种植业	林业	畜牧业	渔业	农林牧渔服务业
（0，20 亩]	43.18	16.15	17.55	6.51	16.61
[20.1，50 亩]	64.97	14.92	9.97	3.12	7.02
[50.1，90 亩]	69.91	15.79	6.78	2.69	4.83
[90.1，300 亩]	72.32	14.96	6.13	2.26	4.33
[300.1，1000 亩]	76.18	12.35	4.95	2.55	3.97
1000 亩以上	76.80	15.04	3.86	1.17	3.13
总计	66.03	15.12	8.71	3.21	6.93

表 2.14　规模化与主营农业法人单位不同行业分布数量比（%）

规模	农作物种植业	林业	畜牧业	渔业	农林牧渔服务业
（0，20 亩]	40.01	12.93	21.96	8.42	16.67
[20.1，50 亩]	63.92	13.18	12.34	3.53	7.02
[50.1，90 亩]	72.03	11.79	8.46	3.14	4.59
[90.1，300 亩]	74.41	10.96	7.84	2.57	4.22
[300.1，1000 亩]	78.00	9.53	5.85	2.85	3.77
1000 亩以上	70.97	17.03	5.73	1.66	4.61
总计	66.07	12.21	10.92	3.86	6.93

例如，对农业生产经营单位来说，1000 亩以上的经营单位中，76.80%都属于农作物种植行业；对主营农业法人单位来说，1000 亩以上的经营单位中 70.97%都属于农作物种植行业。这或许表明，随着规模化发展，农业生产经营者的专业化水平是提高的。

（2）规模化与农业经营者的从业人员的行业分布

从表 2.15 和表 2.16 可以发现，不管是哪种农业生产经营者的从业人员（农业生产经营单位或者主营农业法人单位），随着经营规模的扩大，这些从业人员更多地分布在农作物种植业。这从另外一个侧面反映了规模化促进专业化发展的规律。

表 2.15　规模化与农业生产经营单位从业人员的不同行业分布数量比（%）

规模	农作物种植业	林业	畜牧业	渔业	农林牧渔服务业
（0，20 亩]	0.38	0.20	0.17	0.08	0.16
[20.1，50 亩]	0.58	0.21	0.11	0.04	0.07
[50.1，90 亩]	0.64	0.21	0.07	0.03	0.05
[90.1，300 亩]	0.67	0.18	0.07	0.03	0.05
[300.1，1000 亩]	0.69	0.19	0.05	0.03	0.03
1000 亩以上	0.71	0.23	0.03	0.01	0.01
总计	0.60	0.20	0.09	0.04	0.07

表 2.16　规模化与主营农业法人单位从业人员的不同行业分布数量比（%）

规模	农作物种植业	林业	畜牧业	渔业	农林牧渔服务业
（0，20 亩]	40.01	12.93	21.96	8.42	16.67
[20.1，50 亩]	63.92	13.18	12.34	3.53	7.02
[50.1，90 亩]	72.03	11.79	8.46	3.14	4.59
[90.1，300 亩]	74.41	10.96	7.84	2.57	4.22
[300.1，1000 亩]	78.00	9.53	5.85	2.85	3.77
1000 亩以上	70.97	17.03	5.73	1.66	4.61
总计	66.07	12.21	10.92	3.86	6.93

（3）规模化与农业经营者的农产品销售收入的行业分布

从表 2.17 和表 2.18 可以发现，不管是哪种农业生产经营者（农业生产经营单位或者主营农业法人单位），随着经营规模的扩大，这些经营者的农产品销售收入更多来自于农作物种植业。这从另外一个侧面反映了规模化促进专业化发展的规律。

表 2.17　规模化与农业生产经营户的农产品销售收入行业分布（%）

规模	农作物种植业	林业	畜牧	渔业
（0，4.9 亩]	49.59	4.24	34.54	11.63
[5，9.9 亩]	66.80	2.14	28.36	2.70
[10，19.9 亩]	72.46	1.38	24.29	1.87
[20，49.9 亩]	79.22	0.68	18.98	1.12
[50，99.9 亩]	86.74	0.48	11.79	1.00
100 亩以上	91.72	0.39	6.61	1.28
总计	70.59	1.76	24.19	3.46

表 2.18 规模化与农业生产经营单位的农产品销售收入行业分布（%）

规模	农作物种植业	林业	畜牧	渔业
（0，20 亩]	51.28	7.25	27.44	14.03
[20.1，50 亩]	66.09	9.10	20.57	4.24
[50.1，90 亩]	60.55	9.23	21.50	8.73
[90.1，300 亩]	62.85	11.01	19.85	6.30
[300.1，1000 亩]	71.65	7.77	11.75	8.82
1000 亩以上	71.31	9.92	15.86	2.93
总计	62.40	9.13	20.62	7.85

（三）新型规模化经营主体发展：家庭农场

家庭农场突出以“家庭为主体”，这使其区别于农民专业合作社和农业龙头企业。受政策利好催动和天然的“亲农”特质，2013 年中央一号文件出台后，家庭农场发展迅速。到 2012 年年底，全国经营耕地面积在 50 亩以上的专业大户已达 287.5 万户；其中，家庭农场 87.7 万户，经营土地面积 1.76 亿亩，户均经营耕地 200.2 亩，年收益 18.47 万元，均明显高于普通承包农户。在农业部首次摸底调查的 87.7 万个家庭农场中，已被有关部门认定或注册的有 3.32 万个，占比仅为 3.8%，其中农业部门认定 1.79 万个，工商部门注册 1.53 万个。

总体来说，目前家庭农场发展有如下特点。

第一，家庭农场已初具规模。截至 2012 年年底（下同），全国 30 个省（自治区、直辖市）（不含西藏，下同）共有符合本次统计调查条件的家庭农场 87.7 万个，经营耕地面积达到 1.76 亿亩，占全国承包耕地面积的 13.4%。平均每个家庭农场有劳动力 6.01 人，其中家庭成员 4.33 人，长期雇工 1.68 人。

第二，家庭农场以种养业为主。在全部家庭农场中，从事种植业的有 40.95 万个，占 46.7%；从事养殖业的有 39.93 万个，占 45.5%；从事种养结合的有 5.26 万个，占 6%；从事其他行业的有 1.56 万个，占 1.8%。

第三，家庭农场生产经营规模较大。家庭农场以“场”为生产基础，最符合适度规模经营理念，这使其区别于传统的超小规模农户和大规模的雇工农场。农业部数据显示，家庭农场平均经营规模达到 200.2 亩，是全国承包农户平均经营耕地面积 7.5 亩的近 27 倍，而其中经营规模在 500 亩以下的占 96%。可见，家庭农场以达到一定规模的土地资源作为其开展农业生产的基础，其经营面积或养殖规模能够确保获得与当地城镇居民相当的收入水平。

不过，“场”的规模，又以家庭成员劳动能力为限度，其经营面积或养殖规模与家庭成员的劳动能力相匹配。因此，它的未来之路应是适中的和精巧的。以上海松江为例，家庭农场之所以确定 100~150 亩的标准，主要是依据劳动收入、经营能力和劳动力转移程度。家庭农场平均经营规模达到 200.2 亩，是全国承包农户平均经营耕地面积 7.5 亩的近 27 倍。其中，经营规模 50 亩以下的有 48.42 万个，占家庭农场总数的 55.2%；50~100 亩的有 18.98 万个，占 21.6%；100~500 亩的有 17.07 万个，占 19.5%；500~1000 亩的有

1.58 万个，占 1.8%；1000 亩以上的有 1.65 万个，占 1.9%。2012 年全国家庭农场经营总收入为 1620 亿元，平均每个家庭农场为 18.47 万元。山东滕州华宇农场通过与农户的分散经营成本做对比得出，家庭农场亩均成本由原来的 915 元下降为 697 元，节约了 218 元，加上单产提高每亩能增收 200 元，亩均受益就能比分散经营增加 418 元。

第四，一些地方注重扶持家庭农场发展，提高管理服务水平。在全部家庭农场中，已被有关部门认定或注册的共有 3.32 万个，其中农业部门认定 1.79 万个，工商部门注册 1.53 万个。2012 年，全国各类扶持家庭农场发展资金总额达到 6.35 亿元，其中江苏和贵州超过 1 亿元。

（四）土地流转现状

1. 总体情况

总体来讲，我国土地流转情况发展良好。“十一五”期末，农户承包土地流转面积增加到 18 668 万亩，与“十五”期末相比增加 13 201 万亩，平均每年约增加 2640 万亩，年均增长 48.3%，比“十五”时期年均增速高 3.2 个百分点。流转面积占家庭承包耕地面积的比例提高到 14.7%，与“十五”期末相比增加 10.1 个百分点。

截至 2012 年年底，全国家庭承包耕地流转总面积 2.78 亿亩，比 2011 年年底增长 22.1%；占家庭承包经营耕地面积的 21.2%，比 2011 年提高 3.5 个百分点。分省看，耕地流转面积占耕地承包面积在 25%以上的前 10 个省（直辖市）分别是：上海 60.1%、江苏 48.2%、北京 48.2%、浙江 42.9%、重庆 36.1%、黑龙江 35.7%、广东 28.9%、河南 26.9%、安徽 25.7%、湖南 25.7%。流转面积比上年增幅超过 30%的 7 个省（自治区、直辖市）分别是：重庆 65.7%、吉林 44.4%、甘肃 39.0%、安徽 38.6%、河南 32.0%、新疆 30.1%。

土地流转合同签订率上升。截至 2012 年年底，全国流转承包耕地的农户 4438 多万户，占家庭承包农户数的 19.3%，比 2011 年上升 2.4 个百分点；签订流转合同 3107.2 万份，涉及流转耕地面积为 1.81 亿亩，分别比 2011 年增长 23.3%和 30.2%；流转合同涉及耕地占流转总面积的 65.0%，比 2011 年增加 3.9 个百分点。

流转耕地用于种植粮食作物的比例上升。农户流转出的承包耕地中，用于种植粮食作物面积为 1.56 亿亩，占流转总面积的 55.8%，比 2011 年增加 1.1 个百分点。分省看，流出耕地用于种植粮食作物的比例较高的省（自治区）是：吉林 90.5%、黑龙江 87.5%、内蒙古 72.7%、安徽 69.0%、河南 64.4%、江西 58.6%、青海 56.5%。

2. 一些微观调查结果

中国农地流转发展总体趋势如下。

总体上看（表 2.19），从 20 世纪 90 年代后期开始，农地流转市场逐渐发展起来。全国平均来看，1996 年有 2.6%的耕地发生了流转，2000 增加到 9.0%，几乎每两年翻一番；但是，2004 年这一比例仅增加到 10.5%，增速慢的原因可能是 20 世纪末第二轮农

地承包的开展或者是 2003 年《中华人民共和国农村土地承包法》的实施使得人们有一个缓冲期；截止到 2008 年，农地流转面积增加到 17.1%，相比 2004 年增加了 60%以上（表 2.19）。中国农地流转市场的发展可能得益于宽松的法律、政策环境和快速的非农就业机会的增长。

表 2.19　中国耕地产权类型结构变迁：1996~2008 年

年份	不同耕地类型百分比/%			
	自留地	责任田	转入地	承包田
1996	2.4	84.0	2.6	11.0
2000	2.5	78.3	9.0	10.2
2004	2.7	77.8	10.5	10.0
2008	2.7	70.3	17.1	9.9

然而，农地流转表现出很大的地区差异。从图 2.3 可以看到，浙江的农地流转市场要远远高于全国平均水平：1996 年全国平均 2.6%的耕地面积发生流转，而浙江是 5.2%，是全国平均水平的一倍；2008 年全国平均 17.1%的耕地面积发生流转，浙江是 41.5%，是全国平均水平的 2 倍多。浙江的流转趋势曲线表现出了非常快的上升趋势，这可能是因为浙江的经济发展水平高，农民非农就业机会多，从而把土地放在手里的机会成本大。这也预示着非农就业机会增加导致农村劳动力向外转移是农地流转的一个主要原因。在经济相对落后的地方，例如，陕西、河北和辽宁的土地流转市场发展比较缓慢，它们的趋势曲线上升都很缓慢。20 世纪 90 年代中期到现在，陕西农地流转市场的发展几乎处于停滞状态，一直没有超过 5%。南部省湖北和四川的流转市场发展趋势也很明显。例如，四川在 2004 年后曲线上升迅速，可能是二轮承包后农地使用权更稳定的结果。这些复杂的现象可能表明决定农地流转的因素也很多。无论如何，我们从下面的图 2.3 还是看到了很好的发展趋势。这在某种程度上表明鼓励农地流转的政策起到了一定的作用。

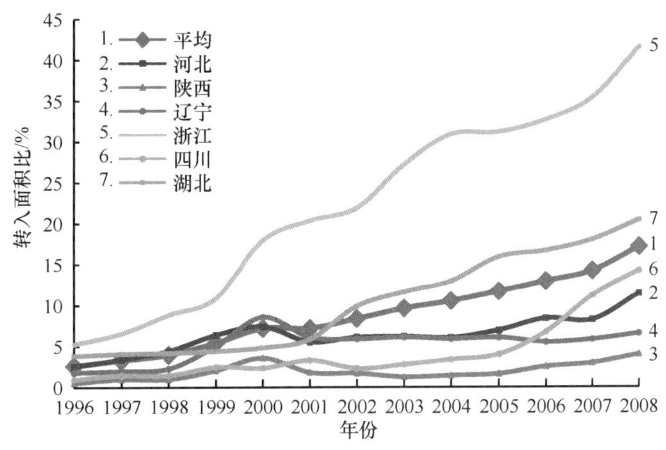

图 2.3　中国 6 个样本省 1996~2008 年的农地转入面积比

总体来说，从改革初期到目前，我国农村土地流转市场取得了长足的发展，约 1/5 的土地发生了流转，这为规模化发展奠定了坚实的基础。

三、规模化发展现状：畜牧业

（一）生猪规模化养殖现状分析

1. 生猪散养与规模养殖比例的变化趋势

生猪的规模化发展始于20世纪90年代，但对全国生猪规模养殖的数据统计最早在1998年，鉴于数据的可获得性，本研究选取1998~2011年生猪规模养殖的统计数据分析我国生猪规模化养殖的变化趋势，对于生猪规模的划分，相关政府文件中按照生猪年出栏量来划分养殖规模，其划分标准如下：生猪散养养殖的规模是年出栏量1~49头，小规模养殖户指的是生猪年出栏量在50~499头，中等规模是年出栏量在500~9999，大规模养殖场指的是年出栏量在1万头以上。

从1999开始，我国散养户生猪出栏量占总出栏量的比已由1999年的78.5%降到了2004年的66%。由图2.4可知，规模化养殖所占比例年递增率由2003年以前的年均递增2.5%以内，快速增至2004年的5.3%。因此，不难看出，生猪规模化养殖步入快速发展轨道是从2003年开始的，我国生猪养殖业自2003年开始进入了快速调整期，生猪养殖规模化进程加快。

2003年“非典”过后，多数地区纷纷出台“畜禽饲养管理条例”“猪肉市场准入制”，2003年10月至今豆粕等饲料原料价格大幅波动，市场风险增大，散养户力不从心，诸多环境因素的影响下，散养的弊端日益显现，生存空间逐渐缩小，饲养管理水平较低的散养户难以维持，而规模化养殖逐渐被推广，发展空间得到快速扩展。

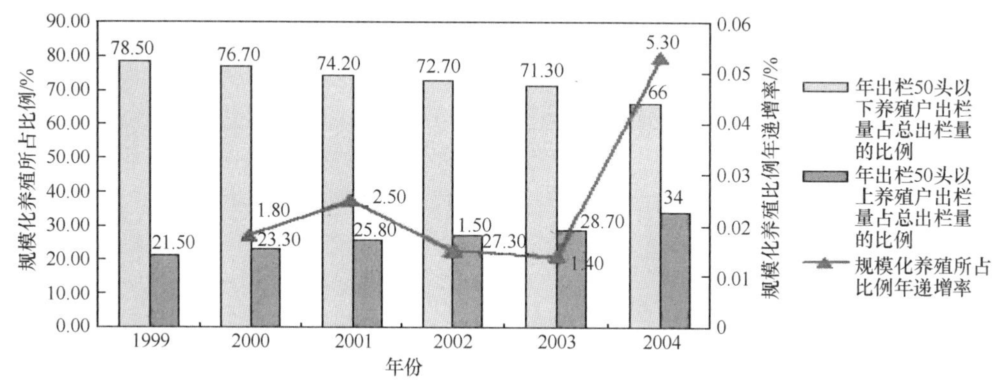

图2.4　1999~2004年生猪散养与规模养殖变化趋势

从猪场数量来看，我国散养猪场数量在过去的10年中呈大幅减少的趋势，从2003年的10 677.9万个减少到2011年的5512.9万个，净减少5165万个，减少了48.37%，而规模养殖猪场数量则呈大幅增加的趋势，从2003年的113.9万个增加到2011年的

274.5 万个，净增加 160.6 万个，增长了 1.41 倍。由此可见，进入 21 世纪以来，我国的生猪规模化养殖比例大幅提高，生猪散养户陆续推出市场，规模养殖快速进入生猪养殖行业（图 2.5，图 2.6）。

由于散养猪场数量仍占绝对优势，因此其占猪场总数的比例虽然也呈降低的趋势，但降低幅度并不大，从 2003 年的 98.94%降低到 2011 年的 95.26%，仅降低了 3 个百分点左右，即规模养殖猪场数量占猪场总数的比例在 2003~2011 年也仅增长了 3 个百分点左右，从 2003 年的 1.06%增长到 2009 年的 4.74%（图 2.5）。

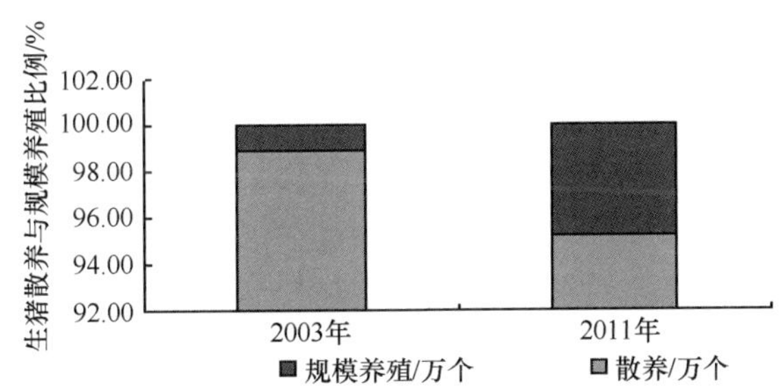

图 2.5　我国生猪散养与规模养殖比例趋势

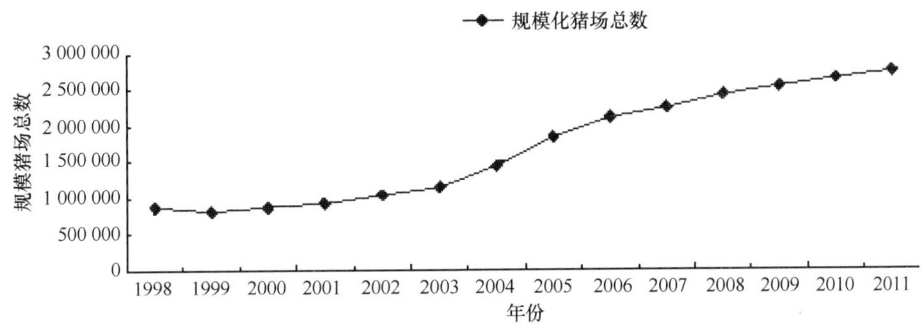

图 2.6　1998~2011 年规模猪场总数变化

从生猪的年出栏量来看，规模养殖生猪年出栏量出现明显的逐年增长特征，2010 年分别比 1998 年和 2004 年增长了 4.17 倍和 1.58 倍，远超于规模猪场数量增长的幅度，主要原因在于规模猪场的平均养殖规模也在逐年增大，从 1998 年的 112.5 头增大到 2009 年的 227.5 头。散养生猪年出栏量占总出栏量的比例呈逐年降低趋势，从 1998 年的 76.80%降低到 2009 年的 38.67%，而规模养殖生猪年出栏量占总出栏量的比例（即“生猪规模养殖比例”）则呈逐年增长的变化趋势，从 1998 年的 23.20%增长到 2009 年的 61.33%期间增长了 1.64 倍，其中 2003 年以后呈加速增长态势，平均每年增长 3~9 个百分点，2008 年首次突破 50%。这是由于散养猪场数量不断减少、规模养殖猪场数量加速增长，以及规模养殖猪场养殖规模持续增大等因素共同作用的结果（表 2.20，图 2.7）。

表 2.20　我国生猪散养与规模养殖年出栏量　（单位：头）

年份	1998	1999	2000	2001	2002	2003	2004	2005	2006	2007	2008	2009	2010
散养	38 567.1	39 627.2	39 123.2	40 813.8	44 393.2	46 867.6	38 413.3	37 841.9	42 657.7	41 418.4	37 764.7	34 061	33 149.5
规模养殖	11 648	11 121.8	13 550.1	14 122.9	16 598.2	18 907.4	23 394.1	28 257.5	32 180.4	38 939	47 973.6	54 031	60 250.4
合计	50 215.1	50 749	52 673.3	54 936.7	60 991.4	65 775	61 807.4	66 099.4	74 838.1	80 357.4	85 738.3	88 092	93 399.9

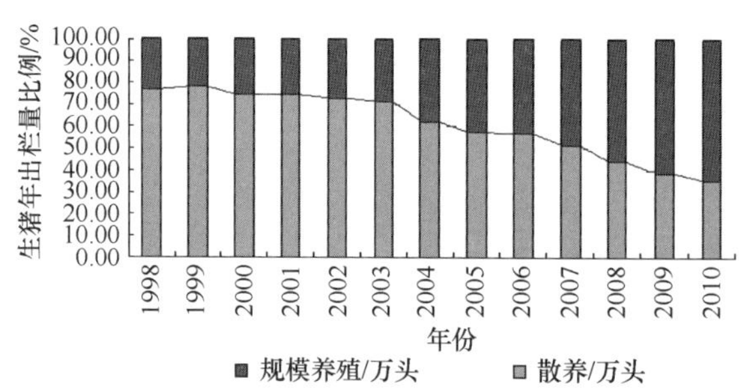

图 2.7　我国生猪散养与规模养殖年出栏量比例的变化趋势

2. 各种规模猪场数量及其所占比例的变化趋势

（1）各种规模猪场数量及其所占比例的变化趋势

从规模猪场的增长速度来看，2002 年以前和 2006 年以后的各年份同比增长率都在 10%以下，而在 2002~2006 年各年份同比增长率皆在 10%以上，2004 年和 2005 年高达 20%以上（表 2.21）。

表 2.21　1998~2011 年各种规模猪场数量变化表

年份	50~99 头	100~499 头	500~2 999 头	3 000~9 999 头	10 000~49 999 头	5 万头以上	合计	
							总数	比上年增长/%
1998	697 930	156 325	16 069	2 468	614	11	873 417	
1999	637 434	154 650	16 815	2 368	629	12	811 908	−7.04
2000	685 802	165 462	21 437	2 867	669	13	876 250	7.92
2001	703 777	193 450	22 956	2 798	747	16	923 744	5.42
2002	790 307	212 909	27 495	3 242	862	28	1 034 843	12.03
2003	851 429	249 016	33 844	3 388	911	30	1 138 618	10.03
2004	1 056 793	328 811	46 175	4 162	1 048	44	1 437 033	26.21
2005	1 382 874	391434	54 780	5 094	1 221	39	1 835 442	27.72
2006	1 581 697	458 184	60 054	5690	1 317	44	2 106 986	14.79
2007	1 577 645	542 014	113 784	9 004	1 803	50	2 244 300	6.52
2008	1 623 484	633 791	148 686	12 916	2 432	69	2 421 378	7.89
2009	1 653 865	689 739	175 798	15 459	3 083	96	2 538 040	4.82
2010	1 685 279	742 772	199 051	17 636	3 558	121	2 648 417	4.35
2011	1 724 703	782 338	215 216	18 488	3 937	162	2 744 844	3.64

从猪场数量变化来看，各种不同规模猪场的数量均呈逐年增加趋势，但相对增长速度不同，导致其占规模猪场总数的比例呈现不同的变化特征，其中年出栏生猪 50~99 头的猪场所占比例具有明显的逐年降低趋势，从 1998 年的 79.91%降低到 2011 年的 62.83%，而其他规模猪场所占比例都具有逐年提高的趋势，尤其是年出栏生猪 100~499 头、500~2999 头的猪场所占比例提高明显，从 1998~2011 年分别提高了 10.6 个百分点和 6 个百分点。3 种类型的规模猪场数量所占比例发生了变化，年出栏生猪 50~499 头的小型规模猪场从 1998 年的 97.81%降低到 2011 年的 91.34%，仍占规模猪场总数的 90%以上；年出栏生猪 500~9999 头的中型规模猪场所占比例已从 1998 年的 2.122%增加到 2011 年的 8.514%；年出栏生猪 1 万头以上的大型规模猪场所占比例从 1998 年的 0.0716%增加到 2011 年的 0.1493%，不足 0.2%，但从总体来看，小规模猪场数量下降，但依然是主体，中型规模猪场增加较多，但不足 10%，大型规模养猪场占比极小，增加幅度小（表 2.22）。

表 2.22 1998-2011 年各种规模猪场所占比例表（%）

年份	50~99 头	100~499 头	500~2 999 头	3 000~9 999 头	10 000~49 999 头	5 万头以上	合计
1998`	79.908 0	17.898 1	1.839 8	0.282 6	0.070 3	0.001 3	100
1999	78.510 6	19.047 7	2.071 0	0.291 7	0.077 5	0.001 5	100
2000	78.265 6	18.883 0	2.446 4	0.327 2	0.076 3	0.001 5	100
2001	76.187 5	20.941 9	2.485 1	0.302 9	0.080 9	0.001 7	100
2002	76.369 7	20.574 0	2.656 9	0.313 3	0.083 3	0.002 7	100
2003	74.777 4	21.870 0	2.972 4	0.297 6	0.080 0	0.002 6	100
2004	73.539 9	22.881 2	3.213 2	0.289 6	0.072 9	0.003 1	100
2005	75.342 8	21.326 4	2.984 6	0.277 5	0.066 5	0.002 1	100
2006	75.069 2	21.745 9	2.850 2	0.270 1	0.062 5	0.002 1	100
2007	70.295 6	24.150 7	5.069 9	0.401 2	0.080 3	0.002 2	100
2008	67.047 9	26.174 8	6.140 6	0.533 4	0.100 4	0.002 8	100
2009	65.163 1	27.176 0	6.926 5	0.609 1	0.121 5	0.003 8	100
2010	63.633 4	28.045 9	7.515 8	0.665 9	0.134 3	0.004 6	100
2011	62.834 3	28.502 1	7.840 7	0.673 6	0.143 4	0.005 9	100

从表 2.23 和图 2.8~图 2.10 可以看出，小型规模猪场在 2007 年急剧下降，占比从 96.8151%下降到 94.4463%，下降了 2.37 个百分点，而中型和大型规模的养猪场则呈加速增长的趋势，中型规模养猪场从 3.1203%增长到了 5.4711%，增长幅度达 75.34%，大型规模养猪场从 0.06%增长到了 0.08%，增长幅度达 33.33%，通过对养猪业 2006 年的相关事实及数据分析可以得知，2006 年，我国的生猪市场先是经历了上半年的价格低谷、深度亏损，于是小规模养猪场大大减少其能繁母猪的存栏量，以降低亏损的程度，部分勉强渡过难关，但紧接着下半年开始了猪高热病疫情。人们的消费观念在瞬间改变，多数的养猪人及周围养猪的人在疫情期间及疫情过后纷纷选择了吃牛羊肉等，这大大降低了生猪的需求，而且影响深远。综合 2006 年上半年的亏损对生猪存栏产生的影响，以及猪高热病对养猪生产的重创，截至 2006 年年底，我国的生猪存栏量同比至少下降了 40%，相对于正常水平至少下降了 20%，部分地区下降的幅度甚至更大，小规模养猪场在此次价格波动及疫情发生中迅速退出养猪业，而中型规模养猪场及大型规模养猪场抗风险能力

比小型规模养猪场要稍微强一些，在承受养猪业巨大的压力及付出了巨大的代价之后依然扛了过来，而且随着小型规模养猪场的退出，供给大大减少，待到需求迅速恢复之时，原有的部分小型养猪场扩大其规模以满足需求，转变为中型或大型规模养猪场。

表 2.23　3 种规模猪场占规模猪场总数百分比（%）

年份	小型规模	中型规模	大型规模	合计
1998	97.806 1	2.122 4	0.07	100
1999	97.558 3	2.362 7	0.08	100
2000	97.148 5	2.773 6	0.08	100
2001	97.129 4	2.788 0	0.08	100
2002	96.943 8	2.970 2	0.09	100
2003	96.647 4	3.269 9	0.08	100
2004	96.421 2	3.502 8	0.08	100
2005	96.669 2	3.262 1	0.07	100
2006	96.815 1	3.120 3	0.06	100
2007	94.446 3	5.471 1	0.08	100
2008	93.222 7	6.674 0	0.10	100
2009	92.339 1	7.535 6	0.13	100
2010	91.679 3	8.181 8	0.14	100
2011	91.336 4	8.514 3	0.15	100

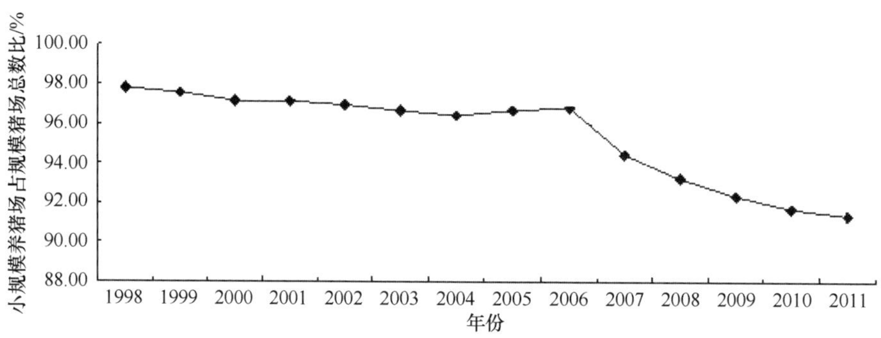

图 2.8　小型规模猪场占比趋势图

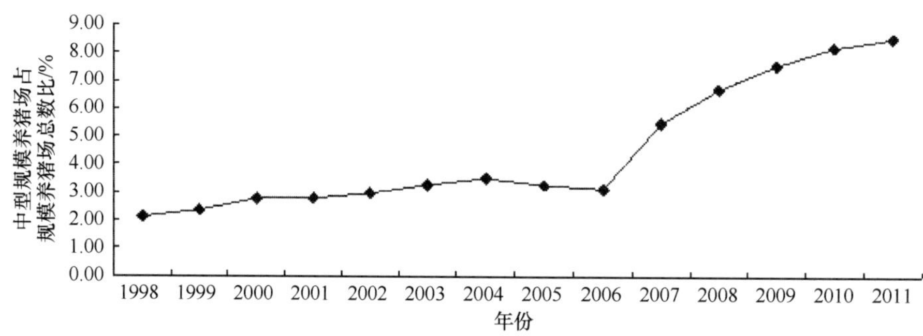

图 2.9　中型规模猪场占比趋势图

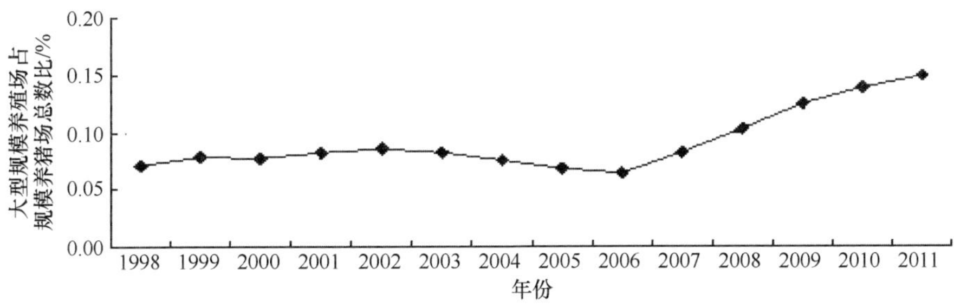

图 2.10 大型规模猪场占比趋势图

（2）各种规模猪场年出栏量及其所占比例的变化趋势

从规模猪场总出栏量增长的速度来看，除了 1999 年和 2001 年以外，其他年份的同比增长率都在 10%以上，其中 2000 年、2004 年、2005 年、2007 年、2008 年这 5 年都高达 20%以上（表 2.24）。

表 2.24 1998~2010 年各种规模猪场年出栏量变化表

年份	50~99 头	100~499 头	500~2 999 头	3 000~9 999 头	10 000~49 999 头	5 万头以上	合计	
							总数/头	比上年增长/%
1998	4 586.22	3 213.37	1 733.37	1 187.29	853.97	73.73	11 647.95	—
1999	4 336.59	2 975.29	1 746.33	1 085.90	898.81	78.92	11 121.84	–4.52
2000	4 754.43	3 688.80	2 300.93	1 627.80	1 082.58	95.54	13 550.08	21.83
2001	4 977.26	4 165.14	2 406.49	1 342.17	1 115.39	116.48	14 122.93	4.23
2002	5 363.74	5 165.14	2 936.32	1 643.23	1 283.88	205.84	16 598.15	17.53
2003	5 899.85	5 963.93	3 647.70	1 741.97	1 418.12	235.84	18 907.41	13.91
2004	7 382.14	7 502.24	4 542.57	2 061.53	1 567.32	338.29	23 394.09	23.73
2005	9 490.67	8 810.05	5 344.90	2 500.89	1 814.41	296.58	28 257.50	20.79
2006	10 565.82	10 375.64	6 066.56	2 792.83	2 045.56	333.96	32 180.37	13.88
2007	10 424.39	10 995.64	10 293.90	4 110.20	2 736.14	378.72	38 938.99	21.00
2008	11 086.16	13 498.77	13 287.90	5 888.53	3 665.94	546.34	47 973.64	23.20
2009	11 394.69	14 743.69	15 523.94	7 067.36	4 570.54	730.75	54 030.97	12.63
2010	11 900.9	16 087.2	17 874.9	8 190.6	5 269.7	927.1	60 250.4	11.51

从猪场出栏量的变化来看，各种不同规模猪场的出栏量均呈现逐年增加趋势，但相对增长速度不同，导致其占规模猪场总出栏量的比例呈现不同的变化特征。其中，年出栏生猪 50~99 头的猪场所占比例具有明显的逐年降低趋势，从 1998 年的 39.37%降低到 2010 年的 19.75%；年出栏生猪 100~499 头、10 000~49 999 头的猪场所占比例保持相对稳定；而年出栏生猪 500~2999 头和 5 万头以上的猪场所占比例具有逐年提高趋势，2010 年都比 1998 年增长 1 倍左右，3000~9999 头在 2001~2006 年占比不足 10%，在 2006 年之后占比逐年上升，且超过 10%，呈现出先下降后上升趋势，这种变化特征是由于不同规模猪场的养殖规模，以及不同规模猪场所占比例的变化特征综合作用的结果。按小、中、大规模猪场分析，年出栏生猪 50~499 头的小型规模猪场出栏量从 1998 年的 66.96%

降低到 2010 年的 46.45%，已降低到 50%以下；年出栏生猪 500~9999 头的中型规模猪场所占比例已从 1998 年的 25.07%增加到 2010 年的 43.26%，基本与小型规模猪场出栏量相同；而年出栏生猪 1 万头以上的大型规模猪场所占比例从 1998 年的 7.96%增加到 2010 年的 10.28%，在 2009 年时该数据为 9.81%，即 2010 年突破 10%，上述分析说明，尽管我国生猪养殖的规模化水平逐年提高，但是目前我国生猪规模养殖水平总体来看并不高，行业集中度仍然偏低（表 2.25，图 2.11，图 2.12）。

表 2.25　1998~2010 年各种规模猪场年出栏量所占比例表（%）

年份	50~99 头	100~499 头	500~2 999 头	3 000~9 999 头	10 000~49 999 头	5 万头以上	合计
1998	39.373 6	27.587 4	14.881 3	10.193 1	7.331 5	0.633 0	100
1999	38.991 7	26.751 8	15.701 8	9.763 7	8.081 5	0.709 6	100
2000	35.087 8	27.223 5	16.980 9	12.013 2	7.989 5	0.705 1	100
2001	35.242 4	29.492 0	17.039 6	9.503 5	7.897 7	0.824 8	100
2002	32.315 3	31.118 8	17.690 6	9.9001	7.735 1	1.240 1	100
2003	31.203 9	31.542 8	19.292 4	9.213 2	7.500 3	1.247 3	100
2004	31.555 6	32.069 0	19.417 6	8.812 2	6.699 6	1.446 0	100
2005	33.586 4	31.177 7	18.915 0	8.850 4	6.421 0	1.049 6	100
2006	32.833 1	32.242 1	18.851 7	8.678 7	6.356 5	1.037 8	100
2007	26.771 1	28.238 1	26.436 0	10.555 5	7.026 7	0.972 6	100
2008	23.108 9	28.137 9	27.698 3	12.274 5	7.641 6	1.138 8	100
2009	21.089 2	27.287 5	28.731 6	13.080 2	8.459 1	1.352 5	100
2010	19.752 4	26.700 6	29.667 7	13.594 3	8.746 3	1.538 7	100

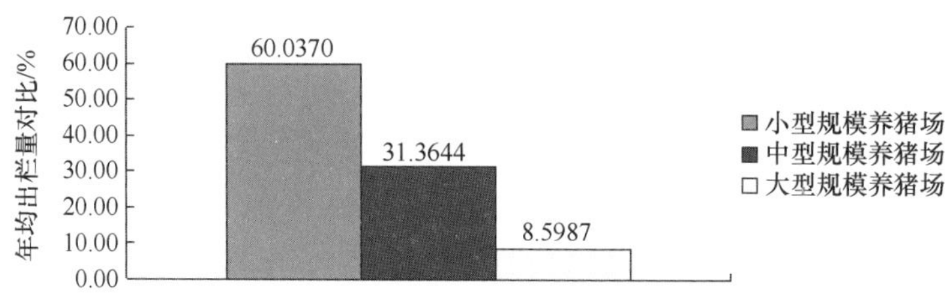

图 2.11　3 种规模养猪场 1988~2010 年均出栏量对比图

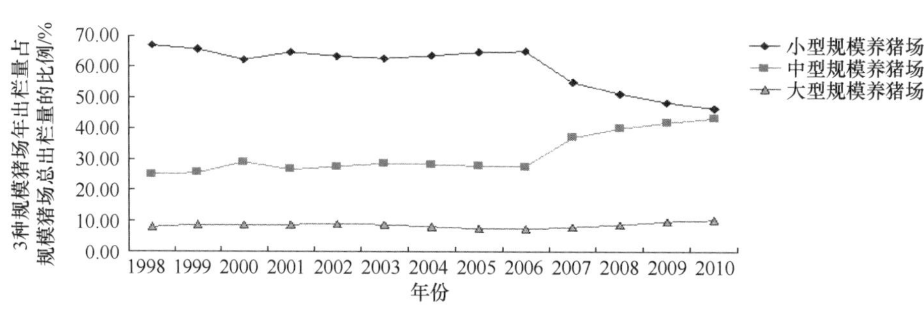

图 2.12　1998~2010 年 3 种规模猪场年出栏量占规模猪场出栏量比例趋势图

3. 生猪规模化养殖区域变化趋势

（1）规模猪场总数及出栏量不同区域的变化趋势

总体而言，我国大陆 31 个省（自治区、直辖市）的生猪规模养殖场及其出栏量在当地生猪所有养殖场及其出栏量中所占比例皆呈逐年增加趋势，但变化幅度存在一定的差异（表 2.26~表 2.28，图 2.13）。

表 2.26　不同区域规模养殖猪场与出栏量所占比例的变化趋势

地区	规模猪场所占比例/%		规模猪场变化幅度/%	规模猪场出栏量所占比例/%		规模猪场出栏量占比变化幅度/%
	2003 年	2010 年		2003 年	2010 年	
全国	1.06	4.29	305	28.75	64.51	124.38
北京	35.67	41.70	16.90	89.91	91.63	1.91
天津	10.47	57.81	452.15	63.14	93.85	48.64
河北	1.73	8.96	417.92	35.70	75.09	110.34
山西	1.94	10.38	435.05	32.41	68.66	111.85
内蒙古	0.25	2.56	924.00	6.0	45.02	649.08
辽宁	3.89	10.90	180.21	42.49	70.59	66.13
吉林	0.63	17.05	2 606.35	8.64	71.47	727.20
黑龙江	8.92	19.51	118.72	43.48	68.78	58.19
上海	26.24	28.83	9.87	83.86	91.47	9.07
江苏	0.72	6.82	847.22	20.50	68.57	234.49
浙江	2.32	7.30	214.66	60.05	82.31	37.07
安徽	0.74	3.14	324.32	22.04	67.48	206.17
福建	1.43	8.82	516.78	56.77	81.01	42.70
江西	0.88	4.42	402.27	31.38	80.64	156.98
山东	3.2	17.64	441.10	37.45	73.78	97.01
河南	1.44	7.75	438.19	43.28	80.70	86.46
湖北	0.51	2.19	329.41	19.96	63.80	219.64
湖南	1.39	5.39	287.77	30.46	62.91	106.53
广东	2.18	8.53	291.28	57.31	84.52	47.48
广西	0.47	2.13	353.19	16.33	50.85	211.39
海南	0.43	1.61	274.42	27.29	55.09	101.87
重庆	0.13	1.20	823.08	5.19	39.29	657.03
四川	0.42	2.83	573.81	9.92	50.17	405.75
贵州	0.10	0.41	310.00	2.60	15.66	502.31
云南	0.27	1.53	466.67	7.52	25.11	233.91
西藏	0.03	0.89	2866.67	0.48	9.06	1787.50
陕西	0.48	4.13	760.42	13.97	62.05	344.17
甘肃	0.65	2.41	270.77	22.97	53.36	132.30
青海	0.36	0.65	80.56	7.00	30.06	329.43
宁夏	0.87	1.53	75.86	23.24	47.72	105.34
新疆	6.55	24.14	268.55	44.15	75.94	72.00

表 2.27　2003~2010 年 31 省（自治区、直辖市）生猪规模猪场养殖变化幅度

变化幅度	东部	中部	西部	东北
0.5~1 倍	上海、北京		宁夏、青海	
1~2 倍				黑龙江、辽宁
2~3 倍	浙江、广东、海南	湖南	新疆、甘肃	
3~5 倍	河北、山东、天津	安徽、湖北、江西、山西、河南	云南、贵州、广西	
5~10 倍	福建、江苏		内蒙古、四川、陕西、重庆	
>25 倍			西藏	吉林

表 2.28　2003~2010 年 31 省（自治区、直辖市）生猪规模猪场年出栏量变化幅度

变化幅度	东部	中部	西部	东北
<0.1 倍	上海、北京			
0.1~1 倍	山东、天津、广东、福建、浙江	河南	新疆	辽宁、黑龙江
1~2 倍	河北、海南	江西、山西、湖南	甘肃、宁夏	
2~3 倍	江苏	湖北、安徽	云南、广西	
3~5 倍			贵州、四川、陕西、青海	
6~10 倍			重庆、内蒙古	吉林
>15 倍			西藏	

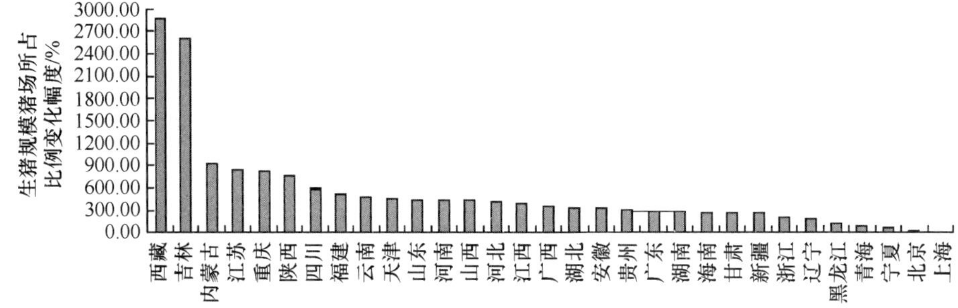

图 2.13　2003~2010 年 31 省（自治区、直辖市）生猪规模猪场所占比例变化图

所有地区的生猪规模养殖比例逐年都有所提高。从规模猪场来看，从 2003~2010 年，全国的规模猪场约增长了 3 倍；年间变化幅度最大的是吉林与西藏，变化幅度达 25 倍以上；其次为处于东部地区与西部地区的内蒙古、江苏、重庆、陕西、四川、福建，2003~2010 年增长幅度超过 5 倍；增长 3~5 倍的地区最多，达 11 个，其中中部地区 5 个省（安徽、湖北、江西、陕西、河南），东部与西部地区分别有 3 个省（自治区、直辖市），即河北、山东、天津、云南、贵州、广西，东北地区的辽宁与黑龙江的增长幅度相比该地区的吉林而言差距较大（吉林为 26.06 倍），分别为 1.80 与 1.19 倍，上海的增长幅度在全国排名最后，增长幅度不足 10%。总体而言，2010 年东部地区与西部地区的规模猪场个数增长幅度较大，但西部地区除陕西规模猪场比例为 4.13%外，其余省份均不足 3%。西部地区的生猪规模化养殖程度明显低于其他 3 个地区，2010 年，生猪规模养殖出栏量比例在 50%以下的 7 个省（自治区）都属于西部地区。

从规模养殖出栏量的比例来看，东部地区的天津、北京和上海3个直辖市的规模养殖比例排列全国前三位，2010年分别达到93.85%、91.63%和91.47%，其次，东部地区的广东、浙江、福建和中部地区的河南、江西在2010年的规模养殖比例也在80%以上，分别为84.52%、82.31%、81.01%、80.70%和80.64%；规模养殖比例在70%~80%的省（自治区）有东部地区的河北、山东，东北地区的吉林和辽宁，以及西部地区的新疆；规模养殖比例在60%~70%的省有中部地区的山西、安徽、湖南、湖北，东部地区的江苏，西部地区的陕西及东北地区的黑龙江；规模养殖比例在50%~60%的省（自治区）有东部地区的海南，西部地区的四川、广西、甘肃，其中四川为我国的生猪生产第一大省；规模养殖出栏量比例在50%以下的省（自治区、直辖市）有7个，都在西部地区，分别是宁夏、内蒙古、重庆、青海、云南、贵州、西藏（表2.26）。从以上分析可得，生猪规模养殖比例的高低取决于地区经济发展水平的高低，东部地区经济发展相对发达，其生猪规模养殖比例也较高，而西部地区经济发展相对较差，其生猪规模养殖比例也较低，另外生猪生产较大的省不一定其规模养殖较高。

（2）各种不同规模猪场数及出栏量在各省（自治区、直辖市）的比例变化趋势

从猪场个数来看，2010年，四川、山东、湖南三省的小型规模猪场个数合计占全国规模猪场总数的33.1%，且3个省的小型规模猪场占全国比例均在10%以上，东北三省及河南、河北的小型规模猪场占全国比例均在5%以上，占比在3%~4%的省有西部地区的云南、东部地区的广东与江苏、中部地区的湖北与安徽；占比在1%以下的有西部地区的新疆、贵州、宁夏、青海、西藏，三大直辖市城市天津、北京、上海，还有东部地区的海南；中型规模猪场在湖南与河南占比较高，达10%以上，二者合计超过全国中型规模猪场的1/5，中型规模猪场占比在5%~10%的有东部地区的山东、广东与河北，西部地区的四川，占比在2%~4%的有东北地区的辽宁、吉林与黑龙江，中部地区的湖北、安徽、江西，东部地区的江苏、浙江、福建，西部地区的广西，占比在1%以下的12个省（自治区、直辖市）中，分别是来自西部地区的8个省份（云南、新疆、内蒙古、甘肃、贵州、宁夏、青海、西藏），三大直辖市北京、上海、天津，以及东部地区的海南（表2.29）。

大型规模养猪场在全国所占比例在10%以上的省份为河南、湖北、广东，其中河南占比达13.07%，占比在5%~10%的有江西、四川、湖南、河北，占比在4%~5%的是来自东部地区的浙江、福建、山东，占比在1%~4%的有江苏、安徽、广西、陕西、海南、辽宁、吉林、黑龙江、上海、北京、山西，占比不足1%的有来自西部地区的9个省（自治区、直辖市）（云南、重庆、新疆、内蒙古、甘肃、贵州、宁夏、青海、西藏及天津），由以上分析可得知，小型规模养猪场在西部地区与三大城市郊区发展水平不高，在生猪生产大省发展良好，在东北地区发展次之，中型规模猪场在东部地区发展势头良好，在东北三省次之，在西部地区与三大城市郊区发展水平低，大型规模猪场在中部地区与东部地区部分省发展良好，在西部地区发展不足，三大城市郊区发展也比较靠后（表2.29）。

表 2.29 2010 年 3 种规模养猪场在 31 省（自治区、直辖市）的比例变化情况（%）

省(自治区、直辖市)	小型		中型		大型	
	猪场个数	年出栏量	猪场个数	年出栏量	猪场个数	年出栏量
北京	0.35	0.31	0.43	0.57	1.17	0.81
天津	0.64	0.82	0.52	0.57	0.22	0.21
河北	5.04	5.70	5.33	5.20	5.11	5.07
山西	1.54	1.46	1.46	1.41	1.33	1.08
内蒙古	1.35	1.02	0.74	0.64	0.30	0.32
辽宁	5.39	5.07	3.50	3.60	1.77	1.56
吉林	6.05	5.55	4.68	4.22	1.63	1.84
黑龙江	5.88	5.42	3.27	3.72	1.60	1.58
上海	0.15	0.18	0.20	0.38	1.41	1.51
江苏	3.61	4.61	3.69	3.89	3.67	3.99
浙江	2.16	2.77	2.92	2.93	4.43	5.36
安徽	3.37	3.34	4.32	4.24	3.51	3.21
福建	1.91	2.46	3.38	3.90	4.02	3.94
江西	2.08	2.16	4.55	4.85	7.94	7.68
山东	10.57	11.04	8.92	8.53	4.16	4.31
河南	5.45	6.63	14.26	13.31	13.07	13.83
湖北	3.43	4.42	4.92	5.45	10.60	9.88
湖南	10.20	9.31	10.25	9.31	5.14	4.87
广东	3.71	3.87	6.55	7.43	10.46	12.52
广西	2.66	2.60	2.52	2.72	3.21	3.37
海南	0.34	0.36	0.46	0.65	1.90	1.95
重庆	1.75	1.74	1.66	1.53	0.84	0.62
四川	12.33	10.50	7.19	6.46	7.09	5.89
贵州	0.85	0.74	0.32	0.26	0.16	0.11
云南	3.78	3.05	0.93	1.02	0.92	0.79
西藏	0.01	0.00	0.00	0.00	0.00	0.00
陕西	2.86	2.52	1.43	1.63	2.99	2.08
甘肃	1.37	1.04	0.67	0.63	0.43	0.31
青海	0.08	0.07	0.04	0.05	0.05	0.23
宁夏	0.17	0.25	0.13	0.15	0.03	0.02
新疆	0.89	0.99	0.75	0.75	0.82	1.07

（二）奶牛规模化养殖现状分析

我国的奶牛养殖业发展模式经历了从改革开放初期的个人散养迅速发展、实行奶业社会主义改造和公私合营、国营奶牛场规模养殖占主导地位时期到 21 世纪以来，个体散养向养殖小区和规模养殖转变和发展等变化。在每一个时期都有其特点及其背景，如

改革开放之后的一段时期内，国家出台系列政策积极扶持和发展奶牛养殖业，发出了“关于支持社队发展奶牛生产”的通知，要求加快奶牛养殖业发展，并给以信贷支持。1979年，中共十一届四中全会通过《中共中央关于加快农业发展若干问题的决定》，把鼓励社员家庭养畜放在首位，并鼓励农、牧民户养大牲畜，不限数量，给了农、牧民根据自己条件决定饲养畜、禽种类和数量的自主权。进入 21 世纪后，随着消费需求的强劲增长，中国原料奶供应出现紧张，奶源基地建设明显滞后，千家万户式的养殖模式已不能适应奶业大发展的需要。在需求增长的推动下，在国家政策的带动和支持下，各地区加快了发展规模养殖的步伐，奶牛规模养殖比例不断提高。鉴于数据的可获得性，本研究选取 2002~2011 年奶牛的规模化养殖数据分析我国奶牛的规模化养殖现状及变化趋势，同时将奶牛的规模等级划分如下，1~4 头为农户散养奶牛数，奶牛年存栏数在 5~99 头的为小型规模奶牛场，奶牛年存栏数在 100~499 头的为中等规模奶牛场，年存栏数在 500 头以上的为大型规模奶牛场。

1. 奶牛散养与规模养殖比例的变化趋势

从奶牛场的数量来看，我国散养猪场数量在 2002~2011 年这 9 年里呈减少的趋势，从 2002 年的 83.3%减少到 2011 年的 75.12%，减少了约 8 个百分点（图 2.14）。但从绝对数来看，2002 年奶牛散养户为 1 140 022 个，2011 年为 1 651 816 个，增加了 511 794 个，这主要是由于近年来人们对于奶制品的需求日益增长，同时，养殖奶牛是增加农民收入的有效办法之一，在一般情况下，饲养一头奶牛一年可以增加纯收入 3000 元左右。中国地域广阔，不同的地区，多样的民族，他们的资源禀赋及消费水平、消费习惯等，使得奶牛养殖的历史与传承多种多样。因此，对于土地紧张、资源不足的地区，并不能大力发展奶牛的规模养殖，同时由于大量需求的存在，因此散养便成了奶牛养殖过程中不可或缺的一个部分，并且在长期内是存在的，尽管如此，由于规模养殖的奶牛场户数增加较快，在一定程度上替代散养户来满足市场的需求，散养场户数在 2007~2011 年这 5 年中呈现出逐年下降的趋势（图 2.15），2007 年奶牛散养场户数为 2 159 701 个，到 2011 年奶牛的散养场户数为 1 651 816 个，减少了 507 885 个，减少幅度达 23.52%。

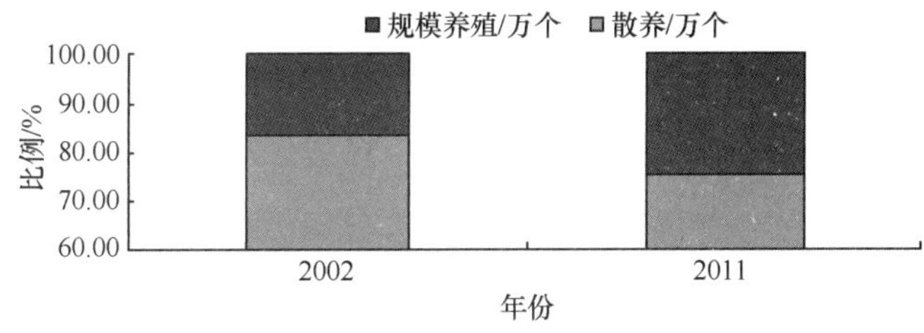

图 2.14　我国奶牛散养与规模养殖比例趋势

奶牛散养场户数逐年减少的同时，我国的奶牛规模养殖场在 2002~2011 年里呈现出两个阶段截然不同的变化特征，在 2002~2008 年，我国的奶牛规模养殖场个数逐年增加，从 2002 年的 228 594 个增加到 2008 年的 616 332 个，增加了 387 738 个，增长

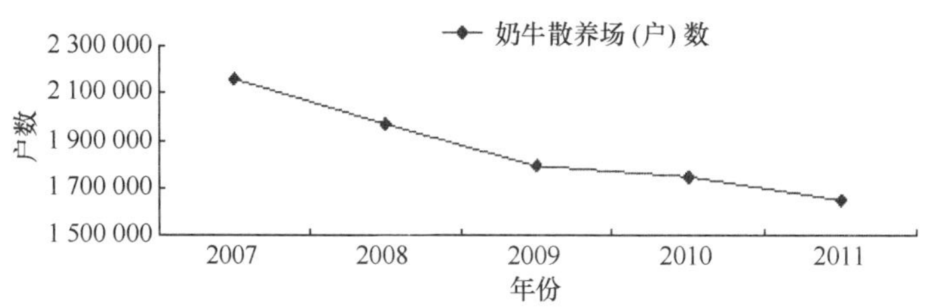

图 2.15　2007~2011 年我国奶牛散养场户数变化趋势

幅度约为 1.7 倍（图 2.16）。在这一阶段，我国的奶牛养殖业正式进入了一个迅速发展的阶段，随着我国经济的高速发展，人们对于奶制品的需求不断增加，各种形式的奶牛养殖小区逐步出现，规模化养殖的奶牛场数量增加较快，一些民间资本、国营资本也开始纷纷投入到奶牛养殖小区及奶牛场的建设上；然而 2008 年是奶牛规模养殖的一个转折点，从 2008~2011 年，奶牛规模养殖场呈逐年减少趋势，类似于奶牛散养场户数的减少，奶牛规模养殖场户数从 2008 年的 616 332 个减少到 2011 年的 547 015 个，减少了 69 317 个。从近几年的发展背景看，由于 2008 年“婴幼儿奶粉事件”发生后，国家为推进奶牛规模化饲养提供了新的契机。中共中央国务院通过出台一系列的扶持政策来支持奶牛的规模化养殖。在此基础上，我国各地普遍对规模化养殖实行税收优惠，并针对牧场用地及建设提供政府补贴。对于奶牛养殖场规模越大的补贴越多，在发生较大风险之后，中小型的奶牛场由于抗风险能力低，逐步退出奶牛养殖业，同时中等偏大型及大型的奶牛养殖场逐步扩大其规模。因此，规模化奶牛场的总数有所减少，但规模化奶牛场在奶牛养殖总场户数中所占的比例不断提高，从 2002 年的 16.70%提高到了 2011 年的 24.88%。

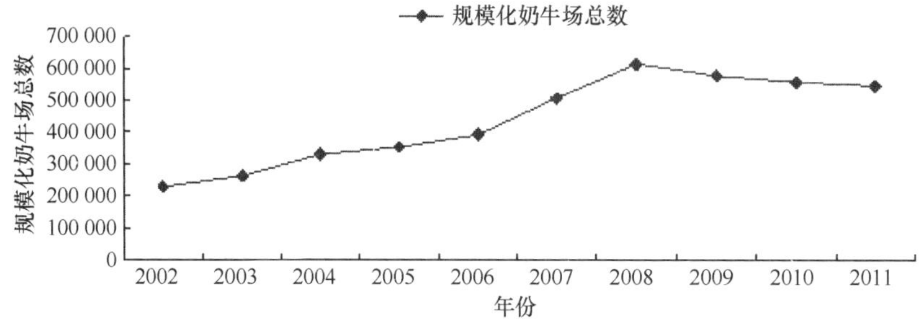

图 2.16　2002~2011 年我国规模化奶牛场总数变化趋势

从奶牛的年存栏量来看，散养奶牛的年存栏量比例从 2003 年的 46.65%减到 2007 年的 39.73%，到 2010 年时，比例为 26.42%，8 年间减少了近 20 个百分点，由于受农村经济发展条件特别是农民自身资金积累能力的限制，大多数奶牛散养户没有能力购买很多奶牛，难以形成规模饲养，没有能力建成较好的牛舍，购买挤奶机、TMR 等饲养、管理机械，奶牛改良计划、综合配套技术的推广、社会服务难以推行，生产能力也就难以提高。落后的一家一户的奶牛饲养方式不能适应现代化乳品加工业的需要。因此在 21 世纪伊始的 10 年里散养户退出较多，这给规模化奶牛养殖带来了机遇，奶牛的规模养殖比例则从 2003 年的 53.35%增加到 2010 年的 73.58%，增长了 20 个百分

点（图 2.17），奶牛的规模养殖存栏量在 2002 年约为 375 万头，在 2008 年突破 1000 万头，到 2010 年，奶牛的规模养殖存栏量约为 1200 万个，相比 2002 年增加了 2.2 倍（图 2.18）。

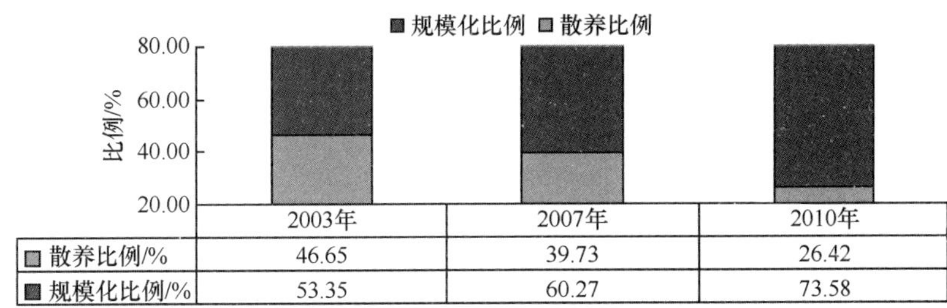

图 2.17 奶牛散养与规模养殖年存栏量对比

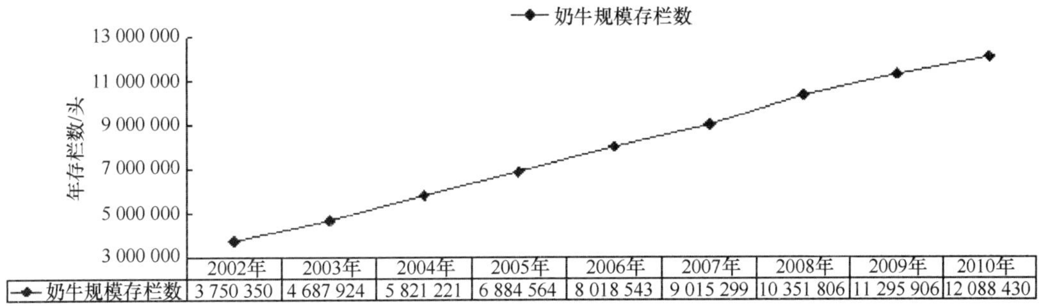

图 2.18 2002~2010 年奶牛规模养殖年存栏数变化趋势

2. 各种规模奶牛场数量及其所占比例的变化趋势

（1）各种规模奶牛场数量及其所占比例的变化趋势

从规模奶牛场总数的增长率来看，2007 年增长最快，其增长率为 29.69%，其次为 2004 年，增长率为 25.77%，2008 年的增长率也超过了 20%，同时注意到，从 2009 年之后，我国的规模化奶牛场总数的增长率为负数，表示这 3 年规模化奶牛场的数量是下降的（表 2.30）。

从各种规模的奶牛场数量变化来看，奶牛年存栏量在 5~19 头的规模化奶牛场的数量变化同总数的变化一致，在 2008 年之前逐年增加，从 2002 年的 200 083 个增加到了 2008 年的 542 102 个，增长了 1.7 倍，此后逐年减少，到 2011 年减少至 458 007 个，减少了 84 095 个，且在规模奶牛场户数中的占比一直在 85%以上，直到 2011 年，减少到 83.7284%；奶牛年存栏量在 20~99 头的规模化奶牛场的数量先增加后减少，在 2010 年再次增加，且在 2011 年超过 2008 年的数量，2002 年，该种规模的奶牛场个数为 25 698 个，2008 年为 65 646 个，增加了 1.5 倍，2009 年减少了 2806 个，为 62 840 个，2010 年增加到 64 208 个，2011 年为 76 695 个，比 2008 年增加 11 049 个，此规模奶牛场户数在奶牛规模养殖总场户数中所占比例一直在 10%以上，且在 2011 年达到最大值，为 14.0206%；奶牛年存栏量在 100~199 头的规模化奶牛场的数量除 2009 年略有减少外，

表 2.30　2002~2011 年各种规模奶牛场数量变化表

年份	5~19 头	20~99 头	100~199 头	200~499 头	500~999 头	1000 头以上	合计	相比上年增长率/%
2002	200 083	25 698	1 789	650	262	112	228 594	—
2003	224 373	35 036	2 292	895	344	136	263 076	15.08
2004	286 973	39 592	2 821	959	346	180	330 871	25.77
2005	302 494	46 396	2 997	1 253	448	188	353 776	6.92
2006	333 944	52 491	3 656	1 616	520	248	392 475	10.94
2007	444 895	56 254	4 421	2 336	768	339	509 013	29.69
2008	542 102	65 646	4 425	2 679	1 026	454	616 332	21.08
2009	506 449	62 840	4 324	3 341	1 773	706	579 433	–5.99
2010	483 913	64 208	4 604	3 579	2 061	898	559 263	–3.48
2011	458 007	76 695	5 264	3 946	2 083	1 020	547 015	–2.19

其余年份均增加，2002 年为 1789 个，2008 年为 4425 个，2009 年减少 101 个，为 4324 个，此后的两年均增加，到 2011 年为 5264 个，相比 2002 年增长近 2 倍，在规模奶牛场总数中占比在 0.7%以上，从 2008 年之后逐年增加，在 2011 年为 0.9623%；奶牛年存栏量在 200~499 头的规模化奶牛场的数量呈逐年增加趋势，且增长幅度较大，2002 年该规模奶牛场户数为 650 个，2007 年即突破 2000 个，达到 2336 个，到 2011 年，该数据为 3946 个，相比 2002 年增加了 5 倍，在规模奶牛场总数中所占比例由 2002 年的 0.2843%增长到了 2011 年的 0.7214%；奶牛年存栏量在 500~999 头的规模化奶牛场的数量呈逐年增加趋势，从 2002 年的 262 个，增加到了 2011 年的 2083 个，增长了 6.95 倍，奶牛年存栏量在 1000 头以上的规模化奶牛场的数量逐年增加，由 2002 年的 112 个增加到了 2011 年的 1020 个（表 2.31）。

表 2.31　2002~2011 年各种规模奶牛场数量所占比例表（%）

年份	5~19 头	20~99 头	100~199 头	200~499 头	500~999 头	1000 头以上	合计
2002	87.527 7	11.241 8	0.782 6	0.284 3	0.114 6	0.049 0	100
2003	85.288 3	13.317 8	0.871 2	0.340 2	0.130 8	0.051 7	100
2004	86.732 6	11.966 0	0.852 6	0.289 8	0.104 6	0.054 4	100
2005	85.504 4	13.114 5	0.847 1	0.354 2	0.126 6	0.053 1	100
2006	85.086 7	13.374 4	0.931 5	0.411 7	0.132 5	0.063 2	100
2007	87.403 5	11.051 6	0.868 5	0.458 9	0.150 9	0.066 6	100
2008	87.956 2	10.651 1	0.718 0	0.434 7	0.166 5	0.073 7	100
2009	87.404 2	10.845 1	0.746 2	0.576 6	0.306 0	0.121 8	100
2010	86.526 9	11.480 8	0.823 2	0.639 9	0.368 5	0.160 6	100
2011	83.728 4	14.020 6	0.962 3	0.721 4	0.380 8	0.186 5	100

将上述各种规模按照大、中、小 3 种类型进行划分可以得到，小型规模奶牛场在 2002~2011 年，在规模化奶牛场总数中所占比例呈基本下降趋势，尤其是在 2008 年之后呈直线下降趋势，但占比依然在 97%以上，其中 2010 年之前占比均在 98%以上，说明规模奶牛场绝大部分为小型规模奶牛场；中型规模奶牛场在 2002~2011 年占比在 1%以

上，且呈现出曲折上升的趋势，2008 年之后增长较快，由 2002 年的 1.0670%增长到了 2011 年的 1.6837%；大型规模奶牛场在 2004 年之后呈逐年上升趋势，且在 2008 年之后上升速度较快，由 2008 年的 0.2401%增长到了 2011 年的 0.5673%（表 2.32，图 2.19~图 2.21）。由于需求增长，国内牛奶产量从 2000 年 800 万 t 增至 2008 年的 3500 万 t，仍不能满足需求。这种供需差异也促使一些人用水勾兑牛奶，用三聚氰胺充当蛋白质成分，导致了 2008 年“三聚氰胺”事件的暴发。自 2008 年以来，我国整体奶业环境低迷，奶价低位运行，加之原料成本上涨，奶农处于亏损状态，卖牛、杀牛现象严重，导致奶牛存栏数量减少，小型规模的奶牛场由于经受不住由于市场带来的巨大冲击，退出较多。受消费需求拉动及国家对奶业发展支持政策的影响，在接下来的几年里，为了满足接下来对奶制品需求的增长，中型及大型的奶牛场数量增加较多，我国政府已陆续向奶农提供大量资金扶持，包括组织专业知识培训和补贴，以提高牛奶产量。中国奶业也在迅速地向大牧场养殖模式整合，以应对食品安全问题并提高生产力。而在政府倡导规模化养殖的过程中，大型的规模化奶牛场数量也呈现增加趋势。

表 2.32 3 种规模奶牛场占规模奶牛场总数百分比（%）

年份	小型规模	中型规模	大型规模	合计
2002	98.7694	1.0670	0.1636	100
2003	98.6061	1.2114	0.1825	100
2004	98.6986	1.1424	0.1590	100
2005	98.6189	1.2013	0.1798	100
2006	98.4610	1.3433	0.1957	100
2007	98.4550	1.3275	0.2175	100
2008	98.6072	1.1526	0.2401	100
2009	98.2493	1.3228	0.4278	100
2010	98.0077	1.4632	0.5291	100
2011	97.7491	1.6837	0.5673	100

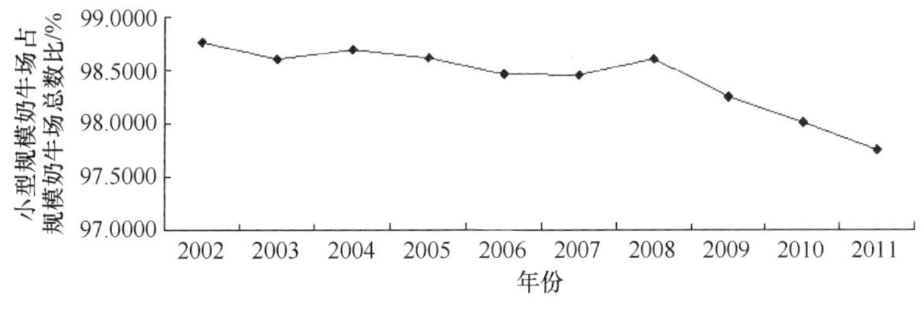

图 2.19 小型规模奶牛场占规模奶牛场总数比趋势图

（2）各种规模奶牛场年存栏量及其所占比例的变化趋势

从规模奶牛场总存栏量年增长的速度来看，除了 2009 年和 2010 年以外，其他年份的同比增长率都在 10%以上，其中 2003 年、2004 年的同比增长率在 20%以上，奶牛的规模化养殖发展较为迅速（表 2.33）。

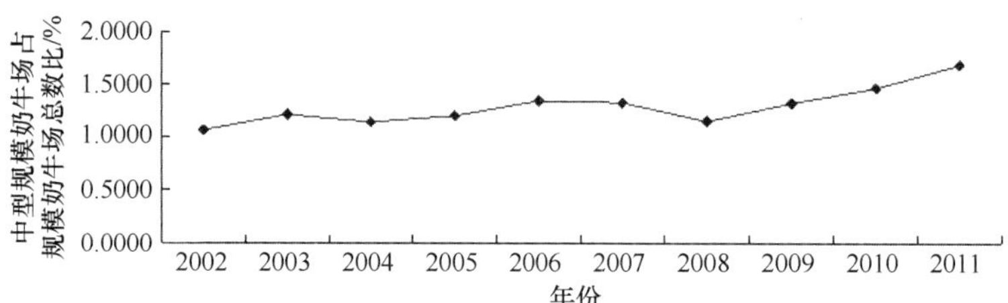

图 2.20　中型规模奶牛场占规模奶牛场总数比趋势图

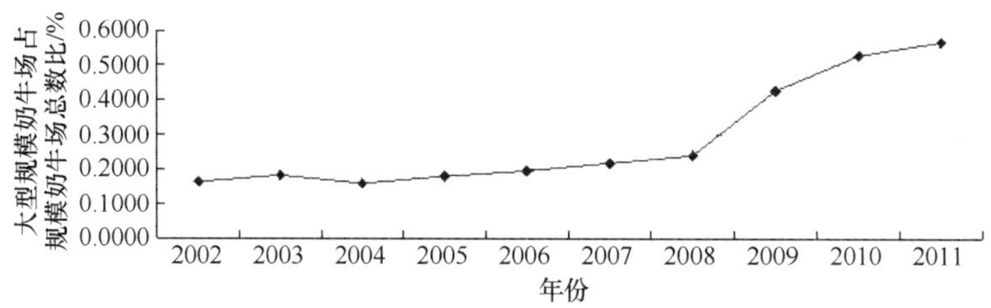

图 2.21　大型规模奶牛场占规模奶牛场总数比趋势图

从各种规模奶牛场奶牛年存栏量来看，年存栏量在 100 头以上的规模奶牛场奶牛年存栏量呈逐年增加趋势，年存栏量在 100 头以下的规模奶牛场在 2009 年其奶牛年存栏量稍有下降，这与 2008 年的“三聚氰胺”事件密切相关，尽管均有增加趋势，但其增加的幅度不尽相同，从而导致其在年存栏量总数中所占的比例也不相同，年存栏量在 5~19 头的规模奶牛场年存栏量占比由 2002 年的 53.1105%下降到了 2010 年的 36.8213%，总体下降趋势较为明显，下降了约 16 个百分点，但在各年之间变化趋势为有上升也有下降，说明该种规模奶牛年存栏数较不稳定，其存栏量由 2002 年的 1 991 830 头增加到了 2010 年的 4 451 122 头，在 2009 年之前逐年上升，2009 年之后由于奶牛场的数量减少较多，因此其存栏量呈下降趋势；年存栏量在 20~99 头的规模奶牛场年存栏量占比在曲折中下降，由 2002 年的 25.3334%下降到 21.5583%，尽管占比下降，但奶牛的存栏量除 2009 年下降外，其余各年份均呈增加趋势，且 2011 年的奶牛存栏量最多，为 2 606 054 头，是 2002 年（950 090 头）的 1.74 倍，年存栏量在 100~199 头的规模奶牛场年存栏量占比总体下降，在 2005~2007 年为其上升阶段，占比在 5%以上，年存栏量在 200~499 头、500~999 头的规模奶牛场年存栏量占比除 2004 年下降外，其余年份均上升，年存栏量在 1000 头以上的规模奶牛场年存栏量占比呈逐年上升趋势（表 2.33，表 2.34，图 2.22）。

从大、中、小 3 种规模奶牛场的奶牛年存栏量可以看出，小型规模奶牛场的奶牛年存栏数在 2002~2010 年呈下降趋势，尤其是 2008 年之后下降得较快，2008 年之前奶牛年存栏量占奶牛存栏总数的 70%以上，2009 年下降至 62.70%，2010 年下降至 58.38%；中型规模的奶牛场其存栏量有所增加，但增加幅度较小，且其奶牛存栏量占奶牛存栏总数在 2010 年之前为 15%以下，在 2010 年达到 15.22%；大型规模的奶牛场奶牛年存栏量占奶牛存栏总数的比例在 2005 年之后呈现出逐年上升趋势，且在 2009 年突破 20%，2010 年为 26.40%，在 2002~2010 年增长了 16.49%（表 2.35，图 2.23）。

表 2.33 2002~2010 年各种规模奶牛场年存栏量变化表

年份	年存栏数/头						合计	
	5~19	20~99	100~199	200~499	500~999	1000 头以上	数量/头	相比上年增长/%
2002	1 991 830	950 090	243 137	193 814	172 991	198 488	3 750 350	
2003	2 282 131	1 308 064	321 465	287 831	248 540	239 893	4 687 924	24.9996
2004	3 045 949	1 541 994	382 806	311 593	239 417	299 462	5 821 221	24.1748
2005	3 372 545	2 098 153	412 404	398 375	307 285	295804	6 884 566	18.2667
2006	3 978 623	2 200 496	532 880	521 415	359 699	425 430	8 018 543	16.4713
2007	4 160 598	2 409 223	634 835	696 967	526 927	586 749	9 015 299	12.4306
2008	4 829 121	2 529 327	618 186	835 462	690 573	849 137	10 351 806	14.8249
2009	4 605 789	2 476 409	622 298	1 070 472	1 214 833	1 306 105	11 295 906	9.1201
2010	4 451 122	2 606 054	674 988	1 164 795	1 475 398	1 716 073	12 088 430	7.0160

表 2.34 2002~2010 年各种规模奶牛场年存栏量占比（%）

年份	年存栏数/头						合计
	5~19	20~99	100~199	200~499	500~999	1000 头以上	
2002	53.1105	25.3334	6.4830	5.1679	4.6127	5.2925	100
2003	48.6811	27.9028	6.8573	6.1398	5.3017	5.1173	100
2004	52.3249	26.4892	6.5760	5.3527	4.1128	5.1443	100
2005	48.9870	30.4762	5.9903	5.7865	4.4634	4.2966	100
2006	49.6178	27.4426	6.6456	6.5026	4.4858	5.3056	100
2007	46.1504	26.7237	7.0418	7.7309	5.8448	6.5084	100
2008	46.6500	24.4337	5.9718	8.0707	6.6710	8.2028	100
2009	40.7740	21.9231	5.5091	9.4766	10.7546	11.5626	100
2010	36.8213	21.5583	5.5838	9.6356	12.2050	14.1960	100

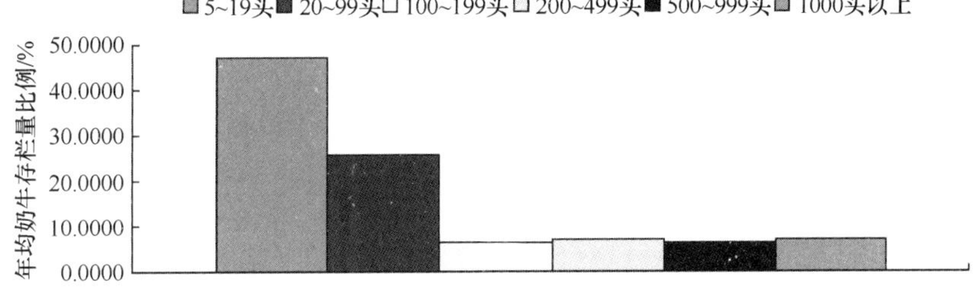

图 2.22 2002~2010 年各种规模奶牛场年均奶牛存栏量对比图

3. 奶牛规模化养殖不同区域比例的变化趋势

从我国大陆 31 个省（自治区、直辖市）规模奶牛场占肉牛场总数的情况看，除了河南、湖北、青海、西藏等 4 个省（自治区）的规模奶牛场占比在 2003 年与 2010 年之间出现了下降的趋势，其余 26 个省（自治区、直辖市）均有所增加。增长幅度在 4 倍以上的

表 2.35　3 种规模奶牛场年存栏数占奶牛年存栏总数百分比（%）

年份	小型规模	中型规模	大型规模	合计
2002	78.44	11.65	9.91	100
2003	76.58	13.00	10.42	100
2004	78.81	11.93	9.26	100
2005	79.46	11.78	8.76	100
2006	77.06	13.15	9.79	100
2007	72.87	14.77	12.35	100
2008	71.08	14.04	14.87	100
2009	62.70	14.99	22.32	100
2010	58.38	15.22	26.40	100

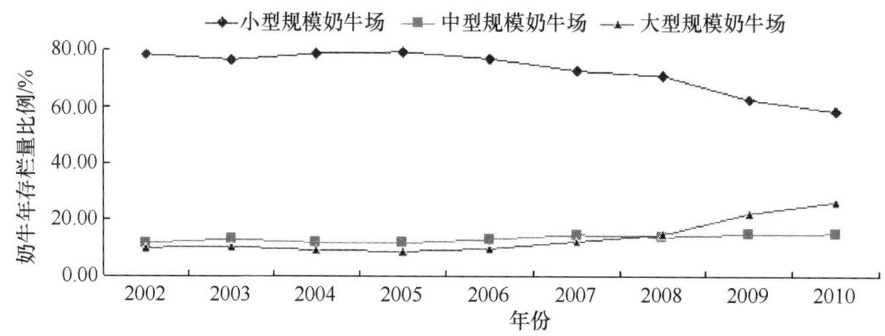

图 2.23　2002~2010 年 3 种规模奶牛场奶牛年存栏量对比图

是江西和宁夏；增长幅度在 3~4 倍的是甘肃和广西，均来自西部地区；增长幅度在 2~3 倍的有四川、安徽、海南、河北、江苏、山东，分布在东中部部地区；增长幅度在 1~2 倍的有内蒙古、吉林、黑龙江、上海、陕西、云南、湖南、浙江、福建、北京，其中东北地区及内蒙古地区为奶牛的优势生产区域，说明奶牛的优势生产区域其奶牛的规模养殖场户数增加较快。总体来看，西部地区的奶牛规模养殖场增加幅度较大（表 2.36）。

表 2.36　2003 年、2010 年 31 省（自治区、直辖市）规模奶牛场占奶牛场总数的变化趋势（%）

省（自治区、直辖市）	2003 年	2010 年	2003~2010 年变化幅度
全国	12.9144	24.2089	87.4566
北京	32.7949	76.1704	132.2629
天津	40.9407	76.6533	87.2301
河北	12.1166	43.4592	258.6749
山西	12.7743	18.7980	47.1548
内蒙古	12.2153	27.2466	123.0531
辽宁	25.9965	46.3208	78.1809
吉林	10.9975	30.0323	173.0830
黑龙江	17.5890	41.8151	137.7344
上海	50.0000	100.0000	100.0000
江苏	23.5034	80.3968	242.0646

续表

省（自治区、直辖市）	2003 年	2010 年	2003~2010 年变化幅度
浙江	23.5733	59.5414	152.5798
安徽	20.6787	64.4737	211.7880
福建	10.3748	25.3092	143.9488
江西	13.8059	78.8814	471.3601
山东	15.0923	50.9184	237.3800
河南	17.2813	13.8794	–19.6854
湖北	5.7628	5.6878	–1.3015
湖南	17.5453	52.1765	197.3816
广东	19.9627	29.6190	48.3717
广西	13.6752	61.6930	351.1305
海南	33.3333	100.0000	200.0003
重庆	15.4238	25.2569	63.7528
四川	7.9802	25.2237	216.0785
贵州	17.3435	30.7902	77.5316
云南	2.0108	5.1714	157.1812
西藏	13.6596	9.1568	–32.9644
陕西	4.3999	10.1138	129.8643
甘肃	6.3918	31.7421	396.6066
青海	36.8354	2.1740	–94.0981
宁夏	13.7265	75.0585	446.8146
新疆	11.5349	14.9339	29.4671

从我国大陆 31 个省（自治区、直辖市）的规模奶牛场年存栏数占规模奶牛年存栏总数的变化情况看，除上海和来自西部地区的西藏、青海外有所减少或不变外，其余省（自治区、直辖市）均为增加趋势，目前，上海的规模化肉牛场已不存在，增长幅度在 1 倍以上的为湖北、内蒙古和甘肃，增长幅度在 10%以下的为浙江、北京、天津、海南，规模化奶牛场在大城市郊区增长较为缓慢（表 2.37）。

表 2.37　2003 年、2010 年 31 省份规模奶牛场年存栏数比例（%）

省（自治区、直辖市）	2003 年	2010 年	2003~2010 年变化幅度
全国	53.3469	73.5848	37.9364
北京	96.1442	98.7465	2.7067
天津	96.8783	98.6479	1.8266
河北	50.8005	96.7116	90.3753
山西	52.7570	68.8802	30.5613
内蒙古	32.3495	69.8081	115.7934
辽宁	78.3782	88.7374	13.2169
吉林	49.2429	77.0686	56.5070
黑龙江	68.2615	76.2459	11.6968
上海	100.0000	100.0000	0.0000

续表

省（自治区、直辖市）	2003 年	2010 年	2003~2010 年变化幅度
江苏	73.8861	99.1076	34.1356
浙江	88.3314	96.4664	9.2096
安徽	84.4561	98.4414	16.5593
福建	78.2139	87.2865	11.5997
江西	76.6448	98.4485	28.4477
山东	62.7687	91.8184	46.2806
河南	63.0176	76.1206	20.7926
湖北	32.2761	82.7135	156.2686
湖南	74.1049	86.6955	16.9902
广东	84.3916	95.1520	12.7506
广西	61.7404	97.0825	57.2431
海南	98.2000	100.0000	1.8330
重庆	40.2820	78.2480	94.2505
四川	43.1503	75.2302	74.3446
贵州	67.0661	96.9101	44.4994
云南	19.9643	29.3248	46.8862
西藏	33.3217	26.5505	–20.3207
陕西	26.6547	50.2697	88.5960
甘肃	36.3509	74.9644	106.2243
青海	88.8436	12.2873	–86.1697
宁夏	51.9344	94.4694	81.9014
新疆	46.2866	52.9760	14.4521

（三）肉牛规模化养殖现状分析

肉牛养殖在我国畜牧业的发展占据十分重要的地位。肉牛不同于生猪、肉鸡、蛋鸡等需要精细的饲料，肉牛能够充分利用农作物秸秆，从而进一步减少对粮食的消耗，为人们提供丰富的牛肉产品。随着人们生活水平的不断提高，其肉食结构也发生了一定的变化，牛肉的消费量呈持续增长的态势。我国的肉牛出栏数从 2003 年的 1419.94 万头增加到了 2010 年的 2490.8 万头，但我国牛肉人均产量仍然不及世界发达国家人均水平。目前，我国人均占有牛肉量仅为 4.9kg，而世界人均占有牛肉量是 9.8kg。面对国际国内存在巨大需求、经济效益利好的情形，我国发展肉牛规模化养殖具有其契机与优势。现实的情形是肉牛的养殖由于近些年来能繁母牛出栏数量大幅锐减，后备母牛严重不足，肉牛的年出栏数增长速度较小。尽管随着我国经济社会的发展和人们对于牛肉需求的增加，养牛业发展方向虽然有所转变，由零星散养方式逐步向规模化方向发展，但目前零星散养肉牛所提供的肉牛数量依然占市场上肉牛提供数量的 50%以上。基于此，本研究选取 2003~2011 年肉牛的规模化养殖场户数及其年出栏数分析我国肉牛的规模化养殖现状及其变化趋势。同时将肉牛划分为散养、小型、中型、大型等规模类型，具体如下：肉牛年出栏数在 1~9 头为农户散养类型；肉牛年出栏数在 10~49 头的为小型规模肉牛场；

肉牛年出栏数在 50~499 头的为中型规模肉牛场；肉牛年出栏数在 500 头以上的为大型规模肉牛场。

1. 肉牛散养与规模养殖比例的变化趋势

从肉牛场的散养与规模养殖场户数量来看，2003~2011 年，肉牛年出栏数在 10 头以下的农户散养肉牛场户数呈下降趋势，由 2003 年的 15 536 964 个下降到 2011 年的 12 527 557 个，减少了约 300 万个，且在 2007 年之后逐年下降，2008 年减少了约 160 万个（图 2.24）。农户散养肉牛具有其优势，一般来说，肉牛饲养数量较少、圈舍比较简陋，同时投资也比较少，同时在劳动力方面也往往是利用自己进行农业劳动生产的空闲时间来饲养，基本不需要雇工，对于肉牛的养殖，基本不需要依靠精细饲料来育肥。但是，散养也具有其缺陷。农户对于肉牛的散养使得牛肉质量和肉牛的出栏量都比较低。同时由于肉牛养殖户的文化程度较低，肉牛的饲养技术及水平较低，养牛的专业化程度较低，因此不利于先进科学技术的传播，散养在一定程度上限制了我国肉牛产业的整体发展水平。低水平的饲养效益直接影响了养殖户的养殖积极性。因此，在过去的几年中，农户散养逐渐退出肉牛养殖业。但由于肉牛散养户的基数较大，肉牛散养场户数在肉牛养殖的总数占比中虽然由 2003 年的 97.25%下降到了 2011 年的 95.67%，但依然在 95%以上（图 2.25）。农户散养在今后较长的一段时期内依然占据着主导地位，同时由于在我国的广大农村地区，肉牛养殖依然是能够给农户创收的产业，肉牛饲养不但解决了农业生产过程中的大量副产品，还可以较为有效地利用部分农村剩余劳动力。所以，农户散养肉牛在现阶段还具有其一定的合理性。

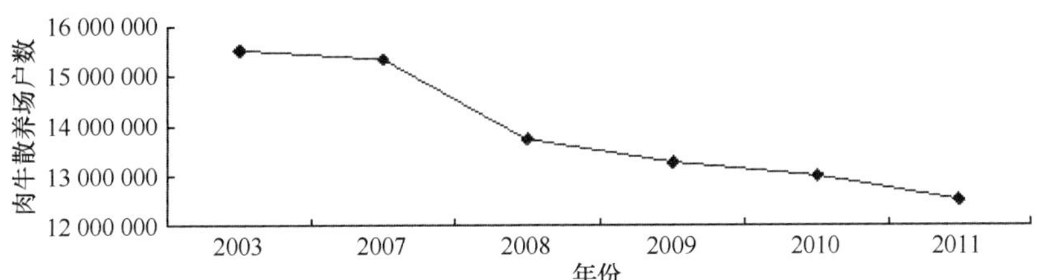

图 2.24 2003 年及 2007~2011 年肉牛散养场户数变化

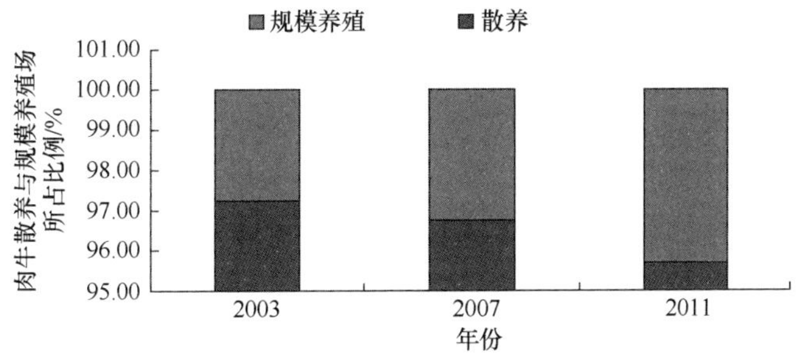

图 2.25 肉牛散养与规模养殖场户数所占比例对比

在散养户逐步退出肉牛养殖业的同时，我国肉牛的规模养殖场户总数在 2003~2011 年，除 2004 年及 2010 年有所减少外，其余年份均增加。2004 年和 2009 年肉牛规模养殖场户数的减少数量绝大部分来自于小规模肉牛养殖场，但在 2005 年和 2010 年迅速恢复，并且肉牛规模养殖的场户数增加更多，如 2005 年比 2003 年增加了 4 万个（图 2.26）。肉牛的规模化养殖具有许多方面优点，主要有：一是对于肉牛的育种、杂交改良和专业化生产方面具有其优势，同时也有利于肉牛生产的各个环节分工合作，能够比较快速地提高肉牛的生产水平；二是能够根据市场的需求快速地对肉牛的生产进行相应的调整，能够比较充分地满足市场需求；三是对肉牛的传染病防治及肉牛的饲养管理等方面具有比较好的条件等。因此，我国肉牛的规模化养殖场户数的增加有其必然性。

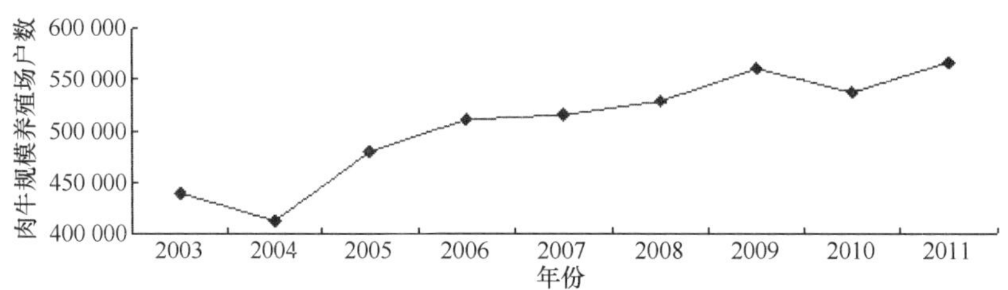

图 2.26　2003~2011 年肉牛规模养殖场户数变化图

从肉牛的年出栏量来看，我国肉牛散养的年出栏量比例从 2003 年的 71.8741%减少到 2007 年的 65.3588%，到 2010 年时减少到 58.3618%，从 2003~2010 年减少了约 13 个百分点（图 2.27）。随着经济社会的进一步全面发展，我国农村和城市居民的收入水平不断提高，人们的生活水平不断提升，农户散养对于自己所生活的环境逐渐关注起来。随之而来的便是这种千家万户的肉牛散养形式与当代农村居民追求美丽幸福生活的需要相矛盾，肉牛散养的出栏量逐渐减少，肉牛养殖逐步转型。肉牛饲养技术、专业化水平在这一变化过程中也得到了提高，肉牛的规模养殖户经济效益大幅度增加，农户散养和小规模饲养逐渐向中、大规模转变，肉牛规模养殖年出栏量逐年增加。肉牛的规模养殖年出栏量在 2003 年为 1419.94 万头，在 2008 难突破 2000 万头，2010 年增加至 2490.8 万头，相比 2003 年增长了 75.42%（图 2.28）。规模化养殖肉牛会产生散养户无法与之相比的规模经济效应。对于一个专业化程度较高、规模较大的大规模养殖户和养殖企业，不但表现为肉牛出栏数量多，而且也表现为饲养技术先进、管理水平高等，其中，对于规模养殖肉牛的出栏和出栏数量较大，大规模的养殖户和养殖企业一般都拥有较大数量的肉牛出栏头数。随着我国经济社会的高速发展，城镇化进程的加快，土地资源的日益稀缺，劳动力成本和饲料成本的不断上升，农户散养和小规模饲养越来越不适应现代市场经济的要求，在激烈的市场竞争中处于不利的地位。只有不断提高规模化程度，充分发挥规模经济的优势，通过扩大规模来降低单位产品的生产成本，提高养殖效益，增强养殖户和养殖企业的盈利水平。同时，随着居民生活水平的提高，对中、高档牛肉的消费量日益增加，而散养户生产的牛肉一般质量较差，无法满足人们对中、高档牛肉的需求，只有发展规模饲养、提高饲养技术，才能更好地满足市场的需求。

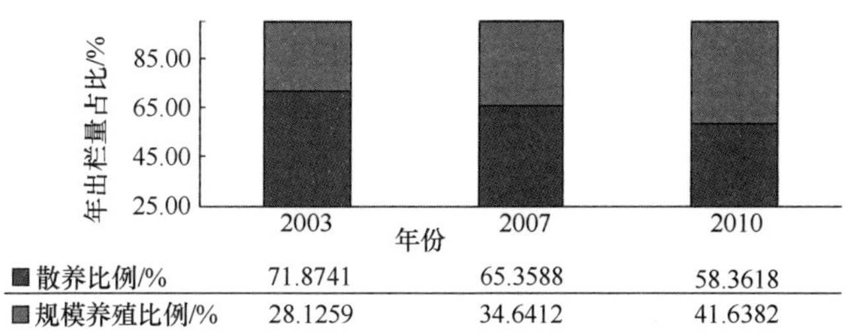

图 2.27　肉牛散养与规模养殖年出栏量占比

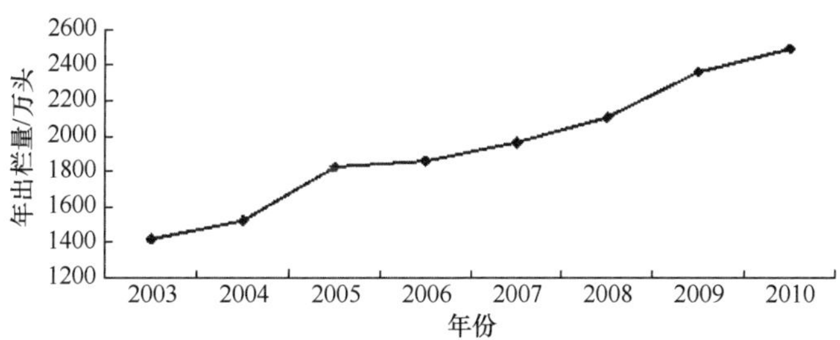

图 2.28　2003~2010 年肉牛规模养殖年出栏量变化趋势图

2. 各种规模肉牛场数量及其所占比例的变化趋势

（1）各种规模肉牛场数量及其所占比例的变化趋势

从规模肉牛场总数的增长率来看，2005 年肉牛的规模养殖场户数增长最快，其增长率为 16.3228%，这主要是由于 2004 年出现了下滑。2005 年出台了一系列政策，肉牛业的发展受到了极大的重视，因此在 2005 年增长较快，除 2010 年其余各年均有所增加，但增速不一，增长较快的年份有 2006 年、2009 年和 2011 年。其增长率在 2010 年同样出现了下降，我国肉牛业的规模化发展受到肉牛整个产业发展的影响。在 2010 年，由于前几年积累的肉牛牛源紧张，国内许多正规的大型肉牛屠宰加工企业产能过剩，从而难以满足企业的生产，企业处于亏损状态，同时养殖成本较高，在肉牛出售价格并未显著增加的情况下，其养殖成本的提高，使得小规模的肉牛规模养殖场无法承受，退出较多，因此肉牛规模养殖场呈现出负增长（表 2.38）。

表 2.38　2003~2011 年各种规模肉牛场数量变化表

年份	10~49 头	50~99 头	100~499 头	500~999 头	1000 头以上	合计/头	相比上年增长率/%
2003	386 211	42 742	8 760	1 072	289	439 074	—
2004	355 467	45 842	9 488	1 225	260	412 282	–6.1019
2005	410 688	56 379	11 238	1 073	200	479 578	16.3228
2006	442 771	57 298	10 184	990	—	511 243	6.6027
2007	439 154	62 029	12 718	1 470	486	515 857	0.9025
2008	441 189	70 440	15 255	1 896	614	529 394	2.6242
2009	467 596	71 900	18 281	2 679	749	561 205	6.0089
2010	436 634	76 310	20 917	3 162	884	537 907	–4.1514
2011	452 708	86 762	23 578	3 344	940	567 332	5.4703

从各种规模的肉牛场数量变化来看，肉牛年出栏量在 10~49 头的规模化肉牛场的数量变化总体上呈增加趋势。从 2003 年的 386 211 个增加到了 2011 年的 452 708 个，增加了 66497 个。从其比例来看，由于受中型及大型规模肉牛养殖场增加的影响，该种规模肉牛场数量在规模肉牛场总数中的比例呈下降趋势，由 2003 年的 87.9603%减少到 2011 年的 79.7960%，在 2011 年之前，占比一直在 80%以上。由此可见，肉牛规模养殖场的数量绝大部分集中在肉牛年出栏量为 10~49 头的规模。但从各年份来看，其变化有升也有下降，这主要受肉牛整个行业的影响。肉牛年出栏量在 50~99 头的规模化肉牛场的数量呈逐年增加趋势。2003 年，该种规模的肉牛场个数为 42 742 个，2011 年为 86 762 个，比 2003 年增加 44 020 个，增长幅度达 103%。此规模肉牛场户数在肉牛规模养殖总场户数中所占比例除 2003 年为 9.7346%，其余年份均在 10%以上，且呈逐年增长态势，在 2011 年达到最大值，为 15.2930%。肉牛年出栏量在 100~499 头的规模化肉牛场的数量除 2006 年略有减少外，其余年份均增加，2003 年为 8760 个，2011 年为 23 578 个，相比 2003 年增加 14 818 个，增长了 1.69 倍，同时，2005 年为 11 238 个，2006 年是 10 184 个，减少了 1054 个，但其占比在 2006 年之后逐年增加，2011 年约为 4%。肉牛年出栏量在 500~999 头的规模化肉牛场的数量总体上增加，从 2003 年的 1072 个增加到 3344 个，增加了 2272 个，在 2005 年和 2006 两年减少了 235 个。肉牛年出栏量在 1000 头以上的规模化肉牛场的数量在 2004 年和 2005 年有所减少，从 2003 年的 289 个减少至 2005 年的 200 个，从 2007 年之后逐年增加，由 2007 年的 486 个增加到了 2011 年的 940 个（表 2.39）。

表 2.39　2003~2011 年各种规模肉牛场数量所占比例表（%）

年份	10~49 头	50~99 头	100~499 头	500~999 头	1000 头以上	合计
2003	87.9603	9.7346	1.9951	0.2442	0.0658	100.0000
2004	86.2194	11.1191	2.3013	0.2971	0.0631	100.0000
2005	85.6353	11.7560	2.3433	0.2237	0.0417	100.0000
2006	86.6068	11.2076	1.9920	0.1936	0.0000	100.0000
2007	85.1310	12.0245	2.4654	0.2850	0.0942	100.0000
2008	83.3385	13.3058	2.8816	0.3581	0.1160	100.0000
2009	83.3200	12.8117	3.2575	0.4774	0.1335	100.0000
2010	81.1728	14.1865	3.8886	0.5878	0.1643	100.0000
2011	79.7960	15.2930	4.1559	0.5894	0.1657	100.0000

将上述各种规模按照大、中、小 3 种类型进行划分分析如下，小型规模肉牛场在上文中已有分析，中型规模肉牛场在 2002~2011 年占规模肉牛场总数在 10%以上，在 2006 年和 2009 年有所减少，其余各年份均增加，由 2003 年的 11.7297%增加至 2011 年 19.4489%；大型规模肉牛场在 2006 年之后呈逐年上升趋势，且增长速度较快，由 2006 年的 0.1936%增加至 2011 年的 0.7551%（表 2.40），说明肉牛的规模养殖有从小型规模养殖向中型及大型规模转变的趋势，且大型规模肉牛场发展较为迅速，原有的中型规模肉牛场有可能扩大其规模成为大型规模肉牛场（图 2.29~图 2.31）。从 2006 年开始，中

型规模及大型规模肉牛场增加速度较快，这主要与我国的肉牛业发展受到了中央及地方政府的重视有关。自 2006 年以来，我国对于肉牛业的中央财政投入逐年增加，其中主要包括肉牛标准化规模养殖场建设、良种补贴、秸秆养牛项目等。同时，在省级及市县级层面上，我国各地区也陆续加大了对肉牛规模化发展的政策扶持力度，大力推进当地的肉牛产业战略的升级与转型，而且在政府政策鼓励及资金扶持的前提下，我国形成了中原、南部、西北和东北四大主产区，但目前我国的肉牛生产仍然存在规模化程度低等问题。因此，应调整和引导肉牛的规模化发展。

表 2.40　3 种规模肉牛场占规模肉牛场总数百分比（%）

年份	小型规模	中型规模	大型规模	合计
2003	87.9603	11.7297	0.3100	100
2004	86.2194	13.4204	0.3602	100
2005	85.6353	14.0993	0.2654	100
2006	86.6068	13.1996	0.1936	100
2007	85.1310	14.4899	0.3792	100
2008	83.3385	16.1874	0.4741	100
2009	83.3200	16.0692	0.6108	100
2010	81.1728	18.0751	0.7522	100
2011	79.7960	19.4489	0.7551	100

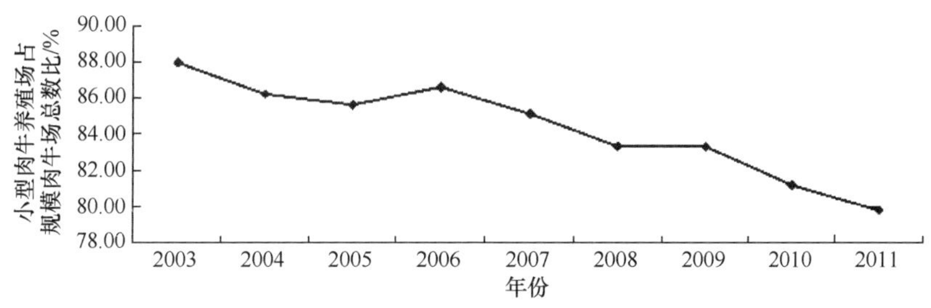

图 2.29　2003~2011 年小型肉牛养殖场占规模肉牛场总数比趋势图

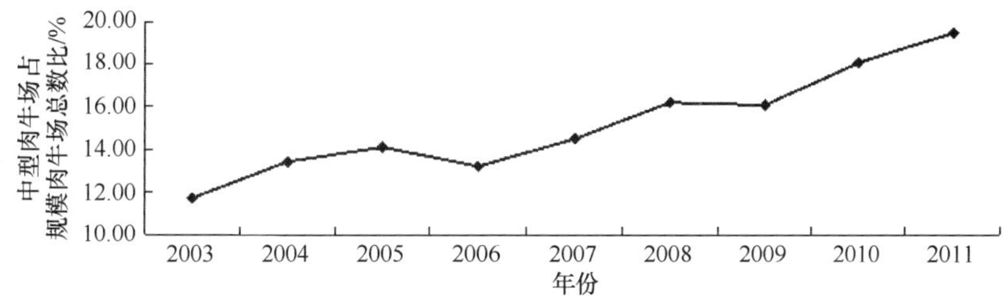

图 2.30　2003~2011 年中型肉牛养殖场占规模肉牛场总数比趋势图

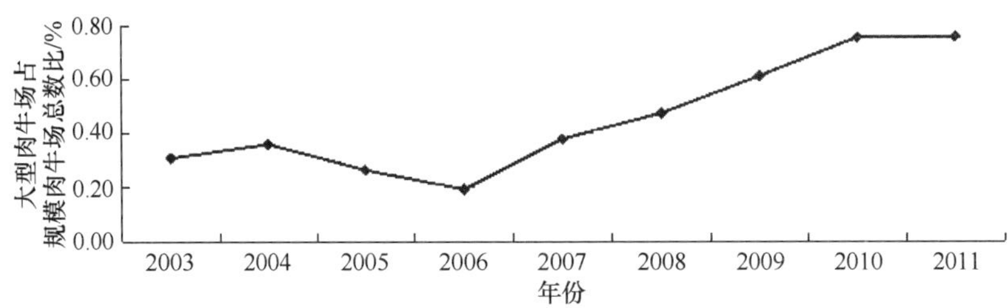

图 2.31　2003~2011 年中型肉牛养殖场占规模肉牛场总数比趋势图

（2）各种规模肉牛场年出栏量及其所占比例的变化趋势

从规模肉牛场总出栏量年增长的速度来看，2003~2010 年，肉牛的规模养殖年出栏量均有所增长。其中在 2005 年和 2009 年增长幅度较大，年增长率分别是 19.8814%和 12.1101%，其他年份除 2006 年增长率为 1.9688%以外，年增长率均在 5%以上。尽管前面肉牛规模养殖场户数变化不定，总体增加，规模肉牛场年出栏肉牛数则逐年增加，年际之间增长幅度不尽相同（表 2.41）。

表 2.41　2003~2010 年各种规模肉牛场年出栏肉牛数变化表

年份	10~49 头/万头	50~99 头/万头	100~499 头/万头	500~999 头/万头	1000 头以上/万头	合计/万头	相比上年增长率/%
2003	813.34	295.32	186.35	69.79	55.14	1419.94	—
2004	847.74	329.74	207.23	84.04	53.98	1522.73	7.2390
2005	1026.15	418.84	262.07	73.63	44.78	1825.47	19.8814
2006	1106.61	429.3	254.1	71.4	—	1861.41	1.9688
2007	1061.29	437.72	285.27	95.79	85.97	1966.04	5.6210
2008	1029.16	484.5	359.26	123.72	109.13	2105.77	7.1072
2009	1124.72	507.5	421.67	178.24	128.65	2360.78	12.1101
2010	1103.6	543.6	475.1	215.7	152.8	2490.8	5.5075

从各种规模肉牛场肉牛年出栏量来看，肉牛年出栏量在 10~49 头的规模肉牛场肉牛年出栏量在 2006 年之后逐年减少，2009 年稍有增加，这主要是由于该种规模的肉牛场数量大幅减少，尽管如此，其年出栏肉牛在 2010 年为 1103.6 万头，相比 2003 年（813.34 万头）增加了 290.26 万头，其在肉牛出栏总数中的占比除 2006 年增加以外，其余年份均减少，由 2003 年的 57.2799%减少到 2010 年的 44.3070%，说明小规模肉牛养殖场年出栏肉牛数正由其他规模级别的肉牛规模养殖场所替代；肉牛年出栏量在规模为 50~99 头的出栏量呈逐年增加趋势，由 2003 年的 295.32 万头增加到 2010 年的 543.6 万头，增加了 248.28 万头，增长了近 1 倍，但其在肉牛规模出栏总数中的比例年份之间变化不一，基本保持在 20%左右；肉牛年出栏量在规模为 100~499 头、500~999 头两种之间变化类似，其年出栏肉牛数量在 2006 年有所下降，但 2007 年迅速恢复，且比之前年份有所增加，这与相关政策的扶持有关，由于政府加大了扶持力度，且对规模越大的肉牛养殖场扶持力度越大，因此中型规模的肉牛场借助政府的配套资金等扩大了其养殖规模；肉牛年出栏量在 1000 头以上的规模肉牛场年出栏肉牛量在 2007

年之后增长较快，由 2007 年的 85.97 万头增加到 2010 年的 152.8 万头，增长了 77.74%，但其肉牛年出栏量在规模肉牛出栏总量中的占比依然低于 10%，肉牛的规模化发展存在着较大的空间（表 2.42）。

表 2.42 2003~2010 年各种规模肉牛场年出栏肉牛数所占比例表（%）

年份	10~49 头	50~99 头	100~499 头	500~999 头	1000 头以上	合计
2003	57.2799	20.7981	13.1238	4.9150	3.8833	100
2004	55.6724	21.6545	13.6091	5.5190	3.5449	100
2005	56.2129	22.9442	14.3563	4.0335	2.4531	100
2006	59.4501	23.0632	13.6509	3.8358	0.0000	100
2007	53.9811	22.2640	14.5099	4.8722	4.3727	100
2008	48.8733	23.0082	17.0607	5.8753	5.1824	100
2009	47.6419	21.4971	17.8615	7.5500	5.4495	100
2010	44.3070	21.8243	19.0742	8.6599	6.1346	100

从大、中、小 3 种规模肉牛场的肉牛年出栏量可以看出，在 2002~2010 年，中型规模肉牛场的肉牛年出栏数占肉牛规模年出栏总数的比例在 33%~41%，总体上有增加的趋势，大型规模的肉牛场肉牛年出栏量占肉牛出栏总数的比例在 2007 年之后呈现出逐年上升趋势，2010 年为 14.7945%（表 2.43，图 2.32~图 2.35）。

表 2.43 3 种规模肉牛场年出栏肉牛数占规模肉牛出栏总数比例（%）

年份	小型规模	中型规模	大型规模	合计
2003	57.2799	33.9219	8.7983	100
2004	55.6724	35.2636	9.0639	100
2005	56.2129	37.3005	6.4866	100
2006	59.4501	36.7141	3.8358	100
2007	53.9811	36.7739	9.2449	100
2008	48.8733	40.0689	11.0577	100
2009	47.6419	39.3586	12.9995	100
2010	44.307	40.8985	14.7945	100

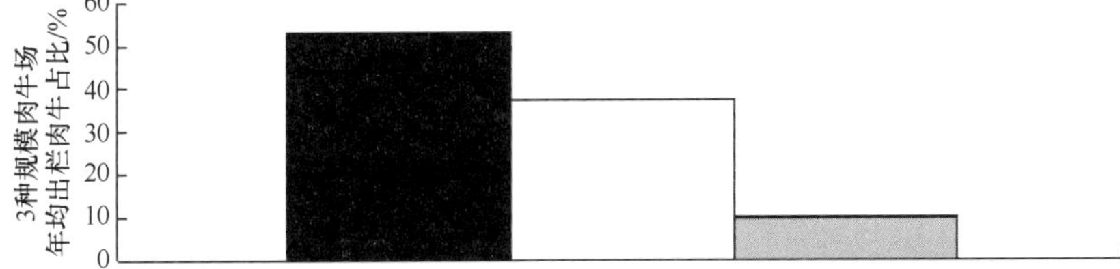

图 2.32 2003~2010 年 3 种规模肉牛场年均出栏肉牛数占比图

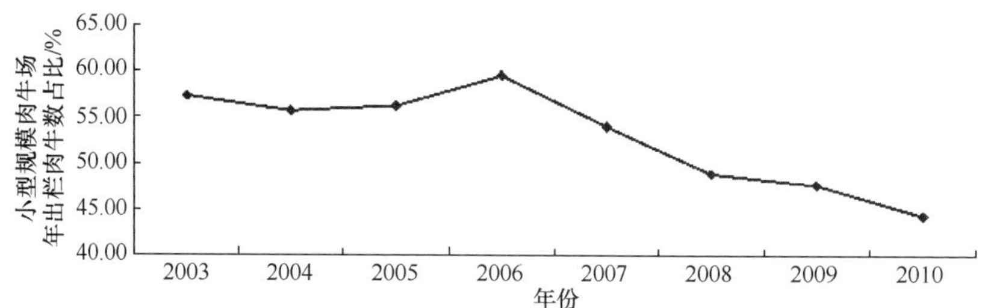

图 2.33　2003~2010 年小型规模肉牛场年出栏肉牛数占规模年出栏总数比趋势图

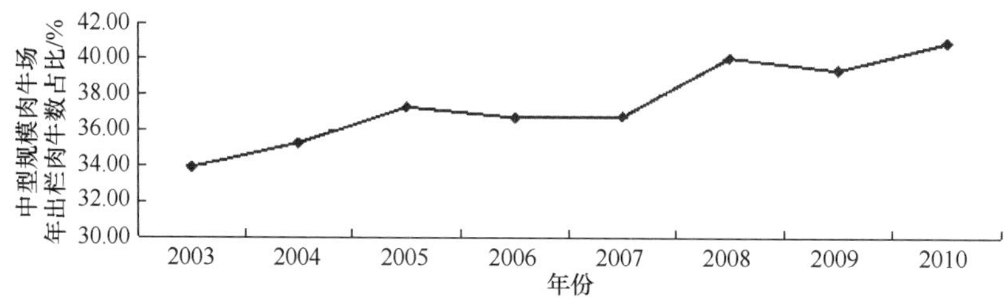

图 2.34　2003~2010 年中型规模肉牛场年出栏肉牛数占规模年出栏总数比趋势图

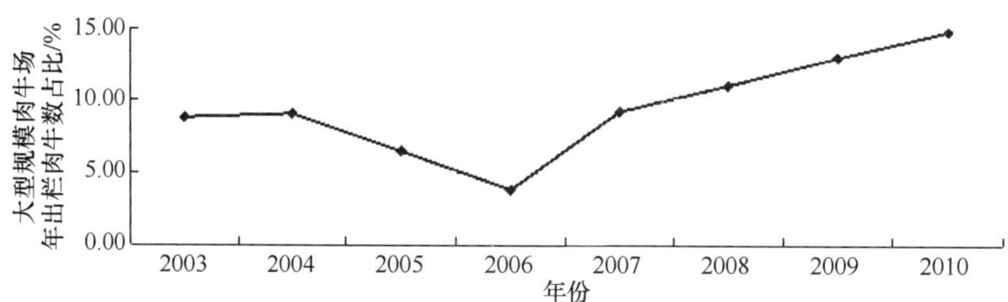

图 2.35　2003~2010 年大型规模肉牛场年出栏肉牛数占规模年出栏总数比趋势图

3. 肉牛规模化养殖不同区域比例的变化趋势

我国大陆 31 个省（自治区、直辖市）规模肉牛场总数及出栏量的变化趋势如下。

从我国大陆 31 个省（自治区、直辖市）规模肉牛场占肉牛场总数的情况看，除了北京、内蒙古、湖北、广东、重庆、西藏等 6 个省（自治区、直辖市）的规模肉牛场占比在 2003 年与 2010 年之间出现了下降的趋势，其余 26 个省（自治区、直辖市）均有所增加，在江苏、浙江、安徽、福建、四川、海南等地其增长幅度超过了 100%，远远超过全国的占比（44.4966%），说明这 6 个省的肉牛规模化养殖发展较快，变化幅度低于 10%的省有云南、陕西、甘肃，均来自西部地区，说明西部地区的肉牛规模养殖由于受其自然条件及资金等的制约，发展缓慢，有待提升（表 2.44）。

从 31 个省（自治区、直辖市）的规模肉牛场肉牛年出栏数比例来看，2003~2010 年，增长最快的是来自东部地区的浙江与江苏及中部地区的湖北与安徽，尽管湖北的规模肉牛场有所下降，但由于其规模的扩大，其年出栏肉牛数增加较快，且增长幅度达 2.3 倍。增长幅度在 1~2 倍的是海南、重庆、四川；增长幅度低于 10%的是辽宁、天津、广

表 2.44　2003 年、2010 年 31 省（自治区、直辖市）规模肉牛场占肉牛场总数的变化趋势（%）

省(自治区、直辖市)	2003 年	2010 年	2003~2010 年变化幅度
全国	2.7483	3.9712	44.4966
北京	54.5130	50.6436	–7.0981
天津	36.6446	42.4703	15.8978
河北	5.0299	7.5148	49.4026
山西	2.8169	4.7956	70.2439
内蒙古	15.7204	12.8608	–18.1904
辽宁	8.8980	10.9209	22.7343
吉林	7.2117	12.5942	74.6357
黑龙江	13.8628	22.1607	59.8573
上海	100.0000	—	—
江苏	1.0942	2.3387	113.7361
浙江	1.2374	3.0130	143.4944
安徽	0.7653	1.7605	130.0405
福建	0.7978	1.8160	127.6260
江西	0.7050	1.2092	71.5177
山东	2.5484	4.6106	80.9214
河南	1.2099	1.3625	12.6126
湖北	2.4729	0.9084	–63.2658
湖南	1.8242	3.3716	84.8262
广东	1.9092	0.8666	–54.6093
广西	0.4526	0.6029	33.2081
海南	0.5099	1.1071	117.1210
重庆	2.2847	2.2695	–0.6653
四川	0.5739	1.4404	150.9845
贵州	0.5731	0.6931	20.9388
云南	1.1145	1.1787	5.7604
西藏	5.8893	0.9270	–84.2596
陕西	1.3191	1.3772	4.4045
甘肃	3.9494	4.2326	7.1707
青海	3.1666	3.8538	21.7015
宁夏	1.9090	3.8021	99.1671
新疆	3.9020	7.5221	92.7755

注：2010 年上海已无规模化养殖

东、宁夏，天津是大城市郊区，肉牛的饲养对其环境影响较大，辽宁与宁夏来自西部地区，其自身的资源有限，肉牛的增幅较小（表 2.45）。

表 2.45　2003 年、2010 年 31 省（自治区、直辖市）规模肉牛场年出栏数比例（%）

省（自治区、直辖市）	2003 年	2010 年	2003~2010 年变化幅度
全国	28.1259	41.6382	48.0422
北京	94.4705	92.8571	–1.7078
天津	86.3317	87.8453	1.7532
河北	40.8816	46.0452	12.6306
山西	24.3987	37.0419	51.8192
内蒙古	45.6030	56.5285	23.9579
辽宁	58.5619	62.7392	7.1331
吉林	48.7329	61.7464	26.7037
黑龙江	54.3466	72.6554	33.6890
上海	100.0000	—	—
江苏	11.2500	36.0687	220.6107
浙江	10.1571	36.5854	260.1953
安徽	9.9631	30.6726	207.8620
福建	14.5421	25.5061	75.3949
江西	12.0797	24.0781	99.3270
山东	37.3733	50.2610	34.4837
河南	15.7585	27.1855	72.5132
湖北	7.5875	25.0627	230.3157
湖南	18.5664	33.3333	79.5356
广东	13.1872	13.8199	4.7978
广西	5.2237	9.3388	78.7775
海南	5.7724	16.3934	183.9963
重庆	11.3119	28.9331	155.7758
四川	10.3508	22.5656	118.0083
贵州	6.4482	11.3108	75.4102
云南	9.4318	12.8890	36.6547
西藏	21.1163	1.4167	–93.2910
陕西	16.7219	16.4313	–1.7378
甘肃	31.8408	39.9063	25.3307
青海	24.0770	45.1128	87.3689
宁夏	31.0131	31.6306	1.9911
新疆	36.8473	47.8827	29.9490

注：2010 年上海已无规模化养殖

四、规模化发展战略目标

规模化发展包括两个内容，一是不同经营规模的农户结构发生变化，如经营规模较大的农户占比越来越高；二是某种经营规模主体的个数发生变化，如经营规模在 50~200 亩的经营大户、家庭农场个数越来越多。如果从农业部相关数据来说，2012 年年底，家庭农场个数达到 87.7 万个，平均经营规模在 200.2 亩，如果这个规模已经“适度”，那么规模化问题就转化为这种“适度规模”的家庭农场发展个数问题。为此，本节首先对我国规模化总体发展给出相应预测；然后重点预测家庭农场这种目前最主要规模化经营主体的规模和个数。

（一）规模化总体发展战略目标：2015 年、2020 年和 2030 年

1. 思路

本节用《中国第一次全国农业普查资料汇编》《中国第二次全国农业普查资料汇编》（农村卷、农民卷、农业卷、综合卷）数据对不同规模的农户数量和占比进行预测。例如，通过 30~50 亩这种经营规模农户的个数（占比）在 1996~2006 年发生的变化，来预测 2015 年、2020 年和 2030 年相应的个数及占比；同时，将借助日本相应规模的农户个数及占比发展速度来对我们的预测进行进一步校正；最后给出这种经营规模农户的发展目标。

需要说明的是，由于受数据限制，这里主要给出总体农户数量的预测、$2hm^2$ 以上农户数量及占比的预测。

2. 计算结果

第一，先考察中国农户变化规律。根据两次农业普查数据计算得到表 2.46，从中可以知道 20 亩以上的经营规模的农户占比是增加的。例如，经营规模为 20~30 亩的农户占比 10 年间增加了 27.99%，而经营规模为 30~50 亩的农户占比 10 年间只增加了 2.94%，速度很慢，而规模为 50~100 亩的农户占比增加了 86.84%，100 亩以上的农户占比增长速度最快，10 年间增加了 257.09%。我们将根据这些增长速度信息对 2015 年、2020 年和 2030 年相关情况进行预测。

第二，再考察日本农户的变化规律。从表 2.47 可知，1930 年时日本有 560 万农户，经过 30 年的发展，1960 出现了轻微增加，变为 605.7 万户。实际上，中国 1996~2006 年农户数也是增加的，由 19 308.8 万户增加到 20 015.9 万户（表 2.48）。随后，农户数开始急剧下降，1960~1995 年的 35 年间，日本农户出现了急剧下降，由 605.7 万户减少到 265.1 万户，减少了 56.23%；随后又经过 15 年的变化，继续下降为 156.1 万户，只相当于 1960 年农户数的 25.8%。由图 2.36 可以更直观地看到日本农户变化的规律。

表 2.46　全国 1996 年、2006 年不同经营规模农户占比及变化

经营规模	1996 年	2006 年	增减百分比/%
<3 亩	30.35	34.60	14.00
[3，9）	53.04	48.13	–9.25
[9，15）	9.78	9.72	–0.59
[15，20）	3.11	2.79	–10.43
[20，30）	1.8	2.30	27.99
[30，50）	1.47	1.51	2.94
[50，100）	0.39	0.73	86.84
100 亩以上	0.06	0.21	257.09
$2hm^2$ 以上	1.92	2.46	27.92

表 2.47　日本 1930~2011 年农户数变化情况

年份	农户数/万户	增减百分比/%
1930	560	
1960	605.7	8.16
1995	265.1	–56.23
2011	156.1	–41.12

表 2.48　全国农户数及预测

年份	1996	2006	2015	2020	2030
农户数/万户	19 308.8	20 015.9	18 014.32	12 009.55	8 406.68

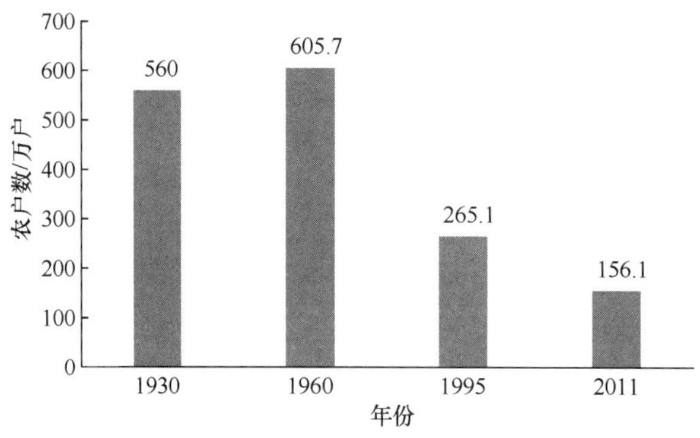

图 2.36　日本 1930~2011 年农户数

而日本规模化方面，1960~1995 年的 35 年间，经营 $2hm^2$ 以上的农户比例由 4.1%上升到 13.1%，增加了 2.2 倍。在平成 17 年（2005 年）到平成 22 年（2010 年），$0.3hm^2$ 以下的农户个数由 17337 户下降到 13343 户，相应比例由 62%下降到 43%，5 年间下降了近 20 个百分点。

第三，对中国农户数的预测。根据中国农户自身变化规律，并结合日本的变化规律，预测 2015 年时，中国农户数会出现轻微下降，变为 18 014.32 万户，相当于 2006 年农户数的 90%。由于非农就业的快速增加、农地流转的发展，特别是农地确权登记颁证到 2015 年已进行到中期，可以预期农户数会出现平缓下降。随后，到 2020 年，农户数会出现快速下降，约为 12 009.55 万户，相当于 2006 年的 60%；到 2030 年继续快速下降为 8406.68 万户，相当于 2006 年的 42%。图 2.37 给出了相应的直观变化。

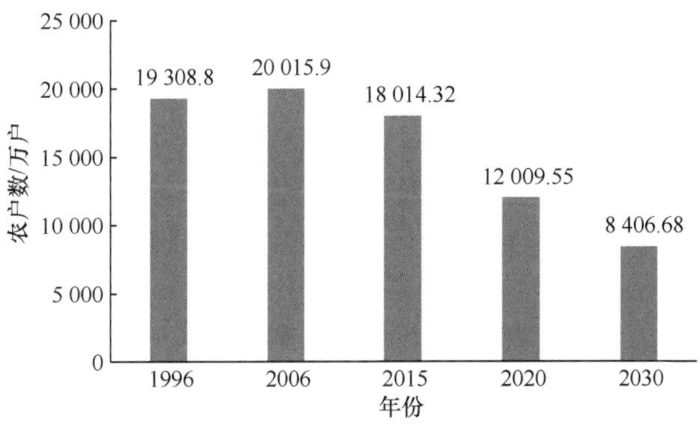

图 2.37　全国农户数及预测

第四，对中国规模化的预测。根据中国农户自身变化规律，并结合日本的变化规律，预期经过约 10 年时间，到 2015 年时经营 $2hm^2$ 以上的农户比例将比 2006 年时增加 1 倍；再经过快速发展的 5 年，到 2020 年再实现翻倍，达到 10%；到 2030 年时，再翻倍达到 20%。日本经过 35 年发展，同等规模农户比例到 2011 年达到了 13%（表 2.49）。图 2.38 给出了相应的直观变化。

表 2.49　全国经营规模 $2hm^2$ 以上农户占比及预测（%）

年份	1996	2006	2015	2020	2030
百分比	1.92	2.46	4.92	10	20

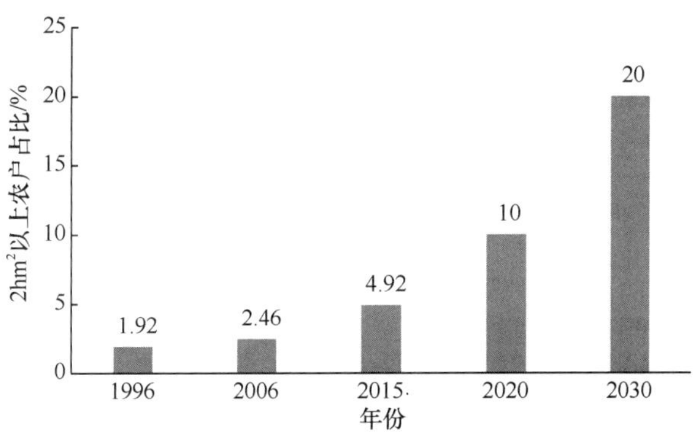

图 2.38　全国经营规模 $2hm^2$ 以上农户占比及预测

（二）家庭农场发展目标：2015 年、2020 年和 2030 年

不管是从经济学理论上讲，还是从目前中央部委相关的支持政策讲，家庭农场已经成为目前最主要的发展目标，即家庭农场将是实现规模化经营最主要的载体。为此，本节单独对家庭农场的发展进行预测。

1. 所用数据

1）数据说明：第一，我们将考察所有变量的 2012 年、2015 年和 2020 年 3 个时点的状态；第二，2015 年、2020 年的相关变量依据其相应的预测值；第三，受数据限制，我们只找到了有些变量的 2012 年前的数据，为了图表制作的可行性和直观性，在规划报告中也将其认为是 2012 年的数据，介绍具体变量时会有详细说明。

2）数据来源：本报告所用数据主要来自历年《中国农业年鉴》《中国农村统计年鉴》《中国农村住户调查年鉴》《全国农产品成本收益资料汇编》《中国第二次全国农业普查资料汇编》（农村卷、农民卷、农业卷、综合卷）。

2. 计算思路

第一，根据家庭农场发展原则，区分地区、作物的情况下，计算家庭农场的规模；第二，根据各地区耕地资源禀赋、耕地流转市场发展情况、不同经营主体的结构比例、规模化过程中的各种交易成本等确定家庭农场可能发展的最大现实个数；第三，考虑到不同作物的亩产值不同，在数据可得性情况下，本报告将主要区分玉米、小麦、稻谷 3 种粮食作物，并根据它们各自的亩产值及它们的平均亩产值来计算家庭农场的适度规模；第四，本报告将分别考察 31 个省（自治区、直辖市）的相关情况，并主要以全国平均水平来对相关问题进行说明；第五，由于统计数据的滞后性，分析的起点为 2012 年，并据此展开预测；第六，本报告将对“十二五”末年 2015 年、“十三五”末年 2020 年、2030 年的家庭农场规模、个数进行预测。

3. 规模：2012 年

根据家庭农场的发展原则，家庭农场的规模带来的收入要使一个农村家庭收入达到城镇家庭的收入水平。据此，家庭农场的必要规模为

$$\mathrm{NS}_{dtc}=\left(\mathrm{FI}_{dt}\Big/\mathrm{LI}_{dtc}=\mathrm{PI}_{dt}*P_{d}\Big/\mathrm{LI}_{dtc}\right) \tag{2.1}$$

式中，NS 代表家庭农场的必要规模（亩），下标 d 代表第 d 个地区，d=全国、北京、天津……，新疆等 31 省（自治区、直辖市）；t 代表年份，t=2012 年、2015 年、2020 年；c 代表作物种类，c=玉米、小麦、稻谷、3 种作物平均；这样，NS_{dtc} 是以作物 c 计算的

d省 t年的家庭农场的必要规模（亩）。FI_{dt}表示d省 t年的农村家庭应达到的收入（元）：$FI_{dt} = PI_{dt} * P_d$，PI_{dt}代表d省 t年的城镇居民人均年收入（元），P_d代表d省农村家庭户均人口（人）。LI_{dtc}表示d省 t年的种植作物 c的家庭农场的亩均产值（元）。

例如，若 d=全国，t=2012 年，c=玉米，2012 年全国城镇居民人均收入水平为PI_{dt}=21 809.8 元，2012 年全国农村家庭户均人口P_d=4 人，2012 年全国平均水平来看种植 1 亩玉米的产值LI_{dtc}=1121.9 元，这样，2012 年一个种植玉米的家庭农场的规模应该达到 78 亩（$NS_{dtc} = FI_{dt} / LI_{dtc} = PI_{dt} * P_d / LI_{dtc} = 21809.8 * 4 / 1121.9 = 78$），经营这样一个规模的家庭农场能使其家庭收入达到城镇家庭收入水平，可以理解为家庭农场的适度规模。进一步，从图 2.39 可以看出，对于广东这样的城镇居民年收入水平高（26 897 元，全国及各省收入水平见图 2.45），且农村户均人口多（5 人）的情况，按本规划的计算原则，一个种植玉米的家庭农场规模需要达到 120 亩，方能使该家庭收入达到城镇收入水平。而对于城镇居民年收入水平和农村户均人口都远低于全国平均水平的黑龙江来说，一个种植玉米的家庭农场规模只需要达到 49 亩就能使该家庭达到当地城镇家庭的收入水平。当然如果从土地禀赋水平考虑的话，或许正好是一个相反的结论（图 2.39）。

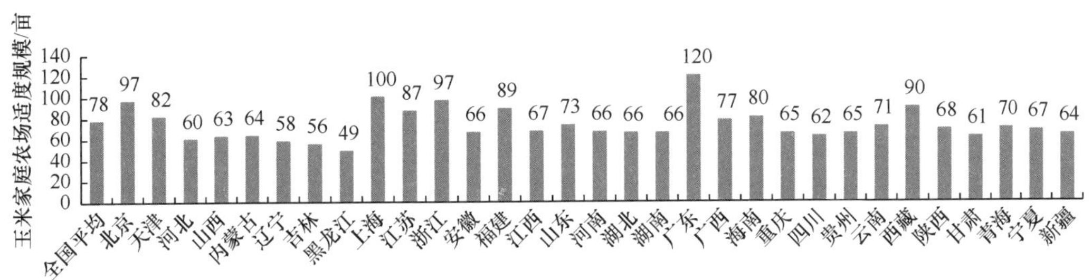

图 2.39　2012 年全国及各省（自治区、直辖市）玉米家庭农场适度规模

同等条件下，如果种植作物 c=小麦，以 2012 年的收入水平来计算，全国平均来看，一个家庭农场需要达到 102 亩的规模就能使得该家庭达到当地城镇家庭的收入水平。而各省（自治区、直辖市）的情况可以从图 2.40 中看出来，例如，小麦大省河南的种植小麦的家庭农场的规模需要达到 88 亩才能使该家庭达到当地城镇家庭的收入水平。如果种植作物 c=稻谷，以 2012 年的收入水平来计算，全国平均来看，一个家庭农场需要达到 65 亩的规模就能使得该家庭达到当地城镇家庭的收入水平。而各（自治区、直辖市）的情况可以从图 2.41 中看出来，例如，水稻大省湖南的种植稻谷的家庭农场的规模需要达到 55 亩才能使该家庭达到当地城镇家庭的收入水平。各（自治区、直辖市）的家庭农场适度规模的变化规律等同于玉米家庭农场规模。

不妨以 3 种粮食作物的平均亩产收入（1104.82 元）为标准来计算家庭农场的适度规模。从图 2.42 可知，以 2012 年的收入水平来计算，全国平均来看，一个家庭农场需要达到 79 亩的规模才能使得该家庭达到当地城镇家庭的收入水平。而各省（自治区、直辖市）的情况可以从图 2.42 中看出来，对于城镇收入水平较高的地方，如北京（98

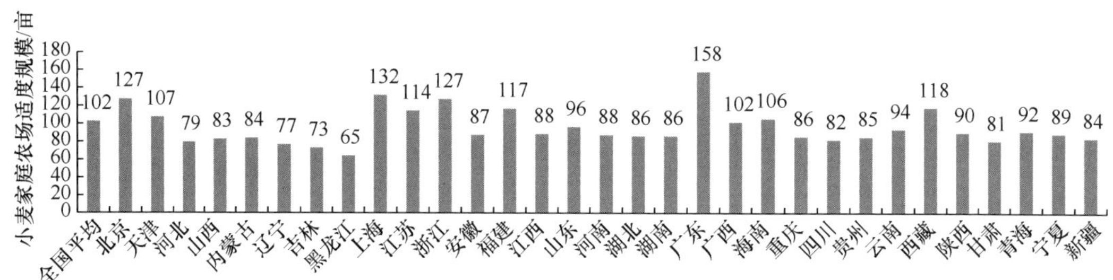

图 2.40　2012 年全国及各省（自治区、直辖市）小麦家庭农场适度规模

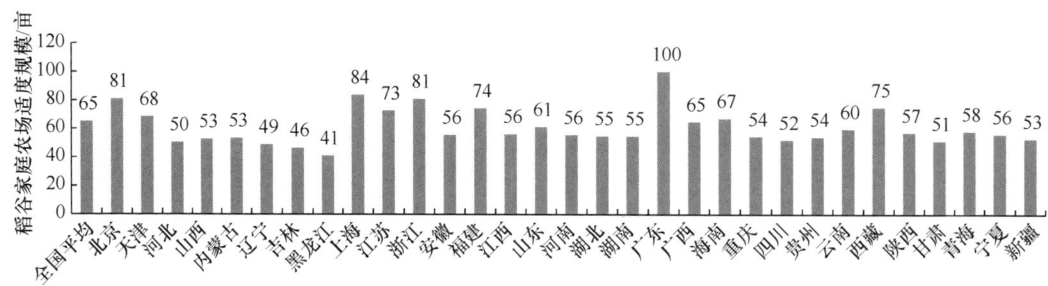

图 2.41　2012 年全国及各省（自治区、直辖市）稻谷家庭农场适度规模

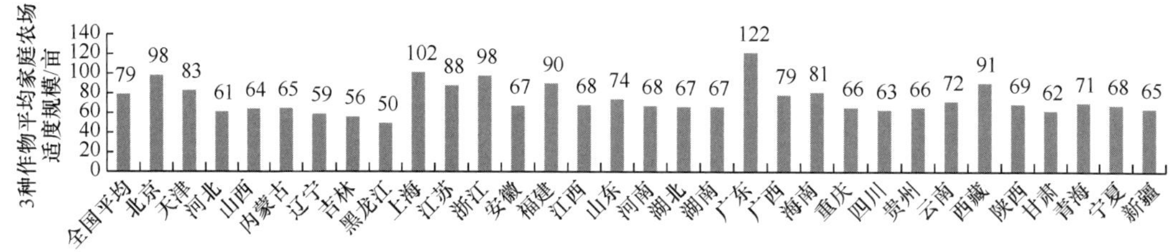

图 2.42　2012 年全国及各省（自治区、直辖市）3 种作物平均的家庭农场适度规模

亩）、上海（102 亩）、广东（122 亩）、浙江（98 亩）、江苏（88 亩）等地，家庭农场的适度规模就要高于全国平均水平。而对于西部地区来说，家庭农场的适度规模要低于全国平均水平，如四川（63 亩）、重庆（66 亩）、贵州（66 亩）、云南（72 亩）、陕西（69 亩）、甘肃（62 亩）、青海（71 亩）、宁夏（68 亩）、新疆（65 亩）。而对于东北、华北的家庭农场的适度规模也低于全国平均水平。

至此，可以发现，随着种植作物的不同，同等规模的家庭农场带来的收入也是不同的。从图 2.43 可以看出，不同省（自治区、直辖市）的家庭农场适度规模有所差异，而且均随着种植作物亩均收入的变化而变化。不妨从全国平均水平考察这个问题，如图 2.44 展示的，经营作物亩产值越高，实现同等收入所需要的家庭农场规模也就越低。小麦亩产值最低，为 852 元，因此，相应的家庭农场的适宜规模就需要达到 102 亩。而一个家庭农场种植 65 亩的稻谷就能达到同等收入。试想，如果经营的是蔬菜等经济作物，2012 年亩均产值为 6100 元，可能只需要一个 20 亩的家庭农场就能使其达到城镇家庭收入水平。因此，在考虑家庭农场规模适度性问题时，要充分考虑农户的种植作物及结构。

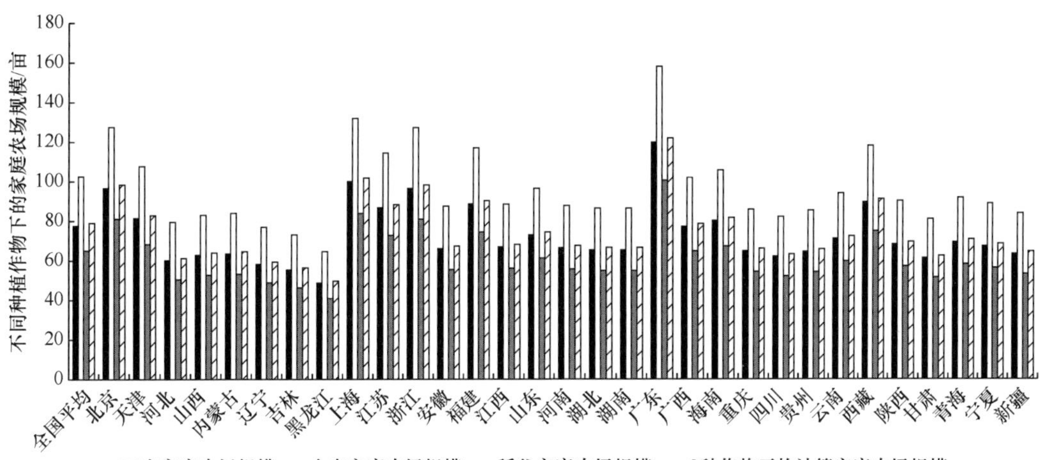

图 2.43 2012 年不同种植作物下的家庭农场规模

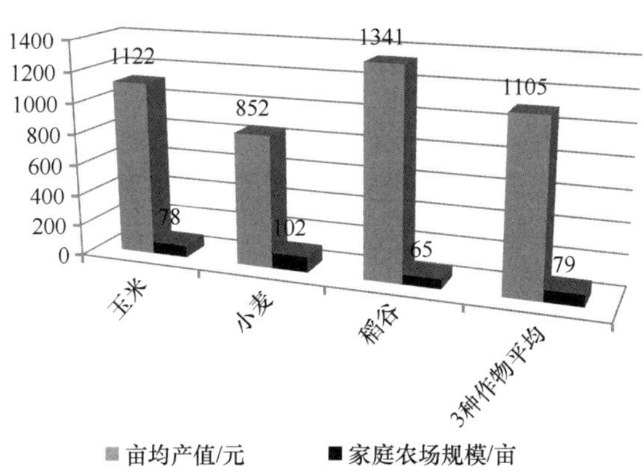

图 2.44 2012 年大陆平均水平下的不同种植作物亩产值（元）与家庭农场规模（亩）

4. 规模：2015 年

“收入倍增计划”是 2012 年 11 月中国共产党第十八次全国代表大会报告中提出的，“2020 年实现国内生产总值和城乡居民人均收入比 2010 年翻一番”。按照收入倍增计划，不妨以 7%的增速对 2015 年的城镇人均年收入进行粗略预测。2012 年全国平均来看城镇居民人均年收入为 21 810 元（图 2.45），到 2015 年将达到 28 588 元。利用同样的思路对各省的城镇居民收入进行预测。

最后利用公式（2.1）计算各地区的家庭农场规模。在计算过程中，我们假设到 2015 年各种作物的亩产值不发生变化，与 2012 年相等。这样假设是考虑到：第一，从家庭联产承包责任制以后，我国作物亩产值基本上都是一直在增加，潜力发挥得应该差不多了；第二，从我国与美国同种作物的亩产值比较来看（表 2.50），2007~2012 年，美国的 3 种作物的亩产值是波动的，既有增加也有减少；第三，我国 3 种作物的亩产值已经基本超过同期美国作物亩产值。

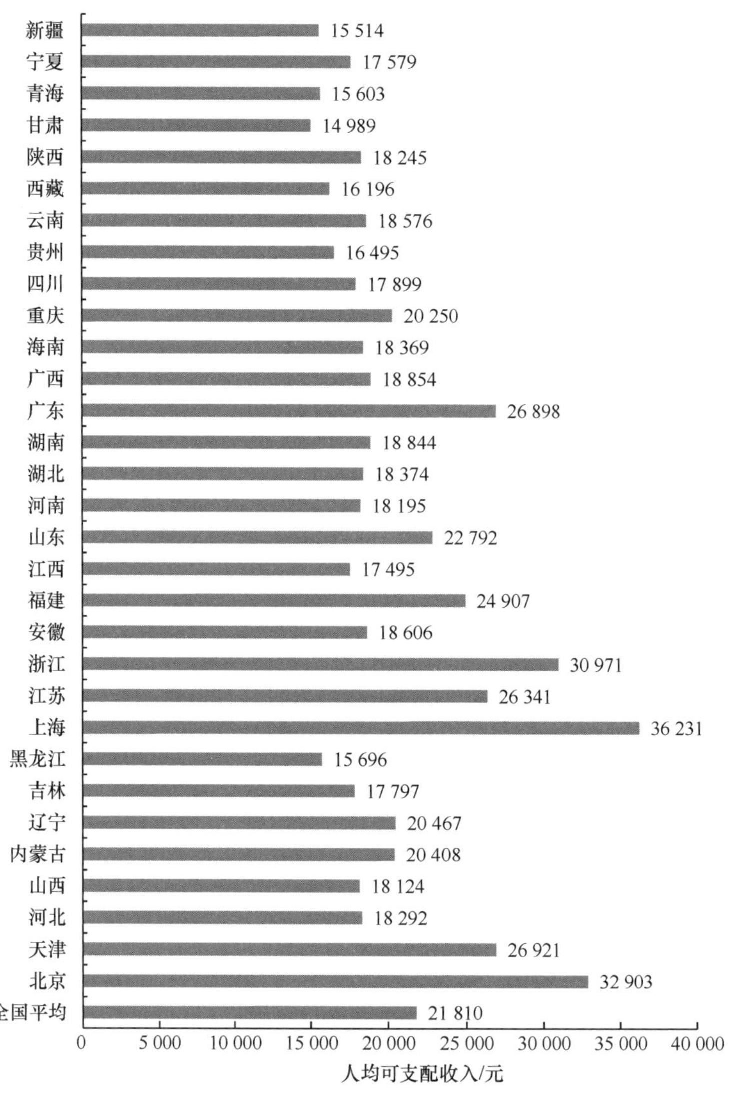

图 2.45　2012 年城镇居民家庭人均可支配收入

表 2.50　2007~2012 年中美作物亩产值比较

作物	2007 年	2008 年	2009 年	2010 年	2011 年	2012 年
美国-玉米	587.91	720.60	631.49	712.84	843.10	833.37
中国-玉米	650.52	682.67	726.47	872.28	1027.32	1121.90
美国-小麦	255.89	382.22	255.36	246.27	307.20	358.60
中国-小麦	563.91	663.06	717.51	750.80	830.20	851.73
美国-稻谷	974.12	1474.00	1206.51	887.52	911.25	1172.11
中国-稻谷	784.29	900.72	934.32	1076.45	1268.25	1340.83

由于 2015 年的城镇居民人均收入比 2012 年增加了很多，因此，同等条件下，2015

年的家庭农场的适度规模也要增加不少。从图 2.46 可以看出，全国平均来看，不管经营何种作物，2015 年的家庭农场的规模都需要相应增加，以确保农户家庭收入达到城镇居民收入水平。例如，一个种植玉米的家庭农场在 2012 年规模达到 78 亩就能实现同城镇收入目标，但是到 2015 年需要扩大到 102 亩才能与同期同地的城镇居民收入水平持平。相应地，小麦家庭农场规模要由 2012 年的 102 亩扩展到 134 亩，稻谷需由 19 亩扩展到 85 亩。而平均来看，要由 2012 年的 79 亩扩展到 2015 年的 104 亩，将增加 32%（图 2.47）。

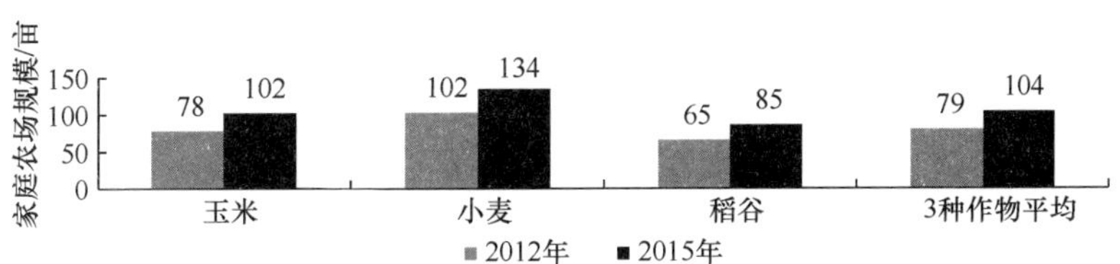

图 2.46 2012 年与 2015 年全国平均水平下不同种植作物的家庭农场规模

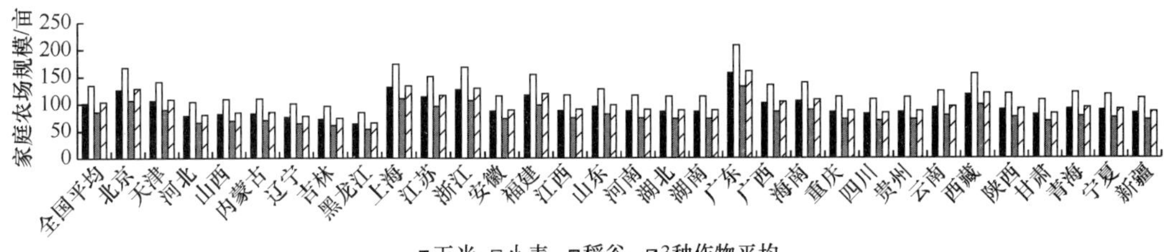

图 2.47 2015 年不同种植作物下的家庭农场规模

5. 规模：2020 年

按照十八大“收入倍增计划”，到 2020 年城镇居民人均收入比 2010 年翻一番，依此计算家庭农场的适度规模；同时，依然假设作物亩均产值保持不变。

由图 2.48 可以知道，若以 3 种作物的平均产值为计算标准，家庭农场的适度规模全国平均来说，2012 年为 79 亩，随着收入的增加，到 2015 年规模需要达到 104 亩，如果 2020 年实现收入倍增的话，农场规模需要达到 158 亩。而从各省（自治区、直辖市）情况来看（图 2.49），不同作物的家庭农场的适度规模也将相应地随着城镇收入水平的提升而扩大。

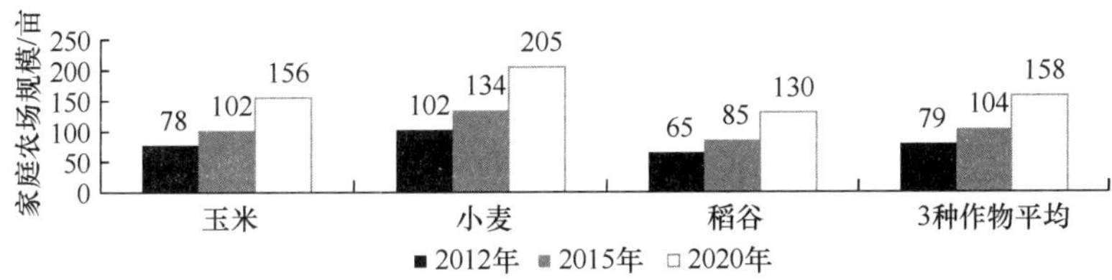

图 2.48 2012 年、2015 年和 2020 年全国平均水平下不同种植作物的家庭农场规模

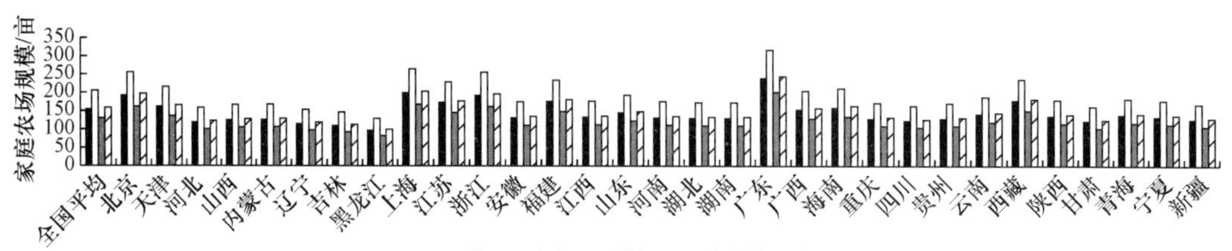

图 2.49　2020 年不同种植作物下的家庭农场规模

6. 规模：2030 年

同样的思路，在对相关参数作预测后对家庭农场的规模进行相应预测。

中国社会科学院财经战略研究院 2013 年 12 月 26 日在京发布的《中国经济体制改革报告 2013》称 2030 年，中国城镇居民家庭人均可支配收入将达到 6 万元人民币左右。我们据此对全国和各省（自治区、直辖市）的 2030 年的城镇居民家庭人均可支配收入进行预测。全国角度来讲，2011 年的城镇居民家庭人均可支配收入为 21 810 元，2020 年实现倍增，达到 43 620 元，2030 年预期为 60 000 元，相当于 2020 年的 1.375 倍。假设每个省（自治区、直辖市）的增长倍数都等于 1.375，据此对 2030 年的收入进行预测。

计算结果见图 2.50，从中可知，到 2030 年，若以 3 种作物亩均收益为准的话，一个家庭农场的规模需要达到 179 亩方能使经营者的收入达到同期城镇居民家庭的收入；如果种植玉米的话，农场规模需要达到 214 亩；种植稻谷的话，农场规模需要达到 217 亩；而种植小麦的话需要达到 282 亩才能实现相应目标。

图 2.51~图 2.53 给出了每个省（自治区、直辖市）的不同作物情况下的家庭农场的相应规模。随着种植作物的不同，随着地区城镇家庭收入水平的不同，家庭农场的“适度规模”都将发生变化。因此，家庭农场的发展政策应该因地制宜。

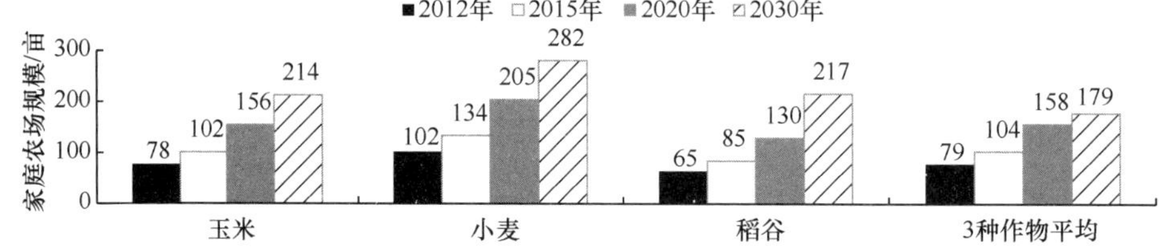

图 2.50　2012 年、2015 年、2020 年和 2030 年全国平均水平下不同种植作物的家庭农场规模

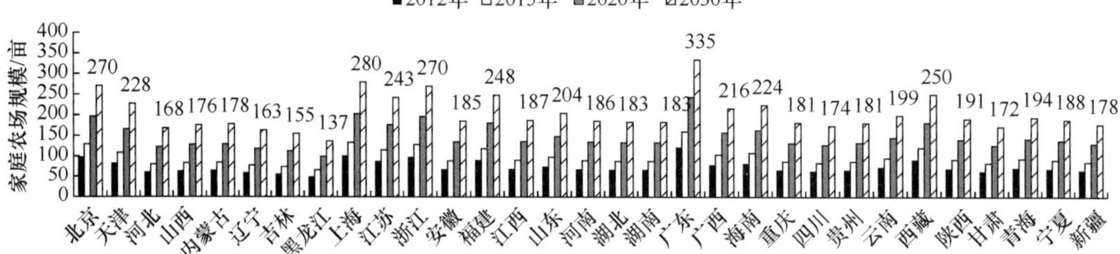

图 2.51　2012 年、2015 年、2020 年和 2030 年各省（自治区、直辖市）的 3 种作物平均情况下的家庭农场规模

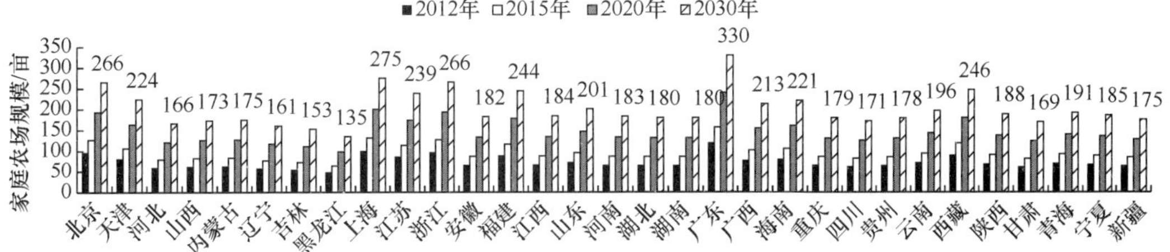

图 2.52　2012 年、2015 年、2020 年和 2030 年各省（自治区、直辖市）的玉米家庭农场规模

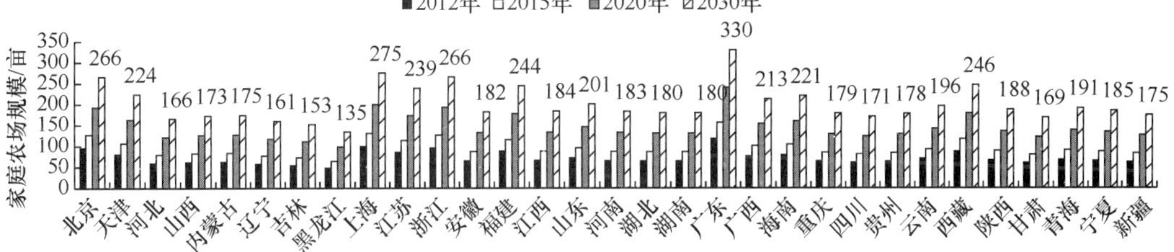

图 2.53　2012 年、2015 年、2020 年和 2030 年各省（自治区、直辖市）的稻谷家庭农场规模

7. 个数：计算思路

在上述家庭农场规模确定的情况下，我们将根据各地区耕地资源情况、耕地流转市场发展情况、不同规模化经营主体结构、规模化经营发展的障碍等确定其家庭农场的发展个数。家庭农场个数的计算公式如下：

$$Q_{dtc} = Q_{dtc}^{M} * F(\bullet) = \frac{\mathrm{Land}_d}{\mathrm{NS}_{dtc}}[\mathrm{Rent}_{dt} * (1-\mathrm{OS}_d) * (1-f_{dt})] \tag{2.2}$$

式中，下标含义同前。Q_{dtc} 表示以作物 c 为计算标准的第 d 个地区第 t 年的家庭农场应发展的个数。Q_{dtc}^{M} 表示相应的家庭农场最大可能个数，即理论个数。$F(\bullet)$ 表示实现系数，体现了所有的交易成本，与 Q_{dtc}^{M} 相乘后得到 Q_{dtc}。

Land_d 表示第 d 个地区的耕地面积（亩），不管在 2012 年、2015 年还是 2020 年，这里都用每个地区的 2008 年数据计算。

Rent_{dt} 表示第 d 个地区第 t 年的耕地流转比例。流转比例的高低决定了耕地面积实现规模经营的程度，进而影响家庭农场的发展。我们用“第二次全国农业普查数据”中的“各地区农业生产经营户经营耕地中转入地比例”来对此进行衡量。第二次农普调查的是各地区 2006 年的情况，例如，2006 年时，全国农业生产经营户的经营耕地中转入地的比例为 11.2%。另外，根据农业部 2013 年 4 月发布的《农村经营管理情况》可知，截至 2012 年年底，全国耕地流转比例为 21.2%。限于数据可得性，我们用农普数据中的 2006 年“各地区农业生产经营户经营耕地中转入地比例”的 2 倍来代表 2012 年“各地区农业生产经营户经营耕地中转入地比例”。

OS_d 表示第 d 个地区第 t 年的“经营耕地规模 200 亩以上的农业生产经营单位的比例”。由表 2.51 可知，家庭农场最大适度规模为 203 亩，为此，我们拟将经营规模 200

亩以上的经营主体剔除，剩下的经营主体可以视为家庭农场发展潜在对象。根据第二次农业普查数据（表 2.51），2006 年时，全国有 5%的生产经营单位的经营规模在 200 亩以上，而同期新疆有 14%的生产经营单位的经营规模在 200 亩以上，黑龙江这一比例高达 30%。考虑到数据的可得性及家庭农场是未来主要发展目标，我们假设 OS 值不变，即用 2006 年的 OS 指代表 2012 年、2015 年和 2020 年的相应数值。这样，$1-OS_d$ 即是耕地面积中需要由经营规模低于 200 亩的经营主体进行经营的比例。

式（2.2）中 $f_{dt}=1-\alpha_{dt}$ 表示除了前述考虑到的影响家庭农场实现个数的因素外的所有摩擦（不妨称其为“剩余摩擦”），这些摩擦导致了耕地资源不能由家庭农场这种经营主体来实现规模化经营，我们假设其捕捉了其他所有的交易成本。相应地，α_{dt} 表示“实现系数”，某个地区某个时点上的家庭农场理论个数（或者最大可能个数）乘以 α_{dt} 就是实际观察到的家庭农场个数。我们假设 f 是随时间下降的，接下来将运用相关数据对其进行校准。

式（2.2）中 NS_{dtc} 的含义同式（2.1）。

表 2.51　2006 年全国及各地区经营规模 200 亩以上的农业生产经营单位比例

地区	OS	地区	OS	地区	OS	地区	OS
全国平均	0.05	黑龙江	0.30	河南	0.05	贵州	0.02
北京	0.09	上海	0.12	湖北	0.05	云南	0.05
天津	0.05	江苏	0.04	湖南	0.03	西藏	0.03
河北	0.04	浙江	0.03	广东	0.07	陕西	0.03
山西	0.07	安徽	0.03	广西	0.05	甘肃	0.11
内蒙古	0.15	福建	0.02	海南	0.12	青海	0.04
辽宁	0.03	江西	0.05	重庆	0.03	宁夏	0.11
吉林	0.06	山东	0.05	四川	0.02	新疆	0.14

数据来源：第二次全国农业普查数据

8. 个数：2012 年

（1）理论个数：不考虑交易成本

下面以 3 种作物平均亩产值为计算基准，考察全国家庭农场的理论个数。

2012 年，全国耕地面积 Land =1 825 738 500 亩，以 3 种作物平均计算的家庭农场规模 NS =79 亩。如果不考虑各种各样的“交易成本”，单纯从耕地面积角度考虑，2012 年，全国最大可能的家庭农场个数 Q_{dtc}^{M} =23 121 629 个，约 2312 万个。即如果不考虑任何土地流转的障碍，不考虑劳动力转移的障碍，不考虑各种与家庭农场这种经营主体竞争的经营主体（专业大户、合作社、企业等），目前的耕地最多可以发展规模为 79 亩的家庭农场 2312 万个。平均每个省（自治区、直辖市）74 万个。当然，随着种植作物的不同，如图 2.54 所示，如果种植作物为小麦，理论上讲，全国可以发展 1782 万个家庭农场，平均每个省（自治区、直辖市）57 万个；如果种植作物为玉米，则可以发展 2348 万个，稻谷的话可以发展 2806 万个。

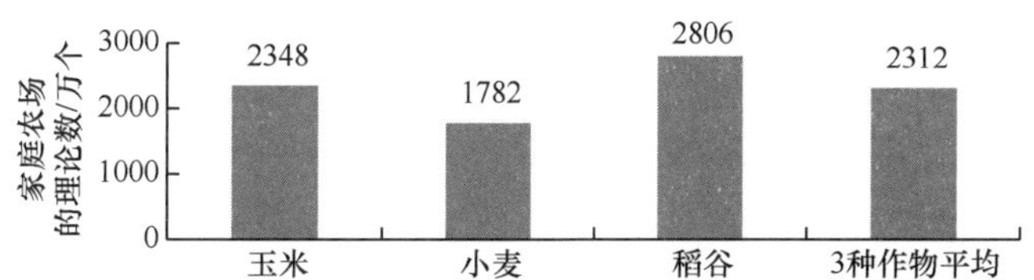

图 2.54　2012 年不同种植作物下的家庭农场的理论个数

（2）实际可能个数：考虑交易成本

仍以 3 种作物平均亩产值为计算基准，在上述全国家庭农场理论个数的基础上，引入各种交易成本等引致的实现系数，计算最大的实际可能个数。

如前所述，用 2006 年的“第二次农业普查数据”中“各地区农业生产经营户经营耕地中转入地比例”的 2 倍获得 2012 年全国耕地流转比例 Rent =0.22。从全国平均来看，2012 年经营规模 200 亩以上的经营单位比例 OS =0.05，所以 1 – OS =0.95。

暂时不考虑 $f_{dt}=1-\alpha_{dt}$ 这个因素，即不考虑所有其他的“剩余摩擦”，2012 年，在只考虑耕地流转比例、剔除超大规模经营单位的前提下，全国平均应有 492 万个家庭农场，相当于理论个数实现了 1/5 多。

进一步，我们对“剩余摩擦”进行校准。“剩余摩擦”是借用宏观经济学中“索洛剩余”的精神，将除了耕地流转市场上的摩擦、不同经营主体对家庭农场这种经营主体竞争而产生的摩擦之外的所有影响家庭农场实现程度的综合。根据农业部的 2013 年发布的关于家庭农场个数报告，截至 2012 年年底（下同），全国 30 个省（自治区、直辖市）（不含西藏，下同）共有符合本次统计调查条件的家庭农场 87.7 万个，这个实际发生的个数包含了所有交易成本的信息，故可用此对 f 进行校准。因此，α =87.7/492=0.178，故，f =1– α =0.822。用此可以计算得到 2012 年，全国家庭农场实际可能个数为 87.6 万个，平均每省 2.83 万个。如图 2.55 所示，如果种植作物为玉米，2012 年全国家庭农场实际可能个数为 88.9 万个，如果种植作物为小麦，则可能个数为 67.5 万个，稻谷的话约 106.3 万个。

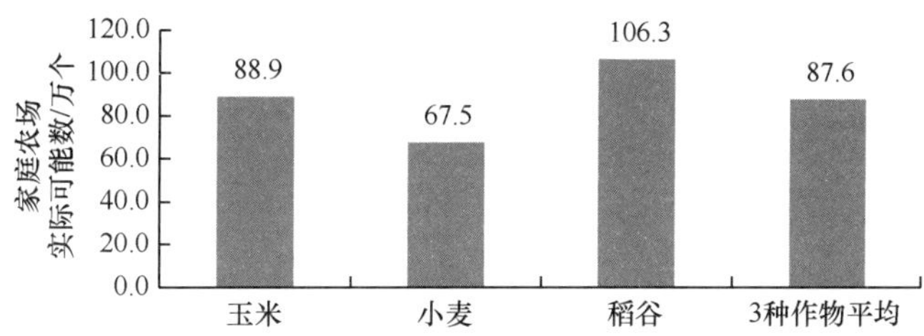

图 2.55　2012 年不同种植作物下的家庭农场的实际可能个数

进一步地，根据同样的计算公式，我们得到了 2012 年各省（自治区、直辖市）家庭农场的实际可能个数及其相应规模（图 2.56），当然这些个数是一个规划目标，未必能实现。例如，在相应流转比例等条件下，黑龙江 2012 年最大可能实现的家庭农场个数为 24.82 万个，每个家庭农场平均规模为 50 亩。依此，吉林可以发展 7.61 万个 56 亩的家庭农场，内蒙古可以发展 6.95 万个 65 亩的家庭农场，新疆可以发展 5.79 万个 65 亩的家庭农场，

河南可以发展 2.68 万个 68 亩的家庭农场，北京可以发展 2200 个 98 亩的家庭农场，等等。

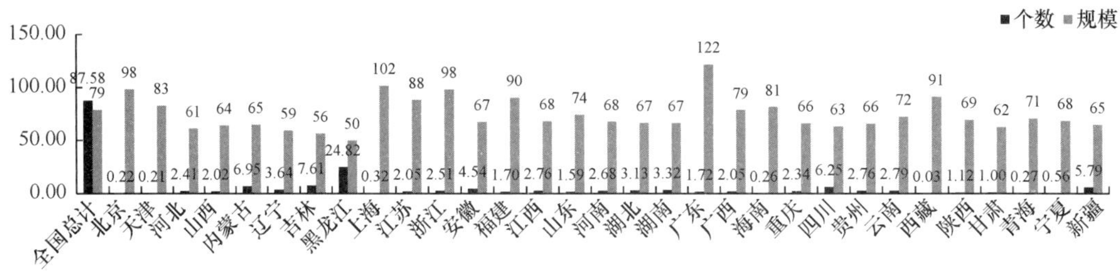

图 2.56　2012 年 3 种作物平均情况下的家庭农场规模（亩）与相应的实际可能个数（万个）

另外，我们也给出了 2012 年玉米（图 2.57）、小麦（图 2.58）、稻谷（图 2.59）3 种作物相应的家庭农场的规模与个数。例如，辽宁最大可能发展 3.7 万个 58 亩的种植玉米的家庭农场（图 2.57），河南最大可能发展 2.07 万个 88 亩的种植小麦的家庭农场（图 2.58），湖南最大可能发展 4.02 万个 55 亩的种植稻谷的家庭农场（图 2.59），等等。

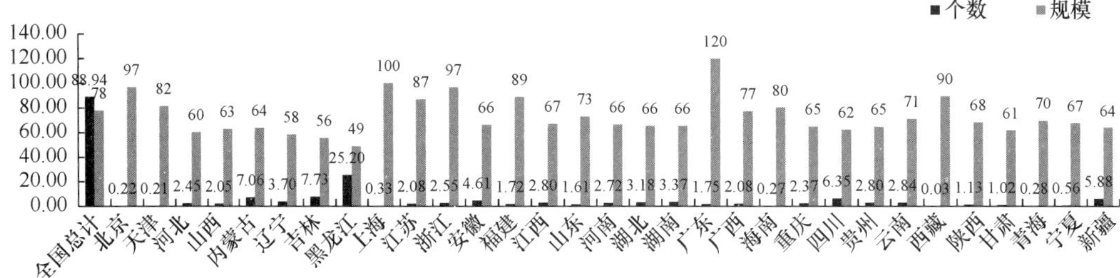

图 2.57　2012 年玉米家庭农场规模（亩）与相应的实际可能个数（万个）

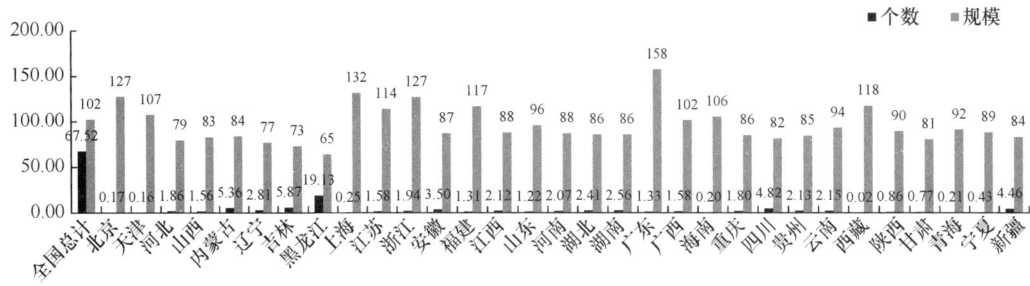

图 2.58　2012 年小麦家庭农场规模（亩）与相应的实际可能个数（万个）

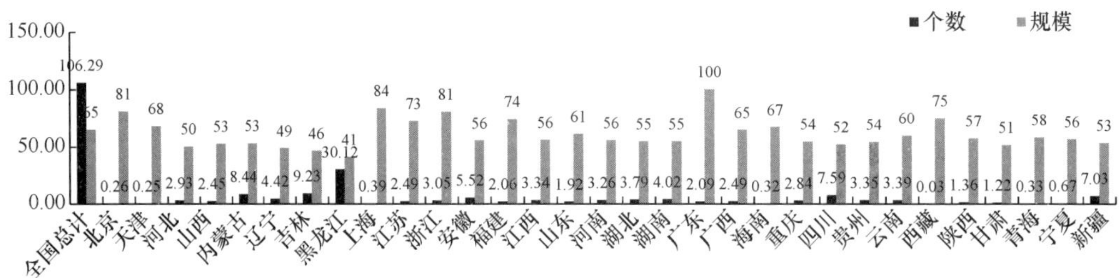

图 2.59　2012 年稻谷家庭农场规模（亩）与相应的实际可能个数（万个）

9. 个数：2015 年

到 2015 年，式（2.2）中耕地流转比例 Rent，剩余摩擦系数 f 都将发生变化。

关于耕地流转比例。根据农业部 2013 年 4 月发布的《农村经营管理情况》可知，“截至 2012 年年底，全国家庭承包耕地流转面积占家庭承包经营耕地面积的 21.2%，比 2011 年提高 3.5 个百分点”。再考虑到近年耕地流转的快速发展，以及正在推进的确权颁证可能对流转的负面影响，不妨以 5%的增速来对耕地流转比例进行预测，从而获得 2015 年和 2020 年的流转比例。

前面假设剩余摩擦系数随时间是下降的。2012 年时，$\alpha=87.7/492=0.178$，故，$f=1-\alpha=0.822$；我们假设 2015 年时，$\alpha=0.2$，故，$f=1-\alpha=0.8$。

将相应参数带入式（2.2），可以获得 2015 年全国及各省（自治区、直辖市）的家庭农场个数。从图 2.60 可以看出，以 3 种作物平均亩产值为计算基准的情况下，到 2015 年，全国可以发展 86.91 万个规模为 104 亩的家庭农场，相当于平均每个省（自治区、直辖市）可以发展 2.8 万个。若作物为玉米、小麦、稻谷的话，分别对应的家庭农场的个数为 88.25 万个、67 万个、105.48 万个；与此相应的家庭农场的规模分别为 102 亩、134 亩、85 亩。

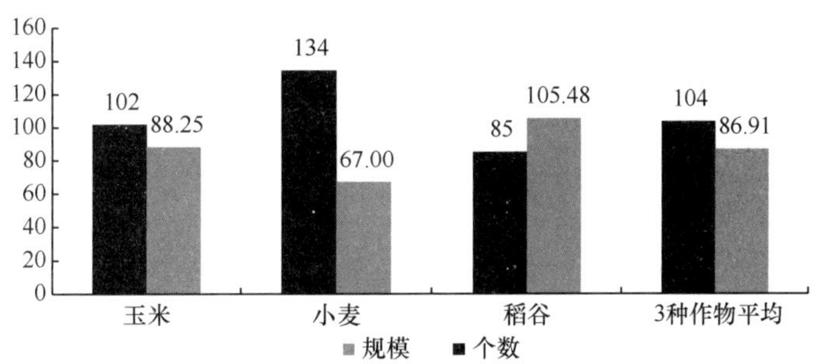

图 2.60　2015 年全国不同种植作物的家庭农场的实际可能个数（万个）与相应规模（亩）

另外，我们也给出了 2015 年 3 种作物平均（图 2.61）及玉米（图 2.62）、小麦（图 2.63）、稻谷（图 2.64）相应的家庭农场的规模与个数。

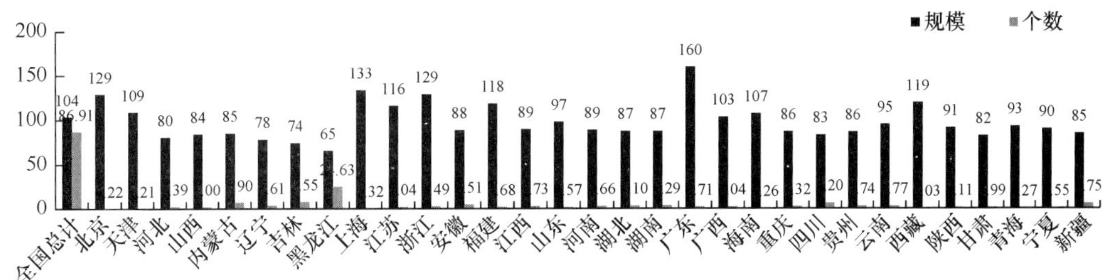

图 2.61　2015 年 3 种作物平均情况下的家庭农场规模（亩）与相应的实际可能个数（万个）

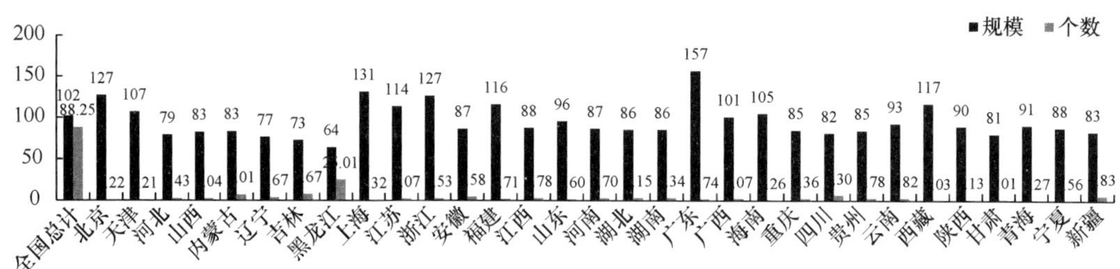

图 2.62　2015 年玉米家庭农场规模（亩）与相应的实际可能个数（万个）

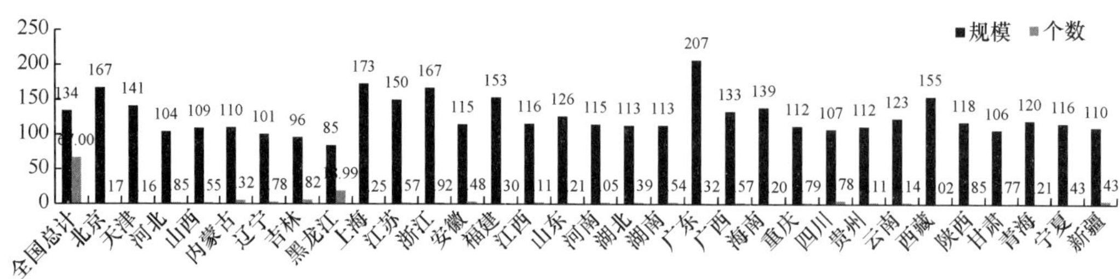

图 2.63　2015 年小麦家庭农场规模（亩）与相应的实际可能个数（万个）

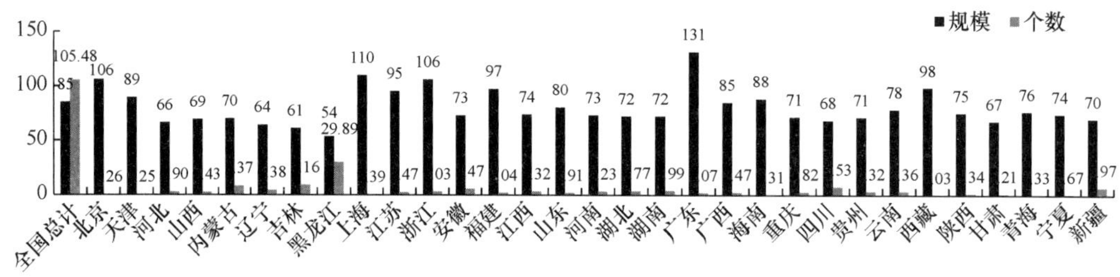

图 2.64　2015 年稻谷家庭农场规模（亩）与相应的实际可能个数（万个）

10. 个数：2020 年

到 2020 年，公式（2.2）中耕地流转比例 Rent，剩余摩擦系数 f 都将发生变化。如前所述，我们以 5%的增速来对耕地流转比例进行预测，从而获得 2020 年的流转比例。我们假设 2020 年时，α =87.7/492=0.25，故，f =1−α =0.75。将相应参数带入公式（2.2），可以获得 2020 年全国及各省（自治区、直辖市）的家庭农场个数。

从图 2.65 可以看出，以 3 种作物平均亩产值为计算基准的情况下，到 2020 年，全国可以发展 110.15 万个规模为 158 亩的家庭农场，相当于平均每个省（自治区、直辖市）可以发展 3.6 万个。若作物为玉米、小麦、稻谷的话，分别对应的家庭农场的个数为 111.85 万个、84.92 万个、133.68 万个；与此相应的家庭农场的规模分别为 156 亩、205 亩、130 亩。

11. 个数：2030 年

到 2030 年，公式（2.2）中耕地流转比例 Rent，剩余摩擦系数 f 都将发生变化。关于流转比例，按照前面思路，设流转比例年增 5%，从 2011 年开始算起，计算 2030 年

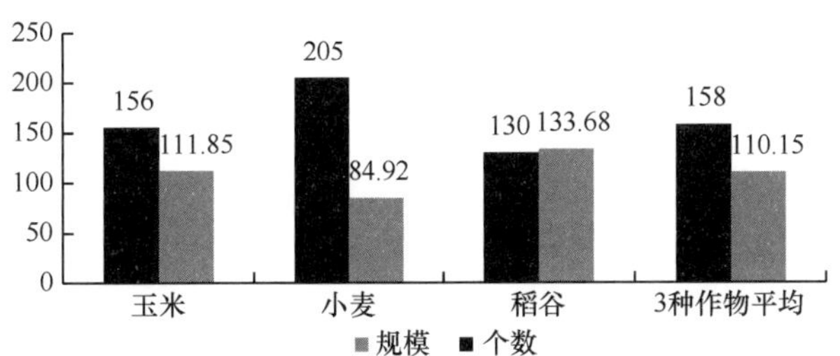

图 2.65 2020 年全国不同种植作物的家庭农场的实际可能个数（万个）与相应规模（亩）

全国及各地区的流转比例。随着确权颁证的进行、各种流转中介服务的完善，流转的交易成本也将变小，预计到 2030 年时，剩余摩擦系数 f 也变小，相应的实现系数由 2020 年的 0.25 增加到 0.30。

由图 2.66 可知，若以 3 种作物平均收益为计算标准的话，到 2030 年，全国大约会有 156.63 万个家庭农场。若种植作物为玉米、小麦、稻谷的话，相应的家庭农场个数分别为 131.06 万个、99.5 万个和 129.06 万个。

图 2.67~图 2.70 给出了各个省（自治区、直辖市）的不同种植作物的家庭农场的 2030 年的个数。

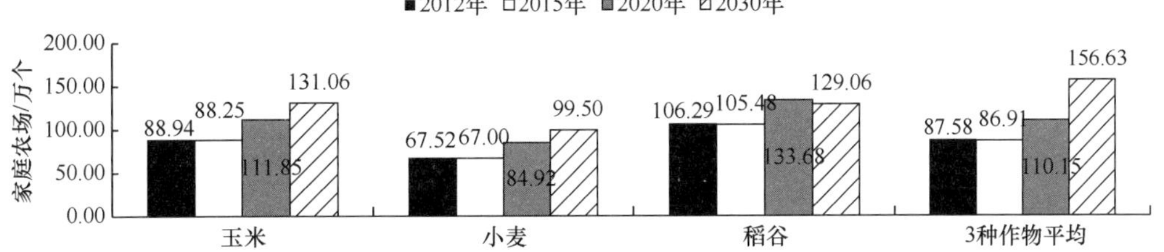

图 2.66 2012 年、2015 年、2020 年和 2030 年全国平均水平下不同种植作物的家庭农场个数

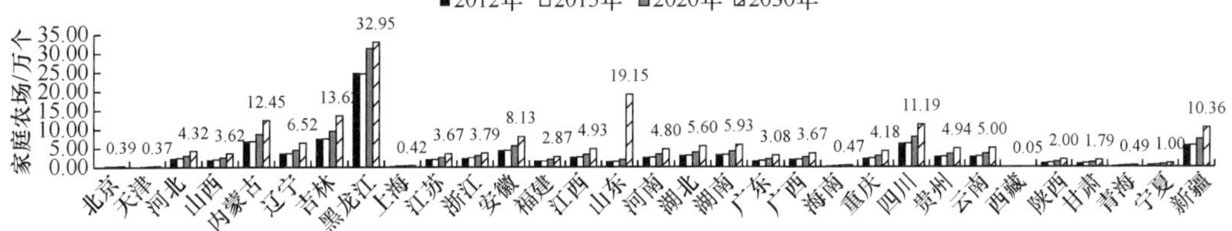

图 2.67 2012 年、2015 年、2020 年和 2030 年各省（自治区、直辖市）的 3 种作物平均情况下的家庭农场个数

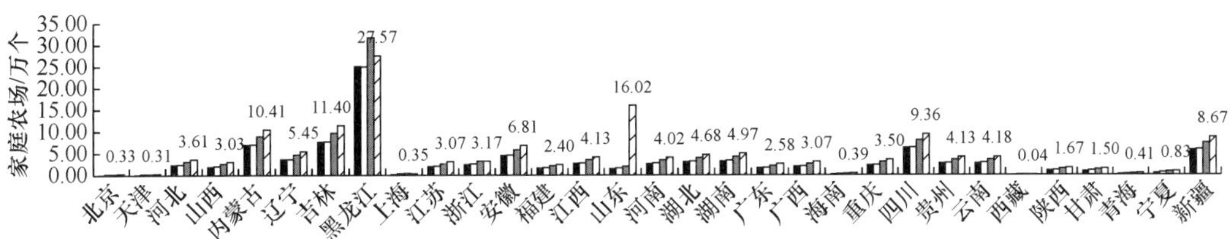

图 2.68 2012 年、2015 年、2020 年和 2030 年各省（自治区、直辖市）的玉米家庭农场个数

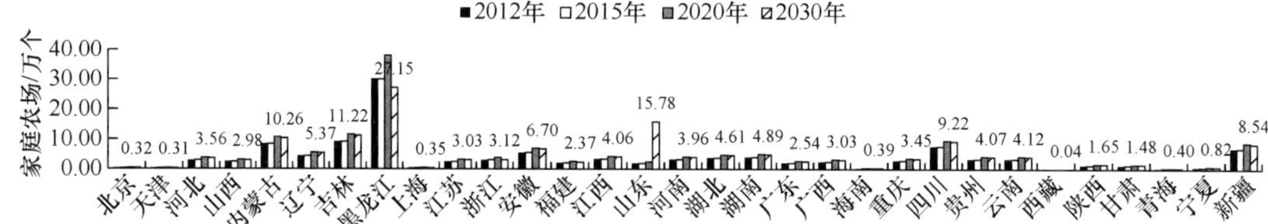

图 2.69　2012 年、2015 年、2020 年和 2030 年各省（自治区、直辖市）的稻谷家庭农场个数

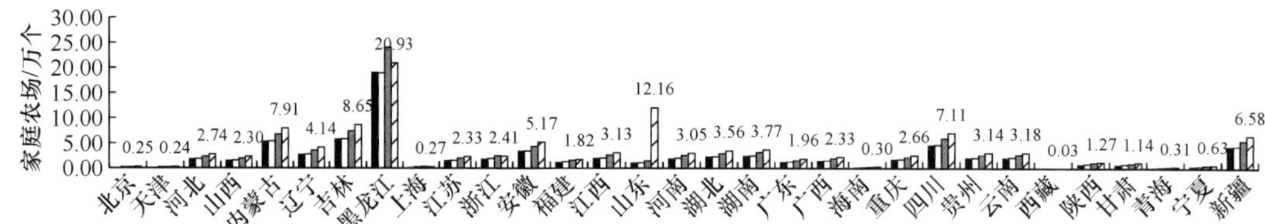

图 2.70　2012 年、2015 年、2020 年和 2030 年各省的小麦家庭农场个数

五、规模化的国际经验

（一）粮食作物规模化国际经验

规模化是农业发展的一个历史趋势，无论是发达国家还是发展中国家在推进现代化的进程中都会遇到这个问题。世界各国都是从传统分散经营的小农经济向集约化、规模化现代农业经济转变的过程，在这一过程中农业生产经营主体数量不断减少、规模不断扩大，农业规模经营是农业现代化的必然选择。

本节通过美国、日本、法国的粮食作物规模化历史进程，以及规模化经营促进政策的研究，试图借鉴这些国家规模化的成功经验，探索适合中国粮食作物规模化经营的路径与发展进程，从而提出促进粮食作物规模化经营的政策建议，为加快推进中国粮食作物规模化经营进程提供决策参考依据。

1. 美国粮食作物规模化国际经验

美国农业无疑是当今世界较发达、生产力发展水平较高的农业之一，美国农业现代化一直走在世界前列，美国农业模式是农业现代化的典型代表之一。美国是世界最大的粮食生产国与出口国，其粮食产量占全球的20%，出口约占世界的40%，其中2011年美国玉米产量占全球的36%，玉米出口量占世界的39%。美国农业的高度发达，除了具有其得天独厚的自然条件和科技优势，还离不开它的规模化进程。

（1）美国粮食作物规模化的进程

家庭农场为美国最主要的经营组织形式。从美国1900~2012年农场数量、农场总耕地面积和平均耕地面积的历史数据进行分析，可以清晰地看出美国粮食作物规模化经营的历史变迁过程。

第一阶段（1900~1935年）：农场数量不断增加，农场数量从1900年的573.7万个增加至1935年681.4万个；而农场规模保持基本稳定，农场平均经营规模在60hm^{2}左右，主要是由于土地面积快速增加，农场数量也在增加。

第二阶段（1935~1970年）：农场数量快速减少，农场规模快速扩大。农场数量由1935年的681.4万个快速下降到1970年的294.9万个；与之相对应，农场规模快速增加，从62.6hm^{2}增加到151.3hm^2。农场规模快速扩大的主要原因：一是现代农业技术装备的应用有力地提升了农业现代化水平；二是战时征兵需要及战后工业化、城镇化进程加剧，导致大量农业劳动力离开土地；三是归功于美国的农业自由竞争环境及制定的有利于大农场的农业政策的支持。

第三阶段（1970~1992年）：农场数量处于缓慢减少阶段，到1992年农场数量减少到210.8万个，而农场规模则处于缓慢增长阶段，1992年农场平均规模达到187.9hm^2。

1970 年之后，美国农场进入规模竞争时代。

第四阶段（1992 年至今）：1992 年之后美国农场进入稳定发展期，农场总数量稳定在 210 万~220 万个，2011 年农场总数量为 219.4 万个，农场平均规模有所下降，但基本稳定在 175hm^2。

从 1935~1970 年的 35 年间，美国农场基本完成了规模扩展过程，农场数量大幅度减少，标志着美国农业进入了规模化经营的现代农业阶段。一方面，美国农场总耕地面积仍在减少，主要受美国农业现代化进程加快、出现粮食生产过剩及采取鼓励农场休耕政策的影响；另一方面，农业从业人员逐渐减少，农业人均耕地面积从 1994 年的 52.5hm^2 提高到 2007 年的 62.5hm^2。这表明美国农业进入规模扩张和质量效益提升并重阶段。

（2）美国粮食作物规模化的政策分析

i. 立法保障规模化的发展

在近百年的农业规模化发展历程中，美国国会通过了大量有关农业的法律，建立健全了一整套指导农业和农村发展的法律体系，各项农业法律不仅规定了政府农业政策的基本取向，而且规定了政府干预经济发展的基本权限，政府行为只能限定在法律规定的范围之内。

ii. 政府鼓励和引导规模化进程

政府采用信贷支持、政策引导、利息调节、价格补贴等经济手段和法制手段，鼓励和诱导家庭农场规模适度扩大。美国政府发放的农业补贴（包括差额补贴、休耕补贴、灾害补贴等）都是按农场拥有的土地数量和产品数量来分配的，为此大农场得到了更丰厚的政府资金支持，也自然而然地更有利于大农场的发展；政府的农业信贷支持（特别是抵押贷款）也大部分为资产雄厚的大农场获取。

iii. 政府的非家庭农场限制措施巩固了家庭农场的主体地位

美国在促进土地流转政策中特别强调“禁止非家庭性公司拥有农地和经营农业的直接生产领域”，在以农场规模大而著称的中西部地区的 9 个农业州都有这样的规定，以保证农地尽可能由农户经营。根据《美国家庭农场报告》（Hoppe and Banker，2010），到 2007 年美国家庭农场占全部农业经营主体的 97.6%，处于绝对主体地位，非家庭农场仅占 2.4%。家庭农场中小规模农场（年销售额低于 25 万美元）依然占很高比例，占比达 88.4%，与此同时，美国小型家庭农场兼业现象仍很普遍，小型家庭农场收入主要依靠大量的非农收入，而不是主要靠农场生产，大部分的非农收入来自工资、薪水及创业收入。

2. 日本粮食作物规模化国际经验

日本是一个人多地少的岛国，农业自然资源较为稀缺，2011 年耕地面积 456.1 万 hm^2，人均耕地 0.036hm^2。尽管如此，通过扩大农户经营规模、提升土地生产率等途经，日本农业同样实现了由传统分散经营的小农经济向集约化、适度规模化的现代农业转变，为以

小农经营为主的传统农业国家实现农业现代化提供了参考。更值得我们学习的是，日本用不足我国 1/25 的耕地，解决了相当于我国 1/12 的人口的温饱问题。

（1）日本粮食作物规模化的进程

农户是日本农业最主要的组织形式，在日本农业现代化进程中，农户总数量呈现出基本稳定—明显上升—快速下降—平稳下降的阶段性特征。随着农户数量的不断变化，可以清晰地看出日本粮食作物规模化经营的历史变迁过程。

第一阶段（1930~1960 年）：分散的小农经营阶段。农业经营总户数稳中有升。1930 年农户数 560 万户，1941 年 549.9 万户，1950 年达到最大的 617.6 万户，之后 10 年基本稳定在 600 多万户。农户经营规模小。这一阶段农户经营规模小的两个重要原因：一是第二次世界大战对农业生产的影响；二是长子继承制，尽管 1947 年废除了该制度，但现在仍有不少的家庭让长子继承较多的遗产。

第二阶段（1960~1995 年）：小规模农户快速减少阶段。农户总体数量快速下降，农户经营规模不断扩大。农户总数量从 1960 年的 605.7 万户快速减少到 1995 年的 265.1 万户，35 年中年均减少近 10 万户。这一时期，日本工业化快速发展，城镇化进程加快，农村劳动力不断向城市和工业转移，农业人口逐步减少，为实现农业机械化和提高农业劳动生产率创造了条件，农业现代化发展到较高水平。

第三阶段（1996~2011 年）：农户总体数量保持缓慢平稳下降的趋势。15 年中，日本农户数由 265.1 万户减少至 156.1 万户，年均减少 7.27 万户。这一时期农户规模进一步扩大，2011 年农户户均耕地面积达到 2.92hm^2。

（2）日本粮食作物规模化的政策分析

i.《农地法》的修改促进了规模化经营

日本是一个资源十分匮乏的国家，国土面积 37.77 万 km^2，耕地面积 508.3 万 hm^2，相当于我国的 1/25。从 1959 年起日本对《农地法》数次进行修改。先后颁布了《农地振兴整备法》（1969）、《农地利用增进法》（1980）和《经营基础强化法》（1995），这 3 个法案有一个共同的特点，就是促进农地向有能力的经营者手中集中，扩大经营规模，实现农地资源的有效配置。此外，日本为了促进农业规模经营的发展，建立了比较完善的农业科研体系，大力发展农业科研教育和职业培训，实现农业机械化，积极向农民普及农业技术和科技新知识。力求以科技的力量带动日本农业经济的发展。

ii. 农协的发展为规模化经营组建了完善的服务平台

农协逐渐成为规模化经营的另外一种途径，得到了政府支持。日本政府在 1992 年制定的“新的粮食、农业、农村政策的方向”中首次将协会定义为“组织经营体”；1999 年的新《农业基本法》中指出，在促进部分农户农地经营规模化的同时，还应积极发展以村落为单位的生产组织；2003 年出台的《大米政策改革基本纲要》中将其作为政策扶持的“村落型经营体”；2007 年实施的《跨产品经营安定政策》则把此类生产组织认定为农业规模经营方式之一，可以享受政府的收入直接补贴。农协的良好发展为农业规模经营组建了完善的服务平台。

iii. 农业保护的“特别措施”有效促进了规模化经营

在2000年日本农业完全纳入WTO体制后，为了应对国外廉价农产品的冲击尤其是对大米的冲击，日本政府开始重新思考农业规模经营方式。在《大米政策改革基本纲要》中提出了提高国内农产品的价格竞争力，选定并重点扶持40万户发展规模经营。在此期间，政府主要通过限定政府补贴发放对象来大力扶持大规模经营农户的发展。在应对国外廉价农产品冲击的过程中，得不到政府补贴的中小农户逐渐走向破产并最终放弃农地，大农户则得到规模扩大而更好地存活下来。日本的农业经济人口平均耕地从2000年的1.6hm^{2}提高到了2007年的2.5hm^2。显然，政策实施对农地规模化经营格局有较大的调控作用。

iv. 农业生产法人资格放宽促进了规模化经营

2000年允许股份公司参股农业生产法人并从事农地经营，2009年农地制度再一次修改，企业只要满足一定条件就可以在国内任何地方租赁农地并参与农业生产经营。2000~2010年，日本除农户以外的农业经营实体总数从1.05万个增加至1.99万个，其中从事农业经营的股份公司（含有限责任公司）增长最多，从922个增加到8265个。

3. 法国粮食作物规模化国际经验

法国既是一个工业发达国，又是一个农业发展强国。虽然法国土地面积仅55万km^2，小于世界上的很多国家，但法国农业在欧盟内乃至世界范围内都占有举足轻重的地位。在欧盟范围内，“法国被视为欧盟农业经济的领导力量，欧盟农业生产近23%来自法国，……法国的小麦、大麦、玉米、油菜籽、新鲜水果和酒类的产量超过了欧盟总产量的1/3，在世界范围内，法国是仅次于美国的世界第二大农产品出口国和世界第一大加工农产品出口国。

法国农业能取得今天的发展成绩，其原因是多方面的，如良好的农业自然条件、第二次世界大战后农业科技的飞速发展、农业合作组织大力发展等。

（1）法国粮食作物规模化的进程

法国农业最基本的经营组织形式是家庭农场。法国素有“欧洲的中国”之称，以小农经济著称。法国的小农经济始于1789年爆发的法国大革命，此后由于人口的不断增长，土地日益分成细碎的小块。直至1955年，法国的农用土地具有明显的“两小”特点：一是农户土地面积小，在总共228.57万个农场中，农用土地面积在10hm^{2}以下的127.72万个，占农场总数的55.9%；二是地块小，总面积3400万hm^{2}的农用土地分割成7600万地块，平均每块地仅0.45hm^2。

（2）法国粮食作物规模化的政策分析

i. 立法和机构设置促进了规模化经营

进入20世纪60年代，为了实现《农业指导法》和《农业指导法的补充法》中关于扩大农场规模、加速实现现代化的要求，法国政府相应地设立了改革农业规模的专门结

构和基金，直接参与土地的调整过程。一是设立土地整治和农村设备公司，其职能是通过政府的资助和农业银行的低息贷款，以优先购买的方式在土地市场上购买“没有生命力的农场土地”，经过整治后，再出售给“有生命力的农场主”。二是建立改善农业结构社会行动基金，其职能是通过发放离土终身补贴的方式，鼓励 65 岁以上的老农场主离开土地。这种补贴金制度的实施，明显地加速了土地集中的进程。

ii. 政府鼓励和引导规模化经营

为了促进土地结构的集中，法国政府非常注意运用投资、信贷、价格等经济政策激发农场主扩大经营规模的意愿。在投资信贷方面，第二次世界大战前法国农业投资主要靠农民私人集资，第二次世界大战后法国政府把农业投资正式纳入国家预算，用工业积累来支持农业的发展。国家对农业的投资以贷款为主，而贷款的重点主要是支持规模较大的农场与合作社。在价格政策方面，法国政府普遍采用价格补贴政策，而价格补贴的主要受益者是产量高和商品率高的中型以上的农场。农场主为了获得低息的农业投资和更多的农业补贴已经有了扩大农场经营规模的意愿。

iii. 制定各种优惠政策扶持规模化经营

近年来，法国的农业补贴政策呈现出两个趋势。一是由价格补贴向直接补贴的转变。在 1992 年法国农业改革之前，农业政策的核心是在价格方面实行保护价；在改革之后，法国政府降低了农产品的保护价，且将由价格因素造成的损失直接由政府补贴给农户（称之为直接补贴）。二是对农业的补贴逐渐向大型农场集中，58%的中型家庭农场每年可获得 3 万欧元的补贴，而大型家庭农场年可获得 5 万~10 万欧元的补贴。这种农业补贴政策是法国家庭农场不断以兼并形式扩大经营规模和发展农工商综合经营的诱因之一。

（二）畜牧业规模化国际经验

1. 日本

（1）概况

日本是一个资源十分贫乏的国家，日本农用地仅 460 万 hm^2，人均农用地面积约 $0.033hm^2$。人均土地资源贫乏，远远低于世界 $0.25hm^2$ 的平均水平。从农业劳动力看，日本农业劳动力人口在不断下降，近年来在 160 万左右，占总劳动力人口的 2.5%。20 世纪 60 年代，日本开始进入以重工业为主导的经济起飞阶段。由于城市化和工业化的发展占用了大量的耕地，造成农户经营规模过小。日本政府认为，要提高农民收入和农业劳动生产率，需要采取强有力的政策措施，推进农业规模化的进程，在畜牧业方面，日本畜牧业在饲养户数逐年递减的情况下，户均饲养量和饲养总量在逐年递增，表明日韩畜牧业的集约化、规模化程度越来越高。具体表现如下。

i. 养殖场户呈持续下降态势

1990~2012 年主要畜禽养殖场户数总体呈下降趋势。1990 年生猪、家禽、肉牛和奶牛饲养场户数分别为 4.34 万户、8.72 万户、23.22 万户和 6.33 万户，2012 年分别为 0.58 万户、0.29 万户、6.52 万户和 2.01 万户，分别减少了 3.76 万户、8.43 万户、16.7 万户和 4.32 万户，降幅分别达到 86.6%、96.7%、71.9%和 68.2%。养殖场户数的减少呈现先下降较快到下降平缓的趋势。生猪养殖场户数在 1990~1997 年年均降幅都在 10%以上，而 2007~2012 年年均降幅都不足 5%，家禽、奶牛也均呈现这种态势。肉牛养殖场户数平稳下降，年降幅大多数在 5%左右。

ii. 畜禽存栏量在波动中下降

1990~2012 年主要畜禽存栏量也有一定程度下降，但下降趋势和幅度较为平稳，并且个别年份还在波动中小幅增长。1990 年生猪、家禽、肉牛和奶牛存栏量分别为 1181.7 万头、18 741.2 万只、270.2 万头和 205.8 万头，2012 年分别为 973.5 万头、17 760.7 万只、272.3 万头和 144.9 万头，除肉牛饲养量有小幅增长外，生猪、家禽和奶牛存栏量分别减少了 208.2 万头、980.5 万只和 60.9 万头，降幅分别为 17.6%、5.2%和 29.6%。1990~2000 年存栏量呈下降趋势，近 5 年呈现趋稳迹象。1990~2002 年生猪存栏量总体下降，2007~2012 年中有 2 年是小幅增长的，3 年是小幅下降的，总体变化不大。肉牛饲养量虽然变化不大，但近 3 年呈连续下降趋势，降幅分别为 1.1%、4.5%和 1.4%。

iii. 畜禽规模化水平较高

生猪饲养以 3000 头以上规模为主。2012 年 2000 头以上规模生猪存栏比例为 66.0%，其中 3000 头以上比例占 54.6%，其次为 1000~1999 头饲养规模，比例为 16.3%，1~99 头规模存栏比例最低，仅为 0.7%。蛋鸡生产以 10 万只以上规模为主。2012 年 10 万只以上规模饲养蛋鸡存栏比例为 66.8%，其次为 10 000~49 999 只和 50 000~99 999 只规模饲养，存栏比例分别为 15.5%和 14.5%。1000~4999 只规模蛋鸡存栏比例仅为 1.2%。日本肉牛饲养以 500 头以上规模为主。2012 年 200 头以上饲养规模肉牛存栏比例占总存栏比例为 52.4%，其中 500 头以上存栏规模占总存栏比例为 34.6%。20~200 头饲养规模肉牛存栏比例为 35.3%。20 头以下规模存栏比例仅占 12.2%。奶牛饲养规模以 100 头以上规模户为主。2012 年存栏比例占 35.7%，其中 300 头以上规模饲养占 9.7%，其次为 50~79 头饲养户，占 24.4%，30~49 头饲养户存栏比例为 19.3%，1~19 头饲养户存栏比例最低，为 4.7%（表 2.52）。

表 2.52　2012 年日本各畜禽存栏规模情况

奶牛存栏规模/头	1~19	20~29	30~49	50~79	80~99	>100	>300	
不同规模比例/%	4.7	6.7	19.3	24.4	9.2	35.7	9.7	
蛋鸡存栏规模/只	1 000~4 999	5 000~9 999	10 000~49 999	50 000~99 999	>100 000			
不同规模比例/%	1.2	2.0	15.5	14.5	66.8			
猪存栏规模/头	1~99	100~299	300~499	500~999	1 000~1 999	>2 000	>3 000	
不同规模比例/%	0.7	1.9	3.0	9.0	16.3	66.0	54.6	
肉牛存栏规模/头	1~4	5~9	10~19	20~49	50~99	100~199	>200	>500
不同规模比例/%	2.4	3.8	6.0	11.1	11.5	12.7	52.4	34.6

数据来源：日本农林水产省

（2）日本畜牧业规模化经营发展——以生猪为例

第二次世界大战后，日本实施经济自立政策，并于 1952 年颁布畜产品发展 5 年规划，1954 年制定《畜产品价格稳定法》，促进了畜牧业发展。1960 年前以农户小规模饲养为主，中大型养猪业还处在摸索阶段。1960 年后，随着国际化程度提高，掌握进口饲料的企业开始进入生猪生产领域，在农户契约的基础上发展产业化经营，生猪业蓬勃发展。此阶段虽然商业资本的大量投入促进了养猪业发展，但主要方式是龙头企业与农户间生猪生产契约为基础进行的中小规模产业化经营，还未能形成大规模生产、加工、流通的产业一体化经营，处于中小规模契约型的发展阶段。

以契约型整合为中心的肉猪产业化、规模化经营，从 1969 年综合农政推进开始，进一步加强了生猪生产、肉食品加工、流通一体化经营。1969 年起，三菱商社、日本农产工业、日清制粉、凌和饲料、日本火腿等企业共同出资，在鹿儿岛成立了日本农场，经营大规模饲养的直营农场。随后，三井物产、住友商社等大型商社也先后进入生猪生产加工流通领域，在全国各地成立了直营农场。这些商业资本在强化市场支配力的同时促进了日本养猪产业化、规模化进展。1973~1974 年的世界石油危机和粮食歉收引起了消费下降和粮价上涨等问题，直接影响了日本畜牧业发展，养猪业也面临危机。生产成本上涨和消费水平下降导致猪肉过剩和价格低迷。对此，加入肉猪产业的商社从饲料资本开始进行合并，从而改变了肉猪产业化经营体制，出现了区域性肉猪产业化经营模式。这种模式与商社独有经营不同，在保有原来直营型模式的同时，拥有代理商功能的企业采取了产业一体化的经营模式。养猪业确立产业一体化经营之后，众多小规模散养农户迅速退出生猪生产领域，生猪生产结构发生了重大变化，例如，2000 年，饲养总头数从 1990 年 1181.7 万头减少到 987.9 万头，饲养户数从 43 400 户减少到 12 500 户，平均每户饲养头数从 272 头增加到 790 头，即大型养殖户出现。生猪养殖主产区从关东地区转移到东北和九州地区，大规模经营受到威胁，中小规模经营得到青睐，以都市近郊饲养为中心发展。随着养猪业的规模化和专业化，繁育猪业也发生了相应的变化，例如，1990 年繁育猪养殖户总数为 11 000 户，1999 年减少到 10 100 户，但户均饲养头数从 1990 年的 75 头增加到 85 头。2000 年，受口蹄疫影响，日本养猪业遭到严重打击，养殖户总数减少到 12 500 户，此后生猪养殖逐步向大规模化、标准化发展。2000 年户均饲养 838.1 头，2009 年已扩大到 1436.7 头，但总饲养头数继续下降。日本养猪业进入规模化大型化、标准化经营阶段。

总体来说，日本生猪生产是以多头规模化经营为主。生产规模 100 头以下的经营户数，从 1994 年的 4870 户减少到 2009 年的 927 户。在此期间，10~50 头中小规模饲养户几乎消失。由于 2008 年世界粮食价格上涨，中等规模饲养户亏损，大量退出生猪饲养。与此相反，农户兼业生产的 10 头以下小规模饲养户数反弹到 927 户。但农户为主的散养户总数比例仍然较低（14.1%）。2000 头以上的大规模饲养户快速发展成为生猪生产的主力。2009 年，3000 头以上饲养农户出现 590 户、2000 头以上饲养户从 1994 年的 750 户增加到 1000 户，占总饲养户数的 24.1%，并有快速增长势头（表 2.53）。

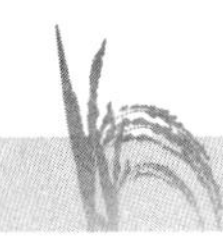

表 2.53 不同规模生猪饲养户数变化 （单位：头）

年份	总户数	1~9	10~29	30~49	50~99	100~299	300~499	500~999	1 000~1 999	2000 以上	3000 以上
1994	15 260	1 030	1 180	1 040	1 620	3 430	2 230	2 680	1 300	750	—
1999	9 730	360	500	380	680	2 130	1 500	2 110	1 240	830	—
2004	7 418	184	311	233	553	1 430	1 050	1 640	1 120	897	—
2009	6 588	927	—	—	—	1 060	731	1 230	1 050	1 000	590

注：3000 头以上的生猪在 2004 年之前尚不存在规模化养殖
数据来源：日本农林水产省

（3）日本畜牧业规模化发展的经验

第一，推动土地流转，发展家庭农场。日本同中国一样，农地减少、流动缓慢成为提高耕地利用效率的瓶颈。日本 20 世纪 50 年代开始致力于土地制度的改革，形成了农地私有为主，小规模家庭占有、合作化经营、社会化服务的农业经营体制。日本在 1952 年颁布《农地法》后形成了以小规模家庭经营为特征的农业经营方式。1961 年的《农业基本法》鼓励农业生产的扩大和农业结构的调整。20 世纪 70 年代开始，政府连续出台了几个有关农地改革与调整的法律、法规，鼓励农田的租赁和作业委托等形式的协作生产，以避开土地集中的困难和分散的土地占有给农业发展带来的障碍因素。

第二，通过多项支持政策保证畜牧业稳定发展。以生猪产业为例，日本采取多项政策促进生猪产业稳定发展：①生猪和仔猪价格补贴政策，即补偿支付。当猪肉价格低于养猪成本的保证基准价格时，可从养殖户缴纳和政府共同赞助建立的基金中提拔款项，补贴养殖户 80%的差额。日本猪肉基金协会自发建立了地区猪肉生产稳定基金，主要用于在猪价下跌时补贴主要猪肉生产县，基金来源于养殖者会费和地方财政。此外，日本设立了仔猪价格安定基金协会。②特定农产品收入稳定计划。于 1998 年开始实施，是指在市场价格低于“历史平均价格”之时向农民提供收入补贴，而补偿支付的标准是基准价格。该计划补贴对象是：种植可耕作物、油籽、水果与蔬菜，以及从事畜牧业的农民。补贴资金大多数由政府提供，农民也要根据其产量参加集资。③牲畜补贴保险。农民可以参加政府提供 40%~55%保险费的各种农业保险计划。当自然因素导致意外损失之时，农民可以得到 20%~80%的损失赔偿。此次还有像中国实施的冻猪肉收储及补贴制度。

（4）对中国畜牧业规模化发展的启示

第一，转变畜牧业发展方式，发展适度规模化养殖道路。从日韩畜牧业规模化发展规律来看，随着经济发展，畜牧业在整个国家经济的比例是下降的，养殖场户减少，规模扩大成为发展规律。中国人均经济水平不及日韩，随着经济水平进一步发展，也会带动畜牧业从业人员退出养殖领域，而从事畜牧业生产的经营者也不断扩大规模。同时，由于中国地域辽阔，各地区生产资源不同，因此要考虑引导不同地区发展适合自身的规模化水平。

第二，发展家庭农场，加大资金和技术投入力度。走集约化发展道路 中国同日韩一样，同属于人均农业资源相对紧缺的国家。为保证本国畜牧业发展，要在有限的资源

条件下提高技术水平，走标准化产业化发展道路，减少畜禽养殖量，增加畜禽产品产量。当前，中国畜牧业生产还是数量和质量共同增长的阶段，随着资源承载能力减弱，今后畜牧业发展要加强引导资金和技术在畜牧业发展中的作用。

2. 韩国

（1）概况

韩国农业的资源禀赋非常稀缺，是世界上人均耕地面积最少的国家之一。韩国土地面积 969.2 万 hm^2，其中农业用地面积 180.5 万 hm^2，占 18.6%。耕地面积 155.3 万 hm^2，占农地面积的 86%；永久性草场面积 5.8 万 hm^2，林地面积 623.5 万 hm^2。韩国农业就业人口总数 162.4 万（2012 年 2 月为 110.9 万），占总劳动力人口的 6.8%。农业产值约占国内生产总值的 3%。从 20 世纪 60 年代开始，韩国几乎已经变成一个纯粹的农产品进口国。韩国畜牧业对农业总收入的贡献不断加大，猪的养殖规模和专业化程度大幅提高。相对而言，养鸡业仍然吸引着许多家庭农场，主要原因是养鸡业能够在小规模下进行，资本投入也比较少。据 2010 年韩国农业普查数据显示，全国 60.2%的村庄都从事畜牧业生产。近 20 来，韩国畜牧业生产快速发展，猪的存栏量从 1990 年的 452.8 万头增长到 2010 年的 988.1 万头，增长了 1 倍多。

（2）韩国畜牧业规模化发展的现状

进入 20 世纪 70 年代以来，随着经济的快速增长、产业结构的变化和劳动力价格迅速提高，韩国的农业比较劣势越来越明显。韩国农林牧渔业中，畜牧业是增长最快的部门，特别是猪肉、牛奶、养鸡发展迅速。韩国畜牧业养殖的品种有肉牛、奶牛、马、猪、绵羊、鹿、山羊、兔、禽（鸡、鸭、火鸡、鹅）。随着经济的发展，人民生活水平的提高，韩国居民对畜产品消费需求大幅增长，从而推动了韩国畜牧业的发展。1975~2000 年，韩国的畜产品都有较大幅度的增长，其中牛肉、猪肉、鸡肉、鸡蛋和牛奶的产量分别增长了约 2.4 倍、6 倍、3 倍、2 倍和 13 倍。

畜牧业的规模化水平不断提高。从养殖规模来看，2012 年共有 15.3 万个牛养殖户（场），数量呈下降趋势，比 2007 年的 19.2 万户减少 20%，但存栏量增加，表明平均养殖规模有所扩大，尤其是肉牛养殖规模，2012 年户均养殖规模 22.7 头，较 2007 年提高 64%；奶牛养殖户数从 2007 年 7700 户降至 6000 户，减少 22.1%，户均养殖头数从 58.8 头增至 70 头，增长 19%；生猪养殖户数从 2007 年 9800 户降至 2012 年 6000 户，下降 38.8%，户均养殖头数从 980 头增至 1653 头，增幅 68.7%。2011 年受到口蹄疫影响，养猪户的数量下降较为明显，从 2010 年 7300 户降至 6300 户，养猪的劳动力主要是家庭夫妻。养猪场的主要生产工序基本实现机械化。在猪的品种上实现了良种化。养鸡户从 2007 年 3420 户降至 2012 年 3144 养鸡户，减少 8.1%，户均养殖从 34 902 只增至 46 704 只，增幅 33.8%。

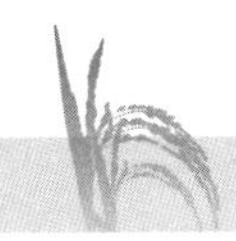

（3）韩国畜牧业规模化发展的经验

第一，建立农业合作组织，提高畜牧业组织化水平。即将几个分散、小规模的生产企业通过合作社的形式组织起来，实行自治。通常是在同一区域的 3~4 个农户合作组成一个合作生产单位。政府通过提供信贷和生产发展资金对这类组织进行扶持，或是间接通过支持改善生产区域的设施条件，如公路、供电、供水等来促进发展，但不包括土地、牲畜和其他生产性开支。生产合作社的社员可通过联合采购生产资料、联合销售产品和建立加工企业降低生产、销售成本，提高经济效益，一些动物保健、疫病防治工作也是通过合作社统一提供的。例如，韩国农业协会联盟（简称韩国农协）成立于 1961 年。1981 年韩国畜牧业协会联盟从韩国农协中分离出来。2000 年韩国农协与韩国畜牧业协会联盟及韩国人参协会联盟合并形成现在的韩国农协。韩国农协在促进韩国畜牧业发展方面发挥了非常重要的作用，为广大生产者提供法律信息和培训服务、销售农产品和供应农业生产材料、金融服务，同时还参与制定农业法规和政策及国际合作。

第二，扩大生产规模，对规模养殖户提供支持。一是培植专业化的畜产农户，政府为这些农户扩大专业化生产规模提供信贷支持。生产区域的资源条件适合且生产技术先进的农户均可获取这类信贷支持。同时 2012 年，韩国政府还以大规模畜牧养殖户为对象引进了畜牧业许可制，对于小规模农家则继续维持当前的申报制，以此来提升抵御畜禽疫病的防控能力。

3. 美国

（1）概况

美国位于北美洲中部，领土还包括北美洲西北部的阿拉斯加和太平洋中部的夏威夷群岛，国土面积 963 万 km^2，其中耕地面积 198 万 km^2，占世界耕地总面积的 13.18%，是世界上耕地面积最大的国家。美国自然资源丰富，土地、草原和森林资源的拥有量均位于世界前列，大部分地区属于大陆性气候，南部属亚热带气候，全年雨量充沛而且分布比较均匀，发展农业有着得天独厚的条件。

由于地广人稀（人口仅为 3 亿），美国的农业生产机械化水平极高，高效的劳动生产率使得美国各种农产品的产量都大大超出国内市场的最大需求量，成为全球最大的农产品生产国和出口国。据联合国粮食及农业组织（FAO）统计数据，美国的畜牧业规模化、工厂化程度极高，是资金和技术密集的产业，畜产品产量在世界上占有很大的份额。2005 年美国牛肉产量 1131 万 t，占世界牛肉总产量的 18.7%，禽肉产量 1853.82 万 t，占世界禽肉产量的 22.8%，鲜奶产量占世界的 15.1%。

美国农业中种植业和畜牧业除了个别年份外，发展大体平衡。畜牧业产值占农业总产值的比例在 44%~59%波动，得克萨斯州是美国最大的畜牧业生产州，畜牧业销售额超过 100 亿美元，其次是内布拉斯加州和艾奥瓦州。美国得天独厚的气候条件和自然资源使其养牛业成为畜牧业的支柱，奶类生产量占畜产品总量的 70%左右，牛肉总产值每年可达 1750 亿美元，仅牛肉出口的贸易额就有 32 亿美元，已经成为支撑美国经济成长

的重要动力。

美国的特点是地广人稀，人均土地资源丰富，这一资源禀赋特征使得土地和机械相对价格长期下降，劳动力相对价格不断上升，从而促使美国走规模化、集约化养殖的道路。美国的畜牧业生产大都以家庭农场为主，饲养规模较大，机械化水平较高。2005年美国100~499头规模的奶牛场有1.47万个，饲养全国30%的奶牛，500~999头规模的奶牛场有1700个，饲养全国12.8%的奶牛，规模1000头以上的奶牛场有1370个，饲养全国31.7%的奶牛。随着养殖规模的扩大，大型农场越来越多，农场的总数量随之减少，少数的大农场、养殖场饲养着全国大部分的畜禽。1974年美国有奶牛场和养猪场约40万个和47万个，2005年已减少到7.8万个和5.8万个，其中，规模在5000头以上的养猪场饲养全国55%的猪。同时，美国在草原建设、牧草收获、饲料加工和畜禽饲养方面均实现了机械化生产。其中饲养机械化包括各类畜禽的喂饲、供水、清粪和粪便处理、畜禽舍及其环境控制，畜禽产品采集和初加工等方面的机械化设施。这些机械的广泛应用大大降低了农民的劳动强度，提高了劳动生产率，增加了畜牧业的收入。

（2）美国生猪养殖规模的发展

美国是世界养猪生产大国，生猪存栏数和猪肉产量都仅次于我国居世界第二位。美国生猪规模化发展之路是以技术进步为基础的。20世纪中叶，美国的生猪养殖方式较为传统落后，主要饲养方式为独立经营，整个产业链主要集中在一个环节，生产者自己种植饲料、养殖生猪、繁育仔猪供给自己的养殖场，最后的销售也是独立经营。20世纪70~80年代，美国的生猪养殖依然采用较传统的方式，从繁殖到养殖到最后的销售都由一个养殖场完成，养殖场的规模不大，专业化程度不高。20世纪80年代以后，新技术的出现和生猪养殖专业化程度的提高刺激了规模养殖的出现，随着养殖规模的扩大，大的生猪企业充当了行业的整合者，主要以整合或与小生产者签订长期生产合同的方式，通过这种组织形式，整合企业利用资本杠杆更快地扩大规模，养殖规模的扩大和生产的创新降低了企业的成本。随着生猪价格和猪肉价格的下降，大量的小生产者被市场淘汰，剩下的生产者进一步扩大规模降低成本，结果出现了生猪养殖场数量下降，而规模变大的格局。据统计，美国存栏量超过1000头生猪的养殖场所占的市场份额从1987年的37%上升到了1992年的47%，到1997年进一步上升到了71%。

20世纪90年代，美国的生猪产业在纵向整合方面经历了显著的变化。大的生猪养殖企业和大的猪肉加工企业之间用市场合同进行交易，替代了先前的公开市场交易，以合同的方式规定了生产者交货的数量、交货的地点和时间，价格则随行就市，并根据产品的质量或规模给予相应的奖励。进入21世纪后，美国猪场规模化进一步加快，到2003年，猪场数只剩下8万多个猪场，除了超过1000头的猪场外，其他各类型猪场数都大大减少。尽管猪场数减少了，但生猪的存栏数保持相对稳定，在6000万头左右上下波动，重要原因是形成了专业的大规模养殖，极大地提高了生产能力和效率。美国大规模养殖户数已占到总户数的一半以上，规模户总数更是占到总户数的97%，而散养则只占3%。

（3）美国生猪规模养殖发展的经验

由于中美两国国情不同，我国生猪规模养殖模式不能完全照搬美国的发展模式，但从美国的生猪规模养殖进程中可以借鉴以下经验。

第一，通过实施合同生产，推动猪场的专业化与规模的扩大。数十年来，美国猪场的结构变化除了猪场数量持续减少、猪场规模不断扩大外，还有一个重要特点，就是从传统的分娩-育肥猪场（即从配种开始到育肥上市都在同一个猪场进行）向单一阶段专业化生产的大型猪场转移。历史上，美国生猪生产大多来自玉米产量丰富地区的分娩-育肥猪场，这些猪场用其相对便宜的自产饲用玉米喂猪，然后在当地市场销售。但从 20 世纪 70 年代开始，伴随着生猪生产快速转入局部封闭或全封闭饲养，以及一系列技术与管理措施的进步，使得用大型专业化设施及专业化劳动力生产生猪成为可能，猪场加速向专业化转型。

这种结构变化的形成，部分原因是源于生猪生产组织管理模式的创新，即合同生产的巨大增长。合同生产是指生猪饲养者（或生产方）与生猪拥有者（或联合方、合约方）之间签订的协议，其中，合约方提供保育猪、饲料、兽药等各种投入，以及兽医服务、管理咨询等，而生产方提供猪舍、设施、劳动力及管理服务等。合约方一般拥有合同猪场生猪的所有权，并按照服务费用协议（而不是生猪市场价格）对饲养者给予相应补偿。合约方一般通过与肉品加工企业（或屠宰公司）之间签订的营销合同或其他协议来销售生猪。当然，肉品加工企业也可作为合约方，直接与生猪饲养者签订生产合同。这种合同协议可以将众多的猪场组织起来，并在某一生产阶段进行生猪专业化养殖。从长远看，合同生产能够提供优质生猪，降低原料成本的不稳定性，抵御各种风险。通过合同，猪肉加工方在节约资本和劳动力的同时，能够改善卫生条件，降低交易成本，获得较大的产能，而生猪生产方能够降低市场风险，获得资金支持。

第二，通过加强新技术研究与应用，促进规模养殖生猪生产水平的提高。遗传改良、营养学、饲养工程设施、兽医兽药服务及管理等方面的技术革新及其应用，推动了美国生猪生产性能与养猪效率的提高及生产风险的降低，从而推动了美国养猪业的结构变化。

由于大规模、专业化猪场能够在更大的规模上分摊固定成本，更易利用生产率的进步，因此它们更愿意对生猪生产新技术进行投资。美国猪场规模越大，其仔猪断奶年龄越早，体重也越轻。当然，这种措施可能会增加仔猪死亡率，但同时会更有效地利用分娩设施。较大规模猪场通常也会更多地使用人工授精（AI）、末端杂交等繁育技术，以及分性别饲养、分段饲养与全进全出管理等肥育技术。2004 年，对于分娩-育肥猪场，美国小规模猪场仅 4%采用人工授精技术，而超大规模猪场则达到 92%。随着规模的增大，使用全进全出育肥措施的猪场从 14%增加到 83%。同时，较大规模猪场因更多地采用新技术而导致其饲料、劳动力和资本等三大投入的利用效率也较高。

第三，通过有效管理猪场废弃物，实现环境保护与生猪规模养殖的协调发展。美国在推动生猪养殖专业化与集约化的同时，十分重视解决粪便废弃物集中排放所带来的环境污染问题。

首先，制定实施严格的法律法规是美国防治养猪业污染的主要措施。养殖业污染主要是指对水体与空气的污染。美国有关养殖业污染防治的联邦法律包括《清洁水法》《清洁空气法》《综合环境反应、赔偿与责任法》《紧急规划与社区知情权法》等。其中，1977年修订出台的《清洁水法》对养殖业的影响最大。该法将集约化畜禽养殖场（CAFO）列为点源污染源，规定其粪便废弃物排放必须申请获得美国国家污染物减排系统（NPDES）许可证，并遵守相应的技术标准和排放限值。其中，CAFO 按畜禽存栏量分为 3 类：①大型 CAFO，对于猪场，是指存栏 25kg 以上猪 2500 头或 25kg 以下猪 10 000 头；②中型 CAFO，对于猪场，是指存栏 25kg 以上猪 750~2500 头或 25kg 以下猪 3000~10 000 头，并排放粪便废弃物到水体中；③小型 CAFO，对于猪场，是指 25kg 以上猪 750 头以下或 25kg 以下猪 3000 头以下，但被当地主管部门认定为明显污染。2003年，为进一步控制大型畜禽养殖场废弃物养分的排放，美国环保局（EPA）对《清洁水法》有关规定做了重大修订，要求认定为 CAFO 和需要获得 NPDES 许可的畜禽养殖场必须制定并实施养分管理计划，并对通过粪便废弃物施用到土地的养分数量设定限值；同时，无须获得 NPDES 许可，但希望寻求雨水排放到农田中得到豁免的畜禽养殖场也必须制定并实施养分管理计划，确保粪便废弃物排放对农田造成的污染降至最低。

《清洁空气法》对养殖业污染物的排放限制相对比较宽松，但最近美国 EPA 正在着手制定有关降低空气中粉尘（2.5μm 以下）的法规。由于氨气是粉尘的主要前体物，因此这项法规很可能会影响到畜禽养猪场。控制养猪场的氨气浓度将可能是粉尘未达标地区的首要目标。《综合环境反应、赔偿与责任法》（CERCLA）和《紧急规划与社区知情权法》（EPCRA）这两项法律都是通过信息披露增强政府与公众对释放到环境中化学物质的来源与数量的了解。其中，CERCLA 要求，对有害物质释放量超过“可报道量”（即 24h 100 磅）的设施需向美国 EPA 报告；而 EPCRA 则要求，在 CERCLA 下报告的任何释放量都需向所在州及当地政府报告。美国 EPA 已开始实施 CERCLA 与 EPCRA 有关防止畜禽养殖场有害污染物（NH_3 和 H_2S）释放的报告要求。

其次，农牧结合是美国化解养猪业污染的重要途径。美国大部分大型农场都是农牧结合型，从种植制度安排到生产、销售等各个方面都十分重视种植业与养殖业的紧密联系，而且是养殖业规模决定着种植业结构的调整，养殖业与种植业之间在饲草、饲料、肥料 3 个物质经济体系形成相互促进、相互协调的关系，养殖场的动物粪便或通过输送管道或直接干燥固化成有机肥归还农田，既防止环境污染又提高了土壤的肥力。从粪肥的施用情况来看，猪场规模越大，其在本场农地施用粪肥的面积越大，同时因本场农地限制而以无偿的方式将粪肥转移到附近农场的比例也越高。

（4）美国奶牛规模养殖模式

在美国，主要是以家庭牧场为单位的规模养殖模式，奶牛存栏 20 头以下的散养户几乎没有，也不存在奶牛养殖小区这种模式。据美国农业部统计。美国共有 51 481 个奶牛场，平均饲养 179 头乳牛。全美 100 头以上牛场的产奶量占总产量的 86.4%。美国奶业发展一直走的是减少数量、提高单产、增加效益的发展型道路。其发展主要分为 3 个阶段：第一阶段是 1929~1955 年的数量发展阶段。主要特征是发展奶牛头数、

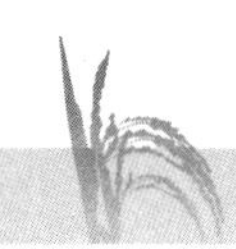

稳定奶牛单产、增加牛奶总产。第二阶段是1955~1975年的过渡改造阶段。主要特征是减少奶牛头数、提高单产、稳定牛奶总产。第二阶段是1980年至今的质量提高阶段。主要特征是稳定奶牛头数，1995年之后减少、提高单产、发展牛奶总产量。20世纪20年代至今，美国奶牛从最高的2500多万头，减少到目前的920万头，牛奶产量却从4000多万吨增加到将近9000万t。经过近百年的发展，美国奶农户数在不断减少，平均规模逐步扩大，单产水平不断提高。1961年美国有奶牛1724万头，总产奶量5701万t，单产3307kg，到1990奶牛存栏减少到999.3万头，牛奶总产量增加到6700万t，单产提高到6705kg，而到2010年美国成年母牛数量进一步减少到911万头，总产奶量提高到8745万t，成母牛单产达到9599kg。1990年美国的奶牛场数量为19.4万个，每个奶牛场存栏奶牛51头，经过20年的发展到2010年美国的奶牛场数量减少到5.31万个，减少了72.6%，而平均每个牛场饲养的成母牛头数却提高到172头，养殖规模增加了2.4倍（图2.71）。

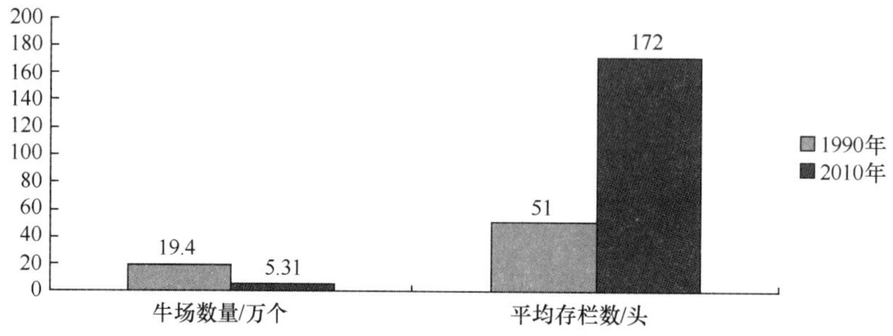

图2.71　1990年和2010年美国牛场及平均存栏比较

自从2001年以来，美国奶业的整体趋势是向大规模牛场发展（500头或更多），同时大规模牛场所占的奶牛存栏数和牛奶产量也在提高。2010年，拥有超过500头奶牛的牛场数量只占到总牛场的3.4%，但奶牛存栏占到56.7%，牛奶产量占到总产量的62.9%。2011年美国大规模牛场的存栏已经达到63%（图2.72）。存栏数量超过2000头的超大规模牛场数量增加幅度非常大，2001年时这些牛场只占总牛场的0.3，奶牛存栏和产奶量只占总数的12%和13%，但是到了2009年该规模牛场数量已经占总数的1%，奶牛存栏和产奶量分别占到了总数的30%和31%。

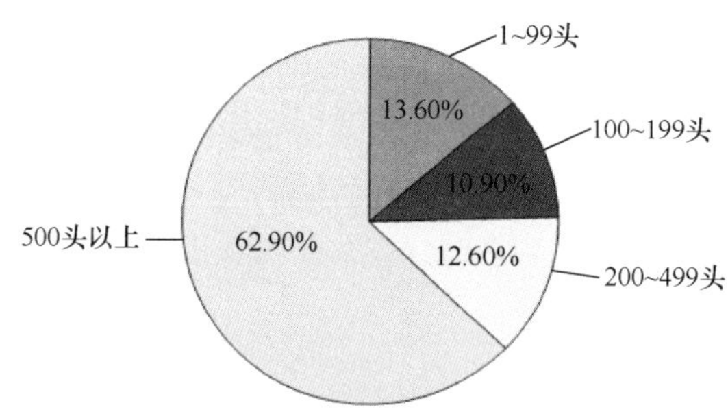

图2.72　美国不同规模牛场分布

4. 畜牧业发达国家的规模化发展对我国的启示

我国是畜牧业生产和消费大国，应对需求的变化，如何发展畜牧业生产以适应需求，这是我国一直致力解决的问题。中国有自己独特的国情，人口众多，人均耕地少，土地、水、森林、草地等自然资源匮乏，还有相当数量的农村人口处于贫困线水平，劳动者素质低下，科技不发达，地域发展不平衡，环境和生态问题严重等，中国畜牧业的发展水平与世界畜牧业发达的国家相比，还存在很大的差距。因此，我国必须走适合中国国情的畜牧业发展之路。畜牧业规模化经营是伴随着中国农业和农村经济改革与发展应运而生颇具发展潜力的经济现象，发展畜牧业规模化是积极推进农业产业结构调整、持续提高畜产品国际竞争力，稳步增加农民收入的重要举措。由于畜牧业产业化在中国尚属起步阶段，因此，了解国外畜牧业发展的趋势，参照国外畜牧业规模化经营模式，借鉴国外畜牧业规模化的经验，对于加快我国畜牧业由传统生产向现代化生产转变，促进我国畜牧业的快速稳定发展，具有积极的作用。

（1）依据资源优势发展畜牧业规模养殖

我国农牧业资源的特点是人多地少，没有美国丰富的饲草饲料和土地资源，因此无法像美国那样发展土地密集型畜牧业，我国经济发展还处于从温饱向小康水平的过渡阶段，农村金融短缺，也无法像日本那样发展资本密集型畜牧业。根据比较优势，只能扬长避短地发展劳动密集型畜牧业。同时，我国实行的是以家庭联产承包责任制为核心的土地制度，土地分田到户。土地集中流转，发展规模经营受到利益、资源及体制障碍，因此不能照搬美国大型规模化养殖模式，根据国情，我国应发展适度规模养殖，且生产主体以农户家庭经营为主。

适度规模养殖是在充分考虑养殖户的经济实力、技术水平、养殖产品的基础上，以户为单位进行一定规模的畜禽养殖。养殖规模过大，超出自己的资源条件和经营能力就可能会失败，过小，它的规模优势就不能体现。一般来说，牧业年产值在 1 万~10 万元的养殖户，养猪 50~200 头，或养牛 10~50 头，或养羊 50~200 只，或养禽 50~2000 只，或养兔 300~1000 只为宜。与大型规模化不同，适度规模养殖不需要大量资金进行固定设施投资，生产成本相对较低，经济效益高。适度规模养殖也不同于庭院散养一两头猪或十几只鸡的规模，它具有企业性、商品性、专业性等特点，产量大、出栏率高、商品率高。目前我国的畜牧养殖规模以小规模为主，大型规模养殖户数不到 1%。

（2）加强产学研相结合

世界上畜牧业发达的国家其农业技术推广体系较为完备，先进技术的推广是由政府支持实施的，工商企业把一体化组织中的农场及其他所有部门，都用自己的技术装备来武装，实现了工业对养殖业和种植业的改造。同时还协调饲料加工业、养殖业、食品加工业的生产、交换和分配。先进技术的推广经费由国家财政税收负责解决。如美国，其中联邦政府出 50%，州政府出 25%，县政府出 25%。美国的高校教授有两项任务，教学、

研究和推广，一般大学都设立有推广教授岗位，他们的主要工作就是把研究成果应用到生产中。他们都有一些服务项目和区域，要经常到生产一线进行现场咨询和指导。这些教授平时有80%的时间用于推广，直接深入到奶牛、肉牛、生猪等养殖场，与一线工作人员紧密联系，因此他的研究成果非常有实际应用和指导作用，大规模生产者利用自身的技术和资金实力，通过签订长期合同和有限纵向整合的方式将同业中的小规模生产者和上、下游企业纳入自己生产体系。而规模的扩大又反过来促进了技术的进步，使整个畜牧业产业链的演进进入了一个规模化发展的螺旋式上升阶段。这种产学研相结合的模式促进和加快了新技术在畜牧业规模化进程中的应用与推广，从而推动了整个畜牧业生产的迅速发展。

（3）将畜牧生产与生态环境保护相结合

随着畜牧业生产规模化、集约化、产业化的程度越来越高，生产过程中产生的大量排泄物和废弃物对人类及畜禽本身造成的环境污染问题越来越严重。据统计，1头猪1天平均排泄粪尿6kg，产生污水30kg，万头猪场每天排污300t；1只鸡1天平均排泄粪便36g，10万只鸡场日排泄粪便3.6t，污水20t。畜禽粪便含有的大量未被消化吸收的有机物质，成为畜禽、水体、土壤、生物的主要污染源。我国畜禽粪便的总体土地负荷警戒值已达到0.49（以小于0.4为宜），北京等7个省（自治区、直辖市）已超过0.49。尽管我国畜禽养殖业规模化发展速度比较快，但养殖场环境管理水平普遍较低，全国90%的规模化畜禽养殖场从未经过环境影响评价。在防污治污方面，有超过一半的养殖场缺少干湿分离这一最基本的污染防治措施，80%的养殖场缺少必要的粪污处理设备。防污治污意识薄弱，管理经验不足导致畜禽污染日益严重。

针对畜禽养殖污染问题，美国和日本等发达国家均采取了相应的措施。在政策制定上，美国联邦、州和地方三级政府各自制定了环境污染控制政策，基层政府制定的环境保护措施更能反映地方社会团体的环境保护意愿和要求。因此一级比一级更严格，更具体。例如，制定全国统一的排污许可证制度、畜牧业经营许可证制度、建筑许可证制度等。同时，还制定了相应的处罚条例，严格监督。日本自70年代发生严重的“畜场公害”，此后便制定了《废弃物处理与消除法》《防止水污染法》和《恶臭防止法》等7部法律，对畜禽污染管理做了明确的规定。目前我国在畜禽污染防治方面也做了大量工作，颁布了《畜禽养殖污染防治管理办法》《畜禽养殖污染物排放标准》等一系列政策法规，但是这些政策和法规的推行和落实还需要一段时间。目前我国应加大防污治污方面的宣传力度，培养农村基层农民的环境保护意识，真正将畜禽生产与环境保护之间的利害关系深入人心，使“生态化”畜牧业成为未来的发展趋势。

六、规模化的政策建议

（一）培养壮大新型农业经营主体

任何规模化经营都对应着一个实实在在的经营主体，或者是传统农户，或者是所谓的经营大户、家庭农场、土地合作社、公司企业等。因此，培育新型农业经营主体，是构建新型农业经营体系的重要环节。

第一，大力培育专业种养大户和家庭农场。家庭经营在任何时候都是农业生产最基本的经营形式。专业大户和家庭农场是促进家庭经营集约化、专业化、规模化的有效形式。要明确种养大户、家庭农场在发展农业特别是粮食生产中的地位和作用，各类补贴和项目重点要向种养大户和家庭农场倾斜，着力提高家庭农业生产经营的规模化、集约化水平。第二，加快发展农民合作社。我国小农户分散经营的生产方式还没根本改变，农民合作社发展还处于起步阶段，农业生产经营仍面临着“小生产”与“大市场”的矛盾，面临着自然灾害、市场波动、质量安全等多重因素影响，迫切需要解决农业生产组织化程度偏低的问题。要大力支持农民合作社规范化发展，支持和引导农民合作社做大做强，不断增强自身实力、带动能力和竞争能力。第三，鼓励发展农村合作经济组织。因地制宜、因势利导，鼓励农民开展多种形式的股份合作和合营，引导和支持兴办多元化、多类型的合作组织。积极推进以土地承包经营权入股的土地股份合作社，充分发挥土地、劳动力、资金等生产资料和资源的聚集效应，优化农村资产资源的市场配置效率，提高农民生产经营合作的积极性和主动性。加快集体资产股份化改革，使农民真正享有管理支配集体资产的权利。第四，加快培养新型职业农民。没有农民的现代化就没有农业的现代化。培育新型经营主体，很大程度上是培育新型农民。要把培养有文化、懂技术、会经营的职业农民，作为建设现代农业的一项紧迫任务。特别是要加大农村实用人才培养力度，对农业生产、技术指导、市场营销等不同类别的农村实用人才实行差别补助。吸引和支持年轻人务农，从根本上解决我国农业后继乏人的问题。第五，做大做强农业产业化龙头企业。龙头企业在吸收利用社会资金、转化先进技术、应用人才和管理经验等方面具有重要作用，越来越成为建设现代农业的重要载体。要鼓励和支持龙头企业做大做强，鼓励龙头企业与农民、专业合作社等建立紧密型的利益联结机制，充分发挥龙头企业对现代农业发展的引领和带动作用。

（二）重构农业社会化服务体系

在这些经营主体的外围是完善的农业生产服务体系，主要包括四类服务体系：农业科技服务、农业社会化服务、农业品牌服务、农村金融服务。这即是当前农业发展的框架是“1+4”模式，“1”就是经营主体，“4”就是现代农业四大服务体系。

（三）稳步推进土地流转

第一，推进农村土地确权登记颁证。第二，建立土地流转信息平台。在村或者乡镇层面建立土地流转信息交易平台，汇集土地流转的供需信息，提供中介服务，降低流转的交易成本。第三，严格耕地用途管制。促进流转的同时，加强耕地用途管制。第四，提高流转合同的规范性。在流转过程中，引导、规范流转合同，激励规模经营者可持续性使用转入地，积极保持土壤肥力。第五，纠纷机制的建立和完善。

（四）确保粮食种植收益

尽管近年来种粮收益不断提高，但是依然存在诸多影响种粮收益的因素。从国际上看，美国、南美、大洋洲等地区，土地资源丰裕，粮食生产潜力巨大，国际粮价可能走低；从国内生产成本看，土地、劳动力、化肥等要素成本将继续上涨，粮食国际竞争力不断减弱。因此，必须坚持实施粮食最低收购价政策和生产资料综合补贴，加强科技创新，提高粮食单产，将粮食种植收益保持在一定水平之上。

下　篇

农业组织化战略研究

一、提升我国农业组织化水平的背景

21 世纪以来，在国内外粮食安全形势日趋严峻的背景下，我国粮食生产取得“十连增”的可喜成果，为满足市场需求、保持经济社会平稳较快发展奠定了物质基础。但是，随着世界经济一体化进程的加快，国内、国际两个市场的相互联系和相互作用不断加深，我国粮食安全受国际市场的影响越来越大，如何利用两个市场、两种资源，保证我国粮食安全是一个历史性课题。1996 年中国在第二次世界粮食首脑会议上做出了确保粮食安全的承诺，并在国家五年发展规划中逐渐形成了中国粮食安全的数字衡量标准，2008 年农业部公布的《国家粮食安全中长期规划纲要（2008—2020 年）》中明确提出，粮食自给率达到 95%以上，其中水稻、玉米、小麦谷物自给率要达到 100%。2014 年李克强总理在第十二届全国人大二次会议《政府工作报告》中强调“要确保谷物基本自给、口粮绝对安全，把 13 亿中国人的饭碗牢牢端在自己手中”。放眼现实，目前中国粮食安全的基本特征是：粮食安全保障的资源条件贫乏、政府强力主导下经济社会要素投入大，以及保障所有人口的粮食安全的能力不强，急需建立以公益性、半公益性和营利性农业经济组织构成的农业组织化体系，实现“农业社会化服务”的规模化发展，使生产规模相对较小的农业生产经营组织获得规模经济、范围经济生产效应，降低农业生产经营成本，提高农民收入。

（一）食物自给率持续下降，威胁国家食物安全

中国粮食产量虽然已经实现了 10 年连续增加，但仍然不能满足国内需求。如表 3.1 所示，中国粮食生产量从 2000 年的 46 217.5 万 t 增加到 2012 年的 58 957.1 万 t，但大豆及三大主粮的净进口量不断增加，从 2000 年的 1357 万 t 增加到 2012 年的 8025 万 t。2000~2012 年的 13 年间，粮食生产总量增加了 27.6%，进口量却增加了 491.4%。粮食进口量的增长幅度是粮食生产总量增长幅度的 17.8 倍。其中，2000~2012 年的 13 年间，只有两年的粮食生产量稍大于需求量，其余年份都是需求大于生产，且缺口越来越大。按照中国官方给出的粮食自给率 95%的目标，中国粮食安全已经显示出不安全的趋势。从 2008 年开始粮食自给率已经处于 95%的目标值之下，而且逐年降低，2010 年年底已经跌破 90%，2012 年下降到 88%。另外，谷物净进口增加的常态化趋势所带来的对粮食安全的影响也越来越大。这表明，中国已经处于粮食不安全的状态。

表 3.1　我国粮食自给率的变化　（单位：万 t）

年份	生产量	进口量	出口量	净进口量	粮食自给率
2000	46 217.5	1 357	1 399	–42	1.00
2001	45 263.7	1 738	901	837	0.98
2002	45 705.8	1 417	1 510	–93	1.00
2003	43 069.5	2 282	2 221	61	1.00

续表

年份	生产量	进口量	出口量	净进口量	粮食自给率
2004	46 946.9	2 998	506	2 492	0.95
2005	48 402.2	3 286	1 054	2 232	0.96
2006	49 804.2	3 183	643	2 540	0.95
2007	50 160.3	3 237	1 032	2 205	0.96
2008	52 870.9	3 898	228	3 670	0.94
2009	53 082.1	4 570	167	4 403	0.92
2010	54 647.7	6 051	136	5 915	0.90
2011	57 120.8	5 809	137	5 672	0.91
2012	58 957.1	8 025	277	7 748	0.88

资料来源：国家统计局网站（http://www.stats.gov.cn）；海关总署网站（http://www.customs.gov.cn）

（二）关税保护能力下降，难以抵御进口冲击

2001 年加入 WTO 以后，中国需要履行加入世界贸易组织的承诺，开放国内农业市场。这些承诺主要包括：①取消对农产品的非关税措施，包括配额、许可证等措施，如食糖、烤烟、羊毛、烟草在加入 WTO 时取消进口许可证和进口配额；②削减农产品关税，即中国农产品的关税税率逐年降低，2000 年为 21.3%，2002 年为 18.5%，2003 年为 17.4%，2004 年为 15.8%，2013 年下降到 15.2%，是 WTO 加盟国的 1/4；③敏感农产品实行关税配额管理，如豆油、菜籽油和棕榈油在 2006 年开始，用 9%的单一关税代替配额管理；④消除出口补贴；⑤约束农业国内支持政策，即分别对“蓝箱”“绿箱”“黄箱”三类国内支持政策进行了约束；⑥卫生与动植物检疫的限制。近年来，中国按照加入世界贸易组织的承诺对一些重要农产品进行了降税，如大米、小麦和玉米进口实行关税配额管理，即配额内的进口税率为 1%~3%，配额外的进口税率约束在 65%。然而，随着国内粮食生产成本的不断提升，配额关税阻止国外农产品对国内市场冲击的作用逐渐减弱。例如，2013 年 1~11 月我国进口食糖 411 万 t，其中 217 万 t 的到岸价格加收 50%的配额外关税后仍然低于广西砂糖的批发价格，导致国产砂糖大量积压，对中国的粮食安全构成了威胁。

（三）国际粮食价格预期下降，天花板效应显著

表 3.1 数据表明，2000~2012 年，中国粮食净进口量急剧上升。主要原因是国内粮食价格随着国内粮食生产成本的逐年增加而快速上升，小麦、玉米等大宗农产品在国际市场上已经失去了竞争的价格优势，即国内价格已明显高于国际市场价格。由于从中长期来看，未来国际粮食价格会持续缓慢下降，而中国国内粮食价格一方面由于生产成本连续增长而升高，另一方面最低粮食收购制度会推动粮食价格进一步上升。比较国内和国际两个市场的粮食价格及其变化趋势后发现，存在着显著的“天花板效应”[①]。这种

① 天花板效应又称高限效应：当要求被试完成的任务过于容易，所有不同水平（数量）的自变量都获得很好的结果，并且没有什么差别的情况时，我们就说实验中出现了高限效应。

效应会加大国际市场对中国粮食价格的影响程度，使中国丧失粮食定价权，最终导致国内主要粮食进口量持续大量增加，粮食自给率进一步下滑降低。

（四）农业从业人员数量减少，用工质量下降

如表 3.2 所示，1952~2012 年，中国农业从业人数经历了先增加后减少的变动过程，在 1992 年左右第一产业就业人数达到了顶峰，即 39 098 万人，随后缓慢下降。截至 2012 年，第一产业就业人数减少到 25 773 万人。按照产业构成，中国第一产业从业人数占比呈现出明显的下降趋势，如表 3.2 所示，从 1952~2012 年，中国第一产业从业人数占比从 83.5%降低到 33.6%。中国农业从业人员数量明显减少。另外，第二次农业普查数据显示，农业人口老龄化问题越来越突出。中国农村外出从业劳动力总数达到 13 181 万人，其中 40 岁以下占到了 82.1%，50 岁以下占到了 94.9%。大批青壮年农村劳动力的外移导致了农村劳动力的老龄化，从而使得劳动力质量下降，影响了农业生产及其发展的效率。范东君和朱有志（2012）介绍，2008~2010 年，中国 45 岁以下的农业劳动力比例从 44.2%降低到 40.9%，而 45 岁以上的农业劳动力比例则由 55.8%持续上升到 59.1%，农业人口老龄化趋势明显，对中国农业的发展和粮食安全会产生长远的影响。

表 3.2 农业就业人数及构成比变化

年份	农业就业人数/万人	构成比例/%
1952	17 317	83.5
1957	19 309	81.2
1962	21 276	82.1
1965	23 396	81.6
1970	27 811	80.8
1975	29 456	77.2
1978	28 318	70.5
1979	28 634	69.8
1980	29 122	68.7
1985	31 130	62.4
1990	38 914	60.1
1995	35 530	52.2
2000	36 043	50.0
2005	33 442	44.8
2006	31 941	42.6
2007	30 731	40.8
2008	29 923	39.6
2009	28 890	38.1
2010	27 931	36.7
2011	26 594	34.8
2012	25 773	33.6

资料来源：国家统计局网站（http://www.stats.gov.cn）

（五）生产资源匮乏，难以支持农业持续发展

受农业结构调整、生态退耕、自然灾害损毁和非农建设占用等影响，耕地资源逐年减少。据调查，2012 年全国耕地面积为 18.26 亿亩，比 1996 年减少 1.25 亿亩，年均减少 781.3 万亩。目前，全国人均耕地面积 1.38 亩，约为世界平均水平的 40%。受干旱、陡坡、瘠薄、洪涝、盐碱等多种因素影响，质量相对较差的中低产田约占 2/3。土地沙化、土壤退化、“三废”污染等问题严重。随着工业化和城镇化进程的加快，耕地仍将继续减少，宜耕后备土地资源日趋匮乏，今后扩大粮食播种面积的空间极为有限。另外，水资源短缺矛盾凸现。目前，我国人均占有水资源量约为 2200m^3，不到世界平均水平的 28%，每年农业生产缺水 200 多亿立方米，且水资源分布极不均衡，水土资源很不匹配。我国北方地区水资源短缺矛盾更加突出。东北和黄淮海地区粮食产量占全国的 53%，商品粮占全国的 66%，但黑龙江三江平原和华北平原很多地区超采地下水灌溉，三江平原近 10 年来地下水位平均下降 2~3m，部分区域下降 3~5m，华北平原已形成 9 万多平方公里的世界最大地下水开采漏斗区。此外，近年来我国自然灾害严重，不利气象因素较多，北方地区降水持续偏少，干旱化趋势严重。今后受全球气候变暖影响，我国旱涝灾害特别是干旱缺水状况呈加重趋势，可能会给农业生产带来诸多不利影响，将对我国中长期粮食安全构成极大威胁。

（六）适度规模化难以达到与国外竞争的程度

根据《中国统计年鉴 2013》数据显示，2012 年乡村人口数为 64 222 万人，如此大的乡村人口基数在 1.2 亿 hm^2 的耕地红线约束下仍然会使得中国农业生产存在效率低下、耕地资源不足等问题。如表 3.3 数据所示，在农业规模化指标之下，中国属于低收入组，人均可耕地面积非常小，只有 0.09hm^2，约占美国的 1/6，农业劳动力人均耕地仅占美国的 1/156，虽然基数庞大的中国人口是其中一个很重要的原因，但更重要的差距是效率方面。例如，技术效率方面，中国的单产与美国还存在一定差距；农业劳动力效率方面，中国还远远落后于美国，其农业劳动力增加值还不到美国同类指标的 1/94。假如中国城镇化率上升到 70%，13.53 亿人口中还将有 4.1 亿人生活在农村，那么三口之家能拥有的农地面积在耕地总面积不提升的情况下只有 0.82$hm^2$①。即使将我国农业劳动力按照现有水平再减少一半，仍有 1.29 亿农业劳动力从事农业劳动，人均耕地面积只有 0.93hm^2，这种规模还不足以有效发挥农业机械等农业生产技术的效率。只有农业劳动力下降到 4800 万人才能达到日本的经营规模，下降到 430 万人才能达到法国水平，下降到 192 万人才能达到美国水平。由此可见，除东北、新疆等部分产区以外，中国大部分地区很难通过适度规模化达到与国外竞争的程度。

① 据中国国家统计局相关数据显示：2012 年中国第一产业劳动人口是 25 773 万人。

表 3.3 部分国家农业规模化经营指标

国家	人均 GNI/美元（2010 年）	人均可耕地面积/ hm^2（2009 年）	农业劳动力人均耕地面积/ hm^2（2007 年）	每公顷谷物产量/kg（2010 年）	农业劳均增加值/美元（2008 年）	制造业劳均增加值/美元（2008 年）	农业对制造业增加值的比例/%
高收入组	36 293	0.52	42.5	5 604	38 347	79 635	48.2
美国	47 310	0.53	62.5	6 988	51 370	110 360	46.5
加拿大	38 100	0.15	15.8	6 716	32 866	83 594	39.3
英国	35 840	0.10	12.4	6 957	25 681	61 333	41.9
澳大利亚	36 910	2.15	99.7	1 721	35 208	88 578	39.7
法国	34 760	0.28	27.9	7 093	57 973	78 999	73.4
日本	34 780	0.03	2.5	5 852	40 385	78 629	51.4
意大利	31 740	0.11	7.6	5 436	31 254	71 733	43.6
韩国	28 830	0.03	1.1	6 196	19 807	59 220	33.4
中高收入组	13 727	0.29	5.8	3 734	3 607	23 254	15.5
波兰	19 180	0.33	3.9	3 220	2 994	25 372	11.8
墨西哥	14 400	0.22	3.1	3 499	3 302	27 588	12.0
巴西	11 000	0.32	5.1	4 055	4 182	16 247	25.7
南非	10 330	0.29	11.2	4 162	3 951	23 810	16.6
中低收入组	5 820	0.14	0.6	3 968	622	21 654	2.9
中国	7 600	0.09	0.4	5 521	545	42 933	1.3
泰国	8 150	0.22	0.8	2 939	706	18 189	3.9
印度尼西亚	4 190	0.10	0.5	4 876	730	11 343	6.4
印度	3 340	0.13	0.6	2 537	507	14 152	3.6

数据来源：郭熙保（2014）

综合上述，在开放条件下，需要开放多边和双边贸易、农产品和非农产品贸易，将国内政策和外贸政策统筹考虑。目前，我国尚处于摸索经验的初级阶段，实施不同战略措施势必会对未来我国农业发展产生重大影响。按照当前发展情况来看，在粮食自给率下降、关税措施影响力弱化、国内生产成本不断上涨的背景下，2020~2030 年中国粮食安全问题将会进一步恶化。因此，在全球经济一体化的大环境下探讨中国中长期粮食安全保障问题，必须以提升生产效率、保障农民收入为目标，一方面通过鼓励土地流转或土地租借等方式促进小规模农户的土地向自立经营农户或规模化种植主体集中，推动以大型机械为主导的农业机械化及与此相配合农业技术开发应用，为规模化的自立农业经营创造条件。同时必须重视提升以农民专业合作社、龙头企业为主体的农业组织化水平，通过构建公益性、半公益性和营利性的社会化服务组织体系，推动以农业作业承包和农业服务外包，为小规模兼业农户或高龄农户提供耕耘、收获等部分乃至全部农业作业服务，实现“农业社会化服务的规模化”发展，降低个体农民的生产经营成本。

二、提升我国农业组织化水平的意义

新制度经济制度学学者贝斯（J·S·Bin）认为，作为生产者之间相互关联结构的产业组织，解决的核心问题是怎么避免垄断，同时又能使生产者获得规模经济。由于市场交易成本的大量存在，通过组织化可以使买卖双方建立长期的合作关系，或者通过交易的内部化的方式用非市场的手段代替市场交易从而实现交易成本的降低。因此，农业经济组织参与农业生产可以实现农业生产成本的内部化，通过建立农业生产某一环节或者全生产链的协作关系，降低了农户生产经营所应当支付的交易成本。

另外，从马克思理论关于社会分工与专业化的角度来讲，市场规模的不断扩张，导致了分工的不断深化，从而提高了生产的专业化程度，促进了生产效率的提升和经济的增长。因此，农业的产业化发展过程中，分工使得农业生产链上的主体的资源配置效率提高，进而促进了生产的专业化。这种专业化使得农户与相关农业经济组织更专注于自身的生产，这也就使得双方不断加强生产协调。再从马克思的平均利润原理来看，农户要想参与社会平均利润分配，必须参与社会竞争，因而必须借助相关经济组织的力量才能够参与到竞争中去，故推动农业组织化发展是农业发展的一种必然。

目前，我国对于提高农业组织化水平的主要观点和主张已经达成共识，张晓山等（1996）、牛若峰等（2000）、程同顺（2003）、张红宇（2007）等学者在大量数据分析及调研基础之上，对提高中国农业组织化水平的意义作出了总结。

（一）有利于改善市场竞争结构

农民在完全分散的情况下同其他市场主体进行交易，不可能真正获得谈判权利，即便是面对小商贩也往往难以平等的议价。通过农业组织化，农民获得适当规模的购买能力和销售能力，在市场上打破工商资本的垄断，改变市场结构，提高对工业、商业资本市场交易地位，成为市场交易中与规模工商资本平等议价的经济主体。例如，日本农业协同组合每年要代表全国农民与肥料、农药等农资供应商谈判，确定次年批发价格。由于购买数量多，排除了中间商的存在，日本农民因此可以获得全国最低价格优惠，极大地降低了生产经营成本。同时，供应商也因为订货数量大且比较稳定，可以获得稳定的预期收益，实现与农民的双赢。

（二）有利于优化农业资源配置

20 世纪 70 年代以来的农村改革将以土地为核心的生产要素进行了平均化分配。这在提高农民生产经营积极性的同时，也导致了农业生产规模过于狭小，农业生产和经营

的社会化服务难度加大、成本提高、抵抗自然及市场风险能力下降。通过一定的形式把农民重新组织起来，使农业生产与经营过程中的人才、资金、技术、信息、土地等生产要素重新配置，有效整合，才能增强农民的市场竞争力，实现农户与整个农村效益最大化。通常，由龙头企业或者农民合作社①为核心强化良种繁育、原料基地等上游产业建设，大力发展精深加工，扩展包装出场、物流配送和市场营销等下游环节，打造完整产业链条，优化产业结构，促进产业升级，形成产加销、贸工农相互配套、协调发展的现代农业产业体系。由农民生产作为“第一车间”，以现代工业方式组织农业生产，通过引进和推广新品种、新技术、新工艺，共同提高农产品的科技含量和附加值。

（三）有利于降低农业生产风险

农业生产中面临着自然风险和市场风险。通过农业组织化可以有效组织小规模农民进行生产，投入具有科技含量的技术来降低或规避农业生产的自然风险，或者组建合作保险，为农户提供自然灾害及生产生活中所需要的保险服务，使整个农业产业链中，整体风险降低。同时，农业组织作为农民进入市场的中介，往往对市场供求信息更为了解，加上具有较为完善的营销网络、丰富的营销经验，可在市场经营中规避市场风险。农民与农业经济组织通过订单或其他形式进行合作，也可减少其独立参与市场所必需承担的市场风险。

（四）有利于解决小农资金匮乏

对于商业银行来讲，大客户业务成本相对较低，小客户业务成本相对较高，并且不容易给贷款提供有效的抵押或者担保，贷款风险相对较高，实践中都不情愿给农民提供贷款。各国经验证明，由小规模农户在自愿基础上联合组成的资金互助社并限制资金使用方向，一方面可以将农村的资金留在农村，有利于解决小农在生产生活中短期资金匮乏问题；另一方面通过供销、金融一体化服务准确把握贷款农户的日常资金流量，较为容易地了解农户资产情况，从而降低业务成本。

（五）有利于农业科技成果推广

现代农业是促进粮食增产、农业增效的必要发展方向。发展现代农业除了依靠现代要素资源投入、提升技术装备能力、促进人力资本生产外，更为重要的是使农业科学技术在更大程度和更广范围内得到应用推广。然而以家庭经营的生产方式，农户本身限于自身素质难以开发、发现新技术，他们使用新技术的抗风险能力也较弱。然而龙头企业

① 鉴于我国农业生产的特点以及农业组织化出现的新情况，2012 年国家一号文件，取消了“专业”两字，赋予了农民合作社更为宽阔的发展空间。

或者农民合作社可以依靠自身雄厚的实力，对科技投入、人才引入和培养等投入大规模资金，通过引进新品种，开发新产品、新技术、新工艺，提高农业综合生产能力，提升产业科技含量和附加值，增强农业核心竞争力。同时农业技术推广中的每位技术人员需要直接服务于千家万户，服务成本远远高于经过组织聚集的经营单位，难以获取规模效应，任何一项技术的推广都会造成很高的成本，最终会导致现代化农业科技成果难以推广应用。因此，提高农业组织化程度是发展现代农业、有效推广农业科学技术、降低服务成本的必然要求。

（六）有利于农民的就业、增收

中国的农民生产经营与产业需求分割，在市场体系不健全的情况下，农村信息咨询业、营销业尚在起步阶段，产前、产中、产后服务很不完善。农民只能生产开发初级产品，原料生产与加工不配套，经济开发需要习惯小农业，劳动力就业主要依靠传统农业，严重制约了农业资源的充分有效利用和农村劳动力资源的有效开发，进而影响了农业收入增加。因此，农民通过组织化，走专业化、规模化道路、按照供销贸一体经营原则，可以对现有产业与产品进行多层次、多形式系统化的优化组合，使农业产业向一体化经营发展，从而来拉长农业产业链条。发展隔绝特色的产业实体，扩展农民的选择空间，从而扩宽农业就业领域，增加农民收入。从实践角度来看，姜开圣等（2003）和蔡志强（2003）在江苏省扬州市龙头企业的调研中发现，通过订单农业，2001 年扬州市龙头企业通过收购水稻、小麦等粮食实现了让利农民户均 200 元，27 家市级农产品加工龙头企业带动农民户均收益增加 250 元。另外，王爱群（2007）对吉林省龙头企业的调查来看，2002~2005 年，龙头企业带动农民人均纯收入增加 0.18%。

（七）有利于满足消费市场需求变化

随着市场经济不断完善，各种经济类型，各种业态的商业零售网点的快速崛起，市场终端对农产品的需求向多样化、系列化、标准化、品牌化方向发展。然而小农能力有限，既难以了解、学习国家相关规定，也难以按照国家相关规定提供安全安心的合格农产品，市场上假冒伪劣问题非常严重，仅仅依靠行政部门的外部监督很难根治。通过农业组织化农户建立起自己的经济组织，可以通过内部规章制度，相关行规自我约束，按现代标准化生产要求提供合格的产品。另外，由于消费需求向高级化、简便化方向发展，因此，也应要求现代农业从以往的原始的初级产品供给逐步向以初级加工产品、食品供应为主转化。农业产业链不断向加工领域延伸，并且逐渐与大规模零售企业、消费者市场建立起紧密的联系。在这个过程中小规模分散的农户已经被卷入到了现代化大生产的产业分工之中，传统的田头交易逐步被生产合同和纵向一体化生产体系所取代。只有通过组织化调整资源配置才能适应时代变化。

（八）有利于提升国际市场竞争力

加入 WTO 之后，我国农业生产面临着国际市场的压力不仅来自资源禀赋的比较优势，而且来自农业经营组织的优势。与我国“小规模、分散化”中小规模家庭经营形成强大反差的是中国农业竞争面临的对手，是规模化、组织化程度很高的大农场主及其组成合作社联盟、大公司企业、跨国公司，甚至是国际性的跨国集团。我国在农业组织化层面，不具备任何优势，竞争基础极其薄弱，然而这种农业组织化的缺失又不是资本与技术能够替代的。在经济全球化背景下，单纯地依靠调整传统的组织结构，扩大生产规模已难以提升中国农产品的竞争能力，农民的合理利益也难以得到有效保护。因此，只有尽快推动农业组织化发展，才能从根本上提高中国农业的竞争力，将农业由弱势产业变成强势产业，将农民由弱者变成强者。

（九）有利于提升社会民主意识

农业组织化制度是以现代契约制度与人民民主制度为基础的组织形式，其核心是坚持以人为本，坚持人与人之间合作、联合。农业组织化强调经济领域的民主制度，强调人人平等，追求自助、民主、平等、公平、团结的价值观，并且通过“一人一票”具体形式给予实现，有利于提升农民的民主意识。另外，农业组织化过程是按照成员与合作社的惠顾额，而不是成员所拥有的资本多少进行收益分配，体现了兼顾公平与效率的思想，有利于抑制盘剥，帮助社会弱势群体改善经济和社会地位，使弱势群体也可以获得平等发展的权利，缩小贫富差距。

（十）有利于提高政府工作效率

近年来，随着我国城镇化、工业化的快速发展，农业由过去的被剥夺者转变为现在的被支持保护者，同时我国出台了一系列直接以广大农户为对象的支农惠农政策，包括良种补贴、农资综合补贴、农机补贴等。落实好这些政策是确保农业和农村经济稳定发展的重要保障。但是，支农惠农政策的落实成本同样面临交易成本和效益的问题，政府在落实这些政策时需要直接面对广大农民，造成执行好政策与降低政策落实成本之间的两难选择。因此，通过农业组织这一载体高效落实国家惠农政策，既可降低政策落实成本，又有利于国家监察监督。同时，这也是顺应工业化中期体系转轨，实现小政府大市场的政府职能转型的需要。

三、农业组织化的国际经验
——以美国、日本为例

（一）美国的农业组织化发展情况

1. 农业基本结构

美国不仅是世界上最大的工业化国家，还是世界上农业最发达的国家。2011 年美国拥有可耕地约 1.60 亿 hm^2，牧场 5.6 亿 hm^2，农业就业人数 213 万人，占整个就业人口的 1.45%。美国农业主要有畜牧业和种植业两大部分。其中畜牧业是高度发达的产业，也是资金和技术密集型产业，主要以养鸡、养牛和养猪为主，2011 年美国鸡肉产量 1598.96 万 t，牛肉产量 1178.25 万 t，猪肉产量 1046.53 万 t。鸡肉、牛肉和猪肉产量分别位居世界第一、第一和第三位。在很长一段时期，美国一直是世界上最大的粮食生产国和出口国。美国种植业分为中北部玉米种植带、大平原小麦种植带、南部棉花种植带和太平洋沿岸综合农业区等几个重要种植区域。美国农作物以玉米、小麦、大豆、棉花为主，其次为烟草、马铃薯、燕麦、稻谷、柑橘、甜菜等。2011 年美国玉米产量 3.28 亿 t，大豆产量 9032.82 万 t，小麦产量 6030.95 万 t，棉花产量 264.08 万 t。粮食总产量约占世界总产量的 1/5，玉米、大豆均位居世界第一位，小麦产量仅次于中国和印度，位居第三位。美国是世界上最大的农产品贸易国，2011 年美国农产品进出口贸易总额高达 1700 亿美元，其中进口额 734 亿美元，出口额 966 亿美元。2011 年美国小麦、粗粮、棉花和油菜籽出口量分别占世界同类产品出口总额的 20.8%、45.7%、43.7%和 37.6%。

2. 农业的主要特点

（1）以高度商业化的农场[①]为基础

美国建国之后先后颁布了《土地法》《宅地法》等法律，大力支持家庭农场的发展。经过长期的演变，农场本质也发生了巨大变化。最初，农场是农户拥有土地物权，依靠家族成员的劳动和管理自给自足，规模不大且技术落后。19 世纪末，农场演变成自有和租佃并存的形式，即家庭经营与雇工经营并存、农场规模不断扩大、采用先进技术、主要从事商品生产。进入 20 世纪，随着农业现代化快速发展，美国农场逐渐成为规模大、有一定数量的雇工、技术先进、在商品生产总量中占重要地位的生产经营组织。截至 2011

---

① 家庭农场一词最早出现于美国理论权威亨利·德拉等出版的《农业经济》一书中，1944 年美国农业部第一次把家庭农场界定为“经营者要把全部时间用于农场工作，家庭成员要帮助他工作，不得从农场外部雇用数量过多的人手，能够满足生活需要而生产的农场”。1973 年美国《现代经济词典》中家庭农场的定义是“劳动与管理主要依靠农场主及其家庭成员的农场”。

年年底，美国年销售额超过 1000 美元以上的农场总数达到 218.1 万个，总面积约 3.7 亿 hm^2，占美国耕地总面积的 98%，平均每家农场面积约 $170hm^2$。其中，独资农场 190.6 万个、家庭所有农场 8.6 万个，两者占 90.4%，合伙农场占 7.9%，合作制农场 1.3%，公司农场占 0.5%（Hoppe and Banker，2010）。

（2）以专业化、规模化经营为推动力

20 世纪 60 年代美国农业专业化生产达到了较高水平，1969 年专营某种农产品的专业化农场已占到农场总数的 90%以上。其中，棉花农场专业化比例为 79.6%、蔬菜农场为 87.3%、大田作物农场为 81.1%、园艺作物农场为 98.5%、果树农场为 96.3%、肉牛农场为 87.9%、奶牛农场为 84.2%、家禽农场为 96.3%。在加工领域，农产品加工、零售商快速合并，20 世纪 50 年代，CR4 屠宰、销售了 81%的牛、73%的羊、57%的猪。另外，2011 年，美国 218.1 万个农场中，面积小于 99 英亩①的占 54.4%，100~499 英亩的占 31%，500~999 英亩的占 6.8%，1000~1999 英亩的占 4.2%，大于 2000 英亩的占 3.6%。另外，年销售额不足 2500 美元，平均农地面积不到 54 英亩（约 $22hm^2$）的小型农场占总数的 27%，占全国农地总面积的 3.5%。年销售额超过 10 万美元以上的大中型农场数量只占到总数的 17.5%，但是占据了全国 64.5%的农地，其中，年销售额超过 100 万美元的超大型农场平均每家农地面积更是多达 2870 英亩（约 $1161hm^2$）。

（3）健全的农业社会化服务体系

美国的农民合作社是由农业生产者自愿组织起来为自己服务的合作经济组织。据统计，2011 年美国共有各类农民合作社 2299 个，成员数量达 230 万，加入农民合作社的美国农场主约占农户总数的 82%，组织化程度很高。这些农民合作社可以为农户提供农资统一购买，农产品销售及耕作、播种、施肥、喷药、灌溉、收获、加工等服务，农户可以在自家人手不够的时候，请农民合作社承办。所有服务十分及时和周到，农民只需打个电话，很快就会有人送货上门，而且是先服务，后收费。

（4）完善的现代化农业生产手段

美国地广人稀，劳动力成本较高，拖拉机和其他农用动力机械很早就被普遍使用在农业生产的各个环节中。20 世纪 20 年代美国开始使用拖拉机耕地，30 年代普及，截至 1959 年，小麦、玉米等主要农作物的耕、播、收、脱粒、清洗已达 100%的机械化，此后又不断推出小型多功能的多品种农机和大功率、高度自动化的大型农机。2007 年美国农用拖拉机的数量高达 439 万台。部分农场主甚至动用了直升机进行田间管理，甚至有的农场开始采用遥控拖拉机自动耕种。

（5）高度国际化的农业生产

美国是世界上最大的农产品出口国，其农产品出口量占世界农产品出口总量的 1/6 左右。2012 年年底农产品进口总值 989.5 亿美元，出口总值 1363.7 亿美元，其中大豆及

① 1 英亩=$0.405hm^2$。

其产品 247 亿美元、玉米 93 亿美元、小麦 81 亿美元、棉花 62 亿美元、其他饲料作物 62 亿美元，其他园艺产品 49 亿美元，冷冻猪肉 48 亿美元[①]。

3. 农业结构变化与农业组织化进程

农业历来是美国经济发展的基础部门。一直到 19 世纪 80 年代，农业仍然在美国经济中占有绝对优势。之后，随着工业及其他部门的发展农业比例越来越小。目前，虽然从传统的观点来看，农业人口和农业劳动力所占美国人口和劳动力总数的比例，以及农业在国内比例，都只占到 1%~2%。但是，从营养供给角度来看，农业仍然是美国最重要的部门之一（徐更生，2007）。纵观 200 多年美国农业政策主要沿着两条轨迹进行，即提高农业生产效率和稳定增加农民收入。

（1）传统农业阶段（建国初期至 1945 年）

1783 年独立战争结束后，美国的经济发展环境得到了根本的改变，极大地释放了劳动生产力，小农场得以迅速发展。1862 年 5 月美国政府推行《宅地法》，规定每个美国公民只需交 10 美元登记费，就可以领到最多 64.7hm^2（160 英亩）的土地，并且连续耕作 5 年后即成为自己的财产，于是大量欧洲移民被鼓励来美务农。移民垦殖使美国的农地面积从 1860 年的 1.65 亿 hm^2，发展到 1900 年的 3.39 亿 hm^2。美国农场总数从 1860 年的 204.4 万个增加到 1880 年 400.9 万个（孔荣等，2001），1935 年发展为 680 多万个，平均规模 48.6hm^2（120 英亩）（李志远和李尚红，2006）。这期间，虽然农业人口数量较多，但是占总体劳动力比例呈现下降趋势，1840~1900 年，该比例由 68%下降到 41%，1930 年进一步下跌到 21.5%。当时，美国农业总体上处于相对落后的状态，直到 19 世纪末到 20 世纪初的近 50 年，各类农业机器的发明，新型耕种方法的推广，政府加强对农业扶持及农业教育运动的广泛开展，美国农业发生了新的变化。不过，总体来看农业机械的普及率还不是很高，没有全面实现农业机械化。1920 年，美国的农用拖拉机只有 24.6 万台，却有 1720 万匹马和 460 头骡以供农用（张友伦，1996），新型机械设备还不足以全部取代畜力。因此，机械化农具改进了耕作技术，加快了垦殖西部土地的进程，实现了外延型农业增产的目标，但是美国农业还没有实现真正意义上的高效农业。

另外，农业组织化取得长足发展。这个时期美国农场规模小、信息闭塞、农产品同质性强，不但卖方之间的市场竞争非常激烈，而且与买方之间的“小生产与大市场”矛盾也日益突出。交易的一方是“为数相当多的、小规模的、单个的、实际耕种土地和饲养动物的经济单位”，另一方是“为数相当少的、大规模的、加工初级农产品并将制成品转售给批发商和零售商的经济单位”，两者“在市场力量上存在差异”[②]，农民在交易过程中越来越处于弱势地位。19 世纪初，美国出现农民合作社雏形，1867 年成立全国性“农民保护协会”，1902 年成立“美国公平合作社”，1922 年美国通过《卡帕-沃尔斯泰德法案》详细规定了合作社的成员资格、形式和经营原则。20 世纪 30 年代美国大萧

① http://www.ers.usda.gov/data-products/foreign-agricultural-trade-of-the-united-states-(fatus)/calendar-year.aspx#.UylYqlNWSUs.

② National Broiler Marketing Association v.United States，436 U.S.816，Supreme Court of the United States，June 12，1978.

条时期，农产品出现滞销问题，大规模商业企业加重了对农民的剥削。单独行动的农民对于所售农产品的价格没有控制力，只能沦为价格的接受者。为了摆脱这种局面，农场主为了自己的利益不受到或者减少商业资本剥削，参加农民合作社的欲望愈加强烈，加上美国政府推动及农民合作社理论的深化大大推动了合作社运动的发展。美国农民合作社管理制度逐步完善起来，大型合作社的会计、审计制度逐步建立和健全。

（2）农业产业化发展阶段（1945~1980 年）

从第二次世界大战结束到 20 世纪 80 年代，美国农业发展出现了第二次重大变革，其特点是在农业人口持续减少、不增加耕地面积的情况下实现全面机械化和广泛采用化学肥料，劳动生产率显著提高。第二次世界大战后，随着社会经济环境的逐渐稳定，农场之间的竞争日益激烈，小规模家庭农场被迫放弃农业，农场数量锐减，从 1940 年的 609.7 万个降至 1980 年的 244.0 万个（孔荣等，2001）。这期间，美国农业人口大量流出，1940~1950 年，净转移出的人口超过 900 万，占 1940 年农村人口的 31%。1950~1979 年，美国农业人口从 2300 万降到 624 万，农业劳动力从 546 万减少到 330 万人，而大量农业劳动力的流出导致农业经营规模扩大。1949 年年销售额在 4 万美元以上的较大农场 4.8 万个，占当时农场总数的 0.9%，占全美农场销售额的 20.6%，到 1980 年上升为 69.4 万个，占农场总数的 29%，占销售额的 87%；1950 年平均每个农场拥有土地 87.3hm^2，其中耕地 35.3hm^2；1980 年平均每个农场拥有土地增加到 173.3hm^2，其中耕地 73.3hm^2（王钊，2001）。同期，美国农场资产构成中，机器与车辆的价值增加了 30 倍，截至 1959 年，谷物种植的机械化程度达到 100%，几乎所有农场都使用了电力。因此，虽然 1948~1980 年，美国农业劳动力减少了 60.7%，但劳动生产率从 1948 年的 0.10（2005 年的值为 1）上升到 1980 年的 0.42，上涨了 3 倍多，农业全要素生产率从 1948 年的 0.42 上升到 1980 年的 0.59[①]，上涨了 40 个百分点。

这一时期，农民的市场话语权较弱，农业产业链条上的大部分利益被工商资本获得。部分综合性农业企业特别是流通和加工领域的工商资本开始向生产领域延伸，与农场签订合同或者直接租种土地进行耕种。这些企业为了追求盈利而尽可能扩大农场规模，并雇佣农业劳动力，实施种植、加工、销售的产销垂直一体化经营，1972 年，垂直一体化企业占美国肉鸡生产的 97%，新鲜蔬菜种植的 51%，蔬菜加工的 95%，柑橘销售的 85%。这时，农民一方面要通过合并重组扩大农民合作社规模以增强市场竞争力，同时也出现了进入加工环节分享产品增值的情况，总体来看农业组织化呈现两种主要趋势：一是农民合作社的横向合并重组。这个时期在乳品、谷物、果菜销售和农用品供应领域，农民合作社合并和大型化的趋势尤为明显。多个合作社的合并与联盟，进一步促成了合作社营业额的急剧膨胀。在第二次世界大战后几十年间，这种合并活动持续进行。结果为，在合作社平均营业额大大增加的同时，合作社的数目却明显下降。根据美国农业部统计数据显示（表 3.4），合作社的数量从 1940 年的 10 600 家减少为 1980 年的 6293 家，减少了 40.6%，每个合作社平均成员数量却从 320.8 人上升到了 1980 年的 858.1 人，上升了约 1.7 倍。同时，为了在竞争中求生存、求发展，农民合作社的经营管理水平逐渐

① http://www.ers.usda.gov/data-products/agricultural-productivity-in-the-us.aspx#.UypAFVNWSUt。

提高，净销售额从1955年的96亿美元上升到1980年的663亿美元。二是合作社的“垂直一体化”发展。这个时期从事有垂直联系的一系列经营活动的农民合作社越来越多，在由加工到销售整个供应链中，处在不同环节的农民合作社往往处于一个统一的经营管理中心指挥之下。与以前不同的是，这个时期农民合作社在各个环节上都加强了进一步的合作关系，使用契约的形式把生产、财务、加工、销售与经营管理连接起来，合作社不再仅仅注重上游业务活动，而是更加侧重对下游业务活动的控制（黄胜忠，2009）。

表3.4　美国农民合作社的变化

年份	合作社数量/家	合作社人数/百万人	平均人数	总经营额/10亿美元	净销售额/10亿美元
1940	10 600	3.4	320.8	2.3	
1945	10 150	5.0	492.6	6.1	
1950	10 064	7.1	705.5	10.5	
1955	9 894	7.7	778.2	12.7	9.6
1960	9 163	7.2	785.8	16.2	12.0
1965	8 329	6.8	816.4	20.6	14.7
1970	7 995	6.2	775.5	27.3	19.1
1975	7 535	5.9	783.0	55.8	37.3
1980	6 293	5.4	858.1	92.5	66.3
1985	5 625	4.8	853.3	85.1	65.6
1990	4 663	4.1	879.3	92.7	77.3
1995	4 006	3.8	948.6	112.2	93.8
2000	3 346	3.1	926.5	120.7	99.7
2005	2 896	2.6	897.8	121.7	106.5
2006	2 675	2.6	972.0	126.5	110.5
2007	2 549	2.5	980.8	146.8	127.8
2008	2 473	2.4	970.5	191.9	165.3
2009	2 389	2.2	920.9	170.2	147.7
2010	2 314	2.2	950.7	171.8	147.8
2011	2 285	2.3	1 006.6	216.8	183.6
2012	2 238	2.1	938.3	234.8	201.6

资料来源：http://esa.un.org/wpp/Excel-Data/population.htm

另外，这一阶段的美国农民合作社的制度特点是：①成员资格开放。Holland和Brunch（2010）指出，成员资格在不附带人为的限制或社会的、政治的、种族的、宗教的歧视的情况下，向任何能够利用合作社的服务并愿意接受成员职责的人提供。当然，成员必须具有“农业生产者”的身份。②成员平均出资额和总出资额均较少。合作社在成立时所需的创办资本比较少，每个创办成员需交纳的资本也较少。在实践中，创办出资通常不足100美元。投资的方式是购买普通股（对发行股票的合作社来说）或缴纳会费（对不发行股票的合作社来说）。合作社为取得资本还可能向成员或公众发行优先权股（对发行股票的合作社来说）或出资证书（对不发行股票的合作社来说）（Frederick，2010）。但是由于投资回报率受到法律限制（一般年利率小于8%），发行优先权股的情

况相当罕见。③资本流动性弱。与股份公司不同的是，用来转让合作社资本的公开市场并不存在，而且成员之间转让资本非常罕见，原因是利率受法律限制，将来回赎时合作社只按原额归还资金。在一定的条件下，合作社必须回赎成员的创办出资和保留资本，但只按原额归还资金。④成员一般只有交付权而没有交付义务。大多数合作社允许成员“无限制地”交付农产品（Kelley，2001），这样，大多数合作社的成员没有交付义务，可以因他人出价更高、与他人交易更方便等事由到其他地方销售。只有少数合作社与成员签订了成员有交付义务的经销协议。⑤成员只能获得少量的惠顾返还。受到税法限制，现金形式的返还会被征收所得税，大多数合作社采取利用时折扣形式进行返还，很少采取现金形式返还。目前，现金返还通常只占惠顾返还的 20%~35%，其余的作为惠顾收入保留充当资本，有些合作社甚至扣留部分货款充当资本（Coltrain et al.，2010）。

（3）农业现代化阶段（1980 年至今）

20 世纪 80 年代之后，随着美国国内经济形势好转，农业也开始快速发展。据统计，1980~2011 年市场竞争的日益激烈，小规模的家庭农场进一步衰落，合并推动家庭农场朝着规模化的方向发展。据统计，1980 年，美国年销售额 1 万美元以下的农场，平均每个农场亏损 851 美元，年销售额在 5000 美元以下的农场，农场主全部收入中的 92%来自农场外收入。年销售额在 5000~10 000 美元的农场，收入占到 87%。年销售额在 1 万~2 万美元的占 75%，年销售额在 2 万~4 万美元的也占到 53%，中小农场主主要依靠农场外收入来维持生计。另外，大规模的农场的竞争力更强，能够应用更加先进的技术提高劳动生产率（王钊，2011）。如表 3.5 所示，超过 50 万美元销售额的农场已经从 1996 年的 2.7%增加至 2012 年的 6.2%。销售额小于 25 万美元的小农场数量不断萎缩，从 1996 年的 93.3%降至 2012 年的 89.2%[①]。总体来看，这期间，美国农业劳动力减少了 44.4%，但是减少的速度有所减缓。2000 年以来，农业劳动力基本稳定，然而随着农业教育、科研和推广方面的投入开始见效，现代农业机械先进，现代管理技术、通信和信息技术，特别是计算机得到普遍采用及现代生物（包括遗传育种）技术的广泛应用，现代自动化技术，例如，卫星控制平地、灌溉、喷药、施肥及测产等开始走进大农场，使农业生产效益进一步提高。美国劳动生产率从 1980 年的 0.42 上升到 2011 年的 1.12，上涨了近 2 倍，农业全要素生产率从 1980 年的 0.59（2005 年的值为 1）上升到 2011 年的 1.03[②]，上涨了 75%。农业总产值占 GDP 的比例有所下降，但下降幅度不大，基本维持在 1%~2%。

20 世纪 80 年代以来，特别是 2000 年以后，美国农民合作社开始进行重要的结构调整，许多大型的合作社破产或转变为投资者所有的企业。究其原因主要是农民合作社的数量和成员数量不断减少。据统计，美国农民合作社数量从 1981 年的 6211 家，减少到 2012 年 2238 家，成员人数从 530 万人减少到 2012 年的 210 万人。农民合作社为了应对市场竞争，以及内部结构变化出现了新的调整，被称为“新一代合作社”。与传统合作社相比，“新一代合作社”在成员资格、成员交易额、成员股金和管理制度等 4 个基本

① USDA：The Changing Organization of U.S. Farming，Economic Information Bulletin Number 88，December 2011。
② http://www.ers.usda.gov/data-products/agricultural-productivity-in-the-us.aspx#.UypAFVNWSUt。

表 3.5 美国不同年销售额农场情况 （单位：比例、英亩）

科目/年份		2004	2005	2009	2010	2011	2012
按农场划分	$1 000~$2 499	26.7	26.4	28	27.3	27.3	27.0
	$2 500~$4 999	15.2	15.2	14.4	14.9	14.9	14.5
	$5 000~$9 999	14.0	13.9	13.4	13.7	13.7	13.5
	$10 000~$24 999	11.5	11.5	11.8	12.2	12.2	12.0
	$25 000~$49 999	8.6	8.7	8	8	8.0	8.3
	$50 000~$99 999	8.3	8.2	7.4	6.8	6.8	7.2
	$100 000~$249 999	7.9	8	6.8	6.8	6.8	6.7
	$250 000~$499 999	4.2	4.3	4.5	4.5	4.5	4.6
	$500 000~$999 999	2.1	2.1	3.4	3.5	3.5	3.7
	$1 000 000+	1.5	1.7	2.3	2.3	2.3	2.5
	合计	100.0	100.0	100.0	100.0	100.0	100.0
按所占土地面积划分	$1 000~$2 499	4.1	4	3.7	3.6	3.6	3.5
	$2 500~$4 999	3.9	3.8	3.2	3.6	3.6	3.5
	$5 000~$9 999	4.9	4.9	4.6	4.2	4.2	4.0
	$10 000~$24 999	7.5	7.2	6.5	6.9	6.9	6.8
	$25 000~$49 999	9.5	9.2	7.8	7.3	7.3	7.3
	$50 000~$99 999	11.5	11.5	10.4	10.1	10.1	10.4
	$100 000~$249 999	20.7	20.6	16.1	15.9	15.9	15.1
	$250 000~$499 999	16.2	16.3	16.2	15.9	15.9	16.0
	$500 000~$999 999	10.8	10.8	15.4	16	16.0	16.4
	$1 000 000+	10.9	11.7	16.1	16.5	16.5	17.0
	合计	100.0	100.0	100.0	100.0	100.0	100.0
按平均农地面积划分	$1 000~$2 499	68	67	55	55	55	54
	$2 500~$4 999	114	111	93	101	101	101
	$5 000~$9 999	155	156	143	128	128	124
	$10 000~$24 999	289	279	231	236	236	238
	$25 000~$49 999	490	471	408	381	381	370
	$50 000~$99 999	614	624	588	620	620	608
	$100 000~$249 999	1 170	1 150	992	980	980	951
	$250 000~$499 999	1 723	1 693	1 508	1 481	1 481	1 468
	$500 000~$999 999	2 297	2 298	1 897	1 916	1 916	1 871
	$1 000 000+	3 246	3 075	2 932	3 007	3 007	2 870
	平均	443	445	418	418	419	420

资料来源：NASS. 2013. Chapter 9 Farm resource，income and expanses. 2012 Agricultural statistical year book. http://www.nass.usda.gov [2015-03-15]

方面有了重要创新：①成员资格不开放、限制成员规模。成员资格仅提供给向合作社交售产品的成员，不再实行自由开放原则。如果成员退社，必须将自身的股本金转让出去，不可直接从合作社抽回股金，从而保证了合作社注册资本的稳定。②成员与合作社通过现代契约关系联系在一起。具体来说，成员入社时，与合作社签订供货合同，合同对成

员产品的数量、质量、品种均明确加以规定。如果成员不能履约，合作社有权自我组织货源以弥补原料不足，但是由此发生的一切费用均有违约成员承担。③成员按照与合作社的交易额缴纳入社股金，两者之间成正比，并且成员的平均股金规模较大。由于实行附加值战略需要对生产和销售进行大量投资，因此农民必须支付大额股金，在美国，每个成员的支付额在5000~15 000美元，在加拿大每个成员的支付额平均在1万加元以上，成员股金通常占合作社总投资额的40%~50%。④虽然大多数新一代合作社仍然实行“一人一票”制，但已有合作社开始突破这一原则，实行按人与按投资额大小分配投票权，并允许非成员参加合作社理事会。

4. 农业企业

（1）农业企业的类型及特点

工商资本直接进入农业生产领域，是美国第二次世界大战后农业现代化过程中出现的一个极为重要的经济现象。其主要的表现形式有：公司农场（corporation farm）、农工商综合体（agribusiness）、农业合同经营制企业（contract farming）及农业流通和加工企业。

i. 公司农场

公司农场是按公司制度进行产权组合和经营的农场。在公司农场中，一种是家庭拥有的公司农场；另一种是非家庭的公司农场。公司农场在美国农业中占有重要位置，与垄断资本有着紧密联系，特别是非家庭的公司农场，通常是垄断资本直接经营的农场，他们的经营规模很大，属于雇工农场。据统计显示：2007年美国农场的0.5%为非家庭农场，主要形式即为公司农场；家庭拥有的公司农场有85 837家，占到3.9%。

ii. 农工商综合体

农工商综合体属于垂直一体化，是指工商资本把农业生产本身同农业投入物的生产和供应，以及农产品加工、销售过程中的若干环节，置于一个企业的管理之下，组织而成全产业链企业。本质上是经营工、商、金融等的垄断资本，投资于农业，使农工商经营一体化的经济现象。美国的农工商综合体实施统一核算，形成完全纵向一体化的综合经营。这种方式主要是由私人工商企业渗透到农业中，通过购买或者租赁农地兴办农场，雇佣专业技术人员和农民从事农业生产。经营模式大多借助于大工商企业雄厚的资金和技术力量，更借助大工商企业的内部分工和管理制度，完全按照现代企业的运作方式来开展农业产业化经营。最典型的形式是各大财团的大公司，直接购买土地（或租赁部分土地）、雇佣农工、经营农场，并且通过以各种农用生产资料生产企业为主体，与农场相结合的“后向联合”，或者以各种农产品加工、销售企业为主体，与农场相结合的“前向联合”，或者两者兼而有之，将农工商、供产销紧密联结在一起，办成纵向一体化的综合联合企业。各种形式的农工商综合问题在经济上都不同程度地具有以下特点：其一，规模巨大，具有垄断性；其二，所属农场建立在高度的现代化农业技术基础之上；其三，按照工厂化生产方式，实行工艺专业化、流水作业，劳动的社会性质日益接近工业；其四，农产品的规格质量标准化；其五，农场成为这个庞大的供应链体系中的一个车间。

因此，这类企业具有较高的经济效率。1960~1980 年，通过垂直一体化方式生产的农产品占产品的比例已从 3.9%上升为 7.4%，由于这种模式一般选择受到土地等自然资源条件制约较少的养殖业和植物工厂实施产业化经营，一般都是些大型专业化的养殖场等，1960~1980 年畜产品发展较快，从 3.2%上升为 10.1%，而种植业从 4.3%上升为 5.3%（王钊，2011）。例如，美国包装牛肉，2003 年排名前 4 名的 Tyson、Cargill、Swift &Co.、National Beef Packing Co.，占到市场的 83.5%（王常伟，2009），而且大都拥有自己的牧场、屠宰场和饲料加工企业。其优点是规模化经营，节约管理成本，但是由于经营投入大、风险巨大，以及政府出于保护农场主和防止垄断等而立法阻止其发展，在美国农业产业化经营中受到一定的限制。

iii. 农业合同经营制企业

农业合同经营制企业是指在食品供应系统中的任何环节，两个以上的企业采取签订合同以协调彼此经济活动的制度。实质上是工商垄断资本企业通过与农场签订合同的方式与农场建立严格的经济责任和稳定的业务往来关系，是一种不完全的垂直一体化模式。在这种以合同为纽带进行产业化经营的体系中，工商企业负责向农场供应生产资料，提供技术服务，保证农产品的加工与销售，而农场则必须按照合同规定向公司提供一定数量和质量的农产品，通常合同内容包括交易活动的时间、地点、内容、数量、质量和价格等事项，由于双方都是平等独立的法人主体，而且美国市场经济发育完善，法制观念深入人心，加之违约后的利益纠纷处理及处理违约后成本付出巨大，合同违约率很低。因而使其成为第二次世界大战后美国工商企业与农场结合的一种主导形式。这种办法，使名义上独立的农场，实际上丧失了独立性，成为大公司的一个车间。例如，宾夕法尼亚州的潘非尔德禽蛋公司就属于这类企业。这家公司把生产的主要环节如种鸡、孵化、饲料公司、屠宰加工等掌握在自己手中，将大量的饲养肉鸡、蛋鸡的工作，通过合同分到 98 家养鸡农场进行。公司还向养鸡场提供燃料、电力、药剂、运输工具、鸡舍和设备等。但是，农业合同经营制有利于通过专业化分工、生产，提高劳动效率、产品质量和经济效益，也有利于实现规模经营，提高规模效益，又减轻了工商资本投资于农业的风险，所以发展较快。从 1960~1980 年，这种合同订购的农产品占总美国农产品产量的比例从 15.1%上升为 22.9%，是农工商综合经营体的 4 倍，其中在畜产品、蔬菜、水果、糖料、种子作物中比例更大。

iv. 农业流通和加工企业（周立，2008）

美国农业流通和加工企业的规模相对较大。在行业竞争力研究中，CR4 市场占有率如表 3.6 所示，可以达到其他行业难以匹敌的高度集中。分品种来看，销售的肉类集中度，基本上都超过了一半，牛肉包装，竟然达到了 84%。面粉加工与猪肉包装，集中度达到了 60%~70%，连技术含量不高、投入成本不高、本应十分分散的牲畜饲料加工，也达到了 34%。在似乎琳琅满目的食品背后，几乎每一类食品，都是由几个食物巨人生产出来的。而且，近几十年来，各类农业食品的集中度都在迅速地走向集中。例如，牛肉包装 CR4 公司集中度在 1990 年为 72%，1995 年为 76%，2000 年为 81%，2005 年为 83.5%。

2004 年每日屠宰 36 000 头；Cargill，28 300 头；Swift & Co.，16 759 头；National Beef Packing Co.，13 000 头。火鸡生产的四大公司市场集中度在 1988 年为 31%，1992 年为

35%，1996 年为 40%，2000 年为 45%，2006 年则达到了 55%。这四大公司是 Butterball LLC，14.2 亿只；Hormel Foods（Jennie-O Turkey Store），12.7 亿只；Cargill，9.6 亿只；Sara Lee，2.6 亿只。

豆油压榨的四大公司市场集中度在 1977 年为 54%，1982 年为 61%，1987 年为 71%，2002 年为 80%。前四大公司为 ADM、Bunge、Cargill 和 Ag Processing Inc.，其中前三大公司达到了 71%[①]。

表 3.6　部分农业食品的市场集中度（2004）（%）

农业食品	市场占有率
牛肉包装	84
猪肉包装	64
猪肉生产	49
烤鸡生产	56
火鸡生产	51
饲料加工	34
面粉加工	63
豆油压榨	80

资料来源：Hendrickson 和 Heffernan（2005）。转引自 Wise T A. 2005. GDAE Working Paper No. 05-07: Identifying the Real Winners from U.S. Agricultural Policies，http://ase.tufts.edu/gdae/Pubs/wp/05-07RealWinnersUSAg.pdfc [2015-03-15]

大型农业流通和加工企业不仅停留在加工环节，还进一步向产前环节延伸，使得种子、化肥、农药、机械等多种生产性投入都一步步走向集中（表 3.7）。孟山都（Monsanto）等大公司对种子的垄断，导致只有少数经过他们转基因处理的种子，才能得到大面积种植，而自然界里的几百上千种同类型的种子，则被排斥在规模种植之外，从而使得人类的食物，从最初的原材料开始走向单一化。例如，Monsanto 一家公司，竟能控制世界主要谷物和蔬菜种子 23%~41%的市场份额（表 3.8），销售额 2004 年达 28 亿元。实际上，若再计入杜邦（Dupont）公司，两家公司控制世界多种种子份额就达到一半以上。另外，农业流通加工企业还向前延伸到食品销售环节。在全球十大食物零售商中，美国占了一半，其中，沃尔玛（Wal-Mart）又是遥遥领先的。

总体而言，美国大规模食品公司销售增幅很大，市场占有率在不断提升。除第五大公司 Ahold 外，其他四大公司增长迅速，而且，规模越大的公司，增幅越大。若从更长时期的历史数据看，零售额的集中是十分迅速的。在 1997 年，美国前五大公司的零售额市场占有率为 24%，2001 年提高到 38%，2004 年为 46%，2006 年则达到 48%[②]。

① 牛肉屠宰数据来自 Cattle Buyer’s Weekly: Steer and Heifer Slaughter reported in Feedstuffs 6/16/03. Feedstuffs Reference Issue 2006 (9/13/06) as reported in Feedstuffs 1/29/07。火鸡屠宰数据来自 Feedstuffs 10/9/06 (CR 4 is extrapolated from market share of new company)和 Butterball LLC was created through a joint venture between Smithfield (49%)及 Maxwell Foods (51%) that bought ConAgra’s turkey operations。豆油压榨数据来自 2002 Census of Manufacturing (released 6/06)和 Wall Street Journal 7/22/02。转引自 Mary Hendrickson and William Heffernan: Concentration of Agricultural Markets(April 2007). http://www.nfu.org/wp-content/2007-heffernanreport.pdf。

② 数据来源：Mary Hendrickson and William Heffernan：Concentration of Agricultural Markets (April 2007)，http://www.nfu.org/wp-content/2007-heffernanreport.pdf。

表 3.7　世界十大种子公司的销售额（2004 年）

公司名称	种子销售额/百万美元
1. Monsanto（美国）*	2803
2. Dupont/Pioneer（美国）	2600
3. Syngenta（瑞士）	1239
4. Groupe Limagrain（法国）	1044
5. KWS AG（德国）	622
6. Land O' Lakes（美国）	538
7. Sakata（日本）	416
8. Bayer Crop Science（德国）	387
9. Taiki（日本）	366
10. DLF-Trifolium（丹麦）	320

资料来源：ETC 集团通讯，2005. 9-10 月，总 90

* 2005 年 3 月被 Monsanto 收购

表 3.8　Monsanto 公司的种子全球市场份额（%）

品种	玉米	大豆	豆类	黄瓜	辣椒	甜椒	西红柿	洋葱
市场占有率	41	25	31	38	34	29	23	25

（2）农业企业的作用

i. 推动了农业产业化发展

农业企业与农场主在保持各自独立地位不变的前提下，通过签订合同建立一种相对稳定的联系，明确双方的责任与义务，向农场主提供服务，从而把产供销统一起来。美国农业产业化经营普遍采用这种合同方式，在一体化经营的农产品的产值里合同制部分占 75%（王浩，1999），并且主要分布在专业化、集约化、商品化程度较高的养殖、牛奶、果蔬、甜菜加工等生产部门。例如，在美国的种植业方面，甘蔗和糖料作物生产采用这种模式的几乎达 100%，蔬菜生产达 95%，水果等行业也占较大的比例；在美国的畜牧业方面，采取这种模式的约占 1/3，其中肉鸡生产占 90%，牛奶生产占 98%。同时，通过社会化分工，农业生产的一些环节通过专业化生产发展成为独立的工业化生产部门，如种子加工、饲料加工。一些农业生产项目基本上采用工业化生产方法，不仅增加了就业机会，还提高了经济效益。

ii. 提供农业社会化服务

农业企业一般通过合同为农场主提供某一两项专业性服务，降低交易成本提升生产效率。以迪卡公司为例，该公司的玉米种子加工厂专门向农场主提供玉米良种。它从公司的玉米制种基地获得玉米，然后进行脱粒、去杂、优选、包衣，最后制成商品种子。年生产能力为 1 万多吨，可以满足方圆 50km 内农场用种的需要。美国嘉吉公司围绕农业产业链能够提供 40 多项专业化的业务，包括谷物贸易和运输、玉米和油籽加工、面粉生产，以及为农户提供种子、饲料、化肥等。在农产品购销方面，在美国修建了 250 个谷物仓储中心，直接从当地农民手中购买谷物，储存起来，待机销售。在农产品加工方面，公司在世界许多地方兴建了面粉厂、玉米碾磨厂、油籽加工厂、可可加工厂、苹

果加工厂、猪肉加工厂、火鸡加工厂等一大批农产品加工企业，既向超级市场直接提供各类加工食品，也向其他企业提供配料。嘉吉公司把农产品的生产、加工、销售紧密地结合在一起，形成产业链。

（3）农业企业政策支持

美国政府职能是调控市场经济的运行，不能以行政命令直接干预市场经济主体的经营活动，否则政府职能部门需要承担相应的法律责任。因此，美国政府对于涉农企业的管理基本上都是按照正常企业管理进行，少有特殊的政策优惠。目前，政府对农业企业的扶持主要体现在以下几个方面。

i. 生产支持政策

美国联邦政府对多数农产品生产都给予支持，具体支持方式和程度随产品不同而有所差异。法律规定享受政府直接生产补贴和价格支持的农产品，有些农产品虽没有补贴规定，但如果出现灾害或其他特别情况，也常常会得到政府的支持。

ii. 对外贸易支持政策

由于美国农产品 30%以上都依赖于出口，因此美国农产品生产始终着眼于全球市场。2002 年的农业法曾要求农业部制定一项农业外贸长期战略，明确美国农产品出口增长的机会，确保不同部门的资源、项目和政策相互协调。

iii. 农业政策性保险

美国普遍实行国家对农保险提供保费补贴的农业保险支持政策。美国是世界农产品第一大出口国，其农业保险制度也相当发达。美国的农业保险是以农作物保险为主，目前，可保作物种类和参与率都有了很大提高。

5. 农民合作社

（1）农民合作社的类型

美国是以家庭农场作为基本的生产单位，所以农民合作社也称为“农场主合作社”。美国农业部给农民合作社下的定义是：由拥有共同所有权的人们在非营利的基础上提供他们自己所需要的服务而自愿联合起来的组织。目前，美国农民合作社主要以提供销售和购买为主，此种类型的合作社在历年采购中所占的比例如表 3.9 所示，2012 年美国农民合作社中，销售加工合作社 1206 家，占总数的 53.9%，供给合作社 911 家，占 40.7%，服务合作社 121 家。以销售加工合作社最为重要，服务性合作社不占主导地位。

i. 销售加工合作社

销售加工合作社是为成员提供种植业产品、畜产品和其他农产品销售服务的合作社，是农场与市场联系的重要渠道，向农场提供服务，代表农场参与市场活动。2012 年共有 1206 家，成员总数达到 655.4 万人。涉及产品种类主要包括豆类、棉花、乳业、渔业、果蔬、粮食和油籽等 15 种，其中粮食和油籽类合作社共有 493 家，占到销售加工合作社的 40.9%，成员总数占到 61.5%。合作社作为农场与市场之间的重要纽带，所

表 3.9 美国农民合作社及会员数量（2012 年）

主要商业活动	合作社数量/家	会员数量/$\times10^3$人
销售加工合作社小计（a）	1206	655.4
豆子和豌豆（可食用干燥）	5	1.9
棉花	12	18.8
棉花加工	151	25.4
乳业	133	45.1
渔业	39	5.4
水果和蔬菜	143	21.0
粮食和油籽	493	403.3
牲畜	88	70.9
坚果	19	9.7
鸡	11	0.5
大米	12	10.7
糖	26	8.8
烟草	6	18.8
羊毛和马海毛	43	9.5
其他产品	25	5.5
农业供给合作社小计（b）	911	1420.7
人工授精	13	52.9
其他	898	1367.8
农业服务合作社小计（c）	121	36.5
其他服务	98	35.8
大米干燥	4	0.2
仓储	6	0.1
运输	13	0.4
合计（a+b+c）	2238	2112.6

资料来源：NASS. 2013. 2012. Agricultural Statistical Year Book，http://www.nass.usda.gov [2015-3-15]

提供的服务常常贯穿于农业生产到消费之间的农产品流通的整个过程中。许多合作社服务包括：价格谈判进行销售、委托销售、拍卖销售、买卖基础上的销售、按合同生产和合同销售，还包括农产品集中到仓储、加工和出售的各个环节。

ii. 供应合作社

供应合作社是以合作形式向农场提供农用化学制品、饲料、化肥、燃料、种子和其他农用生产资料，并从事相关的技术指导和维修服务。其中，提供单一服务的供应合作社中以人工授精合作社居多，共有 13 家，有成员 52.9 万人。另外，在农业投入物领域中，供给合作社经营的农用品以化肥和石油产品最多。2007 年分别是 76.8 亿美元和 216 亿美元，分别占美国全年农资使用量的 44%和 43%。其余依次是农药占 29%，饲料占

16%，种子占15%。就本身营业额而言，供应合作社经营的最大宗商品是石油。

iii. 服务合作社

服务合作社服务功能极为广泛，为广大农场和农村居民的生产和生活提供形式多样的服务。在生产性服务领域，合作社提供仓储（6家）、大米干燥（4家）、运输（13家），以及制种、防治病虫害、施肥及机械合作等服务。在生活服务方面，农村电力合作社和农村电话合作社在发展农村电气化方面发挥着举足轻重的作用，他们为农场主和农村居民的消费者所有。

（2）农民合作社的作用

i. 维护农民权益

虽然美国农场一般经营规模较大，农民的经济实力也较强，但仍然摆脱不了自然条件的制约，干旱、涝灾、冻害、病虫害等自然灾害常常给农业生产带来灾难性的影响。同时，国内国际市场的激烈竞争和高度专业化生产，以及农业生产投资大、回收周期长等特性，也给农业经营带来了很大风险。这些因素都使一般的单个农场缺乏独立生存的能力，因此农场间的合作和联合就成为需要。只有合作社才是农民自己的组织，代表农民的根本利益，只有农民合作社才能将农民组织起来，去面对自然、社会和市场的挑战。

ii. 促进农民增收

据美国农业部年度合作社统计表明，2005年受调查的2896个新一代合作社为他们的成员实现了约20亿美元的价值增值。同样，以公积金形式作为合作社扩大经营能力的投入，成员的股份也就随着公积金的多期累加和合作社经营能力的扩大而不断增值。据估计，在1972~1994年，美国方糖合作社成员股份增值了20倍；在1982~1994年，明尼苏达州玉米加工合作社成员股份增值了10倍。

iii. 推动农业产业化发展

农民合作社通过供、销、加工将分散经营的农民聚集起来，在农场与市场之间架起了相互沟通的桥梁，这样既保留了家庭农场的优点，又克服了他们的不足。同时，农民合作社与各类工商企业建立稳定的协作关系，使农工商各行业成为一体的经营模式。农民合作社的这种中介作用在美国现代农业的发展中起到了不可估量的作用。

iv. 提供社会化服务

例如，美国新奇士合作社围绕水果产业链各环节，能够为种植户提供完善的农业服务。果农除种植外，不用操心任何事。等水果成熟后，合作社会派人采摘，运至包装厂，由流水线自动挑选水果。清洗过后，按个头大小进行包装、贴标。未被挑上的水果也不会浪费，将被送到饮料厂。早在1977年，新奇士合作社就建立了饮料生产线，生产“新奇士橙汁”等饮料，还建立副产品加工厂，生产水果糖等。

v. 提供农业生产生活资金

美国农业信贷体系主要由联邦土地银行、联邦中介信用银行及合作银行组成。合作银行的贷款主要面向农民合作社，用于合作社添置设备、补充营运资金、购入农资等，占全部农业信贷的40%以上。

（3）农民合作社的扶持政策

美国政府将农民合作社与其他经营性企业一样对待，遵循相同的会计核算准则，相同的市场法规。但是，鉴于农民合作社非营利性、公益性的特点，在促进农业产业化发展过程中所具备的公共物品性质，还给予以下扶持（苑鹏和刘凤芹，2007）。

i. 法律支持

在农民合作社发展过程中，美国注重通过立法予以支持和加以规范，以保持政策的连续性和稳定性。美国于1865~1870年在约6个州分别通过了有关合作社的早期立法。1922年联邦议会通过《卡帕-沃尔斯台德法》，1926年通过《合作社销售法》，在农业部设立了一个合作社销售处，授权农业部收集、分析并传播农民合作社资料，保证了农业部每年一度统计资料的按时发行。1936年《罗宾逊-帕特曼法案》对规范价格歧视做出较为严格的规定，但规定合作社对惠顾资助金留成的支付不被视为非法回扣，保障了合作社的利益。1937年《农业营销协定法》允许农民通过合作社集合起来，为合作社建立自我销售秩序提供了法律支持。1954年的*Section 521 of the Internal Revenue Code*法案对农民合作社享受不正当竞争保护待遇、优惠的税收待遇提出了条件。1967年颁布的《农业公平交易法》，它承认了农民自愿地共同加入合作社组织的需要，并宣称对于此权利的干预是违反公共利益的。它建立了交易者在交易农产品中所需要的公平交易的六项标准。据统计，联邦和州级有关合作社的法律达85部，从而在很大程度上促进和保护了美国农业合作社的发展，而且使得农业合作社自身运行更为规范化、法制化。

ii. 促进合作社的发展

美国政府在推进合作运动中的首要任务就是让农民了解合作社是农产品营销和流通的一种可行方式，并推动人们对这种经营方式的理解和使用。政府认为他们有责任帮助那些对合作社感兴趣的生产者群体组建合作社。美国联邦政府设有全国办公室，在州一级政府中有合作社的发展专家直接向农民提供服务。美国政府通过农村合作社发展赠款计划（RCDD）资助建立了农村合作社发展中心。中心的主要任务就是向农民提供合作社培训服务和建立合作社的可行性调查分析，包括帮助筹建农民、专家组成的合作社筹建指导委员会，开展农民需求调查，进行市场分析，帮助建立合作社的章程和营销协议等法律文件，指导合作社选举理事会成员和培训新会员，帮助合作社制定经营计划、申请贷款、聘请经理，直到合作社正式运营。

iii. 财政政策支持

2002年，美国政府颁布了《农业保障和农村投资法》，进一步增加政府对农业的拨款，规定在今后10年内，政府用于农业的拨款将达到1900亿美元。各级政府对辖内农民合作社都给予巨额财政支持，在农民家庭收入中，政府的补贴占24%，其主要形式有：差额补贴、休耕补贴和灾害保险补贴。对于种植一些特殊作物给予直接补贴，能加工成商品且可供出口50%以上的农产品可申请展销费和宣传补贴（汪昭军等，2012）。农村电话合作社、农村电力供应合作社等公共事业合作社由政府提供直接补助、贷款。

iv. 税收政策支持

美国政府除了没有专门针对农业的税种，使合作社的整体税负明显低于其他工商企业之外，还实行各种税收优惠措施，主要包括：延期纳税、减税及免税（李健等，2013）。1954 年税法增加的条例规定合作社的所得税不予豁免，但在计算纳税收入时，扣除了按股金分配的红利、分配给惠顾者的惠顾偿还金和分配给成员的来自非惠顾活动的收入（王倩倩，2012），对于从合作社交易中获得的收益只交纳一次税金，或是在合作社层面或是在惠顾者层面，这种单独征税意味着合作社业务的盈余如果分配给他们的惠顾者，则不向合作社征税（苑鹏和刘凤芹，2007）。美国各州均出台了农机销售和使用的减免税政策，并且对农用柴油也实行免税政策。美国对主要与成员进行交易的合作社免除公司所得税，避免双重征税，一般农民合作社平均只有工商企业纳税的 1/3 左右[①]。

v. 农业信贷支持

美国农民申请资金贷款主要有政府贷款（如美国中央合作社银行）、公司贷款（如农产欠信贷公司）和银行贷款（如各农业信贷区的合作社银行）3 种形式。以比一般商业银行贷款利率低的贷款及优惠条件，向全国所有农民合作社的设备购置、资金补充等提供融资服务。同时，美国政府根据《国家农业贷款法》成立了农业信贷总局，负责监督全国的农业信贷合作系统。政府通过政府基金对合作社进行贷款担保，最高担保额占合作社贷款的 80%，使农业信贷服务安全稳定地进行。另外，合作社自行研究开展的项目，经审核批准，可以作为国家或地区农业发展的重要内容申请资金支持。

vi. 技术援助

合作社成立后，政府主要根据合作社的需求向合作社提供各种范围广泛的技术服务。具体包括：帮助合作社制定发展战略计划；帮助合作社分析合并或联营的方式；帮助合作社进行投资农产品加工增加业务领域的可行性分析；合作社运营状况或财务状况分析、编制合作社预算；帮助合作社改进内部治理结构；解读国家法律条款等。所有这些都是免费的咨询服务。

vii. 合作社研究

研究合作社的经济、法律、财务、社会和其他方面的状况并及时公布研究相关结果是政府的一项重要工作。政府与大学、研究机构、私人部门积极开展合作，开展合作社研究。其目的是改善合作社的财务、经营状况，提高合作社的市场营销地位，增加合作社的收入。通过研究分析发现合作社解决问题的新方法，并将其应用到对农民面临的其他问题的解决方案中。

viii. 教育和信息

美国政府对合作社培训教育给予了极大关注，他们认为合作教育对于合作社的成功至关重要，甚至提到了合作社生死存亡的高度，他们认为如果不坚持长久持续的培训，合作社只能失败。政府在合作社培训中主要是编制各种培训资料发给合作社，并与其他教育机构进行合作，联邦政府、州政府直接提供合作社培训项目。培训内容重点是增强

① http://gjs.mof.gov.cn/pindaoliebiao/cjgj/201307/t20130725_969193.html。

人们对于合作社原则和实践的理解、将合作社的组织原则在农村各类事务中更广泛地应用。此外，还特别注重提升合作社领导人、雇员及成员制定商业决策的能力；提升合作社财务、运营能力和市场营销地位，最终提高农民的收入。

ix. 统计分析

开展合作社统计也是美国政府支持合作社的一项重要内容。由于美国农业部没有直接管理合作社的职能，因此合作社向政府提供统计信息是一种自愿行为。目前，大约60%的合作社参与了政府的统计，他们都是规模合作社，约占合作社总产出的80%以上。合作社认为此项目能够增加合作社的自身价值。美国政府开展合作社统计的目的是通过获取合作社的信息资料、统计分析并向社会发布信息，为合作社公共政策制定提供支持，帮助公众更好地理解合作社的社会经济作用，并为各个合作社提供经营状况的深度分析。合作社可以通过政府的统计分析发现自身的经营状况、优势与劣势，并及时调整发展战略。

6. 农业结构变化与农业组织化调整方向

1945年之后，随着农业现代化进程加快，美国农产品供应量过剩导致市场价格下跌，农场主收入减少。历届美国政府都希望通过控制生产和扩大需求来实现供求平衡。但是这种政策需要大量的财政扶持，在美国财政持续赤字的时候犹如火上浇油，进一步加剧了政府的财政危机。里根政府之后，美国政府基本达成了在坚持休耕农地、保护土壤和生产的同时，逐步降低价格支持水平，使支持价格和市场价格逐渐靠拢，以便减轻政府开支和提高农业自身竞争力，扩大农产品出口的意见。这项改革意味着政府不再通过保证农场主取得一定利润，从而必将淘汰一部分生产效率不高的中小规模农场主放弃农业。同时，使资本规模雄厚的大农场主加速更新设备，提高生产效率。根据这一方针，美国农业结构和农业组织化相继发生了一定的变化。

（1）农业结构变化

i. 非农收入愈加成为家庭总收入的核心

随着市场竞争日趋激烈及农业生产成本的上涨，小规模农场已经难以维持，大量年轻农业从业者离开农村到城市寻找工作机会，农业人口不断下降。据统计：自20世纪80年代初开始，美国农业从业人员中65岁及以上的农户数量呈现上升的趋势，而35岁以下的农业劳动力不断下降，从1982年的16%下降到2007年的5%。同时，由于家庭中非农业人口增加，非农收入就已经远超家庭经营收入，2012年非农收入占家庭总收入的比例在80%以上。并且，农场规模越小，非农收入占家庭总收入的比例也越高，经营农场已经成为中小家庭农场主的副业。

ii. 大规模农场数量不断增加

在20世纪80年代，小规模农场的效益不断下降，当时大多数农场种植160英亩土地就足够谋生了，但现在需要拥有上千英亩土地才能保证有足够的收益，很多小规模农场收益通常是负的。加之大量农民工到城市寻找工作机会，将农地租借给其他农

民耕种或者变卖部分土地，从而推动土地向部分农民或公司集中，美国农场呈现出土地更多地向大规模农场集中的趋势，大规模农场所拥有的土地比例越来越多，据统计，销售额在 100 万美元的大中型农场所占比例已从 1996 年的 0.9%上升到 2012 年的 3.2%。规模越大的农场主也愿意投入更多的资本经营农业，以获得高于小农场的超额收益。2011 年销售总额在 35 万美元以下的农场占全部农场的 90%，且拥有 60%的农场固定资产，然而，全美 60%的产出却是由占家庭农场比例仅为 8%的大型和中型农场生产的。此外，美国的遗产税制度也阻碍了农地过度集中在少数人手中，美国遗产税免征额约是 500 万美元，税率为 40%。一块 350 英亩的农场价值约 455 万美元，不必缴纳遗产税，但一块 1000 英亩的农场价值就将高达 1300 万美元，农场主去世后，子女如想继承这块土地，需缴纳约 520 万美元遗产税，子女往往没有如此巨额现金，一般的做法是变卖部分土地。

（2）农业组织化发展的趋势

i. 农民合作社规模持续扩大

近年来，随着市场竞争加剧，竞争力弱的农民合作社不断破产，大规模的合作社数量不断增加，实力不断增强。例如，2001 年销售额在 2 亿美元以上的大型合作社数量仅占全部合作社数量的 2.4%，成员数量也占全部成员数量的 26.4%，其销售额却占了全部合作社销售额的 66.8%，2010 年，大型合作社数量占全部合作社数量的比例上升到了 8.5%，2012 年这一比例为 9.4%，12 年间上升了 7 个百分点；2010 年，大型合作社成员数量占全部成员数量的 39.2%，2012 年这一比例为 46.2%，12 年间上升了 19.8 个百分点；2010 年大型合作社销售额占全部合作社销售额的 72%，2012 年这一比例为 76.7%，12 年间上升了 9.9 个百分点。而销售额小于 0.15 亿美元的小型合作社数量所占的比例从 2001 年的 74.6%下降到 2012 年的 54.7%，成员数量所占的比例由 41.4%下降到 2012 年的 20.1%，销售额所占的比例从 2001 年的 8.5%下降到 2012 年的 2.6%。

ii. 农民合作社服务内容不断充实

随着美国农场规模越来越大，生产效率越来越高，大农场数量也日益增多，对农民合作社的服务提出了新的要求。特别是大规模农场普遍采用专业化农业生产管理，有独立应对市场的实力，原有的农民合作社提供的服务已经难以满足他们的要求，迫使农民合作社改善服务内容，特别是投入较大的加工、销售领域的服务。

iii. 农民合作社纵向一体化趋势明显

无论从农业单产水平还是劳动生产率，美国农业都处于世界领先的位置，农民依靠土地规模的扩张和农业投入的增加来实现收入的增长越来越困难，因此，农民不能仅盯着农产品数量的增加，而应更多地依靠农产品价值的增加。这在很大程度上推动农业产业体系朝着纵向一体化的方向发展，家庭农场通过与流通和加工企业进行合作，或加入农民合作社向农产品加工领域延伸，实现农产品的价值增加，如美国在 20 世纪 90 年代后兴起的新一代合作社和有限合作组织等，都是为了吸引更多的资本保证合作社能够顺利地向产后加工领域延伸。

（二）日本的农业组织化发展情况

1. 农业基本结构

日本是位于亚洲最东端的岛国，由北海道、本州、四国、九州 4 个大岛和 3900 多个小岛组成，国土面积 37.77 万 km^2，占世界陆地面积的 0.27%，相当于我国的 1/25。日本是典型的小农经济国家。2011 年日本的耕地面积为 453.7 万 hm^2，占国土面积的 12%。其中，水田占 54.3%，旱地占 45.7%，灌溉面积 24.3 万 hm^2。户均拥有的耕地面积大约 1.52 hm^2，只有美国的 1/17，与欧美的大规模经营相差甚远。2010 年日本人口 1.280 6 亿，居世界第 7 位，其中城市人口 1.004 7 亿，占总人口的 78.5%。日本有 252.8 万农民，占全国总人口的 2%，农业从业人口平均年龄 65.8 岁，35 岁以下不足 5%。专业农户只占 16%，其余 84%为兼业农户。在兼业农户中，以农业收入为主要生活来源的“第一兼业农户”占 14%，以非农收入为主的“第二兼业农户”达到 70%（表 3.10）。日本拥有 3hm^2 以上土地大中规模农户的经营组织形式多样，如北陆的水稻和冲绳的经济作物以单一经营为主，超过 70%；九州有 20%开展多种经营，如果加上准单一多种经营，其比例可达 60%。日本食物供给大部分依靠进口，按热量计算自给率仅有不足 40%。近年，日本政府大力推动食物出口，2014 年出口牛肉、水产、食品共 6000 亿日元。

表 3.10　日本规模农户数量变化　（单位：万户）

年份	1990	1995	2000	2005	2010	2011	2012
农户总数	383.5	344.4	312.0	284.8	252.8	—	—
销售农户	297.1	265.1	233.7	196.3	163.1	156.1	150.4
自给农户	86.4	79.2	78.3	88.5	89.7	—	—

资料来源：日本农林水产省统计部. 2013. 東京：農林業センサス

注：农户是指经营耕地面积超过 10 公亩[①]或者年农产品销售额达到 15 万日元以上的农业家庭

销售农户是指经营农地面积超过 30 公亩或年农产品销售额达到 50 万日元以上的农户

2. 农业的主要特点

（1）农业现代化水平高

日本农业技术发达，20 世纪 70 年代在亚洲国家中首先实现了农业现代化。2005 年日本政府在全国设置 604 个农业改良普及所，迅速地将科研成果推广普及。由于土地分散，日本农业中大量使用小型拖拉机。日本的大型拖拉机拥有量只相当于法国的 70%，英国的 80%，而小型拖拉机却相当于法国的 35 倍、英国的 80 倍。每台拖拉机负担的耕地面积在 2hm^2 左右，大大超过了世界的平均水平。

① 1 公亩=100m^2。

（2）农业组织化程度高

日本农户和农业劳动力减少，农业法人不断增加，农户开始成立公司、组合、农协等团体，进行大规模生产，就日本的农协组织而言，自上而下，分为三个层次，处于最基层的是市町村，农协，习惯上称为单位农协。都道府县建立的是地方农协，称作“县联”；农协的全国性组织，按照业务不同，各立门户；与农民打交道最多的是单位农协。在日本农村，它的触角无处不在，无论是插秧割稻卖粮，还是农民生老病死，单位农协一揽子全包，目前日本有各类农协 2752 家，其中综合农协为 741 家，专门农协为 2011 家，农户入社率达到 100%。

（3）食物进口程度很高

日本地少人多，很难依靠本国资源满足国内的需求，每年需要由世界各地进口大量的农产品，2013 年农产品的进口额为 61 346 亿日元，比上一年增长了 11.3%。以能量单位来计算，日本食物自给率已经下降到 39%，是发达国家中自给率最低的。

3. 农业结构变化与农业组织化进程

（1）传统农业阶段（1850 年至第一次世界大战时期）

明治维新之后日本很长一段时间都处于从封建制度转向资本主义制度的转型期，面对的主要问题是如何将农业发展纳入资本主义制度体系。日本作为后发资本主义国家，为了追赶先进资本主义国家采取了以政府为主导的“殖产兴业”政策[①]。农业作为其中一个重要环节，为了保障粮食供给和出口创汇，政府在政策上大力推进农产品或农业加工品的出口，促进农业或者农村金融顺利发展，并且为了保障农业政策顺利实施还成立了各种组织，地方政府还通过各种形式吸收经验丰富的农民负责传统农业技术。1899 年日本颁布《耕地整理法》修正耕地，到 1905 年为止，全国有 695 个地区依法实施作业，高质量耕地以年均 5000hm^2 的速度发展，1911 年整理施工地区有 4195 个，累计面积 246 601hm^2，施工费预算总额达到 4812 万日元。

在此期间，日本中小规模农户长期受到高利贷压迫，生活困难。各地农村先后自发性地组成具有合作金融性质的“讲”“报德社”，目的在于把贫农从高利贷中解放出来。1900 年日本颁布了《产业协会法》，奠定了近代合作经济基础。最初的产业组合要求提供特定的某种产品或服务，不允许销售、采购等组合同时提供信用服务。1906 年日本政府统一发展综合农协，并且在国家的主导下自下而上地成立县级联合社和全国联合社。

① 殖产兴业是日本在明治维新时期提出的三大政策之一。明治政府实行殖产兴业政策的具体内容就是运用国家政权的力量，以各种政策为杠杆，用国库资金来加速资本原始积累过程，并且以国营军工企业为主导，按照西方的样板，大力扶植日本资本主义的成长。明治政府殖产兴业的具体措施，主要有 7 个方面：a. 废除各地关卡，培育和发展全国统一市场；建设铁路，发展航运、邮政、电报和电话等近代交通通信事业。b. 接管幕府和各藩的工矿企业，加以改造和扩充，以形成国有的企业体系；大力创办新式近代企业。c. 引进西方先进技术和设备，改造原有技术和工具；注意创办民品工业。d. 鼓励优质新产品和发明创新。e. 推行“劝农”政策，引进西方农业技术、农牧业品种和经营管理制度。f. 扶植与保护私人资本，促进私人企业发展。g. 奖励国产，鼓励国货出口；注意人才的引进；派遣留学生出国。

截至 1910 年日本产业组合达到 7308 个，平均每个产业组合的成员人数为 110 人左右。

（2）垄断农业阶段（第一次世界大战时期至 1945 年）

日本早熟性地走上帝国主义道路和垄断体制的盛行，导致日本农业走向农业垄断。这一时期商品化农业有所发展，垄断企业逐渐取代地主阶级。在世界性经济危机的影响下，加上日本参加了两次世界大战，导致农业生产停滞，租佃纠纷等各种矛盾爆发，地主阶级逐渐没落，垄断资本开始走到前台并掌握了政策制定的话语权。这一时期日本农业出现生产危机。农业生产出现停滞，1930~1935 年农业处于停滞状态，1941~1945 年农业全面崩溃。第二次世界大战后期日本缺少化肥，钢铁无法生产农机具，石油不足无法使电力满负荷运转，农业劳动力枯竭，甚至连维持日常的耕作都非常困难。同时，就户均收入而言，比战争之前收入减少了 1/3~1/2。

1932 年，日本重新修订了《产业组合法》，1933 年制定了发展产业组合的 5 年计划，入会农民成员占农民总数的比例从 1931 年的 61.1%增加到 1940 年的 89.4%，农业组织化程度不断提高。同时，在农村开始大规模基建工程，增加了农业就业机会。不过，随着化肥、农药及新技术的广泛使用，粮食供给问题得到解决，相反生产过剩造成价格暴跌，引发了农民阶级抗议。直到太平洋战争爆发，为满足战时需要，日本政府于 1940~1941 年实施国家管理制度，产业组合被统一纳入“农会”，此时，“农会”成了农产品主要的收购和分配主体。

（3）第二次世界大战战后恢复阶段（1945~1955 年）

1945 年日本无条件投降之后的五年里，日本政府在联合国军的主导下大刀阔斧地开展了农业改革。这个时期面临的主要问题是军国主义和封建主义土地制度约束了农业发展，1946 年经过两次农地改革的实施，最终彻底解体了封建地主制度，并建立了以农地个人所有为特点的资本主义自耕农制度。农地改革之前，日本全国耕地的 46%和水田的 53%是佃租地，截至 1949 年同比骤减为 13%~14%。自耕农比例增加，佃农也逐渐摆脱了弱势地位。

农地改革使农民享受到自己的劳动成果，并且为农民的经济社会地位提高创造了条件，但是，由于当时日本的政策重点在于恢复经济，政府在价格政策上和财政领域中强行实施了牺牲农业的政策。国家财政向钢铁、煤炭等基础工业倾斜，而在农业领域，实行低米价和强行购买制度，虽然农地改革降低了地租，但是开始征收较高的所得税，农民的负担反而有所加重，收入减轻，弃耕现象比较严重。另外，由于丧失国外殖民地，从中国、朝鲜半岛等殖民地回国的人员增加，1947 年农户数量增加到 590 万户，经营面积大幅减少，户均不超过 0.5hm^2 的农户数量明显增加。

1947 年日本政府在联合国军的主导下，颁布了《农业协同组合法》。该法旨在排除军国主义、商业资本、地主阶级对农民的侵害，自下而上地构建基层农协-县级联合社-全国联合社三级农协体系，实现粮食征集、物资配给和吸收农村资金的工作。设立了以农业经营者为主体的“正组合员制度”和生活在农村的非农业经营者为主体的“准组合员制度”，排除工商资本对组合的控制。规定对非会员提供服务不得超过总量的 20%等

内容。1950 年日本修改《农业协同组合法》，允许组合可以和其他业务一起兼营信用业务，奠定了日本综合农协发展的基础。完善了农协的财务标准、强化了政府对农协的监督。1953 年颁布的《农林渔业组合联合会整顿促进法》对联合会经营情况进行管理，1955 年左右综合农协主导地位得到巩固、联合会为核心的三级组织得到强化，日本农协体系基本进入正规。

（4）农业产业化发展时期（1955 年至 20 世纪 70 年代初）

朝鲜战争爆发，为日本创造了大量的就业机会，日本工业、制造业迅猛回复，社会整体进入经济高速发展时期，给农业发展带来了前所未有的机遇。这个时期以重化学工业为核心的工业经济迅速发展，工农业收入差距增加，以当时“三大件”（冰箱、电视、洗衣机）的购买为例，1960 年日本农村黑白电视的城乡普及率分是 54.5%、11.4%，电冰箱是 15.7%、1.3%，洗衣机是 45.4%、8.7%。由于农业的低投入产出及收入差异的扩大，日本农业人口快速外流。根据日本经济计划厅调查局编的《经济要览》显示：1950~1980 年，第一、二、三产业的就业人口比例发生了重大变化，农业就业人口从原来的 45.1%降低到 9.8%；工业就业人口比例从 21.9%增加到 33.5%；第三产业从 29.8%增加到 55.3%。并且农业就业人口的急剧下降伴随着高龄化、女性化的出现，1960 年离农就业者中男性占 56.2%，其中男性青壮年占男性总数的 94%，农业从业者之中老人、妇女逐渐成为主力。同时农业兼业化快速发展，同样以 1960 年为例，专业农户的比例仅为 34.3%，而兼业农家则为 65.7%，农民阶层的迅速分化，为农业大规模生产提供了条件。1962 年日本修订的《农地法》和《农业协同组合法》，以及实施的“农业机构改善事业”，都在鼓励大规模土地流转、完善农村基础设施和促进农业机械化的发展。由于新型机械的导入及新型农业技术的普及，农业生产力得到大幅提高，大米产量不断增加，稻米供求紧张的问题得到缓解。同时，城市化的发展使消费结构发生变化，粮食作物比例下降，畜产品、蔬菜、水果等农产品产量迅速增长，1960~1970 年，日本国内农业产值比例结构中，粮食作物从 49.9%下降到 38.5%、畜产品由 15%上升到 24%，蔬菜水果由 13%上升到 24%。

这个时期是日本农协发展的黄金时期，日本政府对农协进行了整顿，提高了农协的服务能力，各项业务都有了长足发展。1955 年日本地方政府提出农协整改方案，鼓励经营情况较好的农协兼并经营不善的农协。1961 年日本公布《农协合并促进法》，以政府主导的方式促进农协之间合并。农协数量从 1955 年的 12 835 家下降到 1970 年的 6049 家，但是，同期社均成员数量由 540 人增加到了 1203 人，农协的职员数量也从 10.1 人增加到 40.9 人，服务能力得到加强。1955~1965 年，农协购买业务额从 1149 亿日元增加到 6114 亿日元，其中由于稻米生产减少，购买肥料的比例从 45.2%下降到 20.2%，但是饲料购买从 8.3%上升到 24.3%，农机、农药所占比例分别上升到了 9.9%和 6.3%。这个时期，随着农业经营规模的扩大及农村多种市场主体的出现，规模农户希望通过差异化销售获得更多收益，农协销售业务有所下降，农户通过农协销售的比例蔬菜只有 30%~50%、水果 40%~60%，相对比例不高。信用业务由于农外收入的增加大幅度增长，存款余额由 1960 年的 6828 亿日元增加到 1970 年的 55 106 亿日元，对支持农业发展发

挥了重要作用。

（5）农业现代化发展时期（1970 年至今）

20 世纪 70 年代，受到石油危机的影响，日本经济由高速发展转入中低速发展阶段，日本政府通过技术革新和结构优化实现了工业经济的持续增长，在国际贸易领域与美国之间的摩擦日益激化。为缓和矛盾，日本不得不进一步扩大内需和开放农产品国内市场。1985 年签订了“广场协议”允许日元大幅度升值，同时日本参与关税及贸易总协定（general agreement on tariffs and trade，GATT）、世界贸易组织（WTO），开放市场和抽离政府在产业发展中的作用，产品进口的剧增，日本国内出现农产品过剩及市场价格的快速下降，导致了日本农业和农村危机日益严重。从食物自给率变化来看，无论从热量单位还是数量单位都在快速下降，甚至达到了威胁食物安全的程度。1970~1985 年，按热量计算的食物自给率从 60%下降到 52%，2013 年达到 39%。日本政府提出相关对策，促进农户经营的分化和大规模经营迅速发展，促进大规模农户在生产、加工、销售过程中发挥重要作用。2008 年修改的《农地法》，为商业资本和农协参与农业经营创造条件。但是，离农化和兼业化的增长，女性化和高龄化劳动者的留守都使农业劳动力出现短缺，大米收益逐渐恶化，农业竞争力迟迟难以得到恢复。

这个时期日本农协数量大幅减少，成员结构也发生了重大变化。据统计，1985 年，日本农协有 4242 家，2010 年减少到 725 家，减少了 82.9%。农协成员中准会员、兼业农户及自给自足或者拥有农地的非农户所占比例明显上升，农协业务量中信用、保险上升、经济业务量锐减。1990~2005 年，日本农协存款额由 56.2 万亿日元增加到 79.1 万亿日元，长期保险累积金额由 289.8 万亿增加到 360.3 万亿日元，但是农资农机购买业务从 3.2 万亿日元下降到 2.4 万亿日元，销售业务从 6.4 万亿日元下降到 4.5 万亿日元，农协的非农化趋势日益明显。同时，随着规模农户的增加，各种类型的农业企业数量增加，特别是平成农地改革放宽工商资本进入农业的门槛，以商业垄断资本、加工企业为核心的纵向一体化速度加快。

4. 农业企业

日本农业企业最大的特点是经营权完全掌握在农业经营者手中。日本战后土地改革及 20 世纪 60 年代农业政策调整中警惕地主阶级复辟，严禁非农业经营者持有农地，日本政府在提高农业生产效率、增加农民收入的同时，着力引导内生型农业规模化、专业化发展，把培养高效、稳定的，以农业实际经营者为核心的农业企业发展作为农业政策核心，推动农业规模化经营。但是，随着工业化、城镇化的快速发展，农业劳动人口减少，农户收入相对下降，以及弃耕等问题日益突出，农业企业的内涵也发生了变化。20 世纪 50 年代中期，日本政府提出农业企业的概念，1992 年日本颁布的《新食品·农业·农村政策的方针》（简称“新农政”）对日本农业企业概念作出了明确解释，指出：“以往的农业经营组织是以家庭成员，即‘农户’为主体构成的，而新型农业经营主体是以‘自然人’为单位。其意义在于：区别于家庭内部的血缘决策，具有高效的

经营决策体系和可持续发展的欲望。同时农业企业相对于自然人是具有民事权利能力和民事行为能力、依法独立享有民事权利和承担民事义务的农业经营组织。”

（1）农业企业的类型及特点

i. 农事组合法人

农事组合法人是按照合作社原则建立的，通过农户互助来提高共同收益的企业组织。日本规定，农事组织法人成员必须是农民，登记注册需为 5 人以上，非农民无权加入；内部管理严格实施“1 人 1 票”制度；理事需由成员选任；合伙资金无限额，无论多少都由成员均摊，实施有限责任；成员所持份额的转让或继承，都需要得到组合的认可；组合内的结余分配，以成员的劳作量和所出设备的多寡为依据。农事组合法人按照创立的目的不同，可以分为三类，即以农业机械设备、农业加工设施共同使用为目的的“农机共用型”，以协作劳动为目的的“合作劳动型”，以及兼顾两种功能的“复合型”农事组合法人。截至 2013 年日本共有三类农事组合法人且数量达到 8509 家。

ii. 合名公司[①]、合资公司

合名公司、合资公司是以《农地法》为依据，通过集约农地、牧场从事农业生产的企业组织。日本《农地法》规定：获得农地的所有权、使用权，原则上需要获得省长或者农业委员会的许可。审查时需要严格把关租借人的农业经营情况、经营面积等基本要件，农业企业获得农地权利原则上必须是农事组合法人或者农业公司法人。合名公司和合资公司经营范围涉及农业及与农业有密切关联的林业及其附属事业；成员是农地或是劳动的提供者，土地提供者是指农地所有权的出售者或出租者，劳动的提供者是指每年能在农业经营岗位工作 150 日以上的“长期从业人员”；理事等经营责任者的半数以上应是“长期从业人员”。

iii. 有限责任公司、股份责任公司

有限责任公司和股份责任公司（株式会社）完全是以营利为目的而设立的企业法人。日本的有限责任公司制度创立于 1938 年，2006 年废除，目前股份责任公司是最主要的企业形式。股东以出资额对公司债务承担有限责任，公司经营以资本为中心，实行“1 股 1 票”制度；2006 年废除最低出资额限制；公司成员之间可自由转让股份，若向非成员转让需经公司董事会许可；盈余分配一般按成员的出资比例进行。股份责任公司基本上是农产品加工、销售企业，通过契约形式与农户之间形成合作关系。其中，松散型的合作关系仅限于签署购销协议，企业按照合同价格购买产品，农户提供符合合同要求的农产品。紧密型合作关系内容比较丰富，通常企业自身具备大规模加工能力、深度农产品加工技术和完善的流通体系。企业通过与县经济链—基层农协—农户签订供销合同的形式建立合作关系。合同内容涉及种植面积、价格、期限等要件。企业每年根据上一年的销售情况，以销定产，签订下一年的合同。品质按照农林水产省确定的品质规格，制定具体的色泽、含糖量、大小、病虫害等要求，并且要求农协分担监管责任、提供种植

① 合名公司是指由两个以上成员组成，每个成员对公司债务负有无限责任的无限公司，是日本比较常见的公司形式。这种公司属于社团法人。公司与成员之间、公司与第三者之间，以及成员相互之间都有直接法律关系。其特点是：人的结合比资本的结合色彩更浓，强调成员之间的依赖关系。一般都是继承祖业的家族企业；成员大多为家族成员及亲属。

履历等。有时企业会在产前指定种苗或者部分农资，产后收购。公司承担整个过程手续费，按合同价格购买。近年来，随着日本农业经营者数量减少，日本修改《土地法》，允许公司在满足公司股东中农业经营者占一半以上，不影响当地农业经营结构等一定条件的前提下可以通过租借的形式从事农业生产。

（2）农业企业的作用

据车维汉（2004）介绍：日本农业企业的 3 种形式在组织、资本组合和经营机制等方面各有特点，这些差异反映出日本农业经济发展本身的阶段性特征。农事组合法人类似于农民合作社，是对农协制度的有效补充，无论是对加入者职业的限制还是表决中的“1 人 1 票制度”，都充分体现了保护农民权益的特点，这一方面反映出农民向往合作同时又要求平等的意愿，另一方面也反映出农事组合向现代化企业形态演化的过渡性特点。合名公司、合资公司的经营或资本组合比农事组合灵活些，也允许非农业人口有限参与，这一组织形式更能代表一些要通过购入和租入土地来扩大经营的资本所有者的要求，同时也能满足部分要提高土地利用效率的农民的需求。与农事组合相比，它更接近现代企业经营形式。股份责任公司是近年来日本农业法人中发展较快的一种形式。由于设立手续及内部治理都很简单，经营体制也较灵活并富有弹性，拥有其他生产经营单位没有的经营优势。因此，农业企业化经营是农业现代化过程中的重大变革，也是农民经营意识的改革。与传统的农业家族型相比较具有以下作用（赵芳，1994）。

i. 带动农民增收，促进农村经济发展

农业企业是按照现代化企业管理方法，由多数成员构成的，有意识充分发挥各自能力的分工合作经济组织，是以各个成员出资进行农业生产和经营管理的经济实体。本质上是资本所有、出资和经营三者合一的综合体，更有利于资金与人的结合，解决家族经营中劳动力不足、资金不足的问题，更有条件扩大经营管理规模，通过规模经济实现带动农民增收的目的。

ii. 获得财政扶持，促进农业企业发展

家庭经营风险由家庭成员个人承担，缺乏有效的担保，很难在短时间内筹措到大量资金；农业企业由于出资人是多个经营主体，经济实力较强，比较容易解决资金缺乏的问题。另外，从外部筹措资金方面，农业企业由于拥有较高的经营形态和社会信用，比较容易从个人或金融机构获得贷款。日本在制度上鼓励农业企业化经营，不仅赋予农业企业与农户一样的政策资金获取资格，同时还给予更优惠措施。例如，较大金额的贷款额度、技术培训的补贴。据日本政府规定，申请“农业经营基础强化资金”[①]时，个人授信额度是 3 亿日元，农业企业是 10 亿日元，对农业企业扶持的力度明显大于个体经营户。

iii. 提高农业经营管理水平、技术水平

家庭经营信息收集、经验积累能力和实力有限。通过企业的形式将更多的自然人集中在企业体系之内，可以按照成员的能力、经验、专长特点等配置到不同的生产经营环节，充分发挥他们各自的特长，做到人尽其用，提高管理者的能力，整体农业企

① 日本的中长期低息贷款。

业经营管理水平。特别是农业本身一方面缺乏具有高度经营管理能力的人才，另一方面又呈现低素质劳动力过剩的局面，只有通过横向的联合，才能找到善于调节内部和外部摩擦能力的，鉴别、选择和改良信息技术能力的，具有企业家精神的管理者。现代企业管理制度有利于提高农业经营者的管理自觉性，提升经营者意识，促进经营管理改革，积极吸收新技术、新知识。农业生产与家庭经营相分离，更有利于合理决策，促进生产向专业化，规模化发展。

iv. 吸引年轻人务农，增强农业发展活力

在日本，高龄少子化问题已经成为阻碍农业持续发展的最大障碍。2009 年，日本基干农业人口共 191 万人，其中 65 岁以上老人占 60%。据日本农林水产省预测，2020 年基干农业人口将减少到 145 万人，65 岁以上老人的占比将上升到 94%①。农户继承人的所有、经营、劳动三位一体的家庭经营模式，已经不太适合现在青年人职业选择的心理。然而，农业企业经营的形式可以通过成员之间的分工、专业化和实行薪金制度来改善和克服这些弊端。特别是农业企业可以参加社会保险、劳动保险，提高了从业者的福利，而且对于劳动时间、工资标准也有完整的规定，有利于增强农业发展活力。

v. 维持农业经营稳定，保障食物安全

农业企业是固定组织形式，有利于将长期经营、连续工作才能获得农业生产经验蓄积下来，有效地让农业继承者继承和利用，保障农业生产的稳定。同时，农业生产通过企业形式保证其连续性，有利于技术革新、长期投资决策及成果回收，并且长期连续经营有利于提高劳动效率，提升土地利用率。另外，长期稳定的组织形式能够确保买卖双方契约的签订、执行，也是确保和培养农业继承人必不可少的前提。

（3）农业企业政策支持

i. 法律支持

日本于 1962 修改《农地法》，创设了农业企业制度，明确规定了农业企业与农户一样享有获得土地所有权和经营权的权利。1970 年对《农地法》进一步进行了修改，放宽了农业企业注册登记的条件限制，如取消了法人获取土地数额和雇工人数的限制等。2008 年“平成农地改革”放宽了工商资本在一定条件下租借农地从事农业生产的规定，并且鼓励家族性农业注册为农业企业进行经营。

ii. 促进农地集约

日本政府鼓励农地向农业企业集中，并且先后颁行了一系列法规，如《农地振兴整备法》（1969）、《农地利用增进法》（1980）和《经营基础强化法》（1993）等。这些法律法规体现了日本农业政策重心已逐渐由“自耕农主义”向“经营主义”转移。这些法规统一方向是允许通过买卖、租让和委托等多种形式，促进农地向有能力的农业生产经营大户和农业企业手中集中，扩大经营规模，实现农地资源的有效配置。政府的一系列法规，促进了农地向农业企业手里集中的速度。1965 年，上述流动的土地有 7.5 万 hm^2，1969 年为 8 万余公顷，1975~1979 年受经济危机和稻米生产调整的影响，土地流动面积

① 日本農林水産省. 2015. 農業構造の展望-経営政策が目指す将来の農業ビジョン-. http://www.maff.go.jp/j/keikaku/karatana/pdf/kouzou_tenbou.pdf#search='%E8%BE%B2%E6%A5%AD%E6%A7%8B%E9%80%A0'[2016-1-2]。

数额有所降低。2005 年日本共有 8700 多农业法人，经营耕地面积达到 12 万 hm^2。日本农林水产省计划到 2020 年成立 2.6 万家农业法人，经营耕地面积增加到 46 万 hm^2，农地总面积的比例提升到 10%。

iii. 财政扶持

财政扶持是日本政府对农业经济进行干预的主要手段。从农业预算中各项目支出的结构变化中可以看出日本政府农业政策重心转换的轨迹。20 世纪 60 年代尤其 80 年代以来，日本农业预算支出结构出现“一多一少”的变化趋向，即结构改善对策支出增多，价格流通对策支出减少。1960 年结构改善对策支出为 47.3 亿日元，占农业预算的 3.4%，1998 年增加至 3066 亿日元，占预算的 9.4%，增加了 63 倍。1980 年价格流通对策支出高达 8506.8 亿日元，占预算的 27.4%，1998 年减少至 4359.6 亿日元，占预算的 13.3%。结构改善对策支出的主要内容包括对农业企业培植、农地的流动及制度性金融等。其中对农业企业可予以长期低利贷款，即属于制度性金融项下。价格流通对策支出主要包括对生产者的价格补贴和粮食管理储藏等方面的费用。减少这方面的支出势必会产生这样的效果，即弱化生产者对价格政策的依赖。而市场竞争机制的进一步导入，会在客观上加快从事零细经营的小农群体的分化，造成农地向规模农业企业集中。日本农业社会是一个以小农经济为主体的社会，由于资源禀赋和传统观念等，零细化经营具有巨大的历史惯性。但是在日本政府的培植下，农业企业开始逐渐成长为农业的规模经济主体。

（4）农业协同组合

日本农业协同组合简称“日本农协”，是根据 1947 年颁布的《农业协同组合法》建立的以农民为主体的互助合作经济组织。日本农协在创立和发展期具有半官半民的性质，是政府和农民联系的桥梁和纽带，即代表农民利益参与日本农业政策制定，也承担着落实、执行和监督政府政策的职能。

i. 农业协同组合的类型

日本农协按照是否提供金融服务分为综合农协和专业农协①。其中综合农协是由农户自愿成立，具有存储、贷款、保险等金融功能的农民合作经济组织。而专业农协仅提供某一特定产品或者特定服务的社会化服务。截至 2012 年 3 月底，日本共有综合农协 738 家，专业农协 1915 家。2013 年日本农林水产省对 719 家农协调研显示，综合农协中要求成员出资的有 554 家，非出资农协有 165 家。按照所经营品种来划分，园艺农产品专业农协 181 家、乳业专业农协 126 家、牧场管理 120 家、禽蛋 69 家、养殖 56 家、农产品加工 8 家、农业广播 28 家，另外还有从事多品种复合经营的专业合作社 59 家。

ii. 农业协同组合的组织形式

日本农业协同组合系统由“市町村基层农协+都道府县农业协同组合联合会+全国农业协同组合联合会”三级组织构成（图 3.1）。

① 1995 年之前按照所经营品种划分。

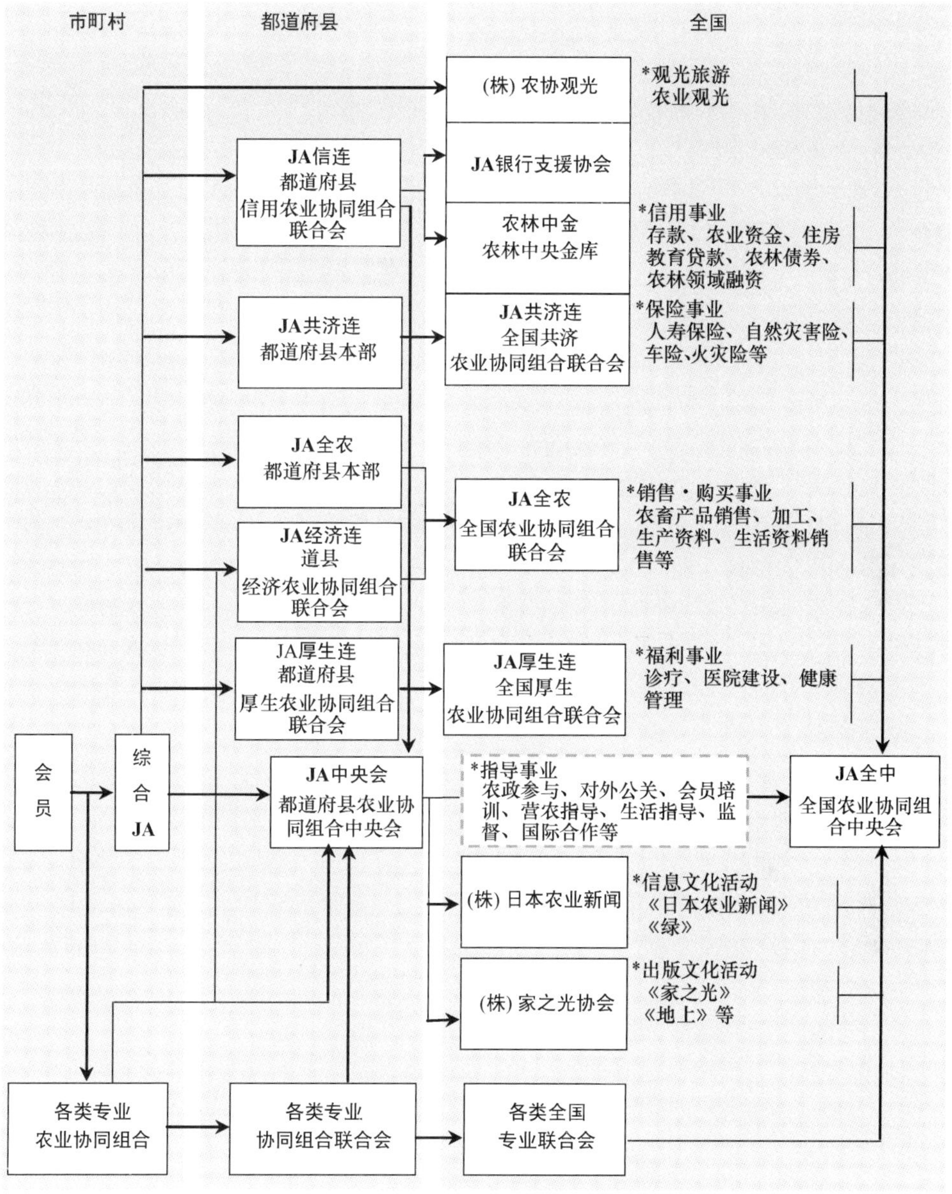

市町村
都道府县
全国

(株) 农协观光
*观光旅游
农业观光

JA信连
都道府县
信用农业协同组合
联合会

JA银行支援协会

农林中金
农林中央金库
*信用事业
存款、农业资金、住房
教育贷款、农林债券、
农林领域融资

JA共济连
都道府县本部

JA共济连
全国共济
农业协同组合联合会
*保险事业
人寿保险、自然灾害险、
车险、火灾险等

JA全农
都道府县本部

JA经济连
道县
经济农业协同组合
联合会

JA全农
全国农业协同组合
联合会
*销售·购买事业
农畜产品销售、加工、
生产资料、生活资料销
售等

JA厚生连
都道府县
厚生农业协同组合
联合会

JA厚生连
全国厚生
农业协同组合联合会
*福利事业
诊疗、医院建设、健康
管理

会
员

综
合
JA

JA中央会
都道府县农业协
同组合中央会

*指导事业
农政参与、对外公关、会员培
训、营农指导、生活指导、监
督、国际合作等

JA全中
全国农业协同组
合中央会

(株) 日本农业新闻
*信息文化活动
《日本农业新闻》
《绿》

(株) 家之光协会
*出版文化活动
《家之光》
《地上》等

各类专业
农业协同组合

各类专业
协同组合联合会

各类全国
专业联合会

图 3.1 日本综合农业协同组合体系图

资料来源：日本 JA 全中介绍材料

市町村基层农协。依据《农业协同组合法》规定，市町村设立的单位农协是日本农协协同组合的基层组织，是独立的非营利法人。基层农协资金主要来源于成员出资，但是也有不出资成立的，活动经费通过手续费或者筹集两种方法。基层农协直接面对成员，向成员提供农业生产的产前、产中、产后服务及生活领域的综合服务。1950 年市町村单位基层农业协同组合规模较小，但经过多次合并，目前已成为规模效益较大、成本较低的农村合作经济组织，数量也减少到了 723 家。

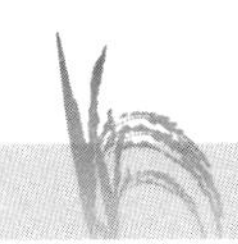

都道府县农业协同组合联合会是按照“一县一会”的原则，在日本 47 个都道府县内设立的地区性农业协同组合的联合机构。都道府县联合会成员是基层农协等法人机构，不允许个人出资。都道府县联合会由功能相对独立的六大体系构成，即都道府县农业协同组合中央会（JA 县中央会）、信用农业协同组合联合会（JA 县信连）、共济农业协同组合联合会（JA 县共济连）、农业协同组合联合会（JA 县全农）、经济农业协同组合联合会（JA 县经济连）、厚生农业协同组合联合会（JA 县厚生连）。截至 2011 年 3 月底，除 JA 县中央会与 JA 县共济联还有 47 个以外，JA 县经济连、JA 县信连、JA 县厚生连的数量分别减少到 8 个、36 个、36 个。

全国农业协同组合联合会是都道府县农业协同组合及全国性相关团体组成的非营利团体，是日本最大的农业利益集团。全国农业联合会与都道府县联合会对应组成六大系统。由全国农业协同组合中央会（JA 中央会）、农林中央金库（农林中金）、全国共济农业协同组合联合会（JA 共济连）、全国农业协同组合联合会（JA 全农）、全国经济农业协同组合联合会（JA 经济连）、全国厚生农业协同组合联合会（JA 厚生连）组成。另外，还单独设立株式会社农协观光、株式会社家之光协会、株式会社日本农业新闻等独立的法人。所有全国联合社都采取会员制，入会有一定限制，正会员只能是都道府县中央会、都道府县中央会的正会员组合、单位农协、农林中央金库。准会员包括从事农林渔业领域的合作经济型全国性法人、公益法人、其他相关组织。各个全国农协联合社各自是独立的法人主体，但是又相互参股形成非常稳定的“JA 系统”。全国农协中央会是该协同的最高行政机构，截至 2011 年 4 月共有正会员 996 个（其中：都道府县单位农协 811 个、都道府县联合会 125 个、都道府县中央会 47 个，中央团体会员 13 个），准会员 10 个，负责制定适于全国农协发展的方针政策，指导、监督基层综合农协，以及地方联合会日常工作、提供信息、代表全国农民利益向中央政府反映会员意见和要求，向政府提出农业财政预算等要求、培养农业人才，并且通过各功能团体发挥信贷、销售、保险、医疗卫生、新闻传播等功能。

iii. 农业协同组合业务范围

日本农协向成员提供指导、购买、销售、金融、保险、共用设施、医疗保险等服务，基本上做到了农户需要什么服务就提供什么服务。主要的各项服务的内容主要有以下几方面。

1）指导功能。农协通过营农指导部门与官办农业推广体系协调为农民提供涉及农业生产、经营，以及生活等方面的科普、培训等服务，各地农协都配备负责这类指导功能的专职指导员。2011 年综合农协内共有营农指导员 14 414 人，其中指导耕种的营农指导员 3527 人，约占到总数的 1/4。

2）购买功能。农协对农产品生产资料和农民生活物资实行集中统一采购，使成员可以获得实惠的功能。购买业务程序是：会员有购买需求，首先向基层农协定购，基层农协汇总所需数量以后，向都道府县经济联合会订货，然后都道府县经济联合会向全国经济联合会订货。全国经济联合会以大量订货单位为背景，与有关厂家进行价格交涉，以低价购入商品，全国农协以批量送货方式配送到基层农协，再由基层农协负责送货到农户（会员也可自己到农协提货，价格更优），农协收取一定的成本和手续费。但是随着市场竞争

日益加剧，上下级农协之间的竞争也日益加剧，出现了以县级或者地方农协为主体购入生产资料的情况。根据《平成 23 年度综合农协统计表》[①]显示，2011 年日本农协利用率占到农户总购入额的 69.5%，其中肥料占 83.1%、农药占 65.9%、饲料占 60.4%、农机占 69.5%、燃料占 87.0%、农用车辆占 38.2%。生活物资相对简单，农协在各地建立了大规模超市系统，地区居民都可以买到满意的产品。

3）销售功能。日本农协销售的农产品主要有大米、蔬菜、花卉、水果等，农协统一代销成员产品，在配送中心里统一进行分级、包装、冷藏、集中上市，并从销售额中扣除一定比例的费用作为农协收入。根据《平成 23 年度综合农协统计表》显示，2011 年通过日本农协销售的农产品占到农户总销售额的 82.0%，其中小麦 93.6%、牛奶 93.5%、猪肉 91.2%、大米 77.4%，所代销农产品均超过产值一半以上。农协通过统一进行市场谈判和集中销售，可以有效防止中间商压质压价，能够促进农协与中间商之间形成计划销售体制，并建立起相互依存和信赖的合作关系；同时也避免各组合之间相互压价竞争，促进农协形成合理的销售网络，使农协的生产更有组织性和计划性，避免盲目生产，既保证了市场有稳定的供应，又确保了农民收入稳定。

4）金融功能。日本农协成立了自己的金融系统，营业网点遍及农村基层，工作人员定期上门动员和收取存款，因此吸引了大量农民存款，2011 年存款总额达 6.01 兆日元，其中农协成员存款额达到 5.9 兆日元，占总存款的 98.2%。基层农协负责具体存款、放贷工作，结余存款上存到地方信用联合社，全国信用联合社。近年，日本政府推行金融自由化，农协系统统合了三级信用机构，组成“JA 银行”，独立于商业银行之外为成员提供信贷业务。农协存款利率按日本相关法律规定高于其他商业银行、贷款利率低于其他商业银行 0.1 个百分点。

5）保险功能。农协的保险功能是希望通过会员之间的相互合作，在发生生命、财产、受灾等不利事件时，减轻或尽快弥补经济损失。日本农协的保险功能可分为生产经营保险和生活保险两类。1938 年 4 月和 1947 年 12 月，日本先后颁布了《农业保险法》和《农业损失赔偿法》，对受灾农户损失进行补偿。另外，农协生活保险分长期保险和短期保险。长期保险是保险期在 5 年以上的保险，包括：养老金保险、人寿保险、儿童保险、医疗保险、建筑物更新保险、农机具更新保险等险种，除养老金保险是投保人到一定年龄后以养老金形式领取保险金外，其余保险均可在发生事故或在投保期满时领取保险金。短期保险是指保险期不足 5 年的保险，包括：汽车保险、汽车损害赔偿责任保险、伤害保险、火灾保险等。截至 2011 年，JA 共济长期保险合同总额达到 303.7 兆日元，短期保险合同总额 4506 亿日元。

6）共用设施服务功能。农协的共用事业服务是共同购置、建设单个成员难以购置、建设的设备和设施，以供农协成员共同使用。共同利用设施分为生产设施和生活设施两类。建设共同设施可以申请国家、地方补贴，补贴额度一般可达到总建设费用的 1/3~1/2，剩余部分还可以申请农林中央金库的长期低息贷款。成员使用公用设施需要缴纳一定的使用费用。农协根据会员的惠顾量按比例分配，或以降低使用费的方式将利益返还给社

①（日本）農林水産省. 平成 23 事業年度総合農協統計表. 2013. 5。

员。共用生活设施种类比较多，主要有：会议中心、文化活动中心、图书室、有线电视设施、美容美发设施等。资金来源主要靠内部筹集，并且对成员免费使用。

7）医疗保健功能。医疗保健功能类似于我国的农村合作医疗，目的在于为缺医少药的农村提供高质量的医疗服务，保障农民的身体健康。主要内容包括：治疗、疾病防治、老人福利、医护人员培训等。截至 2012 年，JA 厚生连在全国建立 111 家医院，63 家诊所。其中有 42%在人口不满 5 万的小城镇。另外，JA 厚生连还建立了 23 个农村医疗中心，并不定期地派出医疗巡诊下乡治疗。2008 年拥有 35 149 个床位、接受门诊治疗 1845 万人，住院治疗 1015 万人。JA 医疗保健是公益性服务，不论是不是会员都可以使用。

8）其他功能。包括旅游服务、出版服务、农业经营受托事业服务、为农协会员代理农地的出售服务、平整住宅用地、建造和管理租借住宅服务及土地改良服务等。

（5）农业协同组合的扶持政策

i. 法律支持

日本认为农业协同组合是农民自发成立的非营利性组织，但是市场行为又经常涉及经济交易，因此界定农协为“中间法人”。1947 年颁布的《农业协同组合法》，赋予农协法人地位，并明确农协的目标是实现成员利益最大化，并对其市场行为严格规范，并赋予其局部垄断地位。日本政府还根据经济发展和环境的变化不断修改原有的法律和制定新的法律，使农协的一切活动都有可靠的法律依据。截至 2014 年该法已修改了 84 次，有效地保障了农协组织的顺利运行。

ii. 财政政策支持

日本政府为了促进农协在农业发展过程中发挥抓手作用，给予了农协一定的扶持。2011 年日本政府共投入 386 亿日元扶持农协发展，平均每家综合农协获得 6.7 亿日元[①]。据日本农协改革委员会汇总“交付农协补贴的概要”材料显示，日本政府给予农协扶持主要体现在：①农业设施建设补贴。用于农协购置成员共用农机具、加工设施。补贴比例为价格的 50%。②农技指导补贴。用于农协举办的促进大米等日本农产品消费市场开发活动、农协改革、农业经营人员培养、女性•高龄经营者政策研究等。这些补贴政策的特点是：与法律保持高度一致性，促进农业向规模经营和集约化方向发展，通过农协使农民得到实惠，促进农业基地化建设和产业结构调整。坚持以经济手段调整农业，而很少使用行政命令的办法。例如，政府在新品种推广、农业基地和农产品批发市场及产品加工设备建设、稳定蔬菜生产等方面都是通过制定相应的补贴政策来完成的，不仅使政府的计划得以实现，也保证农民得到了实惠。各种政策对农协的扶持，使农协的发展具有了强大的后劲。

iii. 税收政策支持

日本政府给农协定位为公益性组织，将农协发放给成员的返还作为抵扣，并且给予农协优惠于一般私人企业的税收政策，农协的各种税率比其他法人纳税税率低 10%。

① 農林水産省. 2013. 総合農協統計表. 東京：農林業統計協会。

iv. 信贷政策支持

日本农村金融分为长期金融和短期金融，长期金融用于帮助农协购买、设立大规模农业加工设施、由日本政策金融机构提供，借款期限长达 10~20 年，利息要远远低于商业银行。短期金融主要由 JA 银行和商业银行来执行，负责借款 1 年内的少额贷款，政府提供一定的贴息，如日本国家和各地政府补贴农业现代化资金贷款利息的 1/2。

（6）农业结构变化与农业组织化调整方向

进入 20 世纪 90 年代，随着国际经济一体化进程加快，日本农产品市场不得不对外开放，导致农产品进口量增加，市场价格下跌，农户收入减少，食物自给率不断下跌，2014 年热量自给率已经下降到 39%。日本历届政府，无论是自民党还是民主党当政，都希望通过提高农业规模化经营水平的方式保障食物安全。虽然日本政府投入大量的财政补贴，并且将价格补贴逐步修改为收入补贴，力图实现农业生产的稳定。但是，日本农业经营者数量持续减少、老龄化问题日益突出严重阻碍了相关政策的实施。近年来，日本政府批准满足一定条件的前提下允许工商资本参与农业经营，同时，日本农协对自身运行体系、经营方向进行了及时调整，具体措施内容如下。

i. 改革农协成员制度

日本农协为强化农协的组织基础，从 1986 年开始改变原来的一户一个农协正式成员名额的标准，导入复数正成员制度，鼓励青年农户、妇女参加农协组织的活动。农协为他们提供人才与技术交流的机会，制定学习计划，帮助提高农业生产技能，提供资金补助，鼓励青年自愿务农。另外，随着工业化、城镇化进程加快，加之农民的兼业化，导致农民数量不断减少，机械设备的使用率下降。日本农协虽然原则上要求会员必须是符合一定条件的农民，但近年来，为了提升设施使用效率，开始允许在农村生活的非农户加入农协，并且赋予其没有选举权的准会员资格。截至 2011 年，日本农协的准会员数量已经超过农协总会员数量的一半。这些准会员既有工人、商人等自然人，也有公司、社团组织等法人组织。准会员的增加扩充了农协的消费者数量、扩展了农协的潜在市场规模。

ii. 精简各级农协机构

日本农协现有体系业务面广，覆盖范围宽，工作人员多，机构复杂，层级关系纵横交错，效率低下。农协针对这些问题采取了一系列措施，首先，鼓励基层农协合并。1960~1998 年，包括综合农协和专业农协的农协总数从 28 896 个减少到 5141 个，其中综合农协数从 12 050 个减少到 1812 个，专业农协从 16 846 个减少到 3329 个。其次，减少地方联合社数量。日本农协推动“一县一农协”运动，逐步取消地方农协，变原来的“基层—县—中央”三级组织体系为“基层—中央”两级组织体系，由中央级别的农协直接与基层农协衔接。农协联合社数量从 1216 个减少到 438 个，目前部分县已经实现了一县一农协，减少中间环节，降低人工费用。最后，大刀阔斧地裁员。既减轻了农协自身的负担，提高了竞争力和效率，又有能力和资金进行自身的调整，以适应成员不断增加和变化的需求，尤其是对高新技术和现代化规模经营的需求。

iii. 扩大农协服务范围

日本农协为了增加自身吸引力，不断丰富服务范围。日本农协之间通过契约形式在特定领域建立合作关系，在保证各自独立性的同时，开展计划生产、互补余缺、协同经营，克服了农产品供给的季节性与中断消费者需求的周年性矛盾，既满足了消费需求，又解决了销路问题。另外，日本农协鉴于当前城镇化、村庄空洞化、农民非农化、兼业化、人口老龄化等问题日趋突出，推动修法帮助农户种地。日本自 1947 年实施土地改革以来，土地出租就已经被法律明文禁止，农户拥有的土地不能转让给工商资本。这一规定当初旨在保护农户的土地权益，避免农地集中在地主手中，但是也影响了土地的利用效率。日本农协一方面加强自身机构改革帮助推动农地流转，另一方面促成政府修改《农业协同组合法》在获得成员大会批准的前提下，集约成员农地组织规模经营。

iv. 引入企业经营机制

日本农协是农民自发成立的民建、民管、民受益的民营组织，成员大会是最高权力机构，理事会具体负责农协运营，这种管理机制虽然保障了农户的民主权利，但是，农协干部都是来自农民，受到自身素质等的限制，随着农协规模扩大，很难进行有效管理。当前，日本农协推动内部组织结构改革，普遍采取了比较成熟的现代企业管理方式，实行常务理事会负责制，聘任专职经理人管理经营农协。这种农协熟悉市场动向，现代化管理制度，逐渐在农业农村服务领域开始扮演农业产业化经营中“龙头企业”的角色。他们通过契约形式向成员提供产前、产中、产后的一系列服务，为成员提供资金、购买生产资料、贩卖农产品、仓储和加工服务、进行质量管理和市场谈判等服务，并且还可以向批发商和零售商直销农产品。这样借助“农协+农户”垂直一体化的形式，开拓了市场，有效地降低了农民的生产成本和交易费用，使农协能够以低价优质产品吸引到更多的消费者。另外，部分地方农协还向产业链前方延伸，通过建立零售和批发商业企业，直接把流通过程中的利润留在成员手中。经营机制的变革减少了不必要的流通环节、交易费用更省，深受成员和消费者青睐，竞争力也更强。

v. 适时完善协同组合制度

随着时代的变化，成员需求发生变化，对农协夜总会提出新的要求，为从法理上对农协的改革提供支撑和规范，日本农协根据时代变化不断对《农业协同组合法》做出调整。例如，以往《农协法》中规定农协会员必须是持有农地、自己从事农业经营的“农民”，农协理事也必须从农民成员中选任。近年，为了使农协提高经营水平，引入企业化经营机制，农协推动政府修改《农协法》为非农民的企业家也能被聘任为常务理事。另外，其他诸如农协组织系统体系由三级体系整合为二级体系，以及加强经营管理委员会的监督功能等，都需要从法律上作出新的规范，以适应形势变化。截至 2014 年《农业协同组合法》已经修改了 84 次①。

① 日本农协的发展经验趋势及启示. http://www.docin.com/p-157022346.html[2015-03-15]。

（三）国外农业组织化的特点

1. 家庭经营模式是提升农业组织化程度的重要基础

以家庭为单位的农业生产，古来有之，根据它在不同的社会，与不同的生产力和生产关系相结合，有不同的形式，但是无论从美国和日本当前和今后发展来看，家庭经营都对农业发展具有重要意义，也是提升农业组织化程度的重要基础。首先，家庭经营是现代农业经营的主要方式，无论是美国还是日本，家庭经营在农业生产经营中占有很大的比例。美国虽然拥有全球实力雄厚的商业企业，但是在农业领域仍然有 60%以上的农场属于家庭所有，并且以家庭为中心组织劳动生产。日本更是如此，1945 年以来一直防止地主阶级复辟，采取政府政策支持，以及不断完善外部社会化服务体系的方式，降低小规模农户的生产成本、提升农户的价格谈判能力，并且随着经济环境变化适时成立农地流转服务中心，鼓励农业代理公司等新型经营主体的发展，间接促进农地在农户手中流转。直到 2008 年“平成农地改革”之后才逐步放开了工商资本从事农业经营的相关限制，但是，即便如此家庭经营仍然占到总比例的 95%以上。其次，家庭经营模式在部分农产品生产中具有更高的土地生产率。农业生产由于自身所具备的特点，除过部分受土地及自然环境制约较少的养殖业和植物工厂以外，大部分生产活动具备分散性、频繁性、季节性等特点，导致对其监督和计量非常困难，容易产生信息不对称、怠工、机会主义行为等问题，从而使得农业生产效率低下。家庭作为一个特殊利益共同体，拥有包括血缘、感情、婚姻伦理等一系列超经济的社会资本纽带，更容易形成共同目标和一致性行为，使劳动者具有很大的主动性、积极性和灵活性，从实践来看在蔬菜等劳动密集型农产品生产或者部分不能完全由机械替代的农产品生产中，家庭经营的生产效率相对更高。最后，资本主义私有制难以排除家庭经营。农地随着市场经济发展资本对农业的侵入，原本生产要素的特性会逐步向资产保值、增值方向转变，农户不愿意轻易放弃农地所有权，因为农业生产投资大、回报低，工商企业购买后农地回报周期较长，政府也不能采取强制征用的方式连片集约，所以也客观上造成了农地零星化、生产家庭化的现状。

2. 工商企业是引领、帮扶农民增收的重要经济组织

工商企业是农业生产力水平和商品经济有了较大发展，资本主义生产关系进入农村以后的产物，是从事农、林、牧、副、渔业等生产经营活动，具有较高的商品率，实行自主经营、独立经济核算，具有法人资格的盈利性的经济组织。从美国和日本两国经验来看：首先，工商企业把农业生产、农业生产资料生产和供应，或者农产品加工、销售的全部或若干环节，纳入到整个经营体内，通过统一核算，形成完全或者不完全的垂直一体化经营体。美国基于资源禀赋和市场需要，在禽畜养殖、饲料加工等受土地资源和自然环境制约较少的产品生产领域，形成了以大规模工商综合体为主的组织化方式，而在大部分劳动密集型的、难以通过机械设备代替人工的领域，仍然采用“企业+农户”

模式。日本限于政策制约加之本身缺乏大规模生产条件，大多采用不完全垂直一体化经营的“企业+农户”方式居多。而且大多数提供生产服务的企业来自于规模农户成立的农业企业，成品销售的合作方大部分是加工企业和零售商。其次，工商企业相对小而散的农户而言，拥有强大的经济实力、雄厚的技术开发和指导能力，以及在市场经济从事组织管理的经验，这时他们完全有能力在农业产业化中发挥协调①和组织作用。随着农业现代化的发展，农业生产所需要的农业投入物不断增加，农业生产也需要越来越多的流动资金和更先进的技术设备投入。美国和日本两国具有实力的加工、销售型企业通过与农户在平等、自愿、互利的基础上签订经济合同，明确各自的权利和义务及违约责任结成利益共同体，建立稳定供销关系，本质上是工商企业向农户提供技术与资金保障，获得稳定供给的合作模式。客观上对于农户稳定生产、提高收入起到促进作用。最后，以规范的合同形式为纽带联系农户利益。虽然美国和日本在工商企业促进农业组织化发展的形式大相径庭，但是，两国都有相应的法律体系为支撑，保护双方利益不受到损害。工商企业与农户之前的合作都通过合同的形式来规范，双方连接机制非常紧密，利益关系和风险防范均有明确约定。同时，国家外法律制度完善，法庭判决执行有力，违约成本高，所有违约率低，有利于双方长远合作利益，相互促进发展。

3. 农民合作社是提供多样化社会化服务的重要载体

农民合作社是由农民自发成立的民建、民管、民受益的农民互助经济组织。从美国和日本经验来看：首先，组建方式与政府介入程度不同。限于所有拥有资源禀赋、市场经济开发程度、文化背景的不同，美国合作社建立采取了自下而上的发展路径，发展初期是农民自发建立，政府采取自由发展政策，不鼓励也不限制，当合作社快速发展滞后，政府再以立法形式给予一定支持，政府政策不影响合作社市场行为。然而日本以小农经济为主，发展初期农户对于合作的欲望较低，政府采取了自上而下，由国家主导建设农民合作社，扶持其逐渐完善，再随着社会经济的发展逐步退出的发展模式。美国的农民合作社具有强烈的经济组织特色，而日本农民合作社则具有经济组织、行政机构和政治团体三位一体的特征。但是需要注意的是两国虽然构建路径大相径庭，但是出发点都是为了保护农民利益。其次，提供服务的内容不同。美国农业生产规模较大，合作社按照农产品类型、功能组建，主要有加工销售合作社、供销合作社和服务供销社三类。各种合作社提供专业服务，例如，专职的受精合作社、运输合作社，服务内容主要是加工和销售，很少提供生产环节服务。然而，日本由于单位经营主体规模较小，多种功能置于合作社之内，由农协提供涵括生产、生活全方位的综合性服务。最后，根据国际合作社原则开展内部管理。美国和日本两国农民合作社都遵循了自愿参加、会员开放、民主管理、成员经济参与、自治和独立、教育培训和合作社合作等基本原则指导日常工作。部分合作社还采取了聘用职业经理人、提高农民合作社经营管理水平的方法。近年来，北美和日本的合作社发展都面临着一些新问题，也选择了不同的发展路径，特别是北美新一代合作社采取了部分资本优先理念，但是即便如此还没有见到哪个国家因为合作社制

① 日本农协的发展经验趋势及启示. http://www.docin.com/p-157022346.html[2015-03-15]。

度的变革将其变为普通工商企业。农民合作社仍然为农民提供多种社会化服务，是农民生产生活中必不可少的社会化服务组织。

4. 市场调节机制是提升农业组织化水平的重要手段

西方发达国家农业市场化历经半个多世纪的发展，是一种循序渐进长期发展的进程，各类农业产业化组织都是在长期市场竞争中逐渐形成的。从美国和日本经验来看：首先，采用法制手段确立、维护市场调节机制。市场经济条件下，政府作为市场调节者通过建立起各类法律制度以调整各类经济组织复杂的利益关系。主要有农民准入制度、合作社与工商企业主体法、土地法、合同法等内容，这些法律体系既单独承担特定领域的功能，同时又有机地形成一个系统，客观上明确了各类农民组织之间的界限，保障其有序运行，限制了政府的干涉权利。其次，重视扶持农业公益性社会化服务组织。美国和日本两国政府非常重视具备公益性功能在农业生产中发挥的作用，常常通过众多公益性较强的基础部门提供普惠的农业教育、科研和推广活动。无论美国还是日本都将合作社列为具有一定经济功能的公益性法人，通过对《反垄断法》等的修改，允许农民合作社具备一定范围的垄断地位，同时还通过对其涉农项目的补贴、赋予其代行部分政府权力等方法，确立、帮扶其成为农业产业化经营中的占有主导地位的农民组织。但是基于经济组织追求利益最大化的本性，通常把其作为正常的市场主体对待，相应经营领域的扶持政策并不多。最后，尽量避免政府行为对经济主体的影响。美国和日本政府在推动农业组织化过程中，既是协调者也是参与者，作为协调者他利用自己独特的地位与身份从宏观上为提升农业组织化，保障农业社会化服务体系的有序运行提供保障。作为参与者他通过自己的科学研究和信息传播系统向农民提供多方面信息和服务。但是两国都将自身功能严格界定在调控市场经济的运行领域，都不以行政命令直接干涉、影响经济主体的经营活动。

四、我国农业组织化发展现状

（一）龙头企业的发展情况

龙头企业是在某个行业中对同行业的其他企业具有很深的影响、号召力和一定的示范、引导作用，并对该地区、该行业或者国家作出突出贡献的企业。龙头企业可以是生产加工企业，可以是中介组织和专业批发市场等流通企业。它不同于一般的工商企业，负有开拓市场、创新科技、带动农户和促进区域经济发展的重任，能够带动农业和农村经济结构调整，带动商品生产发展，推动农业增效和农民增收。20 世纪 90 年代，山东省潍坊市率先提出了“确定主导产业，实行区域布局，依靠龙头带动，发展规模经营”的口号，我国企业作为农业生产经营的重要主体开始发挥重要作用。2008 年党的十七届三中全会提出了土地承包经营权流转，鼓励龙头企业与农民建立紧密型利益联结机制提高组织化程度的思路。2012 年国务院发布《关于支持农业产业化龙头企业发展的意见》（国发〔2012〕10 号）提出：培育壮大龙头企业，打造一批自主创新能力强、加工水平高、处于行业领先地位的大型龙头企业；引导龙头企业向优势产区集中，形成一批相互配套、功能互补、联系紧密的龙头企业集群；推进农业生产经营专业化、标准化、规模化、集约化，建设一批与龙头企业有效对接的生产基地；强化农产品质量安全管理，培育一批产品竞争力强、市场占有率高、影响范围广的知名品牌；加强产业链建设，构建一批科技水平高、生产加工能力强、上中下游相互承接的优势产业体系；强化龙头企业社会责任，提升辐射带动能力和区域经济发展实力等相关目标。今天，龙头企业已经成为集成利用资本、技术、人才等生产要素，带动农户发展专业化、标准化、规模化、集约化生产，是构建现代农业产业体系的重要主体，是推进农业产业化经营的关键。支持龙头企业发展，对于提高农业组织化程度、加快转变农业发展方式、促进现代农业建设和农民就业增收具有十分重要的作用。

1. 龙头企业的发展现状[①]

（1）龙头企业经济实力不断增强

近年来，随着国家农业产业化政策的落实，龙头企业的数量不断增加，截至 2010 年，龙头企业数量达到 99 238 家，比 2006 年增加了 38.4%（表 3.11）。

龙头企业规模不断扩大（表 3.12）。2010 年龙头企业固定资产 19 083 亿元，比 2006 年增长了 95.1%。企业平均固定资产由 2006 年 0.1364 亿元，增加到 2010 年的 0.1923 亿元，平均年增长率 8.2%。在销售额方面也呈现出连年增加，经营业务多元化。“年销售收入 500 万元以上”的规模以上龙头企业数量由 2006 年的 45 097 家增加到 2010 年的

---

① 本小节的内容来源于张照新等（2010）和农业部农业产业化办公室农业部农村经济研究中心（2012）。

73 001 家，占龙头企业比例由 62.9%上升到 73.6%。其中，“年销售收入 1 亿元以上”的龙头企业比例由 6.7%增加到 9.7%。2010 年企业平均销售收入达到 0.5062 亿元，相比 2006 年增加了 50.0%。出口创汇能力进一步提升，由 2008 年的 263 亿美元增加到 417 亿美元，5 年增加了 58.6%。每家龙头企业平均创汇额由 2005 年的 37 万美元增加到 42 万美元，增长了 13.5%。

表 3.11 2006~2010 年销售收入区间的龙头企业分布 （单位：家）

年份	2006	2007	2008	2009	2010
龙头企业数量	71 691	75 487	81 453	89 746	99 238
销售收入 1 亿元以上	4 779	5 889	6 852	8 032	9 578
销售收入 500 万元以上	40 318	44 895	51 065	58 439	63 423

数据来源：农业部农业产业化办公室农业部农村经济研究中心（2012）

表 3.12 龙头企业规模、经济效益状况 （单位：亿元）

年份		2006	2007	2008	2009	2010
固定资产总值		9 782	12 878	14 216	16 320	19 083
销售收入		24 188	31 695	38 318	42 194	50 233
净利润		1 597	1 969	2 293	2 517	2 479
创汇/亿美元		263	310	340	332	417
上缴税金		775	998	1 121	1 233	1 504
每家平均	固定资产总值	0.136 4	0.170 6	0.174 5	0.181 8	0.192 3
	销售收入	0.337 4	0.419 9	0.470 4	0.470 1	0.506 2
	净利润	0.022 3	0.026 1	0.028 2	0.028 0	0.025 0
	创汇/亿美元	0.003 7	0.004 1	0.004 2	0.003 7	0.004 2
	上缴税金	0.010 8	0.013 2	0.013 8	0.013 7	0.015 2

数据来源：农业部农业产业化办公室农业部农村经济研究中心（2012）

（2）龙头企业盈利水平快速增长

2010 年龙头企业实现销售收入 0.5062 亿元，比 2006 年增长了 95.1%。龙头企业平均净利润 0.0250 亿元，增长了 12.1%；平均上缴税金 0.0152 亿元，较 2006 年增加了 40.7%。其中，国家重点龙头企业的利润率在 2007~2009 年呈现下降趋势，由 2007 年的 5.0%下降为 2009 年的 4.1%。其中，内向型企业的利润率大幅下滑，由 2007 年的 4.9%下滑至 2009 年的 4.1%，而外向型企业受金融危机影响，呈现出波动特征，同期由 6.4%下降到 5.2%（表 3.13）。

（3）龙头企业带动能力逐渐增强

龙头企业基地投入增加，订单采购成为龙头企业的主要采购方式。2010 年，龙头企业对农产品原料基地投入总额达到 1579.58 亿元，比 2007 年增长了 1.46 倍。其中，改良土壤、农田水利、设施农业、养殖场等基础设施建设投入 662.36 亿元，比 2007 年增长 1.25 倍。随着投入增加，基地规模化、标准化水平明显提高。国家重点龙头企业的基地面积总数从 2007 年的 3.01 亿亩增加为 2009 年的 3.67 亿亩，年均增长 7.3%，自建基

表 3.13　2007~2009 年国家重点龙头企业的企业平均利润水平表

年份	2007	2008	2009
总体利润总额/万元	6096.5	5949	6525.9
总体销售利润率/%	5.0	4.2	4.1
内向型企业利润额/万元	6456	6269	7010.6
内向型企业销售利润率/%	4.9	4.1	4.1
外向型企业利润额/万元	2972	3127	2248
外向型企业销售利润率/%	6.4	6.5	5.2

数据来源：张照新等（2010）

地 3425 万亩，增长 22.5%，订单基地种植面积 1.68 亿亩，增加 1130 万亩。另外，订单采购比例有所上升，从订单基地采购原材料总额比 2007 年增长 30.3%，其中 2009 年订单采购比例约为其采购总比例的 54%，成为重点龙头企业采购原材料的主要方式。在养殖业方面，2009 年，龙头企业投入 200 亿元建设标准化种养殖基地，自建高标准种植基地 3425 万亩，同比增长 13.37%，同时还通过订单等方式辐射带动基地面积达 3.3 亿亩。

龙头企业带动农户人数增加、带动增收能力不断增强。一是以合同制为主，带动农户人数持续增多。我国龙头企业根据企业特点与农户建立合同制、合作制、股份制等，以合作制为主要带动方式，2009 年国家重点龙头企业通过合同带动农户 4668.4 万户，平均每家企业带动 5.22 万人，相比 2007 年增加 16.5%。二是多手段带动农民增收。截至 2010 年年底，全国龙头企业带动基地农民增收总额达 1553.57 亿元，比 2007 年增长了 35.8%。增收的手段多种多样，既包括与农户签订订单，制定保护价，也包括利益返还和股份分红等增加农民收入。2010 年，龙头企业按合同收购价比按市场收购价向农民多支付的差价为 475.6 亿元，比 2007 年增长了 41.4%；2010 年，龙头企业通过合作制、股份合作制等方式向农民返还利润 151.65 亿元，采取土地租赁经营支付给农民的农地租金 116.23 亿元，分别比 2007 年增长了 23.4%和 49.7%。

龙头企业带动农民就业能力增强，小型龙头企业表现尤为突出。2010 年，我国各类龙头企业支付工资福利报酬 373.38 亿元，比 2007 年增长 43.4%。2009 年国家重点龙头企业的职工总数 270 万人，比上年增加 14 万人，工资福利总额 437.9 亿元，同比增长 10.2%，年平均工资 1.62 万元，季节性用工 68.1 万人，工资福利总额为 55.8 亿元。龙头企业还通过自主农户参加保险、提供担保、购买运输包装服务等方式带动农民增收 436.71 亿元，比 2007 年增长 61.6%。其中小型龙头企业的就业带动能力较强，在国家重点龙头企业中，小型企业 2009 年亿元销售收入解决的就业为 216 人，多于大型企业的 189 人和中型企业的 187 人。

（4）龙头企业科研投入水平不断提升

2010 年，全国 3006 家龙头企业中有省级以上研发中心，占龙头企业总数的 3%，比 2007 年增长 46%；2009 年，85.9%的国家重点龙头企业建立了研发中心、科研成果获得省级以上科技奖励的企业占 58.3%，全部国家重点龙头企业的研发经费共投入 155.9 亿元，比 2007 年增加 19.6%。但是，我国重点龙头企业的研发投入所占销售收入比较

低，企业发展普遍缺乏后劲，很难存活。表 3.14 总结了 2009 年国家 894 家重点龙头企业科研投入的销售收入占比分布情况，其中，487 家企业投入比不足 1%、229 家在 1%~3%难以持续发展。能够参与激烈市场竞争并容易存活的企业仅有 57 家，仅占 6.4%。我国重点龙头企业的平均农产品加工增值相比美国、日本等发达国家的 3.72 元和 2.20 元而言较低，2009 年仅有 1.59 元。

表 3.14 2009 年国家重点龙头企业科研投入的销售收入占比分布表 （单位：家）

分布区间	小于 1%	1%~3%	3%~5%	5%以上
区间含义	易失败	发展缺乏后劲，难以存活	能够存活，创新不强，遇到经济波动易失败	能够参与激烈的市场竞争并容易存活
重点龙头企业个数	487	229	121	57
占总数比例/%	54.5	25.6	13.5	6.4

数据来源：张照新等（2010）

（5）不同行业龙头企业发展水平迥异

随着我国农业产业化的发展，根据农业各行业生产经营特点的不同，龙头企业的发展规模和市场结构也有所不同，主要呈现出如下特点。

粮油类龙头企业资产规模大、利润小。2009 年 894 家国家重点龙头企业中，有粮油类企业 170 家，平均资产规模达到了 18.63 亿元，比国家重点龙头企业的平均资产高 40.1%。然而，由于粮油类产品的需求规模较大，企业需要的收购资金多，加上受国家粮食收储政策影响，利润空间较小，企业只能通过规模经济来保证收益。

畜禽类龙头企业销售收入高，发展速度快。禽畜行业受到城乡居民收入增加、消费结构调整的影响，2007 年以来畜禽类龙头企业以较高收入增长速度名列所有行业第一，2009 年禽畜类和乳制品类企业平均销售收入分别为 17.84 亿元和 17.72 亿元，分别比全部国家重点龙头企业的平均销售收入高出 11.5%和 10.75%。其中禽畜类企业 2009 年收入比 2007 年增长 37.2%，年增长 12.4%。

果蔬企业利润率高，市场集中度低。2009 年数据显示，果蔬类企业的销售利润率达到 12.8%，而全国 894 家重点龙头企业平均水平不足 6%，高出了 2.14 倍。然而，果蔬产品的种类较多，产品的种植受到地理环境等方面的影响，因而果蔬类企业的分布具有明显的地域性特点，呈现出较高的市场细分度，同时整个市场的集中度也较低。如表 3.15 所示以 CR8（表示该行业的相关市场内前 8 家最大的企业所占市场份额的总和）为衡量标准，CR8 大于 40%时，行业属于寡占行业，低于 40%的属于竞争行业。果蔬行业 CR8 低于 40%属于竞争行业，市场主体多，价格形成较为复杂。

乳制品行业增加值高，市场集中度较高。乳制品行业 2009 年以平均销售收入 17.72 亿元，位列第二位，比 2009 年国家重点龙头企业的平均销售收入高 10.8%。由于乳制品行业的营养特性，对生产、加工、包装和销售的各环节技术要求较高，近年来乳制品的产品细分程度增加，加工增加值能力也较强，增加值比 2009 年为 1∶3.87，比平均水平的 1∶2.59 高出 50%以上。正是由于乳制品生产的高技术性及高安全性要求，消费者往往选择信赖大品牌产品，乳品行业近年来呈现出高市场细分下的高水平垄断，CR8 达到 77.8%。

表 3.15　2009 年国家重点龙头企业各行业产业集中度　（单位：%）

行业	粮油类	畜禽类	果蔬类	乳品类
CR4	31.18	38.80	23.90	40.86
CR8	42.05	52.16	33.09	77.80

数据来源：张照新等（2010）

2. 龙头企业的组织化模式

2000 年，中共十五届五中全会明确提出“要把农业产业化经营作为推进农业现代化的重要途径，鼓励、支持农产品加工和销售企业带动农户进入市场，形成利益共享、风险共担的组织形式和经营机制”，龙头企业通过与农户建立各种联结关系，大大推进了农业产业化的发展。2010 年中央一号文件又特别强调“支持龙头企业提高辐射带动能力，增强农业产业化专项资金，扶持建设标准化生产基地，建立农业产业化示范园区”，龙头企业的组织化模式也呈现出规模化、多样化发展的趋势。目前，以龙头企业为带动的产业化组织模式中，主要是龙头企业通过与农业产业链上的其他各经济主体通过契约形式，将产前、产中、产后连接起来，实现生产链的纵向一体化，契约内容涉及生产产品的种类、数量、用途、生产技术和方法、产品销售等。但是，由于我国各地经济发展的差异及行业特点的不同，龙头企业组织化模式目前主要分为以下几类。

（1）龙头企业+农户

i. 龙头企业+农户的主要模式

“龙头企业+农户”的组织化模式是以农产品加工和运销企业为主导，围绕生产和销售某一种或几种产品，直接与农户或与生产基地连接的一体化经营模式。其中，龙头企业与农户通过契约的形式，约定由企业提供契约生产产品所需要的关键性生产资料并提供产中服务，并约定龙头企业按照契约规定，以特定的价格进行收购、加工或销售，这是我国龙头企业参与组织化生产的最初形式，在全国各地较为普遍。目前，根据龙头企业的性质不同，“龙头企业+农户”的模式又可以被分为：种养殖龙头企业+农户，购销企业+农户，加工企业+农户 3 种模式。

种养殖型“龙头企业+农户”的组织化模式是由种养龙头企业组织农民进行规模化生产，形成了具有规模的基地，能够获得比家庭承包经营更多的收益，但是农民没有直接参与市场交易，仅仅是按照种养公司提供的服务进行生产，本质上是企业的雇工（图 3.2）。该模式不但适用于中小规模的龙头企业，同样也适用于后向一体化的种养企业。例如，广西北流凉亭种鸡场与 30 多个养鸡专业户和 200 多个养鸡农户进行联结进行母鸡和肉鸡代养，实现年产值 3000 万元；广西贺州市昭平县的将军峰茶业有限公司，通过建立基地的方式，利用“企业+基地+农户”实现 2004 年销售收入 6002 万元（李达球，2005）。

购销型“龙头企业+农户”的组织化模式是将农户与市场联系起来，一定程度上缓解了农产品销售难及购销企业的供货稳定性问题，但是由于购销企业的经营范畴是原料或初级产品，因而利益增值相对较少，惠农力度有限（图 3.3）。这种经营模式往往适用

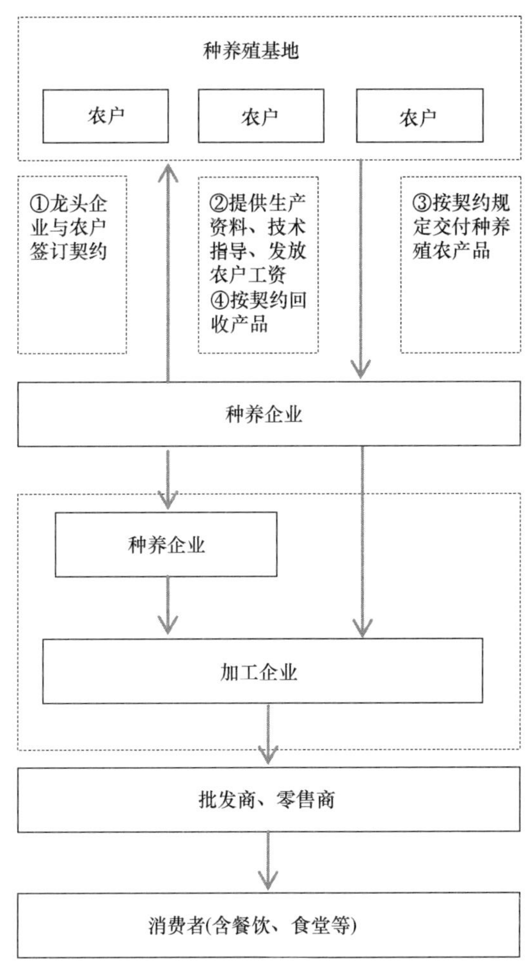

图 3.2 种养殖型“龙头企业+农户”模式

于后向一体化的龙头企业，当购销企业直接将产品与零售或经销商连接的时候，可实现龙头企业的价值增值，从而增加农民的收益。因此，这种龙头企业的组织化模式适用于生鲜产品如水产、蔬果龙头企业的生产与经营。例如，湖北龙发集团股份有限公司以水产养殖为主，通过建立水产养殖基地，与农户签订购销协议，带动了近 5 万农户。

加工型“龙头企业+农户”的组织化模式排除了中间商，缩短了产业链的长度（图 3.4），将加工的高附加值与农民分享，大大增加了农民的收益，使得农业与工业相结合，将加工业的利益与农业分享，缩小了工农业剪刀差。然而，这种龙头企业经营模式往往适用于已经形成了区域性规模的种植业、养殖业和林业、蔬果业，可直接通过与基地、农户建立联系，生产需要的初级农产品进行加工获取更大的价值，属于龙头企业的前向一体化。例如，广西贺州市鹅塘罐头厂以生产和加工香芋、甜玉米、竹笋、法国豆、蘑菇、菠萝、鲜草汁等蔬果生鲜产品为主，带动 15 000 农户平均增收 1200 元；广西正宇股份有限公司以生产加工瘦肉型猪为主，2002 年销售收入达 5 亿元；广西梧州松脂股份有限公司以生产加工农林产品松脂为主，实现 2004 年销售收入 2 亿元以上。

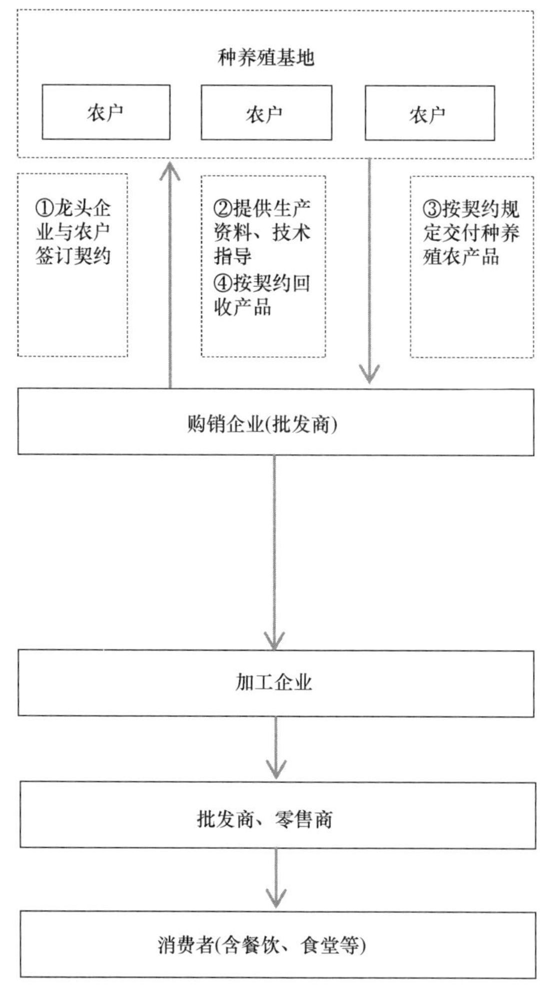

图 3.3 购销型“龙头企业+农户”模式

ii. 龙头企业+农户的利益联结方式

“龙头企业+农户”的利益联结方式主要有 4 种，分别是保证价形式、保护价形式、市场保护价+优惠服务形式及利润返还形式。从 4 种契约形式下的企业与农户收益、风险等角度来看，不同组织模式的利益联结特点如下（表 3.16）（张学鹏和卢平，2011）。

从交易成本来看，农户通过契约的形式与龙头企业合作，有效地进入市场，经由企业而不是直接面对市场，不但能够节约信息搜寻费用、质量监督费用，而且能够降低其市场风险，获得农业产业化过程中的更多利益。企业通过与农户建立较为稳定的合作关系获得稳定的农产品供应，从而保证了其规模化和超额利润的获取；通过与农户签订合同，利用农民的土地和劳动力直接进行生产，减少了企业的专项投资。

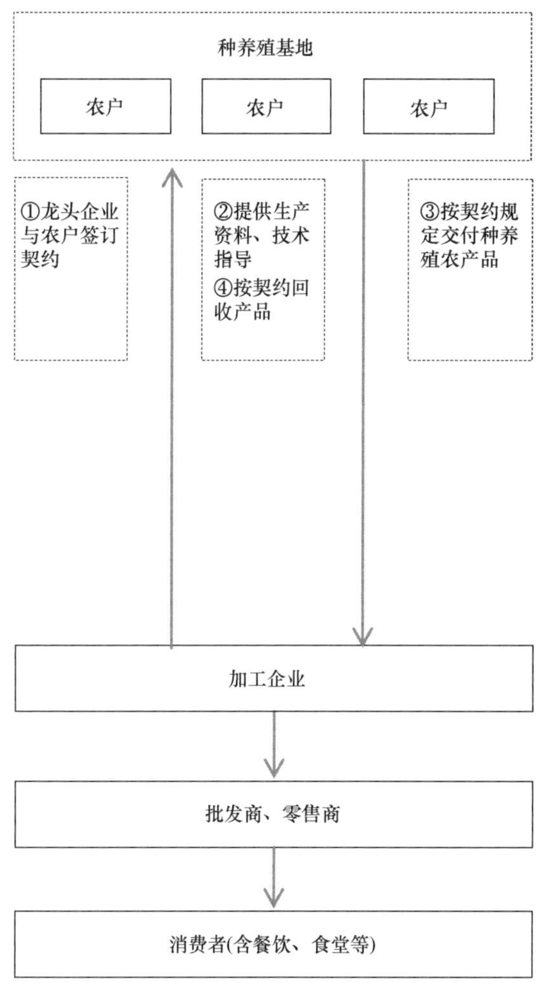

图 3.4　加工型“龙头企业+农户”模式

从利益分配来看，由于企业利润最大化的追求，后向一体化的发展会使得农民获得更多的产业化收益。但是龙头企业+农户的利益联结形式较为松散，小农户大市场的情况下，农户在与企业的合作中处于弱势地位，因而在整个龙头企业的经营过程中，农民并没有利益分配的话语权，故存在着农民获得利益分配较低的问题。

从市场风险来看，龙头企业+农户的利益联结形式下农户的收益受制于市场的稳定性，当市场价格波动时，企业和农户都面临着违约动机，加之违约成本较低，违约频发导致履约率较低。保证价形式对农民来讲风险最低，无论市场价格如何变动，都可以回收成本，一般多用于市场进入期产业。利润返还形式虽然可以使农民获得更高收益的可能，但是需要农民同时和企业分担市场价格变动风险，经营风险相对较高，适用于成熟的、附加价值较高的产业。

从规模经济来看，龙头公司+农户是农业产业化的初级形式，农民与企业之间的松散结合无法实现分工的进一步细化和规模经济，因而很容易就面临产业化效率提升的瓶颈。

表 3.16　不同利益联结形势下龙头企业与农户的风险与收益

利益联结形式	保证价	保护价	市场保护价+优惠服务	利润返还
契约内容	生产成本+平均利润	最低基准收购价 市场价<保护价：按保护价收购 市场价>保护价：按市场价收购	保护价+产前、中、后服务	契约规定价格收购+利润返还
紧密程度	松散	半松散	半紧密	紧密
企业收益	稳定的原料供应 企业规模化运营 更高产量和利润 更有利竞争地位	同左	同左	同左
企业风险	市场价>签约价，农民违约风险 农户交付农产品质量数量不足的违约风险	市场价<保护价，企业承担损失 核定保护价偏高 农户交付农产品质量数量不足的违约风险	市场价<保护价，企业承担损失 核定保护价偏高	加工及产后增加值被农户分成而导致的利润减少 返利操作复杂导致的组织管理费用增加
农民收益	避免直接面对市场的风险损失 企业的平均利润 基地规模化经营的更高利润	避免所有市场风险 基地规模化经营的更高利润	避免市场风险 基地规模化经营的更高利润 企业提供的种苗、技术、信息服务 企业提供的资金、技术服务	避免市场风险 基地规模化经营的更高利润 企业提供的种苗、技术、信息服务 企业提供的资金、技术服务 加工环节的利润分配
农民风险	市场价<签约价，企业违约风险 合同谈判时讨价还价能力弱，导致保证价格偏低	市场价<保护价的企业违约风险 谈判时对市场信息不了解导致的保护价过低风险	市场价<保护价的企业违约风险	市场价<保护价的企业违约风险 企业违约不返利或少返利的风险
适用范围	用途单一、需求量少、供求关系紧密、买方具有定价权的农产品行业龙头企业	实力强大的龙头企业	农企关系稳定化、长期化的企业	附加值较高的农产品生产企业、异质性较高的产品生产企业

资料来源：张学鹏和卢平（2011）

从科技的创新和扩散来看，由于农户的分散存在，企业组织技术培训和新技术推广的成本较高，因而不具备技术创新和推广的动力。

（2）龙头企业+农民合作社+农户

龙头企业+农户的组织模式下双方违约风险的不可避免性导致的履约率较低的问题，以及龙头企业与农户的谈判中，龙头企业具有更多的信息优势、讨价还价能力而使得农户在交易中处于劣势地位的问题难以依靠交易双方来解决，因此，在农业产业化过程中，由农民自发、龙头企业组织或经由政府组织的多种中介组织应运而生，可以用于缓解供需双方的矛盾，平等公正地维护双方权益。目前较为普遍存在的是“龙头企业+农民合作社+农户”的组织化模式（图 3.5）。

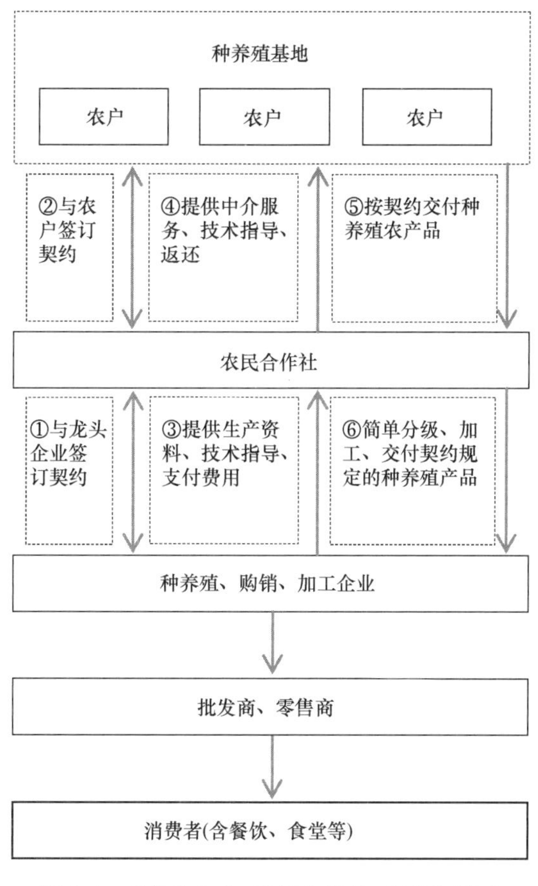

图 3.5 “龙头企业+农民合作社+农户”模式

“龙头企业+农民合作社+农户”模式是通过农民合作社将农民组织起来，提升了农民的组织化程度，从而修正了“龙头企业+农户”模式下的诸多问题，具体表现在：从组织形式上来看，分散的农户组成农民合作社，龙头企业不再与农户直接交涉，提高了农民的组织程度，提高了农民与龙头企业的议价能力，更进一步地降低了农民面临的市场风险。从利益分配上来看，企业通过向农民合作社提供产前和产后服务，龙头企业按照市场情况把利润转移给农民合作社，而农民合作社通过扣除其服务费用后将利润返还给农民，这样，农民可以分享到产品加工附加值中的收益，有利于农民收益的提高。从组织成本上来看，在原有龙头企业+农户的基础上，中介组织的介入节约了企业用于管理分散农户的管理成本，同时农民通过农民合作社与龙头企业进行合同谈判，节约了其谈判成本。从市场风险来看，农民合作社是具有完整法人资格的经济组织，农户与农民合作社，以及农民合作社与企业之间的违约成本由农民合作社来分担，大大降低了违约的风险。从规模化来看，农民合作社和龙头企业的结合能够实现前向生产的一体化及社会分工的细化进而提高产量（张学鹏等，2011），并共享公共基础设施和科技，从而实现规模经济。总而言之，“龙头企业+农民合作社+农户”的组织化模式解决了“龙头企业+农户”模式下的诸多问题（表 3.17）。

表 3.17 “龙头企业+农户”模式与“龙头企业+农民合作社+农户”模式的发展效率对比分析

组织类型	龙头企业+农户	龙头企业+农民合作社+农户
组织成本	农户数量多且分散，组织成本较高	大量农户由少数农民合作社组织管理，组织成本较低
交易成本	农户分散且市场势力低，谈判成本高；农企双方履约率低，违约成本高	农户通过农民合作社进行谈判，谈判势力增加，谈判成本下降；契约完整性和约束力增强，违约成本降低
市场风险	市场价格波动下，农户和龙企业都存在较高的违约风险	以农民合作社为核心参与农户管理，以及与龙头企业进行交涉谈判，农户与企业的违约风险都有所下降
利益分配	合同约定价格下的利益收益	合同价格下的收益及较高的产业附加值分配
科技创新	由于农户分散分布，企业科技培训和新技术创新难以普及；企业科技创新的投入较大，缺乏创新动力	通过与农民合作社的合作，企业可与农民合作社共享科技创新的成果，并通过前向一体化形成创新体系，有助于科技创新体系的建设和创新技术的普及
规模经济	龙头企业的原材料来源稳定，有助于实现规模经济，但由于交易的不确定性，规模经济的发展具有很大的限制性	在原材料稳定的同时，农民合作社的参与降低了交易成本，且与龙头企业共同进行基础设施建设和科技创新，分享其成果，增加了农业生产的科技投入和基础设施投入，从而有助于实现经济外部性，产生持续推进的规模经济

资料来源：笔者制作

（3）龙头企业发展模式的创新

i. 龙头企业组织化模式问题

第一，契约型为主的企业发展模式容易受制于农业经营不确定性和投资的专用性。由于农业生产过程中会受到自然风险和市场风险的影响，确定性不大，而农产品主要是动物和植物，其生产过程受制于农产品生长周期，因而周期内的投资具有专用性，一经投资就无法撤出。农业的这两个天然的产业特点决定了龙头企业与农户通过契约来联结的方式无法避免市场的风险和投资风险，从而面临较高的交易成本。因此，不论是“龙头企业+农户”还是“龙头企业+农民合作社+农户”，这种以契约来联结的方式不可避免地面临较大风险。

第二，企业、农户和农民合作社的理性经济人特征导致龙头企业的发展受到制约。不论是“龙头企业+农户”还是“龙头企业+农民合作社+农户”模式，农户的利益与龙头企业的利益最大化存在着冲突，这是契约型联结模式的制度性曲线。这种情况下，由于农户的分散性及龙头企业、农户、农民合作社以利益最大化为目标，龙头企业的发展很大程度上受制于利益联结方式的有效性和约束性。而在“龙头企业+农户”组织模式下，仅仅通过不完全的契约很难达到农户与龙头企业之间的紧密联结，因此，龙头企业的发展过程中，容易出现违约行为进而影响龙头企业货源的稳定和市场战略的实施。

第三，农民合作社目前还无法实现社会分工的细化，实现龙头企业的规模化经营。根据张学鹏和卢平（2011）对甘肃省合作社的研究数据，2006 年甘肃共有 4173 个农村合作组织，其中农民合作社只有 37.74%，约为 1575 个，所占比例还较少，且被调查的 26 家合作社的平均带动农户数为 256 户，带动力也较为有限。而且，其成立大部分依靠政府的推动才建立起来，经营实力较弱，抗风险能力差。在整个农业生产经营体系中，对农民的社会分工细化的影响较弱，农民还是生产同质化产品，利润分配较低，市场价格波动时的违约动机强烈。因此农民合作社在与龙头企业的合作中发挥的作用还有待进一步提高。

ii. 龙头企业发展模式的创新

针对目前龙头企业发展过程中存在的利益联结不紧密问题、农户组织化程度较低的问题，以及农民合作社发挥作用有限等问题，目前我国很多龙头企业开始在原有的“龙头企业+农户”和“龙头企业+农民合作社+农户”的组织模式基础上进行了如下一系列创新。

第一，龙头企业+产业工人。由于契约型利益联结方式不可避免的制度性风险，龙头企业为了实现利益的最大化和规避风险，将“龙头企业+农户”的方式进行了改善，聘请农民为产业化工人进行生产，将农民与龙头企业之间的利益最大化的矛盾化解在企业内部。例如，福建圣农发展股份有限公司应用标准化生产技术，进行“种鸡饲养、苗鸡孵化、肉鸡饲养加工、饲料生产”，该企业将传统的“龙头公司+散养户”的生产模式变成了“龙头企业+产业工人”的模式，培养产业工人进行标准化的生产，从而避免了产品质量问题的出现，并降低了上游原料和下游屠宰价格波动造成的风险。北京德清源农业科技股份有限公司也通过该种形式进行鸡蛋生产，建立起了从头到尾都能够进行标准化控制的生产体系，即降低交易成本，而且降低了产品质量安全事件发生的概率（高青松等，2010）。但是，这种模式将农户内化为企业员工，导致农民会丧失其对土地和农业生产经营的支配权，收入的增长也有限，因而该种模式的未来发展方向还存在诸多不确定因素。

第二，龙头企业的纵向一体化。为了获得规模效益，同时尽可能降低交易成本，我国很多龙头企业开始朝向纵向一体化方向发展。龙头企业向下进行纵向延伸后，将整个的生产、加工、流通和销售融合为一体来达到固定资本、技术交流与信息共享的统合，大幅度降低产品购销、运输、库存等中间环节的谈判、交易等成本，降低财务费用、仓储运输费用等，帮助企业获得更多的后向经济价值，其带动能力更强，更好地帮助农民参与市场化并受惠于市场化。例如，广西美通食品有限公司，通过生产基地联结农户，将农产品的生产、加工和销售整个流程的利润纳入企业发展。但是由于纵向一体化需要企业将资源从上到下的整合，因而目前综合性的一体化市场还较少，也没有形成区域性的企业集团，但是这将会成为未来企业不断扩张和寻求利润最大化的方向。

3. 龙头企业的绩效分析

（1）龙头企业绩效的衡量方法

i. 龙头企业的生产效率评价

龙头企业生产效率的评估方法，我国主要采用 DEA 模型，对龙头企业的生产效率进行总体的估值，测算出总体效率均值、纯技术效率均值和规模效率（刘克春等，2011；杨力等，2011；陈磊等，2011）。除了输入指标和输出指标选择上并不大的差别外，对龙头企业生产效率的评估方法上大多相似。

ii. 龙头企业的带动农户效率评估

陈俊华等（2012）应用随机前沿分析（SFA）的方法测算企业带动农户的效率，并估算了各个要素对带动农户效率的内部影响参数。评价龙头企业的农户额带动效率的指

标有 3 个，分别是产出指标，包括带动农户数及农民从产业化组织得到的收入，投入指标包括企业从业人员数，以及流动资本投入、固定资产原值、固定资产投资等。造成效率损失的内部因素包括：企业规模、科研开发力度、进入支持力度及财政支持力度。陈磊等（2011）采用 DEA 模型分析龙头企业的总体效率均值、纯技术效率均值和规模效率来测算龙头企业的带动力。

iii. 龙头企业的经营效率评价

周吉等（2012）应用超效率 DEA 模型对江西省龙头企业的经营效率进行了测算。其中投入指标选取固定资产银行贷款实际数、企业从业人员数，产出指标选取销售收入税后利润上缴税收、农户从事农业产业化经营增加收入，应用 EMS 软件计算经营效率，也就是不考虑规模收益的综合技术效率，作为龙头企业经营效率的评价指标。

iv. 龙头企业的综合绩效评价

对龙头企业的综合评价体系的构建，较为有代表性的有：黄敏等（2010）应用 FBP 模型，从功能、行为、绩效三个方面对江西省龙头企业的综合绩效进行评估；杨克斯等（2011）及余涤非（2012）则不但关注经济指标如企业潜力绩效指标、财务指标，而且关注龙头企业绩效的社会指标包括社会贡献、商业贡献等；汤新华（2013）则从财务会计的角度设计了龙头企业的绩效评价指标，涵盖了财务绩效评价和非财务绩效评价两个方面；胡星辉（2012）对我国农业上市企业的绩效分别从经济绩效、社会绩效和环境绩效 3 个维度进行了测量，并从宏观、中观和微观 3 个层面研究了财税制度、股权结构对农业上市公司的综合绩效的影响。

（2）龙头企业的绩效评估结果

i. 龙头企业视角的绩效描述

第一，龙头企业生产效率的描述。根据杨力等对我国 35 个沪深股市龙头企业 2000~2008 年的数据，应用 DEA 方法进行测算，得到龙头企业的生产 3 年视窗长度和 9 年平均生产效率值。结果表明，近 9 年来，我国龙头企业的生产效率提升幅度并不太大。张宇等（2013）基于 DEA 模型对我国 46 家以种植类农产品为原料进行深加工的国家重点龙头企业测算其生产效率的数据如表 3.18 所示，不同行业的龙头企业的生产效率不同，其中以经济作物类龙头企业的综合技术效率和规模效率为最高。

表 3.18　不同行业的龙头企业的生产效率对比

产品分类	数量	占样本总数/%	综合技术效率	纯技术效率	规模效率
果蔬类均值	7	17.5	0.825	0.943	0.878
良种类均值	4	10.0	0.727	0.781	0.929
经济作物类值	8	20.0	0.998	1.000	0.998
油、酒类均值	12	30.0	0.855	0.909	0.936
粮食类均值	9	22.5	0.819	0.864	0.945
总体均值	40	100.0	0.860	0.916	0.937

资料来源：张宇等（2012）

第二，上市龙头企业的综合绩效。胡星辉（2012）对我国上市龙头企业进行的综合绩效评价中，经济绩效得分最高，其次是社会绩效，环境绩效得分最低。其中经济绩效中 2009 年的绩效得分最低，说明上市公司受到金融危机的影响较大。社会绩效中，三农带动得分最高，其次是商业道德，最后是社会贡献。从 2007~2009 年的企业社会绩效情况看，带动农村发展、农户增收的效果非常明显。而环保绩效的评价中，龙头企业在环保方面的投资支出增长不明显，环保效果也很有限，在环境资源的保护与利用方面还有待进一步的提高。

第三，龙头企业的带动效率绩效。陈俊华等（2012）对福建省九地市的农业产业化龙头企业在 2003~2008 年的带动效率进行了测算，其结果显示，从效率损失的影响因素的实证结果来看，企业从业人员、固定资产原值不利于企业带动效率的提升，而流动资本的投入和固定资产投资则有助于企业带动农户效率的提升。从外在因素的影响来看，企业规模、科研开发力度、金融支持力度和财政支持力度有利于减小企业带动效率的损失。另外，陈磊等（2011）对福建省 87 家龙头企业带动农户的能力进行评价，得出不同地区的龙头企业的带动农户的效率值（表 3.19）和不同行业效率值（表 3.20）。从实证分析结果来看，龙头企业的带动效率较低，由于产业发展重点的差异，沿海企业带动效率低于西北山区企业；劳动密集型企业的带动效率更高，其中特别是种养加工型企业的带动效率高于其他组织类型企业。

表 3.19　福建省不同地区龙头企业带动农户的效率值

不同地区	福州	厦门	莆田	三明	泉州	漳州	南平	龙岩	宁德
技术效率	0.166	0.268	0.373	0.255	0.192	0.142	0.192	0.328	0.418
纯技术效率	0.639	0.385	0.375	0.491	0.402	0.685	0.789	0.839	0.739
规模效率	0.507	0.652	0.971	0.707	0.745	0.455	0.395	0.485	0.662

资料来源：陈磊等（2011）

表 3.20　福建省不同行业龙头企业带动农户的效率值

不同行业	农业（种植业）	林业	畜牧业	水产养殖业
技术效率	0.311	0.152	0.171	0.156
纯技术效率	0.588	0.730	0.620	0.700
规模效率	0.693	0.407	0.481	0.441

资料来源：陈磊等（2011）

第四，龙头企业经营效率绩效。周吉等（2012）对江西省南昌市 49 家大中型龙头企业、抚州市 41 家龙头企业的经营效率进行了测算，其中综合技术效率的平均值为 87.49%，海浩鄱阳湖水产、先农种业、军山湖鱼蟹、艾格菲饲料、双胞胎集团等 9 家企业达到了相对有效，说明他们在资源配置和生产效率上达到相对最优。抚顺市抚州地区 34 家龙头企业，效率平均值为 122.94%。喜盈盈、华茂、鸣亚等 12 家企业达到了相对有效，其中喜盈盈的综合技术效率值更是达到了 714%，达到了超高效率。从综合绩效来看，池泽新等（2011）通过对江西省 18 家龙头企业 2009 年的绩效进行评价，从农户视角来看 18 家企业绩效普遍较低，综合评价指数都集中在 70.25 左右，且超过 2/3 的样本企业的综合评价值集中在45~60。从农户的潜在绩效来看，由于对农民培训的投入不足及基地建设的投入较低，造成农户视角绩效的潜在能力欠缺。此外还存在着联结农户的收入水平较低和利益联结的紧密程度偏低等问题。

ii. 农户视角的龙头企业绩效评估

大量实证研究证明龙头企业对于农民增收起到显著促进作用。王志刚和张哲（2011）从宏观层面介绍，2004年龙头企业解决就业1362.6万人，2008年解决2544.6万人，龙头企业带动产业化收益2004年增收1201元/户，2006年1486元/户，2008年1797元/户，以及2010年2100元/户，其中龙头企业的贡献不可忽视（表3.21）。

表3.21　2004~2010 年我国农业产业化发展情况表

年份	龙头企业/万家	产业化组织/万家	销售总额/万亿	固定资产/万亿	过亿企业/家	税收/亿元	带动农户数量/万户	带动农户增收/（元/户）	解决就业/万人
2010	9.10	25.00	3.91	—	—	—	10 700	2 100	—
2008	8.15	20.15	3.83	1.42	6 852	1 121	9 808	1 797	2 544.6
2006	7.17	15.50	2.40	0.98	4 779	755	9 098	1 486	—
2004	4.97	11.40	1.40	0.81	—	—	8 454	1 201	1 362.6

资料来源：王志刚和张哲（2011）

在微观层面上，姜开圣等（2003）对江苏省扬州市龙头企业的调研发现，通过订单农业，2001年扬州市龙头企业通过收购水稻、小麦等粮食实现了让利农民户均200元，其中，加工龙头企业带动农民户均收益增加250元。刘克春等（2011）根据2008年抽取的江西省200家龙头企业的情况来看，龙头企业通过合同订单直接带动农户316万余户，带动农户增加经营收入共计约71亿元，平均带动每个农户增加收入2247元。2010年，江西省级以上龙头企业通过合同订单直接带动农户达356万户，带动农户增加收入共计约95亿元，平均带动每个农户增加收入2668元，比2008年增长了18.7%。龙头企业带动农户能力有了明显的提高。周吉（2012）对江西省抚州市的调研结果发现，龙头企业对带动农户的收入都有着不同程度的提高，抚州地区龙头企业43家中，有18家企业不同程度地带动农民的增收，最多带动农户收入增长的为正邦集团，带动农户增收41 441.74万元，其他企业带动农户增收的总额并不明显。其中带动增收明显的企业多为大规模的龙头企业。王爱群（2007）对吉林省龙头企业发展与农民收入之间的关系进行了实证分析。根据对吉林省所有市龙头企业数量、销售收入与农民人均纯收入数据的回归分析中可以看出，2002~2005年，龙头企业数每增长1%带动了人均纯收入增长0.18%，且从2002年开始，龙头企业对农民人均纯收入的贡献在增强。而2002~2005年的人均纯收入与龙头企业销售收入之间也存在正相关关系，销售收入每增长1%，则人均纯收入将增长0.14%，但是龙头企业的销售收入对人均纯收入的弹性系数递减，说明了农民人均纯收入增幅低于企业销售收入增幅。

（3）不同组织化模式龙头企业的绩效评价

刘幸和肖洪安（2012）应用DEA方式对四川省的40家龙头企业的2010年生产效率进行了测算，其结果如表3.22所示。根据样本龙头企业的组织模式和评级等级、生产

经营类型的不同，其生产效率有所不同。从结果来看，“龙头企业＋合作社（协会）+农户”的组织化模式下农业产业化龙头企业总体效率最高，“龙头企业+农户”次之，“龙头企业+基地+农户”最低并且低于平均水平。从评定等级来看，国家级的农业产业化龙头总体效率高于省级的农业产业化龙头企业；从生产经营类型来看，农产品加工企业的总体效率最高，农工商一体化企业次之，初级农产品生产企业则最低，后两种生产经营类型企业的总体效率均值低于平均水平。

表 3.22　四川省 40 家不同分类龙头企业生产效率估计值

分类标准	分类类型	总体效率均值	纯技术效率均值	规模效率均值
组织模式	龙头企业+农户	0.831	0.908	0.918
	龙头企业+基地+农户	0.787	0.825	0.955
	龙头企业+合作社（协会）+农户	0.875	0.912	0.956
评级等级	国家级	0.859	0.923	0.931
	省级	0.811	0.852	0.952
生产经营类型	初级农产品生产企业	0.760	0.828	0.916
	农产品加工企业	0.869	0.887	0.979
	农工商一体化企业	0.789	0.855	0.926
平均值		0.820	0.866	0.948

资料来源：刘幸和肖洪安（2012）

4. 政府扶持措施

龙头企业在我国农业产业化发展中发挥着重要作用，且随着龙头企业的不断壮大，其对农民增收的带动作用也越来越重要。在龙头企业的发展壮大过程中，政府的扶持措施尤为重要。尤其是在 21 世纪以来，由于龙头企业遇到了资金紧张、技术创新能力低和产品销路窄的问题，限制了龙头企业的规模化发展和带动能力的进一步发挥，我国政府出台了较多的扶持政策，从政策、税收、信贷等多个方面来帮助龙头企业发展。

（1）财政扶持政策

我国重视对龙头企业的财政扶持，2007~2009 年，我国龙头企业获得的财税投入扶持金额分别为 133.6 亿元、138 亿元和 133.4 亿元，企业平均获得财政税收扶持分别为 1495 万元、1544 万元和 1493 万元。具体扶持方向有以下 3 个方面：设立农业产业化专项资金、扶持龙头企业建立生产养殖基地，以及农业产业化发展的投资资金投入。自 2002 年中央建立农业产业化发展专项资金后，2006 年为止共投入 5.5 亿元；1994 年以来，国家农业综合开发中持续将 30%的资金用于产业化经营项目的建设，以扶持龙头企业来进行优势主导产业的扶持。“十五”期间，中央财政投资 119.5 亿元进行产业化建设，其中农业综合开发资金 113.5 亿元，为 95%，通过投资参股和贷款贴息的形式扶持 1149 个产业化经营项目，建设高效农业种植基地 635.6 万亩，水产养殖 307.1 万亩。2006 年和 2007 年，中央财政划拨综合开发资金 34.3 亿元和 38.8 亿元扶持产业化经营项目，2009 年后取消综合开发资金，取而代之用投资参股和贷款贴息方式进行扶持。1988~2009 年，农业综合开发共同建设优质高效农业种植基地 2299 万亩，发展水产养殖 749 万亩，扶持农产品加工和农业生产服务项目 9074 个。

我国地方各省、自治区和直辖市也不断加大对农业产业化的财政扶持力度。2008 年内蒙古每年以增拨 1000 万元的力度扶持农牧业产业化，划拨财政基金 12 660 万元用于龙头企业和基地建设；陕西省 2005 年以来共投资 5.2 亿元扶持龙头企业项目 8 个；2008 年，甘肃省各级财政扶持龙头企业资金 3.64 亿元，比上年增长 28.1%；2008 年北京市扶持龙头企业的财政资金 3.2 亿元，江西省 5.7 亿元；江苏省 11.94 亿元，比 2007 年增长 63.1%；四川省用于发展农业产业化的财政资金为 8.78 亿元，除去 3.93 亿元为中央财政拨款外，省级财政资金 4.85 亿元。此外，其他省在增加农业产业化经营专项资金支持外，还将本省内用于农业和农村基础建设、水利、科技发展的资金与龙头企业的培育、基地建设、基础创新和市场开拓等结合起来，以提高资金的利用效率。

（2）税收优惠政策

税收优惠政策是通过优惠、减轻所得税、增值税和进出口关税及增值税的方式来减轻龙头企业的税赋。具体措施包括：暂免征收重点龙头企业的所得税；对部分农业生产资料免征增值税，且对于增值税一般纳税人购进农业生产者销售的免税农产品的进项税扣除率由 10%提高到 13%；对于《国内投资项目不予免税的进口商品目录（2000 年修订）》以外的商品中，符合国家高新技术目录和国家有关部门批准引进项目的农产品加工设备的进口关税和增值税免征。根据统计，2008 年，北京龙头企业获得税收减免额度 1.11 亿元，减免增值税 0.35 亿元，所得税 0.38 亿元；江西省龙头企业的税收减免总额为 5 亿元，其中增值税 3 亿元，所得税 1.8 亿元；2009 年，国家重点龙头企业的增值税和所得税减免总额为 91.8 亿元，比 2008 年增加 10.7 亿元，增加 13%，其中增值税减免额增加 18.7 亿元，增加 47%。

（3）信贷扶持政策

对龙头企业的信贷支持政策主要从 3 个方面出发：满足重点龙头企业的资金要求；降低企业融资成本；分领域进行重点扶持。财政部、农业部与中国农业银行、中国农业发展银行等合作，给予龙头企业以信贷支持，其政策主要包括如下三类：第一，国有商业银行在进行信贷资金安排上要给予龙头企业以倾斜。例如，对“集团型、科技型、外向型、资源型、带动型”龙头企业的信贷资金规模配置要优先安排；贷款利率根据企业存款、结算、农行综合收益和当地金融环境制定浮动比率；适当放开龙头企业使用扶贫贷款的条件，资本金可以降为 20%，信用等级可从 AA 放松为 A，抵押率提高 5%~10%，资产负债率提高 5%，贷款期限延长。第二，由国家政策性银行尽量满足龙头企业信贷需求，如中国农业发展银行在风险可控的前提下，增加对龙头企业的贷款投放规模，对龙头企业从市场直接收购和从中国农业发展银行开户企业调入粮棉油的资金需求，可纳入准政策性贷款范围进行重点支持；龙头企业如果需要流动资金，则可发放短期流动资金贷款，进一步符合条件可发放循环贷款、中期流动资金贷款；龙头企业进行生产基地或仓储设施的改造，需要固定资产投资的，可进行中长期贷款；对于暂时财务困难的龙

头企业，如果其基本面好、信用记录好、有竞争力、有市场，则可对贷款进行延期。同时，对于信用评级在AA及以上的企业，可进行公开授信，并扩大龙头企业的有效担保物范围等。第三，对龙头企业的出口，国有商业银行通过如下措施进行扶持：对于龙头企业出口需求流动资金贷款予以优先安排；对资信好的农产品出口企业给予授信额度，用于对外投标、履约和预付金保函的办理等。

2005年，我国龙头企业申请银行贷款2359亿元，比2004年增加24.6%。湖北省通过成立专门的农业产业化信用担保股份有限公司，通过与中国农业银行合作，签订了300亿元的信贷资金协议，为龙头企业提供担保；2000~2008年，北京龙头企业吸收银行贷款金额从10.08亿元上升为48.92亿元，年均增长42%；甘肃扶持龙头企业的贷款2008年为104.67亿元，增长38.2%；吉林2008年龙头企业贷款92亿元，江西90亿元；四川银行机构对300多户粮油产业化龙头企业进行贷款支持，共支持534个龙头企业发展，在余额为107亿元基础上发放贷款31亿元。

（4）科技扶持政策

我国在2006年中央一号文件中提出要“鼓励企业建立农业科技研发中心，国家在财税、金融和技术改造方面给予扶持；改善农业技术创新的投资环境，发展农业科技创新风险投资”，表明了近年来国家对龙头企业科技创新方面的支持，并在扶持龙头企业科技创新方面给予了多项优惠政策。第一，龙头企业进行研发新产品、新技术和新工艺所发生的各项费用，不受比例限制计入管理费用；第二，龙头企业进行技术研发的费用可在所得税之前扣除，即当年的龙头企业研发费用实际发生额较上一年增加10%或以上者，可申报按照实际发生额的50%抵扣当年应纳税额；第三，企业为开发新技术、研发新产品或购置关键设备、仪器的，单价低于10万元以下的可一次或多次摊入管理费用中，其中达到固定资产标准的单独管理不再提取折旧；第四，购买国产设备超过所需设备投资40%的，可从企业技术改造项目设备购置当年比前一年新增的企业所得税中抵免；第五，允许龙头企业申请试用国家有关农业科技研发、引进和推广资金，并鼓励龙头企业建立农业科研中心，发展农业科技创新风险投资。

（二）农民合作社发展情况

1. 农民合作社的发展现状

农民合作社是在农村家庭承包经营基础上，同类农产品的生产经营者或者同类农业生产经营服务的提供者、利用者，自愿联合、民主管理的互助性经济组织。进入21世纪，随着我国加入世界贸易组织，农业发展进入新阶段，农民面临国内、国际两个市场的竞争压力剧增，农民增收缓慢成为解决“三农”问题的重中之重。因此提高农业组织化程度成为破解目前困境的有效手段，在发展路径上，普遍认为“龙头企业+农户”的模式可以使农民增收，但不能改变农民市场的弱势地位，而发展“农民合作社”既可以实现增加农民收入的目标，又可以显著提高农民的市场地位。2003年7月1日起实施的

《农业法》明确提出："国家鼓励农民在家庭承包经营的基础上自愿组成各类专业合作经济组织；国家鼓励和支持农民专业合作经济组织参与农业产业化经营、农产品流通、加工及农业技术推广"。2004 年以来的中央一号文件中也都明确提出了支持农民专业合作社发展。据全国人民代表大会农业与农村委员会课题组的统计（全国人民代表大会农业与农村委员会课题组，2004），2004 年全国范围内农民专业合作经济组织已经超过 15 万家，其中在乡范围内组建的专业合作组织占 84%、县内组建占 10%、跨县的占 6%。涉及的行业和领域日益宽广，已由果蔬业、畜牧业、水产业、林业发展到农技服务、运输、粮油作物、水利建设、资源开发、手工业品生产等诸多方面。在此背景下，"十一五"发展期间，在政府的大力支持、扶持下，以农民合作社为代表的农民合作经济组织得到了极大的发展，国家首次以法律的形式明确了农民合作社的法人地位，并完成了政府法律保障体系、财政扶持体系的框架构建，农民合作社数量快速增加，在农村经济发展、农民增收等方面发挥的作用愈发显著。根据国家工商行政管理总局和农业部相关数据显示，自《中国人民共和国农民专业合作社法》（简称《农民专业合作社法》）实施以来，中国农民合作社登记户数（含分支机构）、出资额及成员总数都呈现出快速增加的态势。

（1）农民合作社数量不断增加

表 3.23 数据是 2008~2013 年中国全国及各省份农民合作社登记情况。总体来看，《农民专业合作社法》实施六年来，中国农民合作社登记数量的增加非常迅速，年平均增长率 57.7%，截至 2013 年农民合作社的数量在 2008 年的基础上增加了 784.7%，从 11.1 万家增加到 98.2 万家，增长趋势十分明显。

表 3.23　农民合作社登记数量变化

年份	2008	2009	2010	2011	2012	2013
数量/万家	11.1	24.6	37.9	52.2	68.9	98.2
增长率/%	—	122.1	53.9	37.6	32.1	42.6

资料来源：曹斌和苑鹏（2015）

从各省情况来看，2013 年农民合作社登记数量排在前四位的省是山东（9.9 万家）、江苏（7.1 万家）、河南（7.0 万家）、山西（6.3 万家），CR4 是 30.6，较 2008 年 42.4 较为分散。总体来看直辖市及西部地区的农民合作社登记户数量占全国登记总数的比例较低，其中，西藏登记农民合作社仅有 1895 家，占总数的 0.19%。各省市登记的农民合作社增长率存在着显著差别，增长率最高的是西藏和内蒙古，都超过了 2500%。山东增长率基本与全国平均增长率持平，是 57.6%。北京、浙江、山西、广西、辽宁、天津、上海、江苏、江西、重庆、四川，11 个省（自治区、直辖市）处于全国增长率水平之下。

（2）成员数量不断增加

2008~2013 年，随着农民合作社登记数量的增加，成员总数也直线上升，全国范围内的农民合作社成员总数从 2008 年的 141.7 万人增加到了 2013 年的 2951.0 万人，约占

全国农户数量的11.1%[①]，年平均增长率为89.8%。其中2009年增长率最高，达到176.4%，之后呈递减趋势，2013年降低到24.3%。从各省情况来看除江苏增长率远高于全国平均水平之外，其余省市的农民合作社成员人数增长率皆低于全国水平。另外，平均每家合作社的成员数量呈增长趋势。2008年是12.8人/家、2013年增加到30.1人/家，但是较2012年减少了4.4人/家。考虑到当前我国农民合作社监管体系尚不完善，合作社没有像工商企业一样实施年检制度，如实申报会在内部管理上提高成本，所以大多数农民合作社申请登记之后，虽然成员数量不断增加，但是并没有反映到工商行政管理局的统计层面，因此，我国农民合作社成员数量应该大大多于当前统计。总体来看，虽然具体数量不得而知，但是每家合作社成员的增长趋势是肯定的。

按照成员类型和成员人数进行细分，可以发现一些明显的特征。表3.24数据显示，在成员类别上，个人成员所占比例最高，2013年达到99.5%，比2008年略增加0.74个百分点。另外，在各类成员中农民成员所占比例最高，占到总数的98.3%，较2008年增加了3.8个百分点。其次是非农民（个人成员）、企业单位、事业单位、社会团体成员。

表3.24 中国农民合作社登记成员总数情况 （单位：万人·家）

	年份	2008	2009	2010	2011	2012	2013
	合计	141.7	391.7	715.6	1196.4	2373.4	2951.0
个人成员	农民	133.9	380.5	699.8	1175.5	2343.8	2899.4
	非农民	6.0	9.2	13.8	18.5	26.7	36.0
单位成员	企业单位	1.7	1.8	1.8	2.0	2.4	14.9
	事业单位	0.1	0.1	0.1	0.2	0.3	0.4
	社会团体	0.0	0.1	0.1	0.2	0.2	0.3

资料来源：曹斌和苑鹏（2015）

按照不同规模合作社数量变化来看，农民合作社规模化发展趋势明显。50人以上的规模农民合作社占合作比例从2008年的6.2%上升到2013年的7.8%，总数增加到7.6万家。其中，规模以上农民合作社的主要集中在“50~500人”区间中，2008年占总数的70.8%，之后比例逐年将降低，2011年下降到42.9%，然而成员规模“100~500人”类型占据了领先地位，达到47.3%。2013年“50~500人”区间是44.3%，“100~500人”41.8%，两者相差2.5个百分点。另外，成员500人以上规模的农民合作社增长非常明显，“500~1000人”从2008年的1.1%上升到6.5%，“1000人以上”的上升到7.4%。

（3）出资额增加

随着登记农民合作社数量的增加，农民合作社的出资总额也增长迅速，如表3.25数据所示，出资总额从2008年的880.2亿元增长到2013年的18 934.2亿元，年平均增长率84.7%。其中2009年增长率是179.6%，之后呈递减趋势，2013年下降到71.8%。但是，单个农民合作社出资额不断增加，由2008年的79.3万元/家，增加到192.7万元/家。各省（自治区、直辖市）农民合作社的出资额也逐年迅速增长。其中，2013年增长

① 农户通常以户加入农民合作社，按照国家统计局最新统计显示2011年全国农户数量是26 606.97万户。

率最高的是黑龙江、内蒙古和贵州。

按照出资方式来看，以货币形式出资的合作社占到多数，并且呈增长趋势。2008年货币出资金额占到总额的78.8%，2013年上升到86.2%。同期，以农地、生产资料等非货币形式出资的金额下降到了13.8%。

按照不同出资金额农民合作社数量来看，2008~2013年来出资额100万以上的大规模农民合作社数量增加，比例上升。2008年仅有21 107家，占合作社总数的19.0%，2013年增加到44.6万家，同比上升到45.4%。另外，在不同出资额区间的合作社数量都在增加，出资额在“100万~500万”的合作社比例明显下降，由2008年的87.1%下降到2013年的77.9%，但是，同期“500万~1000万元”的合作社比例由9.4%上升到16.1%，“1000万~1亿元”由3.4%上升到5.9%，然而出资额在“1亿元以上”的合作社比例显著下降。

表3.25　中国农民合作社出资详细情况

年份	2008	2009	2010	2011	2012	2013
合计/亿元	880.2	2 461.4	4 545.8	7 245.4	11 018.2	18 934.2
货币出资	693.5	2001	3 676.3	6 009.7	9 303.1	16 314.7
比例/%	78.8	81.3	80.9	82.9	84.4	86.2
非货币出资	186.7	460.3	869.5	1 235.7	1 715.1	2 619.6
比例/%	21.2	18.7	19.1	17.1	15.6	13.8

资料来源：曹斌和苑鹏（2015）

注：按照期末实有户数核算

（4）业务范围多样化

农民合作社从事的服务类型很多，主要涉及农业生产和与农业生产相关的农业生产资料的购买、农产品加工、销售、技术培训与推广等。根据农民合作社的业务范围，可以将农民合作社细分为以下9类内容（表3.26）。2008年，按照期末实有农民合作社数量来看，从事种植业和养殖业，两项占比将近70%，其次是农产品销售、与农业生产经营有关的技术信息和农产品运输、农业生产资料的购买等服务。2013年，在相同的统计指标下，中国农民合作社的服务类型发生了一些改变。从事种植业的农民合作社比例增加，从事养殖业的农民合作社比例下降，从事农业生产资料的购买、农产品销售、农产品运输、与农业生产经营有关的技术信息等服务类型的农民合作社比例都降低了，特别是农产品运输，降低了近20%。从事其他服务的农民合作社有所增加，农民合作社有向多样化服务发展的趋势。

（5）产品质量不断提升

据统计，截至2010年3月底全国已有20 800多家农民专业合作社通过了农产品“三品一标”质量认证，25 700多家合作社拥有了注册商标。广大农户通过农民专业合作社，依托组织化，推进农业生产标准化；依托标准化，促进产品品牌化；依托品牌化，不断开拓市场，有效提高了农产品质量安全水平，增强了产品市场竞争能力。

表 3.26 不同业务范围内农民合作社期末实有数量 （单位：万家）

年份	2008	2009	2010	2011	2012	2013
合计	11.1	24.6	37.9	52.2	68.9	98.2
农业生产资料的购买	1.7	3.7	5.5	7.5	9.7	13.7
农产品销售	2.6	4.8	7.0	9.7	12.7	15.2
农产品加工	0.5	0.8	1.2	1.7	2.1	2.1
农产品运输	0.4	0.7	1.0	1.6	2.1	1.8
农产品贮藏	0.4	0.6	1.0	1.6	2.2	2.5
与农业生产经营有关的技术、信息等服务	2.1	5.1	8.1	11.4	14.6	18.3
种植业	4.3	9.8	16.2	23.4	31.5	44.7
养殖业	3.4	7.6	11.5	15.1	19.6	25.2
其他	1.1	3.2	5.3	13.9	10.0	15.6

资料来源：曹斌和苑鹏（2015）

注：大多数农民合作社承担多种功能，因此分功能合计值大于实际合作社数量

2. 农民合作社主要模式

目前中国对农民专业合作社发展模式的分类很多，根据农民在合作社发展过程中的地位和作用不同，分类结果也大相径庭。苑鹏（2001）按照创办人与政府的关系，将农民合作社分为自办、官办及官民结合 3 种基本类型。全国人民代表大会农业与农村委员会课题组（2004）按牵头人划分为农民牵头领办、企业牵头领办、依托涉农部门或乡村干部领办和其他形式；黄祖辉和徐旭初（2005）从组织形式角度将其分为三类：比较经典的合作社、股份制与合作制相结合的股份合作社和专业协会。任芳（2012）认为我国现有的农村合作经济组织主要有两种基本的运营模式：一种是由行政领导牵头的，即“自上而下”型，由政府有关部门分流转体形成；一种是由企业家牵头的，即“自下而上”型，他们分为由农民自己组织兴办和由大型农产品加工企业组织引导农民兴办两种。除了这两种基本的运营模式之外，还存在许多政府引导、扶持，民间组建、运作的中间模式，即“混合”型，主要由政府和有关经济技术部门组织引导农民兴办或者联合兴办。管珊和万江红（2013）根据对浙江省温州市 9 个案例合作社的调研发现，农民合作社的发育主要依靠 3 类群体：一是村委会；二是有能力的大户；三是协会组织，即村委会牵头型、大户带动型、产业协会带动型。综合上述，目前采用领办人来划分农民合作社模式的方法能够客观地反映我国目前合作社产生途径的多元化和复杂化的现状，并且也能够较好地对分析合作社内部产权制度、治理结构，以及与政府、社区组织的关系等，是一种有效的选择。以下参考各方情况，分别介绍按领办人和按经济活动、业务领域服务类别划分不同类型的合作社发展模式。

（1）按照领办人划分（表 3.27）

i. 农民领办型

农民领办型合作社是由农村能人，如种养殖大户，在当地具有一定影响力的农民利

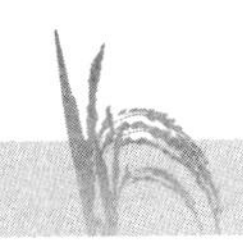

用自身的技术或者销售渠道，牵头兴办，农民参与的合作社发展模式。这种模式大多是在“能人”效应下成长起来的，其组建和运行过程有较强的自发性和独立性。成员大多是与“能人”有地缘、亲缘关系的本村或本县镇农户，相互间拥有较高的信用关系，进入门槛比较低。成员参加合作社的目的除部分人情关系不得已加入以外，大多数的成员还是希望联合起来通过集体购买，降低农资购买成本及提高谈判能力，寻求更大的市场空间和利润。合作社管理大多数集中在能人或者少数出资较大的股东手中，主要依靠能人的个人权威和能力来维系成员之间的关系，合作社产权比较模糊，盈余分配基本上按照惠顾额执行，但是分红较少。农民领办型进入组织没有严格限制，管理主要依靠地缘关系，成员违约风险、经营风险比较大。另外，其组织规模较小，融资能力有限，市场风险能力较弱。

ii. 经销商领办型

经销商领办型合作社是指产地农产品经销商利用自身拥有的渠道优势组建合作社的发展模式。这类模式的经销商大多是在本地出身，具有农产品销售的经验及比较稳定的客户渠道，通过组建合作社能够进一步满足自身对一定规格、质量的原料的稳定供给。与农户之间的合作比较松散，通常通过区分成员与非成员，给予成员一定优惠的方法吸引农户参加。部分经销商采取销售提成的方式，将自身利益与农户捆绑到一起，可以和农户建立比较稳定的信用关系，是专业的销售型合作社。也有部分合作社在发展到一定时期之后向农资、农技服务领域扩展的情况，但是对于这一部分的出资规模及盈利返还有一定的限制，是开放与封闭相结合的合作社发展模式。

iii. 村集体领办型

村集体领办型是围绕当地主导产业，把部分农户组织起来，开展服务，促进主导产业进一步发展的模式。中国的村集体是指村委会、村集体企业等组织，目前总体上存在服务功能不强、积累功能弱化、封闭性等问题，大多数带动力不足。由于农村土地集体所有的性质，决定了社区集体经济组织作为集体土地所有者主体和集体土地的管理者，集体财产的所有者代表及社区内公共产品的地主要供给者，其作用不可替代。另外，作为社区集体经济组织实际权利控制着的村支部和村委会成员一般是由本村农民选举出来的农村能人，这些人不但是当地的精英也在当地具有很高的威望，可以较为容易地调动资源，为农民合作社发展提供必要的支持。因此，与农户之间存在血缘、地缘关系，在日常生活中有较多的联系，来促进相互之间的合作。但是，这种合作社通常具有一定的封闭性，要求成员必须是本地区农户，而且成员与非成员之间在服务内容上也有所差别。另外，相关负责人会因为选举等发生变化，经营稳定性比较弱，加上行政性色彩较浓，成员很难控制合作社经营权，与村集体经济组织之间存在一定的重合。

iv. 基层农技部门领办型

基层农技部门领办型合作社是指当地农机服务站、农资批发商、农技研究所及技术员等涉农服务部门牵头组织的合作社。这些服务部门利用其人才、技术、场地、信息和设备的优势，吸收有关部门和农民参加组成农民合作社。郭红东（2011）介绍这一类合作社具备：第一，主要围绕当地的主导产业提供服务；第二，依靠自己的技术及服务优势，吸引农户加入；第三，形式多样，既有农业技术协会的性质，也有专业合作社的组

织性质；第四，农民是自愿参加，可以有偿或者无偿享受相关技术服务，本质上是针对该种技术依赖性较大的农户；第五，对加入农户有一定的限制条件，如生产品种、生产规模等；第六，理事会成员由技术拥有者或者较大规模的使用者构成，也有农机部门选派的情况。

表 3.27 按领办人划分不同农民合作社的特点

类型	农民领办	经销商领办	村集体领办	基层农技部门领办	供销社领办	公司领办
组织者	种养殖大户，在当地具有一定影响力的农民	产地经销商，农资经销商等与农户存在买卖关系的商人	村委会、农干部、村集体经济组织等	农技服务部门，民间研究所等	地区供销社	公司
合作社成员	本村或者本地农民	一般是当地农民，也对非成员提供服务	本村农民	技术利用者、农资购买者	本地区农民	农户
进入门槛	与组织者熟悉，进入门槛较低	与组织者存在购销关系，进入门槛比较低	与组织者同为本村或者同乡，进入门槛较低	对加入者有一定的限制条件，进入门槛较低	与组织者熟悉，进入门槛较低	公司需要支付较高的前期投入用于组建技术服务、购买生产要素等；农户需要具备一定的生产规模和生产技术，门槛较高
组织目的	获取规模化农资购买的回扣； 寻求更大的市场空间和盈利	获取更大规模的农资销售市场； 稳定农产品供给数量、质量	除追求利益以外，还具有帮助村民致富的使命和义务	促进技术销售普及	提高农业组织化程度；依托供销社资源降低原料成本；获得项目支持	实现原料稳定供给，通过公司监督与农户群体自我监督的有效结合，降低双方的交易费用
经营风险	进入组织没有严格限制，管理主要依靠地缘关系，农户违约风险较大，经营风险比较大； 组织规模较小，融资能力有限，市场风险能力较弱	产品供给或销售有口头或者书面协议保障，经营风险相对较小； 经销商通常都有稳定的销售渠道，抗市场风险能力较强	容易获取财政支援，但是负责人与村集体领导大都是同样的人，存在领导更替带来的经营风险； 经销经营较少，组织成员限于本村，抵御市场风险能力较弱	核心负责人往往由农技部门选派，成为农技部门附属机构，成本低，经营风险小； 很少涉及产品销售，极少涉及抵御市场风险的问题	挂靠或者由供销社入股建成，与供销社联系较为松散，相互之间违约风险较高； 依托供销社市场风险较低	市场价格变动与契约价格的一致性影响农户或公司的违约行为； 产品销售渠道有保障，抵御市场风险能力较强
特点	农户按照“一人一票”的原则获得合作社的控制权，按照与合作社的交易额比例获得合作社的收益权	成员与合作社是买卖关系，难以获得合作社的控制权。可以按照一定惠顾额获得一定的收益	是行政体系的延续，成员难以获得合作社的控制权。可以按照销售额获得一定收益	是盈利性农技体系的延伸；成员往往是技术普及对象，新型农资的销售对象	供销社盈利倾向较浓，与农民并没有实质上形成紧密的合作关系	合作社的本质是公司的原料基地，公司控制合作社的决策权和收益分配权

资料来源：马彦丽（2007）；郭红东（2011）；苑鹏（2013）

v. 供销社领办型

供销社领办型合作社是指依托当地供销社人员、机构、资金、固定资产或者设施而组建的农民合作社。供销社拥有庞大的机构和物质基础，领办的合作社一般比较稳定，能够解决合作社发展初期存在的资金、农资购买或者销路问题。目前，供销社领办型的合作社常见的有两种形式，即挂靠型和一体型。挂靠型是指供销社在组建和运行时只起

到指导和牵头的作用，比较常见的方式是协助填写合作社申报材料、基于挂牌等部分办公费用。比较紧密的方式是供销社委托代表或者直接派驻相关人员在合作社中担任理事长或者理事等职务，并且利用其拥有的机构或者设施为成员提供服务。一体型合作社是指入股形式加入合作社，同合作社产生更为紧密的利益共同体。出资方式通常以项目入股的方式为主，鲜有资金参入。

vi. 公司领办型

公司领办型农民合作社是以从事农产品加工或者销售等业务的企业为依托，吸收相关农户组建合作社，是以农业合作社为载体，将“龙头企业+农户”模式的对立关系内化为组织内部的交易关系的组织形式。常见的方式有企业参股、龙头企业+农民合作社+农民等形式，是当前非常重要的发展模式。企业领办合作社的目的是为了获得稳定的原料、保障一定质量的产品供给。由于目前农产品的市场竞争越来越激烈，同时消费者对食品质量的要求越来越高，农产品竞争已经逐步延伸到整个产业链，对于从事农产品加工的企业如何稳定货源是提升市场竞争力的关键所在。然而“龙头企业+农户”的形式将企业和农户放在了买卖的对立面，相互间违约风险比较高。通过中间载体，既可以代表农户和企业谈判，也可以代表企业和农户协商，相对较好地执行和监督农产品生产。但是由于企业与农户之间的出资金额相差较大，也就造成了农户不可能在合作社内部与企业获得平等的权利，企业往往利用自身优势提供生产资料、技术指导、资金借出、产品销售等服务并承担相应的风险，也因此掌握着合作社的控制权。成员只能获得农产品销售保障、分享部分合作社盈余。

（2）按经济活动、业务领域服务类别划分

张晓山和苑鹏（2009）按照合作社所从事的主要经济活动、业务领域等，将农民合作社划分为农业生产、农业供给、农产品销售和农业服务等类型。宋玉姝（2012）进一步将农业服务型合作社细分为技术信息服务类合作社、加工服务类合作社、运销服务合作社、仓储服务合作社、产加销综合服务类合作社及其他服务类合作社。另外，还有比较类似的分类方式，但是基本上采用了张晓山和苑鹏分类标准，只在组织边界界定上有所较小差别[①]（表 3.28）。

i. 农业生产合作社

农业生产合作社是指成员共同开展农产品种植或者采收、初级加工等全部或者部分生产经营的合作社。东亚地区农户经营规模普遍较小，农户经济实力比较薄弱，通过建立生产合作社能够提高农业机械化水平，降低单个农户的固定资本投入；能够推进农业标准化生产，促进农业技术推广；提高农业劳动生产力；增加农民收入水平；降低社区管理成本。

农业生产合作社在我国实践中往往采取两种基本形式：一是围绕土地承包权而展开的各种形式的农业生产合作；二是围绕农产品初级加工环节展开的合作社生产。前者称

① 田安国. 2012. 浅谈农民专业合作社运营模式. 合作经济与技术, 450: 22-23. 以生产、再生产环节为标准，农民合作社又可以分为四类：一是生产类合作社，即从事种植、养殖、采集、渔猎、加工、建筑等生产活动的各类合作社；二是流通类合作社，从事推销、运输、购买等流通领域服务业的合作社；三是信用类合作社，接受社员存款、贷款给社员的合作社；四是服务流合作社，通过各种劳务、服务等方式，提供给社员生产生活一定便利条件的合作社。

表 3.28 按经济活动、业务领域服务类别划分不同农民合作社的特点

类型	农业生产合作社	农产品销售合作社	农业供给合作社	农业资金互助合作社	农业服务合作社
组织者	农户、村集体、产地经销商、企业	农户、村集体、供销社、产地经销商、农技部门、企业	农户、供销社、农资供应商、农技部门	农户、企业、村集体	行业协会、政府、村集体、农资供应商、农技部门、企业
合作社成员	农户	农户、产地经销商、农技部门、企业	农户	农户	农户、农技部门
组织目的	提高农业机械化、标准化水平；促进新近农业技术推广；提高了农业劳动生产率；降低了社区管理成本	确保农产品销路；避免商业欺骗；提高农产品议价能力	降低生产投入物购买成本；提高生产技术水平	避免商业金融的剥削；促进小农发展；提升农民人格信用；抑制金融市场利率	改善农业生产基础环境；提高农业机械使用率；提高农业经营水平
主要模式	统种分管统收模式；统种统管统收与统种分管统收相结合模式；农机具共有，统种分管模式	收购运销制；委托运销制；联合运销制	生产资料供给型；生产资料和生活资料供给型	农业生产信用合作社；土地信用合作社	农业机械共同使用型；农田水利设施共建型；技术交流、技术推广型（农业技术服务合作社）
特点	以农地使用为纽带，通过生产者之间的合作，实现农机共同使用，降低单个农户生产经营成本。成员之间经营规模差异相对较小，农户掌握经营权	农户是领办人的生产工人，双方通过合同形式实现利益联结。农户虽然可以顺利确保产品销售，但是由于实力悬殊，很难实际拥有经营权	农户可通过规模购买降低生产成本，但是实际上容易沦为领办人的销售市场和忠诚使用者	建立在高度信用基础上的合作社发展模式，可以解决农户缺少流动资金的问题，但是容易被大股东控股，也容易出现资金外流的情况	领办人与成员之间少有形成紧密的利益共同体，合作社基本原则体现不突出，是技术型群众团体组织，是合作社发展的初期发展形式

资料来源：张晓山和苑鹏（2009）

为“土地流转合作社”，是指在家庭承包经营的基础上，由享有农村土地承包经营权（或林地经营权）的农户和从事农业生产经营的组织，为解决家庭承包经营土地零星分散、效益不高、市场信息不灵等问题，自愿联合、民主管理，把家庭承包土地（或林地）的经营权采取入股、委托代耕和其他流转方式进行集中统一规划、统一经营的农村互助性合作经济组织。当前，有很多农村家庭主要劳动力外出务工经商，无力耕种承包的土地，有的请人代耕，有的自行转包，有的甚至把土地转让给别人放弃经营权，因此引发不少矛盾和纠纷。通过建立土地流转合作社的方式，农户以土地经营权入社，把家庭承包的土地委托给合作社统一组织流转，由合作社与承租户以合同契约的方式确定租赁者与被租赁者的关系、明确权利和义务，提高了农业组织化程度，解决了土地流转无序的混乱状况，消除了农民的后顾之忧。同时，对于入社来讲，土地流转合作社这种形式使他们“离乡不丢地，不种有收益”。过去农民外出务工经商，家里的承包地只是保口粮，基本没有收益，甚至亏本。把土地委托给合作社统一经营，可以获得土地租金和种粮综合补贴，以及实际面积与承包面积的差异分红等收入。另外，合作社成员如果在业主承租的田里打工，还可以获得一定的工资性收入。土地流转合作社的方式大概可以划分为：一是统种分管统收的方法；二是统种统管统收与统种分管统收相结合的模式；三是农机具共同所有，统种分管模式。

ii. 农产品销售合作社

农产品销售合作社是帮助成员销售他们自己生产的产品，并尽可能地使成员获得最大收益的合作社。此类合作社是农业生产经营领域最为普遍的合作社模式，能够发挥促

进销售农产品；增加农民收入；避免经销商欺骗；提高农产品销售议价能力的作用。较为常用的合作方式有：一是收买运销制。合作社以市场价格收购成员产品，向合作社支付现金。合作社拥有充分的经营自主权。损益由成员分担。二是委托运销制。成员将产品委托给合作社销售，合作社扮演代理商和中介的角色，不承担任何价格或者其他风险责任，产品所有权始终控制在成员手中，销售风险由成员承担。合作社收取一定的手续费作为管理费用，年末盈余均分。三是合作社联合运销制。是指合作社把成员交上来的产品进行分级，把属于不同成员的同级同质产品混合在一起，分在不同时期内销售，各生产者得到产品销售价格是不同时期产品的平均价。

农产品销售合作社以拥有一定销售渠道的产地经销商和加工企业领办为主，也有村集体、基层供销社等主体领办的案例。这类合作社产生的主要意义不仅仅是把农民组织起来，提高农民收入，最为重要的是彻底改变了农民传统的经营方式，将农民带到现代农业的、工厂式的规范化、专业化、规模化生产中，使他们积极参与面向消费者的供应链构建中，不但使农民可以分享生产带来的增值，还可以享受流通环节的利润。

iii. 农业供给合作社

农业供给合作社是向成员提供生产中所需要的各种投入物，如种子、种禽种畜、化肥、饲料、小型农机、农药、农膜、燃料及其他生产资料等，降低成员成本支出的合作模式。这类合作社可以通过集体购买农业投入品，获得批量购买的规模效益，降低收集信息、谈判的交易成本及交通运输等生产成本，减少了价格和投入品的不确定性，提高成员的生产技术水平。这类合作社大多由农业生产资料经销商、农技部门、供销社等拥有一批懂经济、精于管理的人才队伍的经济组织领办，通过和农户的合作可以培育出一个稳定的消费群体或供货基地，农户也可以有质量保障的、价格相对低廉的农业投入品供应，甚至还可以获得一个具有良好预期收入的、稳定的农产品销售渠道。

iv. 农业资金互助合作社

农业资金互助合作社是指由农民和农村小企业按照自愿原则发起设立的为入股成员服务、实行成员民主管理的新型农村银行业金融机构。农村资金互助合作社领办人大多是乡镇、行政村农民、农村小企业，由 10 名以上符合银行业监管部门规定要求的成员发起设立，注册资本、营业场所、管理制度等达到监管部门规定要求，银行业监管部门才会批准成立新型农村金融服务机构。农业资金互助合作社具有弥补农村金融供给不足、网点覆盖率低、竞争不充分等问题，改进和加强农村金融服务的作用；有利于建立农村商业银行资金回流农村机制；有利于优化银行体系结构，降低系统性风险；可以有效地遏制民间非法金融的蔓延和发展的作用。常见的形式有农业信用合作社和土地信用合作社两种模式，前者是各国农村最为常见的一种模式，后者主要是为成员提供购买土地、改良农地、购买大型农机具和修建基本水利设施等。农业资金互助合作社的成员具有地缘、血缘、亲缘优势，成员之间知根知底，信息非常对称，成员向他们的互助社借款风险相对较小，贷款也无需区分成员用途。互助社都能及时满足农户小额的、比较频繁的信贷需求。

v. 农业服务合作社

农业服务合作社是指向成员提供农业机械共同使用、仓储设施、种畜、水利设施、

共同开展人工授精、品种改良、土壤测试、病虫害防治及电力设施建设等。较为典型的模式有：一是农业机械共同使用合作社；二是农田水利设施共同建设合作社；三是以技术交流、技术推广为核心的农业技术服务合作社。其中第三种类型是目前最为普遍的农民合作社，无论是数量上还是成员规模上都占据绝对优势。特点是由从事某项农产品生产的农户组成，农户生产经营规模偏小，通过加入合作社可以获得新品种、新技术、新方法等各项服务。领办人大多是农技部门、个人生产技术大户等，他们在发展过程中往往把服务内容进一步延伸到产前或者产后，为成员提供相关的生产资料和农产品销售服务，最终发展成为具有实际经营活动的综合性农民合作社。

3. 农民合作社的绩效分析

发展农民合作社的目的是通过农民合作社这一载体促进农民增收，增强农民获得经济收益的能力，进而提升农民经济、社会地位。目前，我国农民合作社发展呈多样化和渐进性的特点，合作领域有所拓宽，数量也不断增加，其发展绩效也有所不同。

（1）农民合作社视角的绩效评估

浙江省农业厅课题组（2008）认为农民合作社的绩效包括行为性绩效和产出性绩效两个方面。其中，组织运行、运营活动是行为性绩效指标，成员收益、组织发展和社会影响是产出性绩效指标。王立平等（2008）及赵佳荣（2010）认为农民合作社绩效评估还应该将生态效应考虑在内。程克群和孟令杰（2011）提出了评价农民专业合作社运行绩效的指标，并对其进行可行性分析和冗余度分析，研究评价指标的权重和无量纲化处理，计算出综合绩效评价数值并进行评价，从而构建适宜于农民专业合作社可持续发展的绩效评价指标体系。

从分析结果来看，刘滨等（2009）选取了江西省会昌县、鄱阳县等 7 个调查点，得到有效问卷 317 份，其中合作社 22 份，成员农户 194 份，非成员农户 101 份。研究表明，目前农民合作社的总体绩效不高，而且合作社之间的差别较大；内部治理结构形式上是健全的，理事会成员机构以农民为主，符合法律规定。而且绝大多数理事会成员以现金或者实物出资，成员也有很强的退社能力，能够享受到各种服务；合作社自身创造收益的能力非常弱，调研样本中有 5 家农民合作社在 2007 年没有经营产品收入；合作社的发展潜力不强，在 22 个样本农民合作社中只有 2 家拥有自己的加工企业，大多数合作社在生产和销售方面没有对农产品价值链进行主动延伸，社会影响力较低。

黄祖辉和邵科（2010）以浙江省 896 家农民专业合作社，采用 Bootstrap-DEA 模型测量了规模报酬不变情况下的技术效率与可变情况下的纯技术效率和规模效率。研究发现，农民专业合作社的平均效率水平较低，其主要根源在于纯技术效率水平低，主因是农民专业合作社经营不力和管理不善。农民专业合作社规模普遍较小导致其规模效率水平低。合作社负责人的企业家才能和成员的人力资本状况是提高合作社效率的关键因素。地区经济发展水平显著正向影响合作社效率。

刘洁（2011）以江西赣州市 40 家样本合作社为例，运用层次分析法构建合作社绩

效指标体系，从合作社的组织收益、成员收益、内部治理、发展潜力和社会影响等 5 个方面进行了评价，结果显示：①合作社的总体绩效不高。在 40 个样本中合作社之间差别不大，标准差为 6.5，两极化分化现象并不明显。绩效为“优”的合作社为零，绩效总体上处于中等或偏下的水平，大多数合作社尚处于初建和发展阶段。②内部治理结构尚不完善。多数合作社第一大股东的持股比例在 60%以上，股权较为集中，在治理结构上存在“一股独大”的可能性。还有 11 家合作社对退出成员存在“不退股金也不能转让”的规定，对退出权有一定限制。③组织和成员方面均具备一定的创收能力。几乎所有的合作社都能为成员提供统购统销的服务，农民加入合作社可以获得一定的好处。④合作社未来发展潜力较强。

另外，刘玉满等（2012）通过对奶业合作社的研究后发现，同一产业农民合作社运营模式与绩效差异较大。能人领办型、村干部领办型、企业领办型 3 种不同类型的奶农合作社运营效率存在较大的差异，如表 3.29 资料所示，能人领办型和企业领办型管理效率较高，村干部领办型小规模成员过多，管理效率较低。从盈利能力来看，企业领办型为了维持高质量的奶源，采用适当提高合作社盈利水平的激励措施，整体盈利水平较高。村干部领办型奶源质量不高、盈利能力较差。综合评价 3 种模式，企业兴办型奶业合作社的运营效率最高，合作社的绩效最好。

表 3.29　不同合作社模式的奶业合作社绩效比较

比较内容	能人领办型	村干部领办型	企业领办型
组织管理效率	由于规模较小，非正式组织的存在，管理效率较高	依赖于成员数量，若数量过大，小规模成员过多，则管理效率低下	由于成员经过严格筛选，企业管理方式先进，管理效率一般较高
上游市场[a]对接效率	组织者自身也是养殖户，具有足够的激励有效对接上游市场，但一般面临资金压力，市场对接能力较差	组织者有足够的激励有效对接市场，资金压力较能人合作社较低，融资能力较强，市场对接能力较低	企业一般会帮助合作社与上游企业议价，同时给予成员必要的支持，具有较高的市场对接能力
下游市场[b]对接效率	企业一般认为能人型合作社与养殖小区的奶源质量差不多，下游市场对接一般	由于村干部办的合作社一般养殖规模较小，下游市场对接较差	合作社作为企业的奶源生产部门，对接效率非常高
盈利能力	盈利能力一般，一般维持在养殖小区和合作社应该得到的利润率水平	盈利能力较差，主要是奶源质量不高	盈利能力较强，为了维持高质量的奶源，企业具有适当提高合作社盈利水平的激励
扩张能力	动机很强，但一般受融资、场地等建设能力的约束	扩展空间有限	按照企业的奶源需求量有计划的扩张
利润返还效率	一般普通的利润率水平	一般不高于普通的利润率水平	利润返还率较高

a. 上游市场对接主要指饲料、兽医等服务

b. 下游市场对接主要是指原奶销售

资料来源：刘玉满等（2012）

（2）农民视角的绩效评估

农民合作社对农民的增收绩效可以通过对比加入农民合作社的成员与同类没有加入合作社的农民的收入等指标进行验证。

孙艳华等（2007）利用江苏省养鸡行业的调查数据，对农民合作社的增收绩效进行

了实证分析，研究结果表明：与独立养殖农户相比，农户通过合作社的“利润返还”“饲料上门”“苗鸡上门”和“防疫上门”等功能与服务实现了较为显著的增收绩效，加入合作社的农户明显能够获得更多的养殖收入。其中，“利润返还”对提高增收绩效的意义最为重要。另外，合作社内部功能与原则的差异引起了不同合作社成员之间的增收绩效差异。因此，农民合作社从事的经济活动和业务领域的差异使得农业生产、农业供给、农产品销售和农业服务等类型的合作社同时存在，共同促进农民增收。但不同运营机制的农民合作社对农民的增收绩效程度是不一样。

张晓山和苑鹏（2009）对不同类型的农民合作社的农民增收绩效进行了详细分析后发现，各类不同类型的农民合作社能有效帮助农民解决生产、销售、技术、资金等问题，在促进农民增收中发挥了重要作用（表 3.30）。

表 3.30 不同类型农民合作社的农民增收绩效比较

类型	案例介绍	模式	效果
农业生产合作社	黑龙江省黑河地区某村的土地合作经营。村支书在以前的联合体基础上成立新的土地合作经营联合体，覆盖 70%农户	一是统种分管统收模式。联合体内 7 户农户对 40 多公顷耕地采取统一播种、分户管理、统一收获 二是统种统管与统种分管统收相结合模式。联合体内的 18 户农民将他们的 $80hm^2$ 土地统一耕种后，对于小麦生产实行统一播种、统一管理、统一收获，按组内人口平均分配，而大豆生产则采取分户管理、统一收获，各户责任田内的收获物归己所有 三是农机共有，统种分管模式。8 户农民购置农机具，统一耕种成员 $38hm^2$ 农地	机械耕地每公顷因减少拖拉机空运转而节省油耗平均 13.7 元，加上节省的机耕费、管理费等，每公顷可节省 400 多元；大豆的单产水平户均增产 17.5kg/亩，平均增收 5%，成本下降 2%。全村 80%的农户从事养殖业、输出劳务、输出农机服务，养殖业收入达到 26.5 万元，占全村经济总收入的近 1/4，全村劳务收入占全部收入的 10%以上；合作经营农户的人均收入超万元，其中 30%的家庭人均收入超 2 万元，而个体农户人均收入仅 3000 元
农产品销售合作社	四川省某果品合作社。某猕猴桃生产经销公司领办，由种植户、民办猕猴桃研究所、种植猕猴桃的公司及拥有国际销售网络的香港公司共同组建	成员按照出口标准生产产品；科研所提供全程技术服务；龙头企业负责农业生产资料供应，生产管理、组织运输、储藏、加工等；出口公司获取国际订单，提供市场信息及产品发运与结算	成员收购价比其他收购商高出 0.8 元/kg，产品通过加工、包装销售到日本、欧洲市场后，通过公开算账，农户成员再次获得 0.8 元/kg 二次返还，最终农户实际获得的价格为 3.2 元/kg，比当地当年的平均收购价高出一倍以上
农业供给合作社	西安郊区某辣椒合作社：镇供销社 28 名职工领办，由供销公司为农户提供物资供应和农产品购销等服务	由成员共同制定管理制度；合作社按照成本价向成员提供农资；帮助成员联系客户并统一宣传；成员自愿入股，股金在合作社内有偿使用，封闭运行，年末分红	每千克比本地平均价格高出 0.4~0.6 元/kg；获得入股资金分红
农业资金互助合作社	吉林省某农民资金互助合作社：成员股分为资格股、投资股和流动股，其中资格股每 200 元/股，投资股每 400 元/股，成员个人拥有的总股本不得超过合作社总股本的 5%	资金互助社共有成员 43 户，合计缴纳股金 33 200 元，合作社成立的两年多时间已经累计贷出互助款合计 38 000 元，80%的成员曾经从合作社获得贷款，且没有出现坏账	成员可以获得 10 倍股金额的贷款，解决流动资本不足的问题
农业服务合作社	山东省某山区县奶牛协会：兽医站领办，成员按每头奶牛 100 元出资，其中 50 元用于配种、防疫、上门治病等成本价服务，另外 50 元作为奶牛保险金	死亡每头牛补偿 1000 元；24h 值班制，值班人员接到电话不到现场服务，1 次违约扣 20 元；导致牛死亡的扣 500 元，向老百姓补偿 1000 元	入会的农户比入会前平均增加收入近 20%，为会员避免直接经济损失超过 3500 万元，4 年来累计死亡奶牛 100 余头，会员得到救助补偿金 10 余万元

资料来源：张晓山和苑鹏（2009）

刘滨等（2009）认为合作社为成员的创收能力比较弱。成员收益平均水平为 6.9，得分 45.9%，虽然所有农民合作社都存在分配机制，但是 10 个样本农民合作社的成员几乎没有得到利润返还，即使有也非常少。

郭红东（2011）对浙江省仙游地区的杨梅种植合作社进行考察，认为参加不参加合作社对农户种植杨梅的亩均纯收入有着显著的正影响，参加合作社农户能比不参加农户获得更高的利润。因此，合作社通过“利润返还”形式可以将合作社与成员利益联结起来，通过为成员提供产期、产中、产后全面服务，可以降低成员的经营成本。但是，向成员提供的服务内容不同对农户增收影响有所不同，其中，“生产技术标准”“技术服务和培训”“病虫害防治服务”“统一品牌（包装）”“农资采购服务”“代理销售”服务对增加农户收入有着非常显著的影响。“保鲜服务”“提供市场信息”和“按保护价收购成员产品”对农户收入有着比较大的影响；“提供种苗”在 10%水平以上显著，对成员增收有一定的影响。“加工服务”则几乎没有影响。

4. 政府扶持措施

2004 年中央一号文件中指出：中央和地方要专门安排资金支持农民专业合作组织开展信息、技术、培训、质量标准与认证、市场营销等服务；有关金融机构支持农民专业合作组织建设标准化生产基地、兴办仓储设施和加工企业、购置农产品运销设备，财政可适当给予贴息。2004 年，财政部将 5000 万元用于扶持农民专业合作社，农业部 2004 年本级预算 2000 万元专项资金用于农村专业合作社的补贴。2007 年 7 月 1 日《农民专业合作社法》实施以来，中央和各级地方政府相继出台扶持农民专业合作社发展的各项举措，积极推动农民专业合作社健康快速发展。主要措施如下。

（1）推动国家地方立法，着力打造法律法规保障体系

2007 年《农民专业合作社法》颁布实施以来，与法律相配套的《农民专业合作社登记管理条例》（国务院令第 498 号）、《农民专业合作社示范章程》《农民专业合作社财务会计制度（试行）》等法规相继实施，初步形成了保障农民专业合作社发展的法律框架体系。另外，地方政府积极出台地方法规，截至“十一五”末期，共有浙江、湖北、陕西、北京、江苏、黑龙江、辽宁、湖南、山东、安徽等 11 个省（直辖市），在坚持《农民专业合作社法》基本原则的前提下，结合地方实际情况，先后颁布实施了农民专业合作社法实施办法或条例，有力促进了当地农民专业合作社的不断发展和壮大。其他省也已经启动了地方立法进程，计划近期内颁布。

（2）落实完善相关配套制政策，完善政策扶持支援体系

中央各部委先后制定了财政、税收、金融、培训等支持农民专业合作社发展的优惠扶持政策。2007 年 12 月 20 日财政部印发《农民专业合作社财务会计制度（试行）》，初步规范了农民专业合作社的会计工作。2008 年 6 月 24 日财政部、国家税务总局联合颁布了《关于农民专业合作社有关税收政策的通知》，规定：①对农民专业合作社销售本

社成员生产的农业产品，视同农业生产者销售自产农业产品免征增值税；②增值税一般纳税人从农民专业合作社购进的免税农业产品，可按13%的扣除率计算抵扣增值税进项税额；③对农民专业合作社向本社成员销售的农膜、种子、种苗、化肥、农药、农机，免征增值税；④对农民专业合作社与本社成员签订的农业产品和农业生产资料购销合同，免征印花税。2009年2月5日银监会、农业部联合印发《关于做好农民专业合作社金融服务工作的意见》，要求各地农村合作金融机构进一步加强和改进对农民专业合作社的金融服务，支持农民专业合作社加快发展。

（3）加大扶持力度，着力打造财政支援体系

中央及地方政府依据《农民专业合作社法》第五十条规定，分别安排资金，支持农民专业合作社开展信息、培训、农产品质量标准与认证、农业生产基础设施建设、市场营销和技术推广等服务。农业部自2004年开始实施《农民专业合作社示范社创建项目》，每年对每个省、自治区、直辖市补助5～7家合作社，并对每家被列为补助对象的农民专业合作社示范社奖励20万元。截至2010年年底，中央财政累计安排合作社专项资金超过13亿元。各地政府相继出台了面向农民专业合作社的系列优惠扶持政策，为农民合作社快速发展创造了良好的发展环境。截至“十一五”末，共有28个省、自治区、直辖市出台了促进和支持农民专业合作社发展的专门政策文件，其中2007~2009年，全国省级财政对农民专业合作社的扶持资金累计已达到16.15亿元。另外，2010年5月4日，农业部会同国家发展改革委员会、科技部、财政部、商务部、水利部、国家林业局等7部门联合下发了《关于支持有条件的农民专业合作社承担国家有关涉农建设项目的意见》（农经发[2010]6号），鼓励一些有条件的农民专业合作社成为国家涉农建设项目的承担主体。农民专业合作社财政支援渠道进一步放宽。

（4）强化引导和培训，着力打造工作指导体系

“十一五”期间，中央、地方各级政府开展了形式多样、内容丰富的《农民专业合作社法》法律知识学习宣传活动。农业部创办、完善了“中国农民专业合作社网”，通过网络广泛宣传法律精神、中央政策及地方经验，还出版了《农民专业合作社理事长管理事务》《农民专业合作社辅导员知识读本》等材料，有针对性地加强合作社人才队伍建设。另外，各地也根据实际情况对合作社理事长、地方的农村经济体制与经营管理站辅导员及会计人员开展了培训活动，截至2010年年底各类合作社人才培训超过100万次。

（5）加强经营指导服务，促进市场竞争力升级体系

农业部与商务部、财政部联手启动以农民专业合作社直供、原产地直采为主要内容的“农超对接”“农校对接”“农企对接”等农产品现代流通方式。据统计，通过“农超对接”的合作社超过2000余家，全国各级进入超市的合作社超过1万家。另外，各地方政府采用补贴、项目支援等方式支持农民专业合作社创立自有品牌，对申请原产地、无公害、绿色食品、有机食品认证的给予人力、资金补助。有条件的地方农业主管部门，

根据实践发展需要，设置了农民专业合作社指导和服务工作的专门机构，配备专职人员，加强业务辅导，保障工作经费，为促进农民专业合作社规范快速发展，提升产品的市场竞争力提供了有力的指导和保障。

（三）主要产业农业组织化发展情况

1. 种植业（粮食作物）

（1）商品特征

粮食是以土地为基本生产资料，呈现出规模化经营的规模报酬递增特征的农产品。根据许庆等（2011）对我国5个省100个村庄的1049户农户的调研数据进行的实证研究来看，除了玉米和晚籼稻呈现出规模报酬不变，以及中粳稻规模报酬递减外，其他的粮食作物的生产均呈现出规模报酬递增及规模化经营中呈现出成本递减特征。其主要原因很大部分得益于种植的机械化。Hayami 和 Ruttan 通过对农业生产函数的估计得出结论，认为发达国家农业的规模报酬递增得益于农业机械的大规模使用，而发展中国家农业生产规模经济的限制性因素在于机械化程度较低。然而，粮食生产对我国粮食安全意义重大，因此必须保证粮食产量，这样就造成粮食生产对市场的依赖度相对较小，但对农业政策的依赖度相对较大的情况。陈飞等（2010）的实证研究结果显示，当前在我国农业支出政策和农村固定资产投资是拉动粮食增产的最重要因素，粮食种植得益于国家粮食最低收购政策等的保护，对行政手段有着较大程度的依赖，而市场的影响力较弱。

另外，从产业链的特征来讲，相比蔬菜等生鲜产品、花卉、禽畜农产品行业，粮食种植业和加工之间的紧密协作需求较小。这主要是因为，大多数粮食收获后只需要放在阴凉通风处就可以保存较长时间；可以不需要经过加工企业进行分级、加工而直接进行销售，对加工企业的依赖程度较低；粮食专用性较弱，导致粮食企业之间的过度竞争。

（2）龙头企业的模式

传统的粮食龙头企业的经营模式如图3.6所示。从粮食产业链的整个流通过程来看，所有的参与者包括农资供应企业、粮农、粮食收储企业、国有粮食企业、粮食加工企业、批发零售企业及消费者，同时还需要政府和科研部门、行业协会、合作社等利益相关者的参与。在整个粮食产业链中，粮食加工企业处于核心地位，是粮食市场的组织者、带动者、市场开拓者及技术创新和传播者。传统粮食龙头企业主要涉及粮食加工和深加工企业，涉及的领域包括小麦、稻米、玉米等大宗粮食作物的加工与深加工。在整个粮食产业链条中，传统的粮食龙头企业经营模式并不涉及与农户的紧密协作，往往是由粮食企业通过参考市场收购和托市收购价格，收购农民的粮食进行加工和深加工。

传统的粮食龙头企业的经营模式下存在着如下问题：第一，粮食产业链主体之间的

松散联系导致粮食龙头企业的粮食供应不稳定，增加了粮食龙头企业的运营成本和市场风险；第二，粮食行业大型企业与中小企业并存，在传统粮食企业经营模式下，过分受制于粮食供应来源的稳定性等因素，难以实现资本的积累和规模的扩大；第三，随着社会分工的不断深化和粮食生产、加工技术的不断发展，我国粮食市场容量大大增加，且消费呈现出多样化发展，与此同时，我国居民的直接粮食的数量及消费所占日常食品消费的比例有所下降，这导致孤立生产的农户迫切需要与产业化经营单位龙头企业、科研院所等建立联系，以实现规模化经营和成本的节约，并获取更多的市场份额。

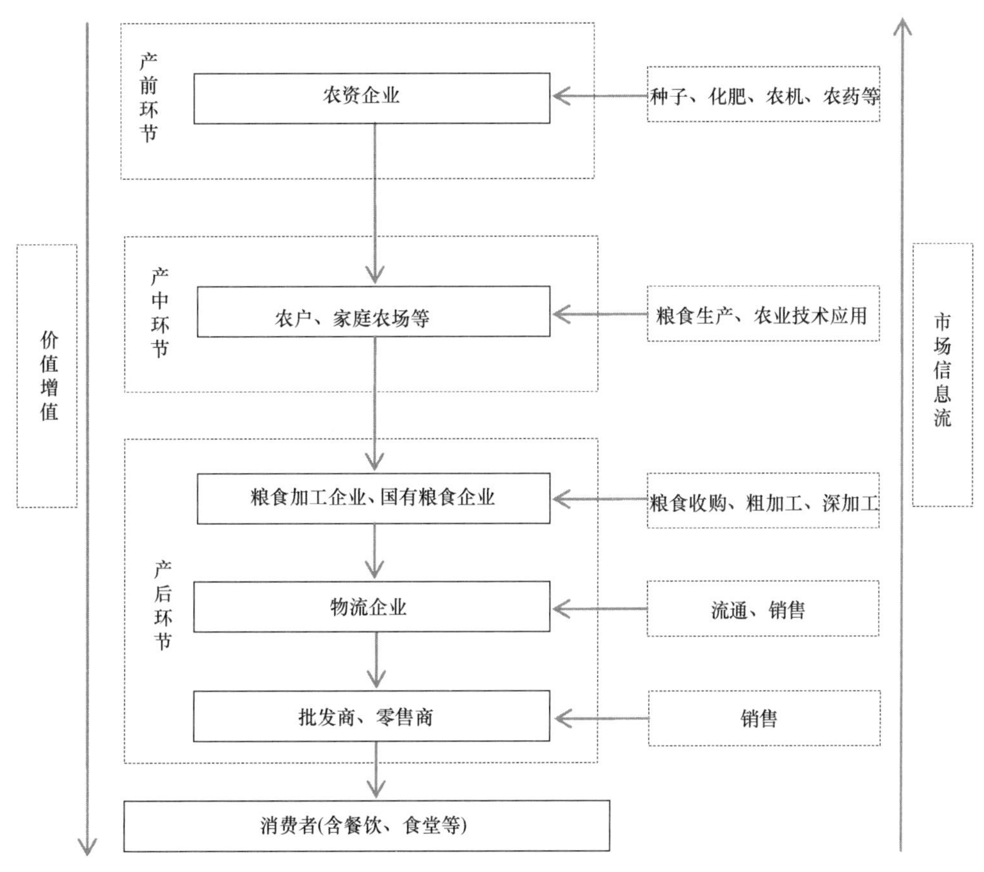

图 3.6 传统粮食龙头企业产业链模式

根据传统粮食龙头企业经营模式的缺陷，结合我国土地流转政策的全面实施，未来粮食龙头企业只能以实现规模经济、获得稳定的粮食供应、生产加工多样化粮食产品为发展方向。基于此背景下，现代粮食龙头企业经营模式主要有“龙头企业+农户”“龙头企业+基地+农户”“龙头企业+农民合作社+农户”，部分企业与农户的合作生产经营中，还有农技合作社等多种形式的专业合作社的加入，为粮食的规模化经营提供机械化服务。

目前我国粮食加工企业及购销企业的生产经营模式中，与农户的联结形式大多数是通过“龙头企业+农户”，由龙头企业与农户之间签订合同，形成契约关系，与粮农形成

生产、加工、销售的一体化企业，企业根据市场对粮食产品的需求，下订单，由农户按照其要求进行生产，之后进行收购，不但克服了传统模式下货源不稳定等问题，而且提升了粮农的收入，也有利于粮食企业的发展。但是，“龙头企业+农户”模式有着其天生的组织缺陷，龙头企业和农户都有着较强的违约风险，且这种风险是无法消除的，因此，粮食企业的订单型经营模式下的粮食生产契约有了不同程度的改进，具体可如表 3.31 所示。

总体而言，目前我国大部分地区的粮食龙头企业的经营模式还是通过“龙头企业+农户”的方式进行。尽管在龙头企业与农户之间的契约缔结方面有所改进，但是由于粮食生产所独有的特点，“龙头企业+农户”模式下，双方违约动因无法避免。一是粮食行业属于寡占结构，加之粮食消费需求的多样化，粮食龙头企业的竞争较为激烈，因此，企业竞争粮食供应的情况不可避免，农户也始终具有毁约的驱动力，以获得更高的价格。二是“龙头企业+农户”模式下，龙头企业与农户之间的利益关系相对松散，当发生自然风险时，则容易提供不符合质量标准和数量的粮食，导致违约发生。

表 3.31　粮食产业“龙头企业+农户”模式下契约改进形式及案例

违约风险	成因分析	改进方法	案例
契约的利益联结性弱	农户与企业的违约成本较低，违约动机较高	粮农投资入股	浙江省乐清市丰粮农公司通过吸收订单粮农投资入股，实现公司经营利润的“二次分配”
		成立粮食股份合作社	粮食企业与农民共同组建的粮食股份合作社，通过二次结算的订单形式，将市场风险分担内部化
价格波动	自然因素导致市场价格与订单价格之间产生差额	二次分配，二次结算	
		价差补齐	
	企业或农民之间竞争导致价格变动	高价预定	可卡西公司订单约定市场价格高于订单价格时，以高于市场价 30%预定收购
质量问题	农户生产过程中无法受到及时的监管，产生质量问题；自然因素导致粮食质量与订单不符	免费提供生产要素和技术指导	可卡西公司在粮食生产之中免费提供专用有机肥，并向订单农民派专家指导专用有机肥的使用、农药的喷洒及提升香花稻栽培技术水平

资料来源：作者制作

（3）粮食农民合作社

i. 种植类粮食合作社

种植类粮食合作社以农户为主体，以稳定特定市场主体稳定供给为目的，根据发起人可以分为以下几种类型（黄君，2009）。

第一，能人领办型粮食合作社。由一名或几名种粮大户发起牵头，联合组织若干农民自发组建。合作社按照“入社自愿、退社自由、互助合作”和“民建、民管、民受益”的原则组建，是按照一定利益联结方式，共同进行生产经营活动的互助性经济组织。最大特点是成员生产规模普遍较大，相互之间合作意识较强，而且成员之间实力相差不大，同质性较强，农民在合作社中处于主导地位。这种模式合作社充分体现了合作社与粮农的关系，可以通过成员之间的民主决议实现生产资料的统购、产品的统销，往往也可以按照标准化要求组织生产，提高粮食产量和质量。部分合作社甚至可以实施品牌运作提升产品的市场知名度，提高产品附加价值。

第二，部门依托型粮食合作社。由农技推广部门、基层粮店、农村供销合作社等出资入股，联合种粮大户组建而成。合作社在当地建立粮食生产基地，基地农民与合作社签订粮食购销合同，基地内实行统一品种供给，农民接受合作社技术指导与生产监管。合作社提供一定的保障收购农民粮食，合作社自己加工粮食，实行品牌化销售，产生的效益或者全部归实际入股方，或者按照一定的协议与社员按股份分成。这种合作社最大的特点是成员之间同质性较弱，拥有一定资源的组织机构为合作社提供办公场所，固定资产或相关设施，并且为合作社聘任技术专家骨干，因此在合作社里拥有较强的发言权，粮农与合作社关系不够紧密，没有形成利益共同体，是股份制与合作制的结合。

第三，公司带动型粮食合作社。由龙头企业牵头联合农民组建而成，基本上是由“龙头企业+农户”组织模式演变而来。合作社向成员提供生产某一环节或者全部环节的服务，成员将自己种植粮食按照约定价格销售给龙头企业加工成各类产品，然后销售给全国各地，本质上是把龙头企业与农户之间的对立内部化的一种组织模式。

ii. 服务类粮食合作社

服务类粮食合作社主要是农机合作社，以农机维修站、农机销售部门或者农机大户牵头，组织拥有农机农户组成农机合作社，实现农机具的集中管理、统一调配，为周边粮农提供耕、种、收、打药甚至销售的某一环节或者整个环节的服务，提高农机的使用效率。截至 2011 年年底，全国依法登记的农机合作社达到了 2.8 万个，合作社平均年增长率为 56.98%，成员数量平均增长率为 82.18%。数量最多的 3 个省份是：河南、山东和江苏。金福俊等（2011）以沧州为例，曹光乔和吴萍（2013）根据 2011 年“全国农机化固定观测点”对 21 各省份的 52 家农机合作社的问卷调查，认为农机专业合作社可以分为以下几类。

农户股份型农机合作社。农户共同出资、财产共有的合作社，除自用以外也对非成员提供服务，按照出资比例分配利润。这种运营模式可以实现机械的统一管理、统一作业、统一核算、自主经营、服务成员、利益风险合理分享与分担，充分调动各入股户的积极性。

大户领班型农机合作社。由农机大户牵头吸收个人以机械设备投资入股，大户利用自己经验、人脉等优势资源，吸收其他农机使用者带机或者带资入股，有效利用农机资源，为农户提供服务。这种模式可以解决农村缺人才、缺资金、培训不到位、农民买不起农机具的问题。

村集体等领办型农机合作社。村集体等牵头组织集体和农户带机械建立农机作业服务队。农机所有权归持有人所有，合作社对农机实行统一登记、统一管理、统一作业、统一收费，实行单机核算，多劳多得，按作业量统一提取一定比例的管理费和供给金。

农民利用农机合作社的方式多种多样，可以将自己的土地出租给合作社经营，合作社年底交付一定的粮食作为租金或给现金；可以由合作社提供粮食生产全程机械化服务，农户给合作社交低于市场价的服务费，最后收获的粮食全部归农户所有；可以采取农户将土地折价入股，由合作社统一管理，最后年底按股分红的方式；还可以在农业生产过程中，选择让合作社提供部分机械化服务，并交纳相应的费用。

2. 种植业（蔬果作物）

（1）商品特征

蔬果作物作为经济作物具有如下商品特征：第一，具有较强的产品异质性。蔬果作物种类繁多，标准化生产困难，等级划分较为困难，异质性较强。第二，市场集中度较低。蔬果作物生产技术易于掌握，沉淀成本不高，行业集中度较低，各个环节的比较激烈。第三，价格波动较大。蔬果作物保鲜期短，难以通过仓储调整、延长出货时间，往往采收后 24h 之内就要消费，在无保鲜设备的情况下往往不会超过 1 周，若出现大量上市会造成价格暴跌。同时还容易受到温度、日照、湿度等自然条件变化及消费习惯等因素制约发生价格波动，对市场的依赖性较强。第四，商圈范围有限。蔬果作物生长受到地域限制，具有资源禀赋特征，而且易腐烂，长途运输难以满足消费者对新鲜、可口的绿色蔬果作物的需求，在生产、流通过程中对于流通技术依赖较高。第五，蔬果作物是劳动密集型产业。随着农业技术的变革，现代化机械设备的运用，蔬果作物生产中技术、资金比例越来越高，但是采摘、分级等过程中依然需要大量人工来完成。

（2）龙头企业的经营模式现状

20 世纪 90 年代后期，随着市场经济的不断发展，农产品出现了农户卖粮难和买菜难的困境。1993 年，山东省蔬菜企业出口创造了“蔬菜出口企业+农户”的组织模式出口蔬菜。随着蔬菜产量增加和竞争的加剧，我国国内市场趋于饱和，2004 年仅蔬菜产值就达到 4700 多亿元，人均蔬菜占有量 415.1kg，位居世界第一，蔬菜市场由卖方市场转变为买方市场，菜农“卖菜难”困境日益突出。同时，随着人们生活水平的提高，消费者对于蔬果作物的安全性、绿色性成为新的需求，蔬菜市场出现了安全蔬菜供给不足而普通蔬菜供给过多的情况。蔬果作物的“龙头企业+农户”模式逐渐成为主流，特别是近年来，随着“农超对接”等生鲜农产品流通模式的大力推进，龙头企业范围逐渐从批发商，扩大到加工和深加工企业、蔬果批发市场，以及沃尔玛、家乐福等大型零售商等。但是，由于蔬果作物具备异质性强、农户种植规模偏小及易腐烂等商品特征，对于分级、物流需要的技术标准比较严格，蔬果龙头企业可划分为销售型和加工型，运营模式用图 3.7 表示，难以完全保障产品稳定供给。因此，农民合作社、经纪人等中介组织在蔬果龙头企业的产业化经营中发挥了重要作用，衍生出了其他的产业化模式，包括：“龙头企业+基地+农户”“龙头企业+农民合作社+农户”等模式（图 3.7）。

3. 养殖业（禽畜蛋类）

（1）商品特征

i. 禽畜蛋产品市场集中度低，市场竞争激烈

禽畜蛋产品主要是禽类、畜类和蛋类，这类产品的生产具有生产周期较长、易腐烂、储存困难、资源稳定性较差的特点。加上产品质量标准较难统一，定价较难，因而禽畜蛋企业发展呈现出数量多、规模小的特征，行业竞争较为激烈。

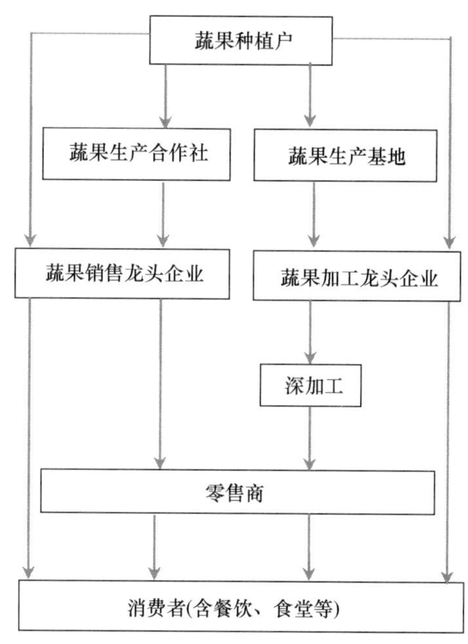

图 3.7 蔬果龙头企业的经营模式

ii. 禽畜蛋行业的市场进入壁垒较低，但是退出壁垒较高

禽畜蛋企业进入市场后，需要进行圈舍、机械设施等固定资本投资，这类固定资本投资往往具有较强的专用型，一旦企业要转型或改变经营业务，退出行业的话，用于禽畜蛋加工生产的固定资本转让难度大，因而会产生较高的沉淀成本。

iii. 禽畜蛋行业的产业链较长，关联度低

禽畜蛋产品的生长周期长、易腐烂、季节性强，再加上禽畜蛋农产品本身质量检验标准和设备的普遍缺乏，企业往往对禽畜蛋产品的价格和质量判断缺乏统一标准，因而禽畜蛋加工和零售企业与生产者如农户、经纪人等之间缔结的契约约束力较小，违约行为普遍存在（于俊秋，2004）。

iv. 禽畜蛋企业的生产和管理成本较高

禽畜蛋产品的产品特点导致产品的生产和流通较大地受到自然条件变化的影响，需要大量的规范化管理投资才能够实现有效的生产和流通管理，导致该行业的企业生产投资成本较高。

v. 禽畜蛋末端需求多样化

消费者对禽畜蛋产品的消费行为随着收入差距扩大，越来越复杂，企业为了满足不同市场需求必须提供不同产品，市场进一步细化，但是产品之间又存在一定的替代效应，造成产品种类繁多、品牌繁多。

（2）“龙头企业+农户”模式

禽畜蛋资源分散、禽畜蛋生产具有周期性、季节性和易腐性，禽畜蛋类龙头企业的生产还仍然以“龙头企业+农户”的方式进行生产经营。但是由于该行业价格波动较大、质

量安全要求高等特点，“龙头企业+农户”模式下农户的利益容易受到损害，因而在此基础之上，又衍生出了“农民合作社+农户”“龙头企业+农民合作社+农户”和“龙头企业+基地+农户”及几种组织模式的混合。但是在这些模式中，龙头企业与农户之间仍然是独立的市场主体，市场的交换仍然以契约衔接，关系简单，利益联结较为松散。

为了稳定货源，并实现规模化发展，部分龙头企业通过改造原有的“龙头企业+农户”模式或“龙头企业+农民合作社+农户”模式，实现与农户之间更加紧密的利益联结，从而保证货源，实现规模化经营。具体的例子包括雨润模式、东进模式、温氏模式等多种模式（表 3.32），并呈现出多种多样的企业经营模式。

表 3.32　三大模式下企业提供的服务及企业、农户收益对比表

模式类型	雨润模式	温氏模式	东进模式
企业提供的服务	技术培训、防疫、生产资料货款垫付 50%、自主研发的新品种	技术培训、防疫、饲养场地	技术培训、防疫、资金帮扶、公益服务
企业收益	稳定的货源；规模化经营收益	稳定的货源；高质量的产品；产销价差	稳定的货源；高质量、差异化的产品；规模化经营收益
农户收益	更高的产业链增值收益分配；更低的养殖成本	高于市场价格的收益；较低的养殖成本	企业分红、高于市场价的收益；教育、养老等服务
利益联结	契约	契约	契约、入股

资料来源：笔者制作

江苏雨润集团是国家级重点龙头企业，以肉食品为主，兼营大豆、鸡蛋、菜籽油和葱蒜等其他产品的生产加工。雨润公司与农户之间的利益联结模式主要包括订单模式、扶贫模式和科技开发模式。其中订单模式的购销合同价格是按照市场价格走势进行预测，并根据市场价格调整后，按照高于市场价格进行收购。考虑到生猪规模养殖的资金投入较大的特点，雨润公司通过与政府合作，挑选有一定养殖规模的农户到公司进行种猪品种的选择，苗猪款由企业垫付 50%，并在养殖基地的乡镇成立培训学校进行养猪技术、疫病防治的授课。雨润模式下，降低了农户承担的市场风险和企业的违约风险，且降低了农户的资金压力，从而有利于与农户建立稳定的合作关系。此外，雨润公司还投入大量资金兴建雨润畜禽良种研究中心进行禽畜基因遗传、选种育种、无公害饲料研制和禽畜肉类检验研究，以求通过科技来实现良种的培育，从而实现生产的前向整合，提高带动力。但是也存在农户育肥阶段管理及疫病风险，要求农户诚信度要高，否则，市场好时回收育肥猪、收回赊款风险较大。

江苏太仓温氏家禽有限公司是一家肉鸡饲养的龙头企业。该企业并不直接参与肉鸡的养殖和销售，而是作为肉鸡产业的组织者，对肉鸡养殖产业链、综合配套、科技开发和肉鸡收购进行管理，创建了“龙头企业+饲养户+运销户”的组织化模式。该模式中，温氏家禽通过向农户提供鸡种选育繁殖和鸡苗供应、饲料配方研制、药品和防疫服务、养殖技术服务、肉鸡收购检验服务、市场信息和批发销售服务，与鸡农签订合同，公司定期发放鸡苗、饲料和药物，定期回收肉鸡，并交由运销组织进行销售。企业与农户签订契约时，农户每只鸡要交付 3~5 元的合作基金，开户后到公司养鸡，每只鸡的毛利约为 1.5 元，饲养周期约为 2 个月，公司根据市场行情将鸡进行统一供应，交给运销户，运销户每只鸡盈

利 0.2~0.4 元（王凯，2003）。公司付的回收款按照质量和数量一次性付清，农民预交的合作基金和公司发放的鸡苗、饲料和药品费用等都按照发生天数计算利息。

东进农牧公司是一家出口猪肉的农产品加工企业，是一家国家重点龙头企业。该公司在企业+农户的基础上，将农户扩展为村庄，发展了多种猪肉生产加工与出口运营模式。总结而言，东进农牧与农户的合作方式主要有：直接签约、与专业大户或中介组织、乡村组织签订合同带动农户、通过联合办合作社带动农户、通过建立稳定的产销合作关系带动农户、农户入股、合作社入股带动农户及其他合作方式。从 2007 年和 2008 年的数据来看（表 3.33），东进农牧在与农户的合作过程中，不但提供生产资料服务、技术服务等，还为农户提供资金借贷服务，并承担了较多的社会责任，向村里老人提供养老服务，通过兴建中小学、设立奖学金等方式来提供教育服务等。东进模式下，所有与之合作的农户全都受益于东进提供的多种公益性和非公益性服务，这从根本上降低了农户与企业合作的一般契约模式下的违约风险。

表 3.33　东进农牧与农户的合作形式及农户数量分布表　　（单位：户）

年份	带动农户数	合同制		合作制		股份制		其他
		直接签合同	中介带动	合作社带动	建立稳定产销关系	农户入股	合作社入股	
2007	4630	946	1100	224	1206	120	154	936
2008	4662	966	1100	168	1316	220	218	618

数据来源：罗必良和欧晓明（2012）

4. 畜牧业（乳业）

（1）商品特征

i. 产品异质性较强

受到消费市场的影响，乳制品的异质化多来自于非技术因素的销售因素。我国乳业由最初的以生产加工技术科技含量较低、运输保存较为方便的奶粉为主，发展到科技含量较高、运输保存较为复杂的液态奶为主，产品结构发生了较大变化，且随着企业竞争的加剧，市场上的乳制品种类细分越来越多，目前我国奶粉以年龄为细分、功能为细分的品种越来越多，液态奶的包装杀菌和制造技术发展，使得液态奶也成为市场主流，加上乳酪、奶油等的发展，我国已经成为世界上奶制品品种最全的国家之一。

ii. 市场高度垄断

根据张照新等（2010）对我国 2009 年乳业重点龙头企业的市场集中度测算，2009 年，乳业市场 CR8 超过 70%，属于极高寡占型的市场。而乳业市场的市场集中度测算指标在 2002 年仅为 42.87%（赵剑峰，2004），属于中寡占市场结构，说明近年来乳品企业在经过高速扩张后，已经在全国范围内形成了较强的市场势力。

iii. 品牌化效应明显

由于消费者对乳制品行业的食品安全性、营养性要求较高，然而当前企业的技术趋同，因而产品的差异化主要依靠广告、包装、宣传等营销措施，并逐渐建立了消费者对

不同乳业企业、品牌的忠诚度，是乳制品产品差异化的重要源泉。

iv. 对品质管理要求较高

自从三聚氰胺事件之后，我国消费者对于食品安全要求越发严格，企业对奶源的控制成为企业提供的奶制品安全的关键控制点，并且随着竞争的加剧，消费者对质量安全的注重，竞争优势的最终源泉应当是源于技术的投入，从而制造具有根本差异性的产品，以获得更高的市场份额。

当前，我国乳业组织模式主要有以下 3 种形式，其中由龙头企业引领的是“龙头企业+农户”“龙头企业+标准化牧场”，由奶业合作社参与的主要是“龙头企业+奶业合作社+农户”（表 3.34）。

表 3.34　乳业组织化模式的对比

经营模式	龙头企业+农户	龙头企业+标准化牧场	龙头企业+奶业合作社+农户
参与人	农户、龙头企业	农户、龙头企业	农户、奶业合作社、龙头企业
企业提供服务	原奶运输和收购	原奶运输和收购、资金服务、生产资料服务、技术服务、机械服务等	原奶运输和收购、资金服务、生产资料服务、技术服务、机械服务等
企业风险	奶源质量风险、奶源不稳定风险、价格波动下农户违约风险、谈判和管理成本极高	较高的组织成本、较大的牧场建设投资风险	与奶业合作社的谈判成本、违约风险
企业收益	较低价格回收原奶、获得单价高利润	稳定的奶源供应、高质量的奶源、较低的交易成本、获得更高规模化高利润	稳定的奶源供应、高质量的原奶、较高价格回收奶源、获得规模化高利润
农民收益	稳定的销路、按照契约规定价格获得收益	降低生产成本、获得更高的利益分配	降低生产成本、原奶销路稳定、获得资金服务、获得股利或分红
农民风险	奶企压价回收、质量问题拒收、疫病等自然风险		

资料来源：笔者制作

（2）“龙头企业+农户”模式

2008 年三聚氰胺时间之前的十几年里，我国乳业龙头企业在进行生产经营方面，以“龙头企业+农户”[①]和“龙头企业+奶站+农户”[②]的模式为主，迅速实现了市场集中度的增加和企业的扩张，并实现了对奶源的控制。由于垄断竞争格局的形成，乳业大企业的经营实现了纵向一体化的发展，从上游的奶牛品种的培育和研发、奶牛的养殖、畜疫的防治和养护、原奶收集和运输，到中游的乳制品加工、包装，再到下游的物流运输、乳制品品牌营销、乳制品批发和零售等各种环节，都以纵向一体化为特点，而整个产业链的核心是奶源。“龙头企业+农户”的组织化模式，使得乳业企业将主要精力放在了市场竞争如品牌的经营、奶制品的加工与营销等方面，然而高品质原奶的获取环节关注较少，往往是由奶农完成，并从奶源收集者处进行集中收集（图 3.8）。其中奶源收集者大多是区域性的奶站，他们或者是企业自建的或者是中间商，负责对附近区域奶农生产的原奶进行收集，并与企业合作，将符合企业条件的奶卖给需求企业，但是由于奶农挤出的自然奶的蛋白质含量达不到各乳制品企业的收购标准，奶源收集者则通过添加违禁成分来

① 分散饲养+散收牛奶模式。

② 分散饲养+集中挤奶模式。

获取企业的利益，从而造成了乳业三聚氰胺事件的发生。因此，传统的“龙头企业+农户”或者“龙头企业+奶站+农户”模式存在着天然的风险。由于奶站或奶源收集者的利益最大化动机，通过对奶源添加违禁成分来获得利润，在三聚氰胺事件发生后，由于对关键点奶源的控制不力，导致三鹿破产，蒙牛、伊利等中国奶制品企业遭受打击，市场的竞争格局有所改变，三元等奶源控制较好的企业的竞争力和品牌知名度得以提高。

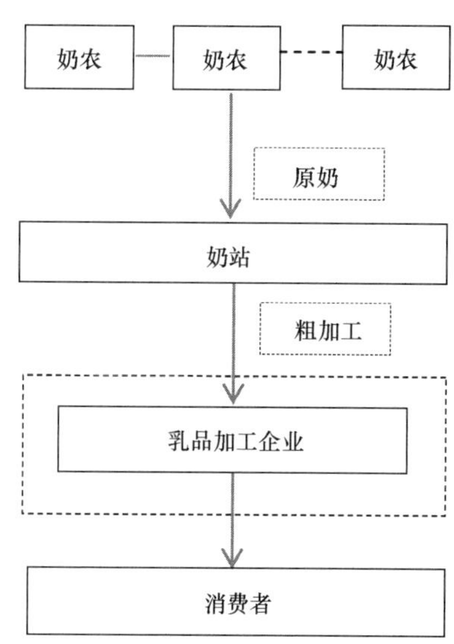

图 3.8 乳制品“龙头企业+农户”模式

在 2008 年以前的“龙头企业+农户”及“龙头企业+奶站+农户”模式下，由于农户与奶站或奶源收集企业之间的利益有所冲突，农户的分散化导致与奶站经营者之间的讨价还价能力较弱，因而农户的收益也没有保障。整个过程中，奶农、奶站与企业之间是互相分立的，因而农户从奶站或奶企处获得的服务相对较少活着基本上就是买卖关系。

三聚氰胺事件之后，奶站对乳制品质量安全所起的作用被加以重视，政府通过对奶站的改造，以保证奶源的安全性，企业也开始注重对上游原奶质量的控制，通过建立标准化牧场，实现对奶源质量的监控，在后向一体化高度发展的情况下，开始实施前向一体化。内蒙古和新疆地区还出现了以龙头企业为引领的前向一体化，通过建设规范化牧场小区等牧养基地，确保奶源生产的安全性。这种情况下，龙头企业向农户提供标准化生产服务，通过集中饲养、集中挤奶、科学管理、统一防疫，增加了原奶生产的技术投入，同时奶牛产量增加、疫病率下降，并用机械化管理和标准化管理，降低了奶农的劳动强度。奶农与企业通过缔结契约，约定收购价，有些企业还通过奶牛入股的方式，让奶农参与分红，因而奶农更多地分享到产业链上的增值收益，收入有所增加（图 3.9）。

（3）奶业合作社模式

三聚氰胺事件发生的最重要的原因是奶牛的分散饲养比例大、奶农组织化程度低，难以对奶源进行有效监管。奶业合作社作为一种有效的制度安排和治理方式，有利于奶源的标准化生产、规模化经营和规范化管理，是保障奶源安全和乳业健康发展的长效机

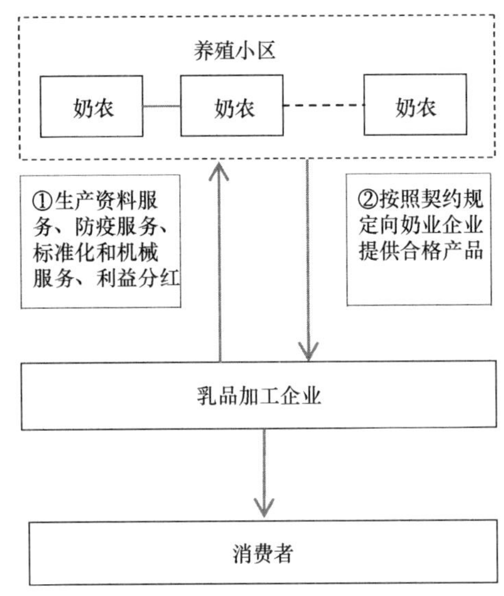

图 3.9　乳制品“龙头企业+养殖小区+农户”模式

制。在国家的推动下，全国各地涌现出了由企业或政府、能人领办的奶业合作社。在山东省，由企业、政府、能人领办奶牛养殖合作社、原奶供应合作社，通过组织奶农加入合作社，由合作社提供统一防疫、统一繁育改良、统一技术培训、统一诊疗服务，并提供奶牛养殖的饲料供应信息，以及预支奶款等资金借贷服务、协助农户与企业进行价格谈判等服务，并与奶农建立利润返还机制，提高了奶牛养殖和原奶生产的安全性（表 3.35）。在新疆昌吉，通过奶牛合作社来实现对奶牛的集中养殖管理，通过建立机械化的挤奶站来实现对鲜奶质量安全的监督管理，同时还拒收散养散供的奶源，更进一步保证了奶源的安全性。此外，内蒙古、河北等地的奶业合作社还通过统一生产资料供应、应用现今的物流技术进行鲜奶保存和运输等手段，确保奶源的安全。“龙头企业+奶业合作社+农户”的模式下（图 3.10），不但奶源的安全性有所提高、质量有所提升，而且奶农的收益和在产业链中所获得的利益分配也有所提升。通过加入奶业合作社，奶农可以获得更多的产中服务，降低了生产成本，而且由合作社负责进行奶源销售，其与乳业企业的议价能力明显增强，销路更加稳定，价格也比分散农户卖出的更高。

表 3.35　乳业专业合作社的不同模式比较

比较内容	能人兴办型	村干部兴办型	企业兴办型
组织者	能人主要是指村里养殖大户或从事过奶站经营相关工作的人。一般具有技术管理能力，具有一定的地方影响力	村干部对奶牛养殖和生鲜奶管理具有很高的热情	企业按照自己的生鲜奶需求量和生产能力组建合作社
合作社成员	一般是具有与组织者相当规模的奶牛规模。合作社成员不多，但对非成员也按市场价格提供服务	一般是本村村民。但对外村村民和本村非成员村民也提供服务，但对本村村民优惠，成员数量依赖村民数量	按照生产能力和生鲜奶需求量，在一定范围内寻找符合要求的成员，不对非成员服务，成员数量依赖企业需求
成员进入门槛	一般与组织者熟识，进入门槛较低	一般本村村民都可加入，门槛很低	企业对成员的养牛规模、技术等综合评估后决定吸收与否，门槛较高

续表

比较内容	能人兴办型	村干部兴办型	企业兴办型
组织目的	寻求更大的市场空间和更多的盈利	除了追求利润外，具有帮助村民致富的使命和义务	企业为自己寻找高质量、可持续的奶源
盈利能力	盈利能力一般，一般维持在养殖小区和合作社应该得到的利润率水平	盈利能力较差，主要是奶源质量不高	盈利能力较强，为了维持高质量的奶源，企业具有适当提高合作社盈利水平的激励
经营风险	独立面对市场，经营风险较大	经营风险比能人型合作社低	经营风险较小

资料来源：刘玉满等（2012）

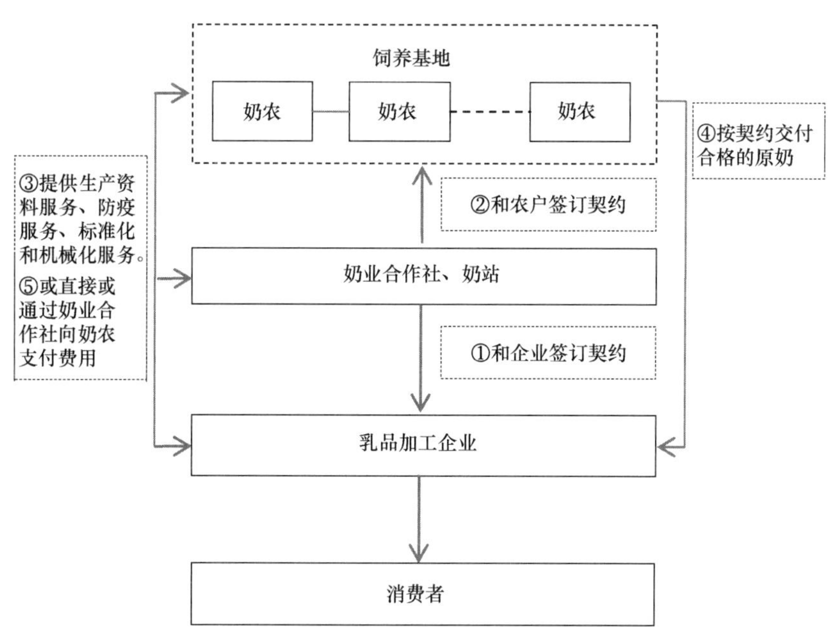

图 3.10　乳制品“龙头企业+奶业合作社+农户”模式图

五、2020~2030 年我国农业组织化发展目标

2020~2030 年是我国实现建成小康社会的目标，巩固改革成果的重要时期，保障食物安全仍然是我国农业发展首要任务。经济全球化、消费多样化、社会信息化深入发展，国际食物供给将在深入调整中保持基本稳定，新一轮科技革命和产业革命逐步推进，资源禀赋优势地区力量继续增强，新兴产区差异化产品供给促进国际市场逐步趋于平衡。同时，国际农产品结构性影响依然长期存在、农业领域的全球经济一体化难以实现根本性突破，保护主义抬头，自然环境变化和市场价格变化交织，国际市场不稳定、不确定因素增多。

我国物质基础雄厚、人力资本丰富、市场空间广阔、发展潜力巨大、农业发展方式转变加快、新的增长动力正在孕育形成、农业现代化向好基本面没有改变。同时，发展不平衡、不协调、不可持续问题仍然突出，主要是：发展方式粗放，创新能力不强，低端农产品业产能过剩严重，高端农产品供给不足；老龄少子化问题日益突出，农业从业人口减少，农业工厂用工不足；以家庭经营为核心的小农生产结构难以得到根本改变；国内产品价格成本持续上涨，国际农产品价格下跌，“两板”效应日益突出；资源约束趋紧，生态环境恶化趋势尚未得到根本扭转；消除贫困任务艰巨；人们文明素质和社会文明程度有待提高；法治建设有待加强。我们必须增强忧患意识、责任意识，着力在优化结构、增强动力、化解矛盾、补齐短板上取得突破性进展。

综合判断，2020~2030 年我国保障食物供给，提升农业组织化处于大有作为的战略机遇期，但也面临诸多矛盾叠加、风险隐患增多的严峻挑战。我们要准确把握战略机遇期内涵的深刻变化，着力提升农业竞争力，保障农民持续增收和农业稳定发展，必须按照创新、提升、优化、拓展的总的思路，紧密围绕发展现代化农业、坚持为农民服务的方向、不断完善农业组织制度和利益联结方式，提高农业组织化程度。

（一）总体目标

充分利用各种资源，进一步完善、创新以农民合作社、龙头企业为核心的农业经营体系，转变农业和农村经济增长方式，提高农民合作社和龙头企业的带动作用，保障农业生产效率持续提高，农产品竞争力持续提升，农民收入持续增加。

（二）具体目标

1. 进一步提高农业组织化程度

农业组织化率应高于 2.6%、努力实现全覆盖，具体措施如下。

（1）提高农业组织化率的整体目标

农业组织化程度是参加农业经济组织农民占农民总数的比例。按照国家统计局及国

家工商总局提供的相关数据显示，2009 年我国共有农户 25 975.7 万户，国家重点龙头企业带动农户 4668.4 万户，农民合作社带动 380.5 万户（参与成员总数是 391.7 万户），组织化率分别是 17.9%和 1.5%，合计 19.4%。2013 年由于国家相关数据缺失，无法得到精确的数据。通过估算我们认为组织化率应该在 35%左右。理由如下：第一，2011 年我国农民合作社参与农户达到 1175.5 万户，组织化率上升到 4.4%。2013 年农民合作社成员农户增加到 2899.4 万户，但是缺乏当年农户总数的数据，假设我国农户总数与 2011 年持平，经计算农业组织化率应该达到 10.9%。第二，国家重点龙头企业近来也在国家政策扶持下取得了快速发展，虽然没有近年的具体数据，但是以 2009 年数据为参考，其组织化率应也该远远超过 17.9%。因此，2013 年我国农业组织化率最少应该达到 28.8%。考虑到农民合作社的成员数量应该远远高于实际报送数据这一现实情况，2013 年我国农业组织化率应该在 35%左右。

随着 2020 年实现收入倍增计划及经济全球化进程加快，我国农产品生产成本会进一步上扬，“地板”越来越高，同时，进口农产品的大量涌入，“天花板效应”将进一步显现；2020~2030 年我国保障食物安全压力进一步加大，通过农业组织化提高竞争力的紧迫性进一步提升。我们从保障国家食物基本安全、农业可持续发展、农民福利最大化的 3 个视角预测，认为截至 2030 年我国有效组织化率不应低于 2.6%，努力达到 20%，尽量实现 100%。

i. 保障国家食物基本安全视角下农业组织化目标

从国家食物安全保障的需求来看，维护国家食物安全，特别是保障口粮完全自给是国家必须承担的责任。目前通过农业组织化来提供规模化社会服务能够有效降低经营成本，改变市场竞争结构，是提高农产品竞争力，维持食物可持续供给的有效手段。然而，农业组织化完全依靠市场力量推动，时间长、效率低，当前任务紧迫，很难在短期内提升能够与国外农产品相竞争的能力，因此，有必要通过政府力量尽快推动农业组织化发展。然而，需要注意的是当前我国财政负债增加，隐性的地方债、养老金缺口逐渐增加，特别是借鉴国外发达国家经验，进入中高收入发展阶段，原有劳动密集型产业优势逐步丧失，新兴技术密集型、资本密集型产业发展将替代部分劳动力，在第三产业发展尚不充分的情况下，需要完善社会保障体系，国家也很难通过撒胡椒面的形式通过加大补贴增量的方式提供支持，只能选择对国民经济发展影响程度较大的品种、选择对国家保障食物安全能够发会重要作用的组织进行精准扶持。基于此思路，我们认为有如下几方面。

第一，从食物构成特点来看，小麦、玉米等是人体主要能量来源，豆类、肉类、蛋类、奶类、水产类是蛋白质、脂肪来源；蔬菜和水果主要提供膳食纤维、矿物质等有益的物质。国家食物安全既要提供维持生命的基本热量来源，同时也有必要优化膳食结构，提供人体所必需的营养食材。但是，从必要性和可能性及优先顺序来看，国家首先必须保障基本热量供应，而营养结构则是在有条件的前提下进行保障。例如，日本和我国同样属于小农国家，当前食物自给率虽然已经下降到了 39%，但是大米作为国家战略物资在高额农业补贴之下，仍然维持着 101%的高自给率，甚至还有部分用于出口。对于奶、蛋、蔬菜等蛋白质、脂肪和膳食纤维的提供源，通过目录管理的方式，仅保障几项基本

产品供应，大部分都依靠进口。因此，我国保障食物安全，必须重点保护热量供给，那么农业组织化需要聚焦大米和小麦两种战略物资。

第二，从居民需要的农产品数量来看，近年来我国出版了众多数据，其中根据《中国食物与营养发展纲要》介绍，计划到2020年我国人均全年口粮消费量达到135kg，食用植物油12kg、豆类13kg、肉类29kg、蛋类16kg、奶类36kg、水产类18kg、蔬菜140kg、水果60kg。每日人均摄入能量2200~2300kcal。但是，对于年人均135kg的口粮，目前争议较大，普遍认为数值被高估了。但是鉴于其权威性，本节采用其作为基本数据。

第三，农业组织化比例我们按照满足此数值标准，采用以下方法计算，即

组织化率={［(总人口数×日均口粮数量）/单产］/适度经营农户规模}/总农户数量×100%

式中，总人口数：2014年11月17日，中国人口学会在京召开的“人口学界学习十八届三中全会精神座谈会”报告显示，2030年中国人口达到14.53亿人。单产：假设单产不变，采用2012年稻谷（346kcal/100g）单产6776.89kg/hm^2，小麦按4986.23kg/hm^{2}计算。适度经营农户规模：一个家庭农场能够经营收入达到同期居民家庭收入的规模，2020年谷物是130亩，2030年谷物是217亩。

假设按照2020年我国人均需要135kg口粮，且需求不变的情况下，截至2030年，适度经营农户数量减少到8406.08万户计算，保障国家食物安全的底线，完全按大米计算需要200.1万户大规模农场，组织率至少要达到2.38%以上。完全按种植小麦计算则需要217.9万户，组织化率需要维持在2.59%。

ii. 保障农业可持续发展视角下的农业组织化目标

从农户需求角度来看，当前普遍认为农业组织化应由依靠市场力量自然发展，政府主导农业组织由于行政意愿过于强烈，会导致监管成本高于交易成本，造成组织化效率低下。那么从现有研究结论来看，影响农户组织化因素较多，其中与农户所具备的专业化、规模化水平联系密切。邵科（2013）从不同经营规模农户对参加农业组织的情况做了调研，认为内外动机模型结果反映专业化、规模化程度越高的农户更愿意积极主动地加入合作社。但是服务与销售导向型动机模型估算结果显示出规模化、专业化更高的农户倾向于以信息、技术服务等服务型合作。主要原因是专业化程度低、规模较小的农户家庭收入主要来自非经营性收入，对农业本身依存度不高，加入农业组织的欲望也不强烈。然而，随着专业化水平提升、规模扩大农户收入对农业依存度提升，但是自身抗风险能力有限，因此希望合作提高本身竞争力欲望较高。从课题组规模化部分分析结果可以看到截至2015年我国经营2hm^{2}以上的农户比例将占到农户总数的4.9%，到2020年时达到10%、2030年时达到20%。假设规模农户均对组织化具有较强的合作欲望，那么我国组织化率在2030年时达到20%。

iii. 保障农民福利最大化视角下的农业组织化目标

从产业发展需求来看，2030年即使我国有20%的农户能够达到30亩的经营规模，但是80%左右的农户仍然是小规模、零散的小农。而且课题组计算按照2030年达到175亩才能达到与同期城镇居民家庭收入一样的水平，那么30亩的规模仍然远远不能达到“适度规模”的要求，大量的农户从理论上来看仍然不具备积极参与组织化的欲望，只有通过被动组织化才能使其获得组织化带来的红利，同时国家食物安全也因为更多农民

获益而获得较为稳定的经营基础。领办方式可以分为：龙头企业领办、合作社积极吸纳、政府部门领办 3 种主要方式。第一，农产品同质性强，差别化较为困难，农业经营主体只有通过不断的规模化才能实现利润最大。从节约交易成本来看，龙头企业具有较强的动机进行纵向一体化发展。特别是随着龙头企业规模的扩张，龙头企业通过进行生产的前向一体化和流通的后向一体化，将所有的交易成本内化在组织内部，可以实现节约交易成本的目的，因此纵向一体化将会是降低交易成本的必然选择。目前，从利益分配的平衡性来看，龙头企业+农户的模式下是由契约形式约定价格来实现利益的分配，农户与企业之间需要通过谈判来争取利益，但是考虑到农民的市场弱势地位，这种模式下的企业经营中，农民的利益经常会受到剥削，这也是导致违约的主要原因。近年来，企业通过自己领办合作社或者与合作社合作的形式，将企业与农户的对立通过分红、交易额返还等形式，完善互相协调的运行机制。第二，农民合作社领办基于与龙头企业一样的目的，只有扩大规模才能使更多的成员获益的基本思路，也会在成立之后吸纳农户加入，对小规模农户而言通过合作可以解决农业生产的全部或者部分缓解的问题，也乐于加入。在欧美和日本都大量存在这种合作社，被动参与农民合作社的农民，多少具有投机性、不稳定性，很难对其发展做出精确估计。只有提高农民合作社的服务能力，才能吸引更多的农民加入。因此，考虑到农民增收和农业稳定持续发展，应该尽可能吸引农户加入农民合作社，在 2030 年能够达到与日本农协一样的 100%全覆盖应该是一种理想状态。

（2）不同产业农业组织化目标

不同的商品特征、行业特点造就了不同的农业组织化发展模式，农业组织化目标也有所不同。

i. 种植业（粮食作物）

粮食产业由于产品同质性强，品牌化、差别化较为困难，只有通过规模化才能实现提高收益的目的。随着我国农业机械化水平的提升，农民耕、播、种，基本上已经全部实现了机械化，个别地区个别企业甚至已经完全实现了施肥、打药、全程机械化。今后，农业组织化将会存在："龙头企业+农户""农民合作社+农户"及"龙头企业+农民合作社+农户"3 种模式并立的局面。其中，"龙头企业+农户"主要解决农户销售问题及保障企业货源的稳定供应；农民合作社主要通过农户在生产领域的机械设备共同使用、农资共同购买的合作，解决生产成本问题。另外，由于农户违约成本较低，且与公司利益的联结性较弱，近年来，出现了"龙头企业+农民合作社+农户"的模式，本质上是将每个人股份合作社成员的利益与企业利益联系起来，从而实现利益联结的加强。或者由企业支付合作社以特定的服务费用对农民的生产过程进行监督管理，来规避农户的违约风险。2020~2030 年，我国粮食生产将会进一步向专业化、规模化方向发展，由于资源禀赋、人口构成、机械水平等生产条件的不同，各地农业组织化也会呈现不同的发展模式。在土地资源相对充裕、人口相对较少的东北地区，农地较为容易集约，有利于大规模生产经营企业或者以大户为主体的农业合作社发展。然而在农地资源相对充裕、人口稠密的华北、华中、华南地区，兼业化、老龄化程度高，农

地细碎，集约成本高、难度较大，除部分地区以外，大部分地区很难开展东北地区那样的规模化企业经营，“龙头企业+农民合作社+农户”“农民合作社+农户”等满足农户多种需求的以降低经营成本为目的从事农资销售、代耕、销售等业务的农民合作社有望成为主要发展模式。

ii. 养殖业（禽畜蛋类）

禽畜养殖行业具有标准化生产困难、产品易腐烂、沉淀成本高的特点，只有通过生产规模化或者产品差异化才能保障收益。随着我国流通市场的规范化，城镇居民消费多样化，以及饲料成本提升等因素，禽畜产品种类不断丰富，但是，产业集中度普遍较低，市场竞争较为激烈。目前，小型禽畜企业化经营发展快，如肉鸡产业出现了正大等大规模养殖企业，而大中型禽畜养殖规模化虽然不断增加，但是主要产业化模式仍然以“龙头企业+农户”“龙头企业+基地+农户”及农民合作社为主。这主要是因为大中型禽畜饲养周期长、风险高、资金需求量大，在不能实现完全机械化的情况下，通过与养殖户合作的形式能够降低固定资本投入。截至 2010 年年底我国百头以下的肉牛饲养场占 66.1%，生猪占 19.8%，另外还存在 50 头以下的大量散户，通过组建加入农民合作社可以解决药剂、种畜、饲料及屠宰、销售等问题，降低生产成本。2020~2030 年随着我国实现收入倍增计划，进入老龄化社会，劳动力供给整体减少，农业就业成本必将上涨，从日本等东亚国家经验来看，养殖业必将向专业化、规模化方向发展。考虑到禽畜粪便处理对于环境的影响、养殖周期及相应机械化水平的发展，小规模散养农户无论从养殖成本还是环境保护成本上都将难以适应，将逐渐退出养殖领域，养殖产业集中度将会快速提升，沉淀成本较低、机械化程度较高的产业甚至会出现完全由资本垄断的情况，如小家禽行业，组织化程度反而会有所下降。但是，大型家禽养殖及还不能完全实现机械化的行业，家庭经营效率更具备优势，企业要想实现规模化经营和市场竞争地位的提升，需要与适度规模的养殖户合作，进一步建立稳定其利益联结；并且通过科技研发来创造产品的异质性。而且中小规模农户也希望通过横向联合降低饲料成本，形成较高的议价能力。因此，今后禽畜养殖的纵向一体化速度也会加快，“龙头企业+农户”和“龙头企业+农民合作社+农户”的模式将会逐渐成为组织化的主要发展模式。

iii. 畜牧业（乳业）

乳业由于高安全要求的特征，小规模农户监管困难，只有通过一体化发展，通过寡头垄断的方式，才能有效保障食品卫生安全。随着我国收入水平提高，居民膳食结构与饮食方式对于高品质、安全的乳制品的需求进一步提升，乳品行业组织化程度会持续提高。近年来，乳业在总体供给保持平衡的情况下，乳业巨头通过兴建标准化牧区的方式来控制奶源，中小规模的乳业企业通过合作社与农户联结，进行奶制品的生产，总体而言大规模养殖场持续增加。相反，小农户受到养殖成本上涨、乳品质量安全事件困扰、乳品价格歧视，以及自身养殖技术等诸多因素的影响，生存环境总体趋于恶化，退出速度加快。目前，部分奶企通过纵向一体化的模式，通过建立养殖小区吸引，或者由企业组织生产的方式，将原奶生产从原先的分散、质量不可控逐渐发展为有组织、有规模的生产，并且越来越多的企业或奶业合作社向奶农生产提供专业化、机械化服务，不但控

制了奶源安全，还有利于实现生产的规模化效应，增加了产业链的附加值，也增加了奶农的收益。2020~2030 年，随着我国劳动力成本增加，国外乳制品进口增加难以避免，加之国家对食品安全的重视程度进一步提升，小规模散户生存更加困难，数量将会持续减少，以乳业龙头企业、各类合作社为核心的组织化生产将占到奶品供给的 90%以上，甚至 100%。

2. 进一步完善农业经营组织的惠农服务功能

我国农业经济组织主要提供产前、产中、产后的农资供给、农技指导、农产品加工和销售等服务，初步满足了农民生产领域的基本需求，但是金融、保鲜及生活领域的服务还是空白。特别是在我国农村金融体系尚不完善、融资成本较高的情况下，规模农户没有低成本、高效的融资渠道，也客观上制约了农业扩大再生产，今后应进一步完善长期金融与中短期金融，政策金融与商业金融、合作金融相互融合的金融体系，并且将进一步明确合作金融的主体、原则、监管等制度。另外，鉴于商业保险具备难以高效鉴别损失的现状，可以赋予合作社一定开展农业保险或者代理农业保险的职责，进一步赋予其惠农服务功能。

3. 进一步推动农业经营组织的横向联合发展

近年来，虽然我国各类农业经营组织数量发展迅猛，但是小、散、弱等问题仍然制约着组织化程度的进一步提升。据统计，中国 30 人以下的农民合作社占比 65%，这些合作社对市场影响力有限，难以形成合力促进成员增收。鉴于农产品具有同质性、市场差别化难的问题，今后价格竞争、规模竞争仍然是农户面临的重要问题，只有进一步推动农业组织横向联合，才能最大限度使农民获利。当前，各类中小规模农业企业、农民合作社对于发展横向联合有很强的意愿，特别是在共创品牌、共同加工、共拓市场和共推信用合作等 4 个方面更为突出。这主要是因为合作社之间的横向联合，能够扩大单个农民合作社规模，使之能获取规模效益；能有效地获取信息，增强谈判能力；能高效地配置资源，降低周期波动，弥补市场机制不足，避免恶性竞争；能为政府发挥宏观调控职能、维护市场秩序提供抓手。据不完全统计，截至 2012 年年底，我国已经有 18 个省（自治区、直辖市）出台了相关文件支持农民合作社联合社的发展，但是各地对于联合社的资格认定不一致，影响到了联合社的正常发展，2020~2030 年，中央应进一步完善政策扶持体系，通过各种财政、法律杠杆，促进农民合作社联合社的发展，并在允许的条件下促进其在惠农领域局部垄断，以更为有利的规模优势服务农民。

（三）提升农业组织化程度面临的重大问题

尽管我国政府通过财政、金融、科技和税收等多项政策扶持龙头企业、农民合作社发展，提成农业组织化程度，以期更大程度发挥促进农业发展、带动农民增收作用。

但是，我国还处于社会主义初级阶段，市场经济体系还不健全、符合我国国情的现代化农业经营体系尚不完善，农业生产以小规模零散农户为主的态势并没有发生根本改变，严重阻碍农业经济组织健康、快速发展，影响农业组织化程度提升。具体体现在如下几方面。

1. 新型农业经营主体制度供给不足

在城镇化进程深入的背景下，农地流转速度加快，离村农户、下乡工商资本数量不断增加，户籍意义上的农民呈现多元化发展趋势。据全国农村观察点调查的数据，1993~2013 年，我国纯农户比例由 49.90%下降到 39.65%、非农户和兼职农户比例已经达到 60.05%。2014 年《国务院关于进一步推进户籍制度改革的意见》（国发〔2014〕25 号）提出到 2020 年，建立城乡统一的户口登记制度，农业户口将被取缔。因此，如何深化农村产权制度改革，在坚持农地集体所有制基础之上建立、完善以农地承包经营农户为核心的农业经营的进入与退出制度，成为推进农业组织化程度的基础和保障。预计在今后一个时期内，“农民”将具有职业概念与身份概念并存的基本特征，体现前瞻性与包容性。一方面，农民仍旧具有“原住民”身份概念，指那些拥有土地承包经营权的集体经济组织成员（不论其是否从事农业生产经营活动）。但是，从事农业生产经营、农业收入是家庭经营收入的主要或重要来源的承包经营农户应是法律中“农民”的核心群体和政府重点支持的群体。因为正是家庭经营在农业发展、农村繁荣中的特殊地位与作用，才有了农业合作社经久不衰的生命力。另一方面，农民也应是“职业农民”概念。他们不仅包括拥有土地承包经营权、从事农业生产的农民，也包括那些虽然没有资格获得土地承包经营权，但是直接从事初级农产品生产的职业新农民、小微企业群体（如外来承包土地经营的家庭农场），不过存在是否应视同农民成员同等对待的问题。

同时，随着农村社会发生了巨大变化，原本以小农为主体的家庭式农业经营已经逐渐分化为家庭经营、农场经营、企业经营、合作经营等不同形式，体现了农业经营多样化的发展方向。各种经营主体基于自身对收益最大化的需要，存在单独经营、农地入股共同使用、农机共同利用、人力资本合作等多种多样的需求，虽然在商业领域我国已经构建了比较完善的现代企业制度，提供了个体经营、合伙企业、有限责任公司及股份责任公司等选择，但是，仍然难以满足现实的农业经营实际需求，需要借鉴日本和韩国等国经验，完善农业经营主体法律体系。

另外，现有农业经营主体制度需要进一步完善。例如，2013 年 12 月 18 日公布的《国家工商行政管理总局、农业部关于进一步做好农民专业合作社登记与相关管理工作意见》明确了农民合作社联合社设立、变更、注销及备案登记等方法，极大地促进了联合社的发展。但是，对联合社的法律地位、法律责任及扶持措施等缺乏明确规定。同时，是需要建立自下而上的全国性联合社还是对现有供销合作社进行改革，顶层设计尚未明确，各地对于联合社认知也不一致，影响到了联合社的正常发展。还有，十七届三中全会明确允许农民合作社开展信用合作，进一步扩展了农民合作社的业务范围。但是，开展信用业务合作社的法律地位还没有明确，各地区试点刚刚开始，如何

避免江苏灌南[①]、河北邯郸[②]非法集资事件的发生，相关监管制度还有待进一步完善。加上我国农民普遍素质较低，虽然有强烈规模化、组织化经营欲望，但现行制度申请程序复杂，难以满足相关条件。

2. 农业经营组织合作意识比较淡薄

“龙头企业+农户”或者“农民合作社+农户”的组织化形式是农业组织化的具体表现形式。从博弈论的角度讲，农民和规模经营者在订单契约中是一个信息不完全对称的静态博弈。在我国外部信息不对称情况下，有效的利益机制的存在是保障合作实现的关键。其中，利益机制包括利益制衡机制、利益分配机制、利益调节机制和利益约束机制等，其中制衡机制的缺失，即违约成本较低而且缺乏有效的合同约束机制，导致契约缔结双方产生机会主义倾向。特别是在签约前无法预测风险的情况下，以降低交易成本为目的的契约往往是简单不完善的，而在签约后，则很容易产生机会主义行为。从实践来看，当市场价格高于契约价格时，农民有强烈的动机将农产品出售给市场，进而违约。当市场价格低于契约价格，规模农业经营者有违约动机。双方之间的契约中没有违约的制衡机制，往往仅有数量较少的违约金且履行率较低，因此，违约成本较低的情况下，契约对双方的约束力较低，“龙头企业+农户”的组织形式也就非常不稳定，容易产生道德风险和机会主义行为，从而使得农户和企业的合作不具有稳定性。另外，现有实证研究也证实了这种倾向，据孙耀吾和刘朝（2004）的调研显示，在 16 948 个存在合同关系的龙头企业中，有高达 38%的龙头企业取消了农产品的保护价收购承诺。各地违约事件中，龙头企业违约约占 7 成，农户约占 3 成。因此，无论从理论还是实践来看，市场主体的合作意识淡薄，可以共同致富但是难以共同承受经营风险，加上缺乏相应的法律体系保障，导致了企业与农户的合作中利益博弈中短期机会主义行为的产生。

3. 农业经营组织难以维护农民利益

农业组织化的目的在于通过农业组织的发展发挥范围经济、规模经济效应，提高农业竞争力、带动农民增收、保障食物安全。然而，实践中，各类农业经营组织虽然获得国家大量的政策资金，但是侵害农民利益的情况时有发生。在“龙头企业+农户”组织化模式中，龙头企业与农户都是利益最大化的理性经济人，他们在市场交易中是契约关系，都追求自身利益的最大化，存在着互相利益的对立。农户利益的最大化需要企业牺牲其自身的一部分利益来达成，而企业要想实现其自身利益的最大化，也会很少考虑农户的利益。然而，企业与农户市场地位的悬殊导致利益对立的两方中，利益受损的一方必然是农户。而要想保护农户的利益不受损害，就需要借助龙头企业社会道义上的帮助，或者依靠政府的补贴，而这两种方式都不可能会长期存续。因此，企业与农户之间的利

① 2012 年 10 月，江苏省灌南县 4 家农民合作社通过做假账欺骗监管部门，把各自吸收到的存款贷给工商资本收取高额利息，以赚取利差。随着资金链断裂，导致四家合作社资不抵债，无法正常兑现农民股金。

② 2013 年年底，河北邯郸伟光种植专业合作社倒闭，理事长跑路，造成约 10 万农户出资的近 1.4 亿多元股金无法追回。另外据 CCTV 报道，邯郸市类似合作社数量达到上千家。

益矛盾，以及双方市场地位的不对称必然造成这种组织化模式难以保护农民利益。

另外，农民合作社原则上是以农民为主体，民建、民管、民受益，采取与公司制不同的一人一票的民主管理制度和按惠顾额返还的利润分配方式。但是，在中国目前的农民合作社制度设计上，出于促进农民合作社更快更好发展、吸引更多农户参加的考虑，《农民专业合作社法》并未对农民身份及出资比例作出限制，实践中农民合作社成员入社之前就已经形成的资源禀赋的异质性造成的参与动机的异质性，进而导致成员在参与合作社生产经营活动中就会形成异质化的任务角色和业务分工。其中拥有较多资源禀赋的成员必然会要求获得与之相符的利益需求，这就导致合作社对普通成员进行选择性服务，致使小农利益的损失，特别是财政支持和优惠政策可能被核心成员获取，而且很多核心成员往往是户籍意义上的农民，并不从事农业生产，这就使得表面健全的民主治理流于形式，在不对等权利格局中进一步扩大了合作社成员之间的资源禀赋差异，剥夺了农民全部或者部分权益。

4. 农民合作社的带动能力有限

我国农民合作社已初具规模，但与国外农业合作社相比，存在着较大差距。从社均成员数量上看，2010年美国已经达到938.3人，日本达到1.3万人，如果考虑日本和美国两国农民人数远少于我国，两国几乎所有的农民都加入了农民合作社等因素，我国农民合作社在成员数、辐射的农户数等方面还有很大差距。即使和国内其他经济主体相比，农民合作社规模也偏小。根据《大中小型非工业企业划分标准》（财政清收办[2011003]1153号），农林牧渔企业中500人以下的被划分为小型企业。按此标准我国有98.9%的农民合作社属于中小企业，存在巨大的差距。从自有资产来看，自有资金普遍不多。以青岛市为例，在几种市场主体中，农民合作社户均注册资金仅高于工商个体户，为外资企业的1/30，内资企业的1/25，私营企业的1/4。另外，吴庆荣和吴家真（2010）对庆元县农民合作社的研究也表明，当前农民合作社的规模小，县内已注册的217家农民合作社总注册资金1165.5万元，平均每个合作社5.37万元，总体实力不够强，有的甚至连固定经营活动场所也没有。这样偏小的规模相应增加了农民合作社的组织、人力成本，使得农民合作社难以参与激烈残酷的市场竞争，与其他市场主体竞争中处于弱势地位。另外，农业合作社缺乏有效的抵押，商业银行普遍不认可农民合作社贷款资质，甚至宁愿贷款给农民合作社理事长等自然人，也不愿意贷款给农民合作社。据陕西省调研结果显示，80%以上的农民合作社感到资金困难，突出表现为融资难、贷款难。从人才素质来看，普遍不高。据郭红东调研显示，在注册登记的农民合作社理事长中，具有高中以上文化程度只有30.9%，而初中及初中以下文化的占33.4%。主要成员文化程度不高，经营管理水平低下，严重制约了农民合作社组织创新和发展能力。加之，大部分农民合作社地处农村，经济实力不强，对人才吸引力不足，也直接影响了农民合作社的发展。从目前农民合作社产品品种来看，大部分还是初级加工品，真正具有高附加值的产品不多，而具有自主知识产权、自有品牌的农产品就更少。

总体来看，由于农民合作社刚刚起步，大多是一个领办大户牵头组成，自身经济实

力不强，实力弱，很多农民合作社仅仅停留在农业的产前、产中服务上，对农民最需要解决的农产品销售服务，却力不从心，造成成员与农民合作社之间联系不够紧密，没有形成真正的利益共同体，参与市场竞争和抵御市场风险的能力较弱。同时，由于规模偏小，多数只局限于周边经营同一产品的农户，跨行业、跨地区的不多，带动和辐射农户一般只有本村或本乡范围内，真正能发挥区域性带动作用的农民合作社很少。甚至有的村建立了农民合作社，但从未运作过，由于有名无实，对农民的吸引力不大。

5. 农民合作社运营管理不规范

当前，农民合作社在发展过程中普遍存在内部管理运营混乱、外部监督不严格的问题，主要体现如下方面（曹斌和苑鹏，2015）。

农民合作社内部管理问题主要是，首先，“重创建、轻规范”问题严重。虽然都必须进行工商注册登记，但是由于农民合作社成员中存在着文化程度低、专业知识缺乏、对市场了解不足的现象，大多数农民合作社的制度建设仅仅停留在“应付”注册登记上，甚至有些合作社设立登记也不规范，有的只办理营业执照，无生产、办公场所，不具备开业资格等；其次，合作社与成员联系不紧密。一些合作社也未对成员的最低出资作出要求，只有少数成员持股，其他成员只有象征性少量股份，合作社与成员之间没有真正形成关系紧密的利益共同体，会员联结普遍过于松散，利益关系不紧密，有的成员市场行情好就自行销售，忘记了合作社，市场行情不好就来找合作社，真正“利益共享、风险共担”的合作社少之又少，这就导致合作关系的不稳定、合作社的影响带动力不强；再次，财务制度不健全。部分合作社既没有建立规范的财务管理制度，也没有按照规定建立成员账户，据相关调研显示，我国有近 50%的合作社未设账务，有账务的合作社专职财务人员的不足 2 成，且很少有农民合作社按《农民合作社财务制度》进行财务管理，进行财务公示。加之内部监控制度欠缺，导致运作和管理的随意性较大，更有甚者还存在“一人一社”，决定权往往掌握在发起人手中，理事会、监事会都流于形式的不正常现象。最后，民主管理、利润返还制度还不规范。相当部分农民合作社的管理层力量不足，整体合力差，章程制度执行不严，导致农民合作社的日常运作和管理的随意性大，对一些重大事项和活动没有通过成员大会讨论，从而在一定程度上影响合作社正常运营和平稳发展。

另外，国家出于促进农民合作社发展的目的，降低合作社经营负担，对合作社发展给予了一定优惠，但是从实践来看，对合作社进行外部监督还存在很多问题。第一，监管机构缺位。我国为了促进农民合作社发展，放宽了农民合作社的成立条件，对于出资金额等没有明确规定。同时很多农民合作社除了领办人出资之外，没有任何资产，也没有建立健全财务制度、财务数据、现金流等信息资料。工商管理部门在登记注册时免去了验资手续，相应地对股金设置等就缺乏有效的监管。第二，监管体系不合理。我国从中央到乡镇实行条块管理，涉及合作社的多个部门相对独立，部门之间往往缺乏有效联系。2013 年按照《国务院关于同意建立全国农民合作社发展部际联席会议制度的批复》（国函〔2013〕84 号）成立了由农业部、发展改革委、财政部、水利部、税务总局、工

商总局、林业局、银监会、供销合作总社等 9 个部门和单位组成，农业部为牵头部门的联席会议，以研究、协调农民合作社发展中的有关问题。但是，在基层相应的机构还不健全，难以完全实现信息共享，各部门仍然各自为政，造成监管越位、缺位情况时有发生。第三，监管能力有限。财政部 2013 年出台的《关于支持农民合作组织发展、促进农业生产经营体制创新的意见》中提出要充分发挥乡镇财政就地就近监管作用，让乡镇财政参与辖区内项目从申报到建设、再到竣工验收的审核及监管。但是各地行政机构改革、精简机构后，乡镇财政所的人力、财力薄弱问题突出。特别是各地普遍推行“村财乡代理”和政府农业补贴直接到户政策，乡镇财政所往往处于“自顾不暇”状态，加之其对合作社业务不熟悉，难以有效履职。第四，监管积极性不高。国家对于农民合作社采取税收减免的优惠政策，对于成员自产农产品免征增值税，由于农民合作社的业务发生额普遍较少，税务部门资源有限，因而缺乏监管动力。此外，部分地方政府对促进农民合作社发展的认知不足，认为发展农民合作社费时费力，不如促进企业发展效率高，但是鉴于自身政绩考核等现实因素，又不得不发展合作社。因此，往往重视农民合作社建立、基本上不关心管理是否民主、运营是否规范等问题，任凭农民合作社异化、泛化发展，客观上也导致了农民合作社变异问题迟迟得不到有效解决，甚至少数农民合作社成为工商企业套取国家政策扶持、偷税漏税的载体，严重影响了农民合作社的正常发展，也破坏了公平竞争的市场准则。

上述问题导致当前农民合作社实际处于农经部门无权管、工商税务不想管的外部监管缺失境地，大部分合作社除了营业执照、验资开户证明外，没有财务制度、财务数据、现金流等信息资料，甚至部分合作社成为工商企业套取国家政策扶持、偷税漏税的工具，严重影响了农民合作社的规范发展。

6. 农村金融资金的供给不充分

第一，目前从农业组织化运行情况来看，不仅数量少、规模小、组织化程度低，还缺乏金融信贷支持。商业银行、信用社等信贷机构还不太认可农民合作社这类市场主体，认为农民合作社缺乏有效资产所抵押和担保，大部分农民合作社是租赁他人场地经营，自有固定资产很少。地区的银行都不愿意接受农机具、农地、农业设施作为抵押进行贷款。很多合作社都是理事长或者核心成员以自己的财产作抵押，以自己个人的名义联保贷款。这样必将造成合作社内部债权承担风险的不同，往往出现一股独大现象，有违合作社的“人合”本质。第二，很多农业企业、农民合作社财务体制不健全，法人治理结构不完善，部分连基本的财务报表都没有，有的虽然建立了财务制度，但是银行难以辨别财务信息的真实性。目前，我国农村金融服务的覆盖面仍然很小，除了农村信用社、邮政储蓄提供部分小额贷款外，基本上其他金融机构都已经抽离农村和农业生产领域，农业企业、农民合作社只能通过私人信贷公司，支付高额利息获得贷款，削弱了农业经济组织的竞争力。第三，缺乏农村信贷的激励机制。农村金融存在金额小、风险大、成本高等特点，大型商业银行、民营银行无利可图，国家也没有鼓励措施，银行积极性不高，导致农村融资渠道的单一、资金的短缺严重。第四，合作金融体系不健全。合作金

融是当前各国农村金融体系中的重要组成部分，资金通过农民自发集中内部使用，提高农村内部资金供给量，提高农业经济组织抵抗商业银行的侵蚀，而且资金由出资人自己管理，借款人都是周边熟人，规避风险能力强，办公成本较低。2007 年银监会发布《农村资金互助社管理暂行规定》，放宽了农村地区金融系统准入政策，截至目前已经有 27 家，而且各地还涌现出不少未在银监会登记注册的金融互助社。但是总体来看，仍然面临着与合作社发展同样的问题，内部监管和外部监管较为混乱，农业资金的非农使用问题较为严重，严重制约了农民合作社的平稳运营，影响了农业产业化、规模化、专业化发展进程。

7. 涉农扶持政策体系还不完善

近年来国家加大了对农业组织化发展的支持力度，但是总体来看，涉农经济组织多、规模小，相对资金仍显不足。首先，财政扶持力度不够。2013 年中央财政农民合作组织发展的专项资金规模仅有 18.5 亿元，平均到每家合作社不足两千元，远远不能支撑合作社正常发展。虽然政府对示范合作社给予一定的资金补贴，但是大多是按照规模评定的，大部分需要发展的中小企业只能够争取到县级或市级龙头企业，很难享受国家的很多财政、金融和税收政策优惠。而且地方资金也存在少而散的缺陷，农业经营主体获得实际支持额度并不大。其次，由于农业经济组织的原料收购季节相对较为集中，在特定时期的资金需求量较大，占用时间也较长，一般商业贷款成本较高。尽管我国出台了一些金融优惠政策，但是能够享受这些政策的往往只有少数大规模企业，且申请优惠贷款的成本较高，农民合作社、中小企业仍然面临着融资困境的问题，遏制了其竞争力提高。最后，《农民专业合作社法》规定国家和地方财政应适当安排资金，支持农民合作组织的建设。但是，实践中，限于地方财力、政府扶持力度较小，农民合作社的经费多由领办大户垫资自筹，由于利润较低，农民合作社目前还无法吸引社会资金投入到合作社的建设中来，合作社自身也无法积累足够的资金，而且，促进农民合作组织发展的各项配套政策迟迟不能到位。个别经费只能维持合作社学习培训、信息宣传等基本活动的需要，而在引进新品种、发展新项目上资金不足，从客观上制约了合作社运营活动的发展和壮大。同时由于异化问题，真正需要资金支持的中小合作社往往得不到资金支持。

六、提升农业组织化程度的政策建议

（一）构建以家庭为基础的新型农业经营体系

新型农业经营体系是由农业经营组织和农业社会化服务组织组成，前者直接从事农业生产或者以协议的形式引领农民从事农业生产，在农业经营生产中是参与者和实施者。后者是农业生产的辅助组织，虽然不直接参与农产品直接生产经营，但发挥着改善农业生产外部性的重要作用，包括：产前提供种子、化肥等农资统一购买服务，产中提供必要的技术指导，产后帮助农业经营组织统一销售，部分农业社会化服务组织还有通过帮助农民开展加工，树立品牌提高农产品销售价格的作用。改革开放之后，随着市场经济的不断渗透，我国原有的供销社、农技站等社会化服务组织功能基本上在农村已经衰退，现存组织体系已达成预期的制度目标。因此，我国提升农业组织化需要将其纳入到构建新型农业经营体系之中，将生产经营组织和社会化服务组织区别开来，鉴别家庭农场、农业企业及农民合作社不同主体在我国农业发展中所发挥的作用，并制定适应内外部发展环境的措施。

提升农业组织化程度需要发挥龙头企业，农民合作社的带动能力，实现以点带面提升政策实施，但是这不意味着无视家庭经营重要性。从日本和美国的经验及我国当前组织化过程中遇到的问题来看，以家庭为基础内涵式组织化发展始终占据着主导地位。这主要是因为在日美资本主义国家农地作为私有财产，所有者对于农地保值增值期待较高，大多不愿意放弃所有权。同时，农地价格较高，然而相应的回报率较低，商业企业也不愿意购买土地。因此，大多采用租赁经营权的形式集约、流转农地，开展农业生产。我国目前还处于市场经济初级阶段，第二、三产业还不能完全吸收富余劳动力，多数农民的素质较低，也很难在城市落脚生根，近年甚至还出现了“逆城镇化”现象。特别是达到一定年龄的农民，随着体力下降，劳动收入降低，大部分还是选择返乡务农，兼职打些零工，如果子女已经考上大学的家庭这种倾向更为明显。这种，由于各国农民对于农地资产性质的保有，以及作为生活保障最低防线的心理，农业企业乃至于合作社希望通过一定的合同期保证生产，以及农户希望签订较为松散的合同之间，本身会产生矛盾。加之机械化生产在农村的运用，大幅度降低了农业生产强度，也是导致农民不愿意放弃土地的重要原因。今后即使部分农户土地经营规模扩大，在国家政策支持下成立家庭农场，或者与龙头企业、农民合作社发生某种合作关系，但是以传统家庭经营的基础很难从本质上发生变化。在此背景下，2013 年中央一号文件，首次谈到支持家庭农场发展，但是至今还没有出台具体的支持政策，今后需要加大对农户收入支持的政策比例，引导家庭经营逐步向规模化、现代化方向发展，并帮其参加农民合作社，与龙头企业合作，逐步完善以家庭为基础的新型农业经营体系，提升组织化程度。

（二）制定新型农业经营组织的准入退出制度

提高农业组织化必须明确农业组织化的主体、农业企业的合作伙伴、农民合作社的服务对象，只有构建高效、合理的新型农业经营组织的准入退出制度，才有可能保证农业组织化稳定、快速发展，这也是建立提升农业组织化水平长效机制的基础和保障。从发达国家经验来看，无论是在大规模机械化经营的美国还是小规模农户合作经营的日本，随着城镇化、工业化的发展，农民内部差异化程度逐渐增强，农业生产的目的也会趋于多元化，目前仅从农民合作社成员构成来看在实践中就存在着以下六大类，第一类是最为普遍的独立的家庭承包经营者。第二类是土地经营权股东。以盈利为目的，大规模集约农地，从事农业生产或者观光农业等。第三类是土地租赁者。城市居民为满足自己家庭或朋友圈消费需求租赁农地。第四类是员工所有者身份，类似于工人合作社的生产者员工。他们在合作社中既是直接劳动生产者、职工，也是股东，获取工资报酬，并参与年底分红。第五类是打工者，他们加入合作社或者在企业工作，主要是保障能够在农业经营组织中就业，按劳取酬。第六类是投资者身份，他们以货币资本入股企业或者农业合作社，获得资金使用费并参与合作社分红。户籍意义上的农民界定标准会变得非常模糊，从精准扶持、提高农业政策实施效果的角度来看，如何鉴别扶持对象的问题必然日益突出。日本经验介绍农民是一种职业，要求农户申请农民资格的时候，提供当地农业委员会出具的农民证明并且提交纳税证明，并且要求明确记载：生产及收入清单及最终收益等内容。这种按照实际农业经营为原则的鉴别方法，有看得见摸得着的准入标准，既有利于体现政策公正、公平的实施，也有有利于提高政策实施。当前我国取消户籍制度的呼声日益高涨，2014 年《国务院关于进一步推进户籍制度改革的意见》（国发〔2014〕25 号）提出到 2020 年，建立城乡统一的户口登记制度，并且逐步取消农业户口。因此，如何深化农村集体产权改革和农地制度改革，在坚持农地集体所有制基础之上建立、完善以农地承包经营农户为核心的现代农业经营者准入退出制度，成为提升农业组织化程度的基础和保障。参考日本和美国发达国家经验，建议尽快实施以家庭为单位的所得税制度、不动产登记制度为鉴别农业经营者提供有效的、公正的识别手段。同时，从坚持独立决策和承担经营风险两个原则出发，构建考量体系为新型农业经营主体务农提供合法身份，并且排除在城市生活的农地经营权所有者、租地自给自足生产城镇居民、以试验为目的的研究机构等，并且与财政资金发放相挂钩，提升政策资金使用效率。

（三）完善农业经营组织与农户利益联结机制

农业经营组织与农户之间的利益联结之所以不稳定，主要原因在于缺乏利益制衡机制，加之违约成本低，容易产生契约双方的道德风险和机会主义行为。因此，要想建立起紧密的利益联结机制，必须从以下两点入手。

1. 鼓励发挥“农业企业+农民合作社+农户”的组织化模式

农业合作社充当公司与农户的中介，为农户提供产前和产中服务，同时还为企业提供收购和粗加工等服务。因此，农民合作社的介入对于农户和企业原有的矛盾进行了一定程度的解决。即通过与农民合作社进行交易，提高了原先交易的层次，稳定了原材料供应，降低了由于农户分散、数量多而导致的昂贵的生产组织成本和监督成本，更有利于减少农户的违约行为。同时，对农户而言，通过联合起来形成合作，可以对企业形成有效的约束和制衡，从而避免在发生市场风险时龙头企业毁约，同时也提高了谈判地位，从而获得更多的农产品加工和销售环节的利润分配。

2. 引导农业企业与其他农业经营组织建立稳定利益联结机制

可通过制定最低收购保护价或者采取股份合作制的形式，由龙头企业与农户形成风险共担的合作机制，从而防止农户或企业的违约行为。同时，还应当开展不同的利益联结模式试点，如探索利润返还、股份合作、股份制、托管或租赁经营等形式，探索最佳的利益联结组织形式，使企业与农户之间形成利益共同体，以增强农户与企业合作的稳定性。最后，要规范化契约形式和内容，完善约束机制。严格按照我国法律法规规定，进行订单或合同的制定，发挥行业协会等其他组织的监督作用，通过推行合同范本或章程的方式，明确合同双方应当履行的权利和义务，确保各方面利益受到保护。

（四）营造提升农业组织化程度的内外部环境

在完全竞争的环境下，市场上存有许多买者与卖者，没有谁能够控制价格，但是随着市场中买、卖双方个体规模的扩大和市场集中度的提高，市场结构开始偏离完全竞争的状态，并出现包括寡头垄断市场和完全垄断市场等在内的不同市场结构。农民合作社仅凭自身力量很难获得垄断地位，理由是：一方面，农产品生产的最大特点是生物性和季节性，具有集中上市、受自然环境影响大、缺乏弹性、保险期短不宜储藏、品质难以统一的缺点。另一方面，我国农民合作社刚刚起步，规模小、资金少、市场开拓能力弱，很难与工商资本对抗。因此，提升农业组织化程度，促进农民合作社发展关键是将现有的工商资本垄断市场结构改变为由“工商资本与农民合作社竞争的垄断竞争市场结构”，甚至“农民合作社完全垄断市场结构”。这样才能实现提升农民合作社对工商资本的竞争力，以及对下游批发商、零售商的价格谈判能力，最终实现提升农业竞争力的目的，具体做法有以下几点。

1. 适度拓展业务调整范围

从坚持家庭经营在农业中的基础性地位，有利于提升农户生产经营的组织化程度的

立法目标出发，需要尽快完善农民合作社信用合作业务。信用合作是农民专业合作社发展到一定阶段后，基于合作社及其成员在内的经营扩张和产业扩张需求而内生出的服务功能。党的十七届三中全会明确提出，允许有条件的农民专业合作社开展信用合作。十八届三中全会进一步指出允许合作社开展信用合作。虽然目前少数个别农村地区出现了民间假借合作社开展信用合作名义，私自成立“山寨版”银行，甚至是非法集资组织的现象，并在当地造成很坏的社会影响，但是不能成为禁止合作社内部成员间开展正常的资金互助活动的理由。今后要进一步完善农民合作社资金互助制度，严格遵守资金内部封闭运营原则，资金使用对象和用途严格限定在成员内部和成员的农业生产经营活动中，完善资金使用的内部管理制度和资金流向的信息公开制度，以及建立风险防范制度等。

2. 促进农民合作社扩展规模

2013 年年底，国家工商总局和农业部联合发文，明确规定农民合作社联合社设立、变更、注销及备案登记参照《农民专业合作社法》《农民专业合作社登记管理条例》相关规定办理，并在设立登记时领取《农民专业合作社法人营业执照》。今后需要进一步明确联合社存在与成员社的关系规定问题，涉及股权结构、决策原则、分配制度和业务范围等诸多问题，使其既能服务于成员合作社，同时又避免与成员合作社发生同业竞争，造成资源浪费。从发展趋势来看，几家小规模合作社合并成立一家大规模合作社，要比联合社拥有更低管理成本，今后要充分考虑合作社之间合并问题，并且鼓励合作社之间加快合并速度，推动一村一合作社或者一乡镇一社，增加社均成员数量，增强合作社的服务能力。

（五）健全促进农业经营组织发展的配套体系

我国尚处于社会主义初级阶段，市场还不能有效发挥资源调配功能，为了促进农业经营组织快速、健康发展，今后很长一段时间，政府必然还要承担主要责任，需要制定完善的配套制度。

1. 构建财政扶持制度

通过财政资金扶持的方式促进农业经营组织发展的国际通行方法。我国应该逐渐削减价格支持政策支出，增加收入支持政策支出，将财政资金向具备一定规模的中小农户倾斜，促进农业生产机构向规模化、专业化方向转变。同时，应该削减用于扶持较大规模农业企业，农民专业合作社的财政支出，实践证明锦上添花的财政政策将会限制中小企业的成长，不利于活跃农村经济和扩大就业，也容易造成中小企业与大企业之间的实力进一步扩大，市场的结构可能会因为政策而人为改变，从而对整个市场效率产生负面影响。

2. 健全农村金融制度

健全长期金融与中短期金融，政策金融与合作金融、商业金融相结合的多元化农村金融体系。政策金融用于扶持资金规模较大，归还期间超过 5 年以上的农业设施建设等项目，以低息或者贴息的方式给予支持。合作金融主要服务于农民少、频、急的资金需求，可采取联保形式，或者创建再保险制度，政府提供一定的补贴，由农民平时购买一定保险，需要资金的时候，可以向农民合作社申请一定额度的贷款。万一农户不能还款时，债务转移到再保险机构，降低农民、农民合作社的经营风险。同时，进一步拓宽农业经营组织的融资渠道，适当利用非银行金融部门，如通过创业板的风险投资机制等鼓励其与农业经济组织建立起融资合作，优先投资龙头企业中的高新技术企业。

3. 完善监督管理制度

鉴于当前我国农业经营组织扶持中普遍存在着背农现象扩大的倾向，政府应进一步健全财政资金的准入资格、项目资金用途、效果评估等监督管理体系，尽量将有限的财政资金向公益性、非营利性合作经济组织等倾斜，扶持新型农业经营主体的科技创新等，降低科技投入，使其在农业上获得更高的收益，并且借鉴国外经验，逐步建立起自审、政府审计及第三方审计相结合的监管体制，以保障政府对于合作社的扶持优惠最终落实到承包经营农户为主体的每个成员身上。

主要参考文献

蔡志强. 2003. 龙头企业在农业结构调整和农民增收中的作用. 中国农垦经济, (11): 35-38
曹光乔, 吴萍. 2013. 全国农机专业合作社发展报告(2012). 北京: 中国农业科学技术出版社
曹暕, 王玉斌, 谭向勇. 2005. 我国农业生产区域专业化程度分析. 经济与管理研究, 1: 69-72
车维汉. 2004. 日本农业经营中的法人化动向及启示. 现代日本经济, (1): 32-38
陈俊华, 张文棋, 吴雅婷. 2012. 基于 SFA 的福建省九地市农业产业化龙头企业带动农户效率分析. 中南林业科技大学学报(社会科学版), 6(4): 19-25
陈磊, 张春霞, 许家贤. 2011. 基于 DEA 的农业产业化龙头企业带动农户能力评价研究——以福建省 87 家龙头企业为例. 经济问题, (12): 82-86
陈言新, 彭展. 1989. 从兼业经营到专业化: 中国农民经营形式的转换——兼与韩俊同志商榷. 经济研究, 12: 50-53
董国新. 2007. 我国粮食供求区域均衡状况及其变化趋势研究——基于粮食生产者和消费者行为分析. 杭州: 浙江大学博士学位论文
杜志雄, 肖卫东. 2011. 全球化视域下的中国农产品贸易与农业发展方式转变. 国际贸易, 8: 27-35
范东君, 朱有志. 2012. 农村劳动力流出对农业劳动力老龄化影响研究. 西北人口, (03): 104-108
方辉振. 1985. 我国农村专业户研究和讨论情况综述. 中国农村经济, 9: 37-40
封永刚, 钟华. 2012. 中国农业地区专业化水平的测定及农业集聚的影响因素分析. 经营管理者, 3: 126-127
冯海发. 1988. 亦论兼业化农业的历史命运——与陆一香同志商榷. 中国农村经济, 11: 1-6
高帆. 2005. 我国粮食生产的地区变化: 1978~2003 年. 管理世界, 9: 70-78
高明, 徐天祥, 朱雪晶, 等. 2012. 兼业背景下贫困地区农户资源配置的特征与效率分析. 经济社会体制比较, 3: 163-169
高青松, 何花, 陈石平. 2010. 农业产业链“公司+农户”组织模式再造. 科学决策, (1): 35-45
郭红东. 2011. 中国农民专业合作社发展-理论与实证研究. 杭州: 浙江大学出版社
郭熙保. 2013. “三化”同步与家庭农场为主体的农业规模化经营, 社会科学研究, (3): 14-19
管珊, 万江红. 2013. 现阶段农民专业合作社的发育模式、功能及制约因素.当代经济管理, 35(7): 27-30.
韩俊. 1988. 我国农户兼业化问题探析. 经济研究, (4): 38-42
韩苗苗, 乐永海, 孙剑. 2013. 我国农业社会化服务服务水平测评与制约因素解构. 统计与决策, 2: 142-146
何学松, 陆迁. 2005. 区域专业化提升农产品竞争力的机制探讨. 农业现代化研究. 9: 362-365
胡浩, 王图展. 2003. 农户兼业化进程及其对农业生产影响的分析——以江苏省北部农村为例. 江海学刊, 12: 53-58
黄君. 2009. 我国粮食专业合作社发展研究. 中国行政管理, 291: 97-99
黄敏, 廖为明, 池泽新. 2010. 基于 FBP 模型的龙头企业综合绩效评价研究. 江西农业大学学报(社会科学版), 9(4): 1-7
黄胜忠. 2009. 农业合作社的环境适应性分析. 开放时代, (4): 27-35
黄祖辉, 邵科. 2010. 基于产品特性视角的农民专业合作社组织结构与运营绩效分析. 学术交流, 196(7): 91-96
黄祖辉, 徐旭初. 2005. 中国的农业专业合作社与制度安排. 山东农业大学学报(社会科学院版), 27: 15-20
姜开圣, 韩世来, 沙志芳. 2003. 农业产业化龙头企业的发展壮大及其对农民收入的影响——以江苏省扬州市为例. 农业经济问题, (3): 25-29
焦健. 2011. 美国的农业合作社. 中国合作经济评论, 2

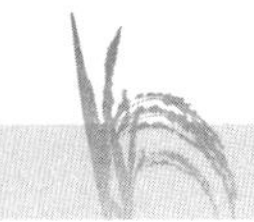

孔荣，牛刚，李民寿. 2001. 美国家庭小农场的历史发展轨迹评述. 西北农林科技大学学报(社会科学版), 9: 59-61

孔祥智，徐珍源，史冰清. 2009. 当前我国农业社会化服务体系的现状、问题和对策研究. 江汉论坛, 5: 13-18

李百汉. 1990. 从兼业化走向专业化：我国农业现代化道路的特殊选择. 山东社会科学, 6: 24-28

李达球. 2005. 再论农业企业化. 北京：中共中央党校出版社: 151-158

李健，阮建雯，郭兴昱. 2013. 美国农业合作社的研究. 世界农业, 12: 145-148

李永实. 2007. 比较优势理论与农业区域专业化发展——以福建省为例. 经济地理, 7: 621-624

李志远，李尚红. 2006. 美国的家庭农场制给予的启示与我国农业生产组织形式的创新. 经济问题探索, 9: 64-68

廖洪乐. 2012. 农户兼业及其对农地承包经营权流转的影响. 管理世界, 5: 62-70

刘滨，陈池波，杜辉. 2009. 农民专业合作社绩效度量的实证分析——来自江西省22个样本合作社的数据. 农业经济问题, (2): 90-95

刘江，杜鹰. 2010. 中国农业生产力布局研究. 北京：中国经济出版社

刘洁. 2011. 农民专业合作社契约选择与运营绩效的理论分析与实证研究. 武汉：华中农业大学博士学位论文

刘克春，张明林，包丽. 2011. 多元化非农经营战略对龙头企业产出绩效影响的实证分析——基于江西省龙头企业的经验数据. 中国农村经济, (12): 25-35

刘祥东. 2008. 土地流转和政府职能对农业专业化经营的影响——以山东省安丘市大樱桃品牌的塑造为例. 经济研究导刊, 5: 148-149

刘幸，肖洪安. 2012. 基于 DEA 模型的四川省农业产业化龙头企业生产效率分析. 西南农业大学学报(社会科学版), 10(8): 24-29

刘秀丽. 2009. 生猪主产区养殖规模预测研究. 猪业经济, 5: 18-20

刘玉满，李胜利，等. 2012. 中国奶农专业合作社调查研究. 北京：中国农业出版社

刘志扬. 2003. 美国农业专业化的成因及启示. 经济与管理研究, 3: 19-23

陆文聪，梅燕. 2007. 中国粮食生产区域格局变化及其成因实证分析——基于空间计量经济学模型. 中国农业大学学报(社会科学版), 9: 140-152

陆一香. 1988. 论兼业化农业的历史命运. 中国农村经济, 3: 36-40

吕超，周应恒. 2011. 我国蔬菜播种面积的影响因素分析. 经济地理, 1: 118-122

罗必良，刘成香，吴小立. 2008. 资产专用性、专业化生产与农户的市场风险. 农业经济问题, 7: 10-15

罗必良，欧晓明. 2012. “公司+农户”：合作契约及其治理——东进农牧(惠东)有限公司的案例研究. 北京：中国农业出版社: 49

罗富民，赵勇，唐现芝，等. 2013. 山区农业专业化发展的增收效应研究——基于四川南部山区的实证研究. 西部经济管理论坛, 4: 39-44

马彦丽. 2007. 我国农民专业合作社的制度解析. 北京：中国社会科学出版社

梅建明. 2003. 工业化进程中的农户兼业经营问题的实证分析——以湖北省为例. 中国农村经济, 6: 58-66

农业部农业产业化办公室农业部农村经济研究中心. 2012. “十一五”农业产业化发展报告. 北京：中国农业出版社

农业区域专业化研究课题组. 2003. 国外农业区域专业化发展进程及其政策措施. 中国农业资源资与区划, (12): 1-7

屈四喜，徐玉波. 2009. 不断发展变化的美国农业合作社. 世界农业, 1: 13-15

任芳. 2012. 河南师范大学硕士论文-河南省农村合作经济组织运营模式研究-以淮阳县“地保姆”合作社为例. 11.

宋玉姝. 2012. 北京交通大学硕士论文-公司领办型农民专业合作社的形成机理及运营模式研究.

宋洪远. 2010. 新型农业社会化服务体系建设研究. 中国流通经济, 6: 35-38

速水佑次郎. 2003. 发展经济学. 北京: 社会科学文献出版社: 90-91

孙剑, 黄宗煌. 2009. 农户农业服务渠道选择行为与影响因素的实证研究. 农业技术经济, 1: 67-74

孙耀吾, 刘朝. 2004. “公司+农户”组织运行困境的经济学分析. 财经理论与实践, 25(130): 113-119

汤新华. 2013. 农业产业化龙头企业绩效评价指标体系的构建. 福建财会研究会计学会论文集: 76-84

邵科. 2013. 民主视域下的成员参与及对农业合作社等组织的影响——一个研究进展综述. 农业部农村干部管理学院学报. (2): 26-31.

田安国. 2012. 浅谈农民专业合作社运营模式. 合作经济与技术, (19): 22-23

屠能. 2004. 孤立国同农业和国民经济的关系. 吴衡康译. 北京: 商务印书馆

全国人民代表代会农业与农村委员会课题组. 2004. 农民合作经济组织法立法专题研究报告.

汪昭军, 马瑞峻, 龚海明. 2012. 美国精确农业全面快速发展的要素体系. 中国农机化, (5): 201-204

王爱群. 2007. 吉林省农业生产化龙头企业发展研究. 长春: 吉林农业大学博士学位论文

王常伟. 2009. 美国农业行业集中度探析. 粮食流通技术, (3): 36-39

王浩. 1999. 美国农业产业化模式的借鉴. 经济纵横, 3: 54-56

王凯. 2003. 中国农业产业链管理的理论与实践研究. 北京: 中国农业出版社: 169-183

王立平, 张娜, 黄志斌. 2008. 农民专业合作经济组织绩效评价研究. 农村经济, (3): 124-126

王利平, 王成, 李晓庆, 等. 2012. 基于生计资产量化的农户分化研究——以重庆市沙坪坝区白林村471户农户为例. 地理研究, 5: 945-954

王倩倩. 2012. 美国政府与合作社的关系及启示. 中国农民合作社, (9): 62-63

王洋. 2010. 新型农业社会化服务体系构建研究. 哈尔滨: 东北农业大学博士学位论文

王钊. 2011. 农业企业经营管理学. 2 版. 北京: 中国农业出版社

温晓霞, 杨改河. 2006. 西部地区农业专业化发展及主要作物比较优势的衡量. 土壤与作物, 22(2): 112-116

吴庆荣, 吴家真. 2010. 庆元县农民专业合作社发展存在的问题及对策建议. 现代农业科技, (6): 368-369

伍山林. 2000. 中国粮食生产区域特征与成因研究——市场化改革以来的实证分析. 经济研究, (10): 38-45

西奥多·W·舒尔茨(Schultz T W), 等. 1987. 改造传统农业. 梁小民译. 北京: 商务印书馆

夏晓平, 李秉龙, 隋艳颖. 2009. 中国肉羊生产的区域优势分析与对策建议. 农业现代化研究, 30(6): 719-723

肖卫东. 2012. 中国种植业地理集聚: 时空特征、变化趋势及影响因素. 中国农村经济, (5): 19-31

熊建勇, 王新前. 1989. 兼业化还是集中化?——与冯海发同志商榷. 中国农村经济, (6): 61-64

徐更生. 2007. 美国农业政策. 北京: 经济管理出版社

徐樵利, 梁文宇. 1979. 湖北省农业区域专业化问题的初步探讨. 华中师院学报(自然科学版), (1): 42-50

宣杏云, 徐更生. 1993. 国外农业社会化服务. 北京: 中国人民大学出版社

薛向岭. 2006. 农业专业化对实现城乡经济均衡发展的有效性研究. 重庆: 重庆大学硕士学位论文

严瑞珍. 1983. 日本农业生产的专业化和多部门经营. 世界农业, (4): 13-15

杨丹, 刘自敏. 2011. 农民经济组织、农业专业化和农村经济增长——来自中国 2445 个村庄的证据. 社会科学战线, (5): 64-70

杨克斯, 冯娟, 左虹. 2011. 农业产业化龙头企业绩效评定指标体系构建. 中国市场, (36): 64-65

杨世义. 1995. 农业区域化布局的几个问题. 中国农业资源与区划, (5): 5-7

杨涛, 蔡昉. 1991. 论我国农户兼业行为与农业劳动力转移. 中国农村经济, (11): 43-50

杨小凯. 1997. 当代经济学与中国经济. 北京: 中国社会科学出版社

姚守福. 2011. 专业化与农业发展. 成都: 西南财经大学博士学位论文

姚勇. 1997. 农业市场化: 农产品贸易和农业专业化的桥梁. 经济学动态, (7): 40-44
叶兴庆. 1993. 小规模农户兼业经营对农业发展的影响. 农业技术经济, (2): 53-56
于海龙, 李秉龙. 2012. 中国奶牛养殖的区域优势分析与对策. 农业现代化研究, 33(2): 24-28
于俊秋. 2004. 农牧资源加工型企业发展战略研究. 北京: 经济管理出版社: 69-75
余涤非. 2012. 农业产业化龙头企业绩效分析. 中国农业会计, (5): 39-41
苑鹏. 2001. 中国农村市场化进程中的农民合作组织研究. 中国社会科学, (6): 63-73
苑鹏. 2013. "公司+合作社+农户"下的四种农业产业化经营模式探析——从农户福利改善的视角. 中国农村经济, (4): 71-77
苑鹏, 刘凤芹. 2007. 美国政府在发展农民合作社中的作用及其启示. 农业经济问题, (9): 101-106
约翰·伊特韦尔, 等. 1992. 新帕尔格雷夫经济学大辞典. 2 卷. 北京: 经济科学出版社
王志刚, 张哲. 2011. 企业进入农业的发展经历、存在问题及对策展望. 农业展望, (12): 29-33
张晓山, 苑鹏. 2009. 合作经济理论与中国农民合作社的实践. 北京: 首都经济贸易大学出版社
张学鹏, 卢平. 2011. 中国企业产业化组织模式研究. 北京: 中国社会科学出版社
张友伦. 1996. 美国农业的两次大突破及其基本经验. 美国研究, (2): 93-109
张宇, 王丽明, 王玉斌. 2013. 基于 DEA 模型的国家重点龙头企业生产效率分析. 中国农学通报, 29(2): 52-58
张照新, 陈洁, 徐雪高. 2010. 农业产业化龙头企业发展与社会责任. 北京: 经济管理出版社
赵芳. 1994. 日本农业经营法人及其意义. 世界经济, (6): 65-69
赵佳荣. 2007. 农民专业合作经济组织发展绩效的制度性影响因子及其改进. 农业现代化研究, 28(2): 206-209
赵剑峰. 2004. 中国奶业结构-行为-绩效研究. 北京: 中国农业大学博士学位论文
浙江省农业厅课题组. 2008. 农民专业合作社绩效评估体系初探. 农村经营管理, (10): 31-35
郑风田, 程郁. 2005. 从农业产业化到农业产业区——竞争型农业产业化发展的可行性分析. 管理世界, (7): 64-73
周立. 2008. 美国的粮食政治与粮食武器. http://www.dajunzk.com/meigls.htm#_ftn15[2017-2-24]
周民德. 1994. 兼业农户在农村发展中的作用——国家农业政策所面临的一种挑战. 中国农村经济, (7): 56-60
朱启荣. 2009. 中国棉花主产区生产布局分析. 中国农村经济, (4): 31-38
Coltrain D, Barton D, Boland M. 2010. Difference between New Generation Cooperatives and Traditional Cooperatives. http://www.agecon.ksu.edu/accc/kcdc/PDF%20Files/differences[2016-11-3]
Frederick D A. 2010. An Introduction to Cooperatives. http://www.rurdev.usda.gov/rbs/pub/cir55/c55text [2016-10-20]
Holland R, Brunch M. 2010. Commentary and Overview for the Tennessee Processing Cooperative Law. http://cpa.utk.edu/pdffiles/PB1748[2016-11-6]
Hoppe R A, Banker D E. 2010. Structure and finances of U.S. farms: family farm report, 2010 edition. Social Science Electronic Publishing, (59404): 77
Kelley C R. 2001. New Generation Farmer Cooperatives: The Problem of the Just Investing Farmer. North Dakota Law Review, 77(2): 185-246